审判前沿观察

《审判前沿观察》编委会 ◎ 编

2023年合辑
-总第27辑-

上海人民出版社

目录 CONTENTS

公 报 案 例

精 品 案 例

改 革 探 索

专 题 研 究

调 查 分 析

公 报 案 例

1. 上海市长宁区人民检察院诉顾某、顾某某诈骗案[*]

【裁判要旨】

在计算机信息系统具有处分财产功能且正常运行的情况下，行为人通过非法手段满足计算机信息系统控制者的预设条件，如实施添加、删除数据等破坏计算机信息系统的行为，使控制者陷入错误认识并授予行为人通过计算机信息系统获取财物之权限的，该行为构成诈骗罪。

上海市长宁区人民检察院以被告人顾某、顾某某犯诈骗罪，向上海市长宁区人民法院提起公诉。

起诉书指控内容如下。2016 年 10 月至 2017 年 7 月间，被告人顾某伙同其父亲被告人顾某某，利用旅客乘坐中国东方航空（以下简称"东航"）飞机后产生积分但未注册成为"东方万里行"会员之机，使用其掌握的虚假身份信息关联旅客信息并注册成为"东方万里行"会员，获取里程积分。待需要兑换免费奖励机票时，或采用虚假身份证明，将乘机人假冒为会员的直系亲属，提交东航人工确认后立即生效为受益人；或在东航官方网页操作积分兑换免费奖励机票过程中，利用电脑软件绕过东航关于预设受益人的期限限制，将受益人信息篡改为乘机人信息后立即兑换机票，从而骗取东航免费奖励机票 51 张自用或出售给他人。其中已成行

---

* 刊载于《中华人民共和国最高人民法院公报》2023 年第 7 期。

46张,价值人民币6万余元(以下币种均为人民币);未成行5张,价值1万余元。2016年8月至2017年7月间,顾某、顾某某伙同曾某某(另案处理)采用上述方法,由曾某某经营的上海辛航旅游咨询有限公司(以下简称"辛航公司")招揽购票人,出售积分兑换的免费奖励机票4 438张。其中已成行4 070张,价值180余万元;未成行368张,价值10余万元。顾某、顾某某以非法占有为目的,采用虚构事实、隐瞒真相的方法骗取公司财物,数额特别巨大,部分犯罪系未遂。二人行为均触犯了《中华人民共和国刑法》(以下简称《刑法》)第二百六十六条、第二十三条、第二十五条第一款、第二十条之规定,应当以诈骗罪追究刑事责任。

被告人顾某提出其未实施诈骗犯罪,其辩护人提出顾某的行为不构成诈骗罪。

被告人顾某某提出其未参与实施全案诈骗行为,其辩护人提出顾某某系从犯。

上海市长宁区人民法院一审查明:

根据东航"东方万里行"积分奖励计划,申请成为会员的旅客在乘坐东航及有常客合作关系的伙伴航空公司航班后可累计积分,并可根据乘机记录,申请补登六个月内及成为会员前一个月的积分。会员及其设立的受益人(设立之日起60天后生效)可用积分兑换奖励机票等。

2016年10月至2017年7月间,被告人顾某、顾某某用相关身份信息关联旅客信息成为"东方万里行"会员,以获取累积的积分。为兑换奖励机票,顾某、顾某某采取提交虚假身份证明的方式,假装乘机旅客为会员的直系亲属,由东航人工确认受益人立即生效;或用技术手段绕过东航官方网页系统对受益人的管控校验,篡改受益人信息为乘机旅客信息,骗取东航积分兑换的奖励机票共计51张自用或出售给他人。其中已成行46张,价值人民币6万余元;未成行5张,价值1万余元。

2016年8月至2017年7月间,被告人顾某、顾某某伙同曾某某,采用上述方法骗取东航积分兑换的奖励机票,由曾某某经营的辛航公司招揽购票人并出售相关机票 4 438 张。其中已成行 4 070 张,价值 180 余万元;未成行 368 张,价值 10 余万元。

上述事实,有工商银行明细清单、支付宝交易记录、聊天记录、出票记录及账单、涉案账户使用情况说明、涉案机票、会员账户情况及订单 log 日志、东航 95530 客服电话录音、东航出具的相关损失补充情况说明、东方万里行会员计划相关规则、服务条款、网页截图等证据,证人王某等 33 人的证言,被告人顾某、顾某某的供述,同案人曾某某的供述,司法鉴定意见书及补正书,公安机关出具的扣押清单、调取证据清单等证据证实,足以认定。

上海市长宁区人民法院一审认为:

本案中,在东航计算机信息系统具有处分财产功能且正常运行的情况下,被告人顾某、顾某某通过关联或篡改计算机信息系统等非法手段满足东航官网计算机系统控制者的预设条件,使东航工作人员陷入错误认识并授予其相应财物处理权限,从而获取非法利益。

被告人顾某、顾某某以非法占有为目的,冒用他人个人信息,虚构事实,使东航工作人员陷入错误认识并授予财产权限,进而通过计算机信息系统获取财物,数额特别巨大,二人行为均已构成诈骗罪。顾某、顾某某在共同犯罪中起主要作用,系主犯,本案系犯罪未遂,依法可从轻处罚。据此,上海市长宁区人民法院依照《刑法》第二百六十六条、第二十三条、第二十五条第一款、第二十六条、第五十五条第一款、第五十六条、第五十二条、第五十三条、第六十四条之规定,于 2019 年 10 月 14 日判决如下:

一、被告人顾某犯诈骗罪,判处有期徒刑十一年六个月,剥夺政治权利二年,并处罚金人民币二十万元。

二、被告人顾某某犯诈骗罪,判处有期徒刑十一年六个月,剥夺政治权利二年,并处罚金人民币二十万元。

三、作案工具电脑一台予以没收;责令被告人顾某、顾某某退赔违法所得,发还被害单位。

顾某、顾某某不服一审判决,向上海市第一中级人民法院提出上诉。顾某及其辩护人认为,顾某未参与实施全案犯罪行为,原判认定犯罪数额有误,且顾某具有自首情节,原判量刑过重。顾某某及其辩护人提出,顾某某未参与实施全案犯罪行为,原判认定犯罪数额有误,且顾某某应系从犯,原判量刑过重。

上海市第一中级人民法院经二审,确认了一审查明的事实。

上海市第一中级人民法院二审认为:本案的争议焦点是上诉人顾某、顾某某是否参与全案犯罪事实,原判认定犯罪数额是否有误,顾某某是否系从犯,顾某是否具有自首情节,且顾某、顾某某的量刑是否过重。

第一,关于上诉人顾某、顾某某是否参与全案犯罪事实。

经查,现有证据足以证实上诉人顾某、顾某某均参与全案犯罪事实,具体如下:

(1)根据上诉人顾某的要求,汤某先后为顾某制作具有批量验证乘客是否系东航会员、可抢注会员等功能的软件,如东航官网自动注册、解析东航国内 PNR 编码、解析电子客票号码、解析东航国际 PNR 编码、东航官网机票下单等软件。经功能鉴定,公安机关扣押的顾某电脑硬盘中查获的"出票工具(gu)反编译"源代码及相关程序,可绕过东航官网对受益人的管控校验,为任意旅客兑换东航积分机票,且可当天添加受益人,当天出票。

(2)曾某某的辛航公司通过东航积分兑换的免费机票来源为上诉人顾某某,曾某某向顾某某账户汇款的记录与积分兑换免费机票的情况相符。上诉人顾某某、顾某系父子关系,顾某某对于顾某的公司可通过设定的软件非法获取东航积分骗取东航的免费机票并从中牟利是明知的;樊某某等 3 人系通过顾某某购买的机票,这些机票并没有通过曾某某出票;

相关电话录音鉴定还证实，系顾某拨打电话改签了樊某某、丁某某的机票，故可证实顾某某参与全案犯罪事实。

（3）在上诉人顾某与汤某的微信聊天记录中，顾某传给汤某大量机票信息，其中有三张机票的乘机人信息经证实系使用虚假信息注册为东航会员，该三个账户共出票8张，联系人手机号均为曾某某公司员工所留，经曾某某确认，这些机票均为通过上诉人顾某某获取的积分兑换的免费机票，故顾某对于顾某某与曾某某合作招揽购票人，通过顾某从汤某处购买的软件绕过东航官网，非法出票的事实是明知的，且实际参与出票，应认定顾某参与全案犯罪事实。

第二，关于原判认定犯罪数额是否有误。

一审法院根据相关证据及司法鉴定意见书、补正书，将上诉人顾某、顾某某，以及曾某某使用东航积分兑换的免费机票，以涉案机票最低单价为标准，认定顾某、顾某某参与实施诈骗犯罪的既遂和未遂数额，并无不当。顾某某从曾某某处非法获利的金额，并不影响对其犯罪数额的认定。

第三，关于上诉人顾某某是否系从犯。

上诉人顾某与顾某某经共谋，伙同他人骗取东航积分，并兑换免费机票自用或出售给他人，从中牟取巨额非法利益，顾某、顾某某为积极实施者与主要获利者，两人均应被认定为主犯。

第四，关于上诉人顾某是否具有自首情节，上诉人顾某、顾某某的量刑是否过重。

上诉人顾某虽然接电话通知到公安机关接受调查，但到案后否认其实施的犯罪行为，顾某系在二审期间才供述其主要犯罪事实，依法不能认定为自首。一审法院根据本案的事实、性质、情节及社会危害程度，对上诉人顾某、顾某某所处刑罚并无不当。

综上，上诉人顾某、顾某某以非法占有为目的，采用虚构事实、隐瞒真相的方法骗取公司财物，数额特别巨大，其行为均已构成诈骗罪。原审判决认定事实清楚，证据确实、充分，定罪准确，量刑适当，且审判程序合法。据此，上海市第一中级人民法院依照《中华人民共和国刑事诉讼法》（以下简称《刑事诉讼法》）第二百三十六条第一款第（一）项之规定，于 2020 年 8 月 3 日裁定如下：

驳回上诉，维持原判。

2. 程某某诉上海纽鑫达进出口有限公司等股东资格确认纠纷案*

【案例要旨】

《中华人民共和国外商投资法》(以下简称《外商投资法》)对外商投资采取准入前国民待遇和负面清单管理模式。外籍隐名股东诉请确认股权并显名变更登记的,隐名股东除证明自己已实际投资,且具有被认可的股东身份外,如该公司所从事领域不属于外商投资负面清单范围的,人民法院可确认其变更为显名股东;如该公司所从事领域属于负面清单内的限制类领域,还应征得外商投资主管机关的同意。

原告程某某因与被告上海纽鑫达进出口有限公司(以下简称"纽鑫达公司")、第三人张某、程某发生股东资格确认纠纷,向上海市浦东新区人民法院提起诉讼。

原告程某某诉称:2009年11月,程某某与第三人张某、程某协商一致,决定在上海新设一家贸易公司为程某某在美国设立的Ncstar公司提供进出口服务,注册资本为人民币(以下币种均相同)100万元。2009年11月3日,张某、程某名下向被告纽鑫达公司分别实际缴纳了51万元和49万元出资。验资当日,程某某委托程某支付给张某458 762元,其中

---

*　刊载于《中华人民共和国最高人民法院公报》2023年第11期。

26 万元为程某某的出资。2009 年 11 月 10 日,三方在上海市浦东新区签订了《股份协议书》,确认程某某出资 51 万元,张某、程某分别出资 25 万元和 24 万元。鉴于程某某为美国籍,无法与国内自然人成立合资公司,三方遂决定先期以张某、程某两人名义成立公司,由张某出任纽鑫达公司的法定代表人。2012 年 9 月 10 日,纽鑫达公司以股权转让形式全资收购了上海亿越投资管理有限公司(以下简称"亿越公司"),各方为明确投资股权比例和权益,于 2012 年 10 月 29 日另行签订了一份《股份协议书》,再次明确三方对纽鑫达公司享有的股权比例。程某某与张某、程某在 2009 年 11 月 10 日签署《股份协议书》前后,程某某一直参与纽鑫达公司日常经营活动和管理,参与决策,行使股东权利,审议、批准执行董事的报告,并作出相应的决定。程某某多次要求张某将其代程某某持有的 26%纽鑫达股权转让给程某,张某均予以拒绝,并声称其为纽鑫达公司 51%股权的实际所有人。故程某某诉至法院,请求判令:(1)确认张某名下 26%的纽鑫达公司股权系程某某所有;(2)纽鑫达公司配合程某某将张某持有的 26%的股权变更登记到程某某名下。

被告纽鑫达公司辩称:(1)原告程某某未向纽鑫达公司出资或认缴出资。程某某所谓的出资系因当时第三人张某、程某之间有诸多债权债务往来。程某某系程某的哥哥,张某、程某关系未破裂时,程某手中留有盖着纽鑫达公司公章的空白盖章页,程某利用空白盖章页伪造了《出资证明书》,该《出资证明书》上的印章形成时间远远早于正文文字的形成时间。(2)2009 年 11 月 10 日签订的《股份协议书》未实际履行。张某、程某合作成立纽鑫达公司后,程某某为深度绑定与张某的合作关系,提出由其本人与纽鑫达公司成立中外合资公司,承诺出资 51%,要求纽鑫达公司未来将业务全部转入中外合资公司运营。为此,程某某与张某、程某签订了《股份协议书》。但该《股份协议书》签订后,双方因具体细节未谈妥,最终并未实际成立中外合资公司,程某某亦未在《股份协议书》签订后对纽鑫达公司出资51%。(3)2012年10月29日签订的《股份协议书》是对纽鑫达公司借款的担保,并非真实的投资关系。纽鑫达公司成立后,程某曾9次借款给纽鑫达公司,共计1 031万元,其中较多资金来源于程某某,纽鑫达公司共计21次归还借款,已全部还清。为购买亿越公司股权,2012年9月7日,程某一次性出借给纽鑫达公司245万元。为保证程某某资金安全,程某某要求张某、程某签署了《股份协议书》,但从未要求进行任何实际的股权变更登记。(4)即使程某某出资行为成立,亦违反了效力性强制性规定,应属无效。程某某作为外籍自然人,与张某、程某成立中外合资经营企业的行为,违反了《中华人民共和国中外合资经营企业法》第一条的规定,属于无效。

第三人张某陈述意见与被告纽鑫达公司一致。

第三人程某陈述意见与原告程某某一致。

上海市浦东新区人民法院一审查明:

2009年11月10日,原告程某某与第三人张某、程某签订一份《股份协议书》,约定,经三人协商,三人在上海成立贸易公司,由于程某某为美国国籍,目前无法与国内自然人成立合资公司,经商讨,三人同意先期以张某、程某两人名义成立公司,等条件成熟后,程某某与该公司成立中外合资公司,各方仍按约定的比例出资。三人现达成以下协议:(1)三人同意以张某、程某两人名义成立被告纽鑫达公司;(2)纽鑫达公司虽然以张某、程某两人名义成立,但实际投资比例为程某某51%、张某25%、程某24%。由张某任法定代表人,注册资本为100万元,程某某出资51万元,张某出资25万元,程某出资24万元。程某某拥有该公司51%的股权。

2009年11月3日,原告程某某通过第三人程某向第三人张某打款458 762元。程某某和程某均表示,458 762元中的26万元系程某某以张某名义缴纳的被告纽鑫达公司出资,程某某另有25万元出资系在程某的49万元出资中。

2009 年 11 月 5 日,上海汇强会计师事务所出具《验资报告》,载明被告纽鑫达公司(筹)申请登记的注册资本为 100 万元,由全体股东首次出资资金全部到位。经审验,截至 2009 年 11 月 3 日,纽鑫达公司(筹)已收到全体股东缴纳的注册资本合计 100 万元,各股东均以货币形式出资,并按公司章程约定比例缴付出资。该《验资报告》附件《本期注册资本实收情况明细表》载明,张某出资 51 万元,占注册资本的 51%,程某出资 49 万元,占注册资本的 49%;附件《银行对账单》载明,2009 年 11 月 3 日,张某向纽鑫达公司账户转账 51 万元,程某向纽鑫达公司账户转账 49 万元。

2009 年 11 月 11 日,被告纽鑫达公司成立,类型为有限责任公司(自然人投资或控股),法定代表人为第三人张某,注册资本 100 万元,股东为张某(占 51%股权),第三人为程某(占 49%股权)。

2012 年 10 月 29 日,原告程某某与第三人张某、程某又签订一份《股份协议书》,约定,2012 年 9 月,经程某某、张某、程某三人协商,股东会决议如下:被告纽鑫达公司以股权收购形式,购买亿越公司 100%股权,纽鑫达公司拥有亿越公司 100%股权。根据三人分别拥有的纽鑫达公司股份比例,三人对亿越公司股份的实际拥有比例如下:程某某拥有公司 51%股权,张某拥有公司 25%股权,程某拥有公司 24%股权……

2018 年 8 月 6 日,被告纽鑫达公司向原告程某某出具一份《出资证明书》,载明:程某某于 2009 年 11 月 3 日向纽鑫达公司缴纳出资 51 万元。诉讼中,纽鑫达公司和第三人张某对该《出资证明书》提出异议,认为系事后由第三人程某擅自在盖有纽鑫达公司公章的空白页上打印形成。为此,双方共同委托司法鉴定科学研究院对"《出资证明书》上纽鑫达公司印文形成时间、打印体字迹形成时间、纽鑫达公司印文与打印体字迹的形成时间先后"进行司法鉴定。司法鉴定科学研究院出具《司法鉴定意见书》,鉴定意见为:(一)检材《出资证明书》上"纽鑫达公司"印文不是在 2009 年 12 月 31 日至 2012 年 4 月 20 日盖印形成,但无法判断是否在签发日期"2018年8月6日"盖印形成;(二)无法判断检材《出资证明书》上打印体字迹的形成时间;(三)无法判断检材《出资证明书》上"纽鑫达公司"印文与打印体字迹的形成时间先后。

另查明,2009年至2018年期间,第三人张某先后通过若干电子邮箱与原告程某某、第三人程某等有众多电子邮件往来,汇报被告纽鑫达公司及相关企业的运营情况等。其中,2010年1月7日,程某向张某的邮箱发送"办公室账目"的电子邮件,邮件附件中的"纽鑫达公司股东出资额"载明:程某某占51％,出资额51万元;张某占25％,出资额25万元,注册额51万元,其中26％(26万元)为程某某的股份;程某占24％,出资额24万元,注册额49万元,其中25％(25万元)为程某某的股份。2013年9月16日,张某向程某某发送电子邮件称:"Carson,您好!请看附件,按您的要求,我写了以下方案,请您过目,谢谢!"该邮件的附件《纽鑫达公司分红方案》载明:"截至2011年12月31日,纽鑫达公司总计盈利11 391 327元,经股东决议,将其中1 000万元向各股东分红。按各股东所持股份比例分配如下:程某某510万元,张某250万元,程某240万元。经股东一致同意,按比例分别支付给各股东如下金额:程某某424.999 9万元,张某250万元,程某220万元。剩余未支付的分红款项,作为各股东的投资再次投入公司。另外,未分配利润1 391 327元,留在公司,作为周转资金使用。"

上海市浦东新区人民法院一审认为:

本案系股东资格确认纠纷,因原告程某某系美国国籍,故本案系涉外案件。《中华人民共和国涉外民事关系法律适用法》第十四条规定,法人及其分支机构的民事权利能力、民事行为能力、组织机构、股东权利义务等事项,适用登记地法律。本案标的公司即被告纽鑫达公司登记地位于中华人民共和国,故本案应当适用中华人民共和国法律进行审理。

本案争议焦点如下:(1)第三人张某是否代持了原告程某某所有的

26％被告纽鑫达公司股权;(2)程某某能否要求纽鑫达公司办理相应的股权变更手续,变更是否存在法律或政策上的障碍。

关于争议焦点一。首先,双方有一系列明确的协议相互印证原告程某某实际享有被告纽鑫达公司51％的股权。2009年11月10日签订的《股份协议书》、2012年10月29日签订的《股份协议书》,以及2018年8月6日出具的《出资证明书》均是各方真实意思表示,均能证实程某某实际享有纽鑫达公司51％的股权,其中26％的股权由第三人张某代持,25％的股权由第三人程某代持。其次,程某某已举证证明其对纽鑫达公司履行了相应的出资义务。程某某称,2009年11月3日,程某向张某打款458 762元中的26万元系程某某以张某名义缴纳的出资,程某对此表示认可,同时承认其出资的49万元中的25万元实际系程某某出资。纽鑫达公司及张某虽然否认,但没有提供充分的证据予以佐证,且根据后来的《股份协议书》《出资证明书》及分红方案等,亦可推断程某某已经实际履行了出资义务。最后,从各方往来的一系列电子邮件中可以看出,程某某事实上参与了纽鑫达公司的经营管理,特别是重大事项的决策,履行了其作为大股东的权利和义务。至于张某抗辩《出资证明书》系程某事后伪造,一审法院认为:一方面,《司法鉴定意见书》没有得出明确的结论,程某某也没有提供其他证据予以佐证;另一方面,各方均认可该《出资证明书》上的公章系真实。即使存在程某在空白盖章页上打印《出资证明书》的情况,也是纽鑫达公司的内部管理问题,不影响法院综合全案证据认定纽鑫达公司股权的实际所有人。据此,一审法院认定程某某系纽鑫达公司的隐名股东,张某名下26％的纽鑫达公司股权的实际拥有人是程某某。

关于争议焦点二。被告纽鑫达公司系有限责任公司(自然人投资或控股),显名股东为第三人张某、程某,均系国内自然人,隐名股东为原告程某某,系美国人。如变更相应的工商登记,使隐名股东显名,主要存在以下争议:

（1）关于国内自然人能否与外国人成立外商投资企业问题。《中华人民共和国中外合资经营企业法》第一条规定，允许外国公司、企业和其他经济组织或个人同中国的公司、企业或其他经济组织共同举办合资企业。虽然该法规定的中方合资人未包括中国的自然人，但该法已于2020年1月1日废止。后生效的《外商投资法》并没有这方面的限制，该法第二条明确规定："外商投资企业，是指全部或者部分由外国投资者投资，依照中国法律在中国境内经登记注册设立的企业。"《中华人民共和国外商投资法实施条例》第三条进一步明确规定，《外商投资法》第二条中的"其他投资者，包括中国的自然人在内"。同时，根据《最高人民法院关于适用〈中华人民共和国外商投资法〉若干问题的解释》第二条规定，对"外商投资准入负面清单之外的领域形成的投资合同，当事人以合同未经有关行政主管部门批准、登记为由主张合同无效或者未生效的，人民法院不予支持"。前款规定的投资合同签订于《外商投资法》施行前，但人民法院在《外商投资法》施行时尚未作出生效裁判的，适用前款规定认定合同的效力。因此，本案中被告纽鑫达公司及第三人张某要求确认原告程某某与第三人张某、程某共同成立公司的行为无效，一审法院对此不予支持。

（2）关于外国人成为公司股东是否需要办理相关审批手续问题。《外商投资法》生效后，我国对外商投资实行准入前国民待遇加负面清单管理制度。所谓准入前国民待遇，指在投资准入阶段给予外国投资者及其投资不低于本国投资者及其投资的待遇；所谓负面清单，指国家规定在特定领域对外商投资实施的准入特别管理措施，国家对负面清单之外的外商投资，给予国民待遇。本案中，一审法院特函上海市商务委员会，就"如确认程某某为被告股东，上海市商务委员会是否同意将程某某变更为被告股东，并将被告变更为外商投资企业"进行咨询。上海市浦东新区商务委投资促进处复函称："……纽鑫达公司所从事领域不属于外商投资准入特别管理措施（负面清单）内范围，我委办理 Carson 变更为纽鑫达公司股东,并将纽鑫达公司变更为外商投资企业的备案手续不存在法律障碍。"因此,原告程某某要求变更为被告纽鑫达公司股东,不需要履行特别的审批手续,亦不存在法律上的障碍。

(3)关于股东变更的公司内部程序问题。根据《最高人民法院关于适用〈中华人民共和国公司法〉若干问题的规定(三)》(以下简称《公司法解释三》)第二十四条规定,实际出资人请求公司变更股东、签发出资证明书、记载于股东名册、记载于公司章程并办理公司登记机关登记的,应当经公司其他股东半数以上同意。本案中,除第三人张某以外的其他股东暨第三人程某明确认可原告程某某的股东身份,也同意将程某某变更登记为被告纽鑫达公司股东。因此,程某某要求纽鑫达公司将张某代持的26%股权变更登记到程某某名下,符合法律及司法解释规定,一审法院依法予以支持。

综上,上海市浦东新区人民法院依照《中华人民共和国涉外民事关系法律适用法》第十四条,《外商投资法》第二条、第四条,《中华人民共和国外商投资法实施条例》第三条,《公司法解释三》第二十二条、第二十四条,《最高人民法院关于适用〈中华人民共和国外商投资法〉若干问题的解释》第二条,《最高人民法院关于适用〈中华人民共和国民事诉讼法〉的解释》(以下简称《民诉法司法解释》)第九十条的规定,于2020年1月2日作出判决:

一、确认登记在第三人张某名下的被告上海纽鑫达进出口有限公司26%的股权系原告程某某所有;

二、被告上海纽鑫达进出口有限公司应于判决生效之日起十五日内将第三人张某名下的上海纽鑫达进出口有限公司26%的股权变更登记到原告程某某名下,张某应当予以配合。

纽鑫达公司不服一审判决,向上海市第一中级人民法院提起上诉。

纽鑫达公司上诉称:(1)一审判决错误认定两份《股份协议书》的意思

表示。2009年签订的《股份协议书》意指未来纽鑫达公司与被上诉人程某某之间再成立一家合资企业,而非成立纽鑫达公司本身。2012年签订的《股份协议书》系对纽鑫达公司借款购买亿越公司股份所作的担保。(2)一审法院错误采信《出资证明书》的鉴定结论。鉴定结论无法判断《出资证明书》是在2018年8月6日加盖印章,综合多份样本材料,特别是程某某另案提交的落款日期为同一日的样本材料,可见样本和检材之间自相矛盾。(3)一审法院错误认定涉案邮箱属于原审第三人张某,一审法院仅依据程某某的单方主张认定该节事实,无法与其他证据相互印证。请求二审法院撤销一审判决,发回重审或者改判驳回程某某的全部一审诉讼请求。

被上诉人程某某答辩称:(1)两份《股份协议书》的内容与上诉人纽鑫达公司的陈述不符;相反,协议书载明程某某拥有51%的股权及"股东会决议如下"等字样,没有任何借款担保的内容,完全可以说明程某某拥有纽鑫达公司的股权。(2)纽鑫达公司事先是认可鉴定的样本材料的,一审庭审中其明确对鉴定结论没有意见,一审判决采信鉴定结论的意见正确。(3)所涉gmail和126邮箱经过公证,邮件落款署名为张某或Frank(张某另一邮件名),且内容均与纽鑫达公司业务有关。现有证据材料已足以证明程某某是纽鑫达公司的股东。被上诉人请求驳回上诉,维持原判。

原审第三人张某述称,同意上诉人纽鑫达公司的意见。

原审第三人程某述称,同意被上诉人程某某的意见。

上海市第一中级人民法院经二审,确认了一审查明的事实。

上海市第一中级人民法院二审认为:

因被上诉人程某某系美国国籍,故本案为涉外纠纷案件。《中华人民共和国涉外民事关系法律适用法》第十四条规定,"法人及其分支机构的民事权利能力、民事行为能力、组织机构、股东权利义务等事项,适用登记地法律"。作为股东资格确认纠纷,本案上诉人纽鑫达公司的登记地位于中华人民共和国境内,故本案应适用中华人民共和国法律。

本案二审争议焦点在于:原审第三人张某是否代持了被上诉人程某某所有的上诉人纽鑫达公司26%的股权。

第一,从合同文义来看,2009年11月10日的《股份协议书》言明由被上诉人程某某、原审第三人张某、程某三人"先期以张某、程某两人名义成立公司,等条件成熟后,程某某与该公司成立中外合资公司",可知先期成立的公司三人同意"以张某、程某两人名义成立上海纽鑫达进出口有限公司",且之所以作如此安排,是因为"程某某为美国国籍,目前无法与国内自然人成立合资公司",而实际投资比例为"程某某51%、张某25%、程某24%"。该协议书的文义内容清晰无歧义,与上诉人纽鑫达公司和张某所称,该协议书意指未来纽鑫达公司与程某某之间再成立一家合资企业,而非成立纽鑫达公司本身的说法并不相符。嗣后,2012年10月29日的《股份协议书》进一步言明,"经程某某、张某、程某三人协商,股东会决议如下:……根据三人分别拥有的上海纽鑫达进出口公司股份比例,三人对于上海亿越投资管理有限公司股份的实际拥有比例如下:程某某拥有公司51%股权,张某拥有公司25%股权,程某拥有公司24%股权……"。由于"上海纽鑫达进出口公司拥有上海亿越投资管理有限公司100%股权",故可以从以上协议文本中得出两个结论:第一,三人当时均确认程某某系纽鑫达公司股东;第二,程某某拥有纽鑫达公司51%的股权。该《股份协议书》通篇均未载明纽鑫达公司和张某所谓的借款担保事项,纽鑫达公司和张某也未提供其他借款担保的相关证据材料,其主张不具有事实依据支撑。

第二,关于《出资证明书》的鉴定意见。一审中,根据上诉人纽鑫达公司的申请,鉴定机构出具了鉴定意见。2019年12月30日,纽鑫达公司和原审第三人张某在对鉴定意见质证过程中表示"对鉴定结论没有意见",同时认为"第2页有两份8月6日的样本,出资证明书也是8月6日但无法确认,可以印证出资证明书的真实性不确定",其在二审中也持类似观点。二审法院认为,纽鑫达公司和张某所持意见仅系其主观判断,并无事实依据,不能对抗有效的鉴定意见。结合举证责任和鉴定意见,应当认为纽鑫达公司和张某对《出资证明书》所提异议不能成立,《出资证明书》应予采信。根据《出资证明书》的记载,被上诉人程某某系纽鑫达公司的股东,已于 2009 年 11 月 3 日缴纳了 51 万元的出资款。

第三,关于电子邮箱的归属。基于日常经验可知,注册和使用电子邮箱通常不需要严格的实名认证程序,因此难以直接通过查询涉案邮箱的注册信息认定电子邮箱的归属主体。但这并不意味着无法推定电子邮箱的实际使用人。二审法院认为,可以从以下两个方面进行判断:一是形式方面,上述电子邮箱名的核心字段均与原审第三人张某的拼音字母一致,这些邮件的发件人署名亦为"张某",与张某同名;二是内容方面,上述邮箱内与被上诉人程某某等人的往来邮件,涉及月度账目明细、财务报表、厂址选择、结汇时间表等内容,若非负责上诉人纽鑫达公司的日常运营,则难以掌握如此翔实细致的内部情况,而纽鑫达公司的法定代表人正是张某。综合以上因素,原审法院认为上述邮箱曾由张某实际使用,并无不当。

综上所述,二审法院认定,被上诉人程某某系上诉人纽鑫达公司的股东,原审第三人张某名下纽鑫达公司 26% 的股权应归程某某所有。二审法院同时注意到,《外商投资法》取消了对中外合资经营企业中中方自然人合营的限制。且《中华人民共和国外商投资法实施条例》第三条明确规定:"外商投资法第二条第二款第一项、第三项所称其他投资者,包括中国的自然人在内。"鉴于我国对外商投资实行准入前国民待遇加负面清单管理制度,一审法院亦在一审诉讼期间致函相关行政管理机关,得到了"……上海纽鑫达进出口有限公司所从事领域亦不属于外商投资准入特别管理措施(负面清单)内范围,……我委办理 Carson 变更为上海纽鑫达进出口有限公司股东,并将上海纽鑫达进出口有限公司变更为外商投资企业的备案手续不存在法律障碍"的复函。因此,程某某要求变更登记为纽鑫达公司股东,无需履行特别的审批手续,不存在法律和政策上的障碍。

综上,一审判决认定事实清楚,裁判结果正确。上海市第一中级人民法院依照《公司法解释(三)》第二十四条、《中华人民共和国民事诉讼法》(以下简称《民事诉讼法》)第一百七十条第一款第一项、《民诉法司法解释》第三百三十四条规定,于 2020 年 5 月 14 日作出判决。

驳回上诉,维持原判。

精品案例

1. 何某某诉上海亿方信息技术有限公司竞业限制纠纷案*

——竞业限制义务适格主体的审查规则

【裁判要旨】

1. 竞业限制义务主体应当严格限缩在法律规定的主体范围内,即高级管理人员、高级技术人员和其他负有保密义务的劳动者,不能无差别地扩大适用至普通劳动者。

2. 当用人单位主张劳动者属于其他负有保密义务的人员时,应当对用人单位是否拥有商业秘密,以及劳动者是否存在接触用人单位商业秘密的可能性作进一步实质审查,尤其需要注意商业秘密与企业常规技术信息和经营信息的区别。

3. 在遵循举证责任分配一般规则的前提下,可通过释明权灵活运用举证转移的民事证明规则。用人单位主张劳动者承担竞业限制违约金的,应当先证明双方签订了竞业限制协议,且劳动者违反了竞业限制义务。劳动者若抗辩其并非竞业限制义务适格主体,意欲推翻竞业限制协议效力,则应当提交相应证据证明其主张。在劳动者提供相应证据证明其主张后,举证责任又转移至用人单位,即由用人单位对劳动者系竞业限制义务适格主体作进一步举证证明。

---

* 编写人系上海市第一中级人民法院徐世亮、严佳维、蒋静。

【相关法条】

《中华人民共和国劳动合同法》

第二十三条　用人单位与劳动者可以在劳动合同中约定保守用人单位的商业秘密和与知识产权相关的保密事项。

对负有保密义务的劳动者，用人单位可以在劳动合同或者保密协议中与劳动者约定竞业限制条款，并约定在解除或者终止劳动合同后，在竞业限制期限内按月给予劳动者经济补偿。

劳动者违反竞业限制约定的，应当按照约定向用人单位支付违约金。

第二十四条第一款　竞业限制的人员限于用人单位的高级管理人员、高级技术人员和其他负有保密义务的人员。竞业限制的范围、地域、期限由用人单位与劳动者约定，竞业限制的约定不得违反法律、法规的规定。

【案件索引】

一审：上海市闵行区人民法院（2022）沪 0112 民初 37863 号（2023 年 2 月 8 日）。

二审：上海市第一中级人民法院（2023）沪 01 民终 5670 号（2023 年 8 月 7 日）。

【基本案情】

原告（上诉人）何某某诉称：何某某系中国联合网络通信有限公司（以下简称"联通公司"）家庭宽带装运维一线操作工，工作技术含量不高，且业务来源于联通公司的派单，何某某直接服务于家庭客户，并未涉及上海亿方信息技术有限公司（以下简称"亿方公司"）的商业秘密，不属于竞业限制适格对象。同时，亿方公司系联通公司的合作方，二者之间不存在竞业关系，亿方公司无权限制何某某继续为联通公司工作。因此，何某某请求法院判令：何某某无需支付亿方公司竞业限制违约金 155 400 元，无需继续履行竞业限制义务。

被告(上诉人)亿方公司辩称:何某某从事宽带装运维工作,亿方公司与何某某签订了竞业限制协议和保密协议,约定了竞业限制补偿金标准和竞业限制义务。2022年1月13日,何某某提出离职,亿方公司在离职结算时明确告知何某某需遵守竞业限制义务,亿方公司也按约支付了竞业限制补偿金,然何某某未告知入职工作情况。经调查发现何某某违反竞业限制义务,违规从事竞争性工作,故不同意何某某的诉讼请求。

法院经审理查明:何某某于2020年9月入职亿方公司,双方先后于2020年9月、2021年9月签订两份《劳动合同》,后一合同约定何某某的月工资为税前3 500元。何某某在亿方公司处从事联通公司家庭宽带装运维工作,并担任组长。除了联通公司颁发的培训考核证书外,何某某没有相关专业技术职称和职业技能证书。2021年,何某某实发工资为8 200余元到12 000余元不等。

2021年12月6日,何某某签署《雇员保密协议》及附件《竞业限制协议》。同月10日,何某某等多名员工在微信"亿方员工群"内发言表示不认可竞业限制协议的签署。

2022年1月13日,何某某提交离职申请。2022年2月8日,双方办理离职交接手续,交接清单上包含"竞业限制协议的签订及限制时间"。

2022年1月13日,何某某与联通公司新的合作公司上海明赢电信器材工程有限公司(以下简称"明赢公司")签订《劳动合同》,约定合同期为2022年2月8日至2023年2月7日,何某某担任维护组长。

2022年1月30日,亿方公司向何某某转账2 590元,用途为"2月竞业限制补偿金"。2022年2月11日,何某某将上述款项退还亿方公司。

2022年2月23日,亿方公司申请劳动仲裁,要求何某某支付竞业限制违约金155 400元并继续履行竞业限制义务。劳动仲裁裁决支持了亿方公司的全部仲裁请求。

此外,2020年9月1日,亿方公司与联通上海分公司签订《合作框架协议》与《合作业务协议》。之后,二者就合作期间合同履行等问题产生争议,联通上海分公司于 2021 年 12 月 28 日发函要求解除《合作业务协议》,亿方公司则于 2022 年 2 月起诉联通上海分公司,要求继续履行《合作业务协议》。2022 年 2 月 22 日,明赢公司与联通上海分公司签订《合作业务协议》,除合作期限外,其余内容与亿方公司和联通上海分公司签订的《合作业务协议》所载内容大体一致。

【裁判结果】

上海市闵行区人民法院于 2023 年 2 月 8 日作出(2022)沪 0112 民初 37863 号民事判决:一、何某某与上海亿方信息技术有限公司签订的竞业限制协议于 2023 年 1 月 27 日终止;二、何某某于判决生效之日起十日内支付上海亿方信息技术有限公司竞业限制违约金 20 000 元。

何某某、亿方公司均不服一审判决,向上海市第一中级人民法院提出上诉。上海市第一中级人民法院于 2023 年 8 月 7 日作出(2023)沪 01 民终 5670 号民事判决:一、撤销上海市闵行区人民法院(2022)沪 0112 民初 37863 号民事判决;二、确认何某某与上海亿方信息技术有限公司于 2021 年 12 月 6 日签订的竞业限制协议无效;三、何某某无需支付上海亿方信息技术有限公司竞业限制违约金 155 400 元;四、驳回上海亿方信息技术有限公司的上诉请求。

【裁判理由】

法院生效裁判认为:

1. 用人单位主张劳动者承担竞业限制违约金的,应当证明双方签订了竞业限制协议,且劳动者违反了竞业限制义务。劳动者若抗辩其并非竞业限制义务适格主体,意欲推翻竞业限制协议效力,则应当提交相应证据证明其主张。在劳动者提供相应证据证明其主张后,举证责任又转移至用人单位,即由用人单位对劳动者系竞业限制义务适格主体作进一步举证证明。

2. 本案中,双方对于签订竞业限制协议并无争议,二审的主要争议焦点在于何某某是否为竞业限制义务适格主体。何某某主张其并非竞业限制义务适格主体,其与亿方公司签订的劳动合同已可证明,在亿方公司工作期间,其在一线从事家庭宽带装运维工作,合同约定的月工资标准为税前 3 500 元。另外,根据双方一致陈述,何某某担任小组组长一职,除有联通公司颁发的培训考核证书外,并无其他专业技术职称和职业技能证书。上述证据足以证明,何某某并非高级管理人员、高级技术人员。故双方虽签有竞业限制协议,亿方公司仍需对何某某系竞业限制适格主体作进一步举证证明。

3. 亿方公司主张何某某即便不是高级技术人员,也系其他负有保密义务的人员,而何某某对此不予认同。对劳动者进行竞业限制,目的在于保护用人单位的商业秘密和与知识产权相关的保密事项,前提则为劳动者负有保密义务,故亿方公司应就其具有特定的商业秘密,以及何某某存在接触这些商业秘密的可能性进行充分举证。当然,商业秘密并非企业经营中的常规技术信息和经营信息,而是能够给企业带来重要商业价值和优势竞争地位的技术信息和经营信息。本案中,亿方公司主张其投资建设的小区宽带线路设备配置及所属辖区的客户名单属于商业秘密,然根据亿方公司与联通上海分公司的《合作业务协议》可见,上述信息均属于联通上海分公司直接管理控制下的技术信息和经营信息,并非专属于亿方公司且能给亿方公司带来独特的优势竞争地位的商业秘密。亿方公司称技术方案、硬件管理、业务和行销计划、公司 SOP、客户 SOP 也属商业秘密,然而以上项目过于宽泛,且亿方公司未举证证明上述信息构成需要保密的商业秘密。基于上述分析,亿方公司的举证尚不足以证明何某某系其他负有保密义务的人员。此外,亿方公司并未在何某某入职伊始即要求与何某某签订竞业限制协议,而是在其与联通上海分公司的合作出现问题之时,才与何某某等一批一线员工签订竞业限制协议,该协议签订数日后,何某某等员工即表示不认可该协议的签署,由此,双方签订竞业限制协议的时间和背景也印证了亿方公司所提何某某系高级技术人员或"其他负有保密义务人员"的主张缺乏合理性。鉴于竞业限制制度本身系立法者对用人单位的商业秘密和劳动者的择业自由两种法益进行利益衡量后作出的制度安排,客观上对劳动者的择业自由构成一定限制,故竞业限制义务主体应当被严格限缩在法律规定的主体范围内。本案中,亿方公司未能充分举证证明何某某属于竞业限制义务适格主体,实际是将竞业限制协议扩大适用于普通劳动者,违反了法律的强制性规定。因此,双方于2021年12月6日签订的竞业限制协议应属无效,何某某自亿方公司离职后不负有竞业限制义务,也无需支付亿方公司竞业限制违约金。

【案例注解】

竞业限制制度设立的初衷在于保护用人单位的商业秘密,该项制度可以有效限制劳动者在离职后的一定期限内进入与原用人单位存在竞争关系的其他用人单位工作,或劳动者自营同类竞争业务,从而实现防止商业秘密泄露的功能。然而,对劳动者实施竞业限制,势必影响劳动者的自由择业权,如何平衡用人单位的商业秘密权和劳动者的自由择业权成为一个难题。

近年来,由于多种因素交织,竞业限制制度呈现被用人单位泛化使用甚至被滥用的趋势,造成一些劳动者不当承担竞业限制义务,进而陷入违约之困境。本案作为涉及竞业限制协议效力认定的典型案例,争议焦点即为劳动者是否属于竞业限制义务适格主体,而一、二审对这一问题的审查思路存在显著不同。以下,笔者结合本案案情,对竞业限制纠纷案件中竞业限制义务适格主体审查规则及相应举证规则进行分析。

一、主体适格:竞业限制协议效力的审查难点

竞业限制的主体范围经历过发展和变化,从最初的商法视野中的公司董事、监事、高级管理人员,扩大至劳动争议视阈中的劳动者,但并非全部劳动者均属于竞业限制人员。[①]为避免用人单位滥用竞业禁止协议,致使被限制的主体泛化,《中华人民共和国劳动合同法》(以下简称《劳动合同法》)第二十三条第一款规定,"用人单位与劳动者可以在劳动合同中约定保守用人单位的商业秘密和与知识产权相关的保密事项"。同时,该法第二十四条第一款明确规定,"竞业限制的人员限于用人单位的高级管理人员、高级技术人员和其他负有保密义务的人员"。《劳动合同法》作为社会法,更为关注的是劳动者在劳动关系中的受支配地位,更加强调的是实质平等和最大诚信[②],遵循的是"保护劳动者"的原则。[③]私法的重心是权利,社会法的重心是义务。[④]因此,不同于《中华人民共和国合同法》(已废止,以下简称原《合同法》)的大部分条文是任意性规定,法无禁止即可为,对于用人单位来说,《劳动合同法》在一定程度上贯彻的是法无授权即禁止的精神。[⑤]因此,《劳动合同法》一方面授权用人单位与劳动者约定竞业限制义务,另一方面对竞业限制义务所适用的主体范围作出了效力性强制性规定,这意味着双方不得通过约定的方式予以排除适用。在大量的竞业限制纠纷案件中,劳动者一方往往会提出其并非竞业限制义务适格主体的抗辩,而对这一主体资格的认定会直接影响对竞业限制协议法律

[①] 董保华:《十大热点事件透视劳动合同法》,法律出版社 2007 年版,第 153 页。

[②] 黎建飞:《从雇佣契约到劳动契约的法理和制度变迁》,载《中国法学》2012 年第 3 期。

[③] 董保华:《劳动合同制度中的管制与自治》,上海人民出版社 2015 年版。

[④] 赵红梅:《第三法域社会法理论之再勃兴》,载《中外法学》2009 年第 3 期。

[⑤] 《竞业限制勿滥用 合理保障就业权》,载北京法院网,https://bjgy.bjcourt.gov.cn/article/detail/2023/05/id/7295783.shtml,2023 年 5 月 17 日访问。

效力的判断。通过类案检索，笔者观察到司法实践对竞业限制义务主体审查规则的把握，以及相应举证责任的分配存在较大的偏差。

就法定竞业限制义务适格主体而言，高级管理人员和高级技术人员概念明确，也较易判定。关于高级管理人员，可以参考《中华人民共和国公司法》（以下简称《公司法》）第二百六十五条第一项的规定进行判定，即"高级管理人员，是指公司的经理、副经理、财务负责人，上市公司董事会秘书和公司章程规定的其他人员"。关于高级技术人员，则可以参考劳动者的职称、在用人单位担任的职务，以及工作内容、工资水平等进行综合判定。关于是否属于其他负有保密义务的人员，则是竞业限制义务适格主体审查的难点。一是由于其他负有保密义务的人员属于兜底性规定，指向对象并不明确，且会因地域不同、时间不同、企业不同而有所差异。二是由于"保密义务"所针对的商业秘密本身就存在界定难问题，商业秘密系属反不正当竞争法的范畴，若要参照侵犯商业秘密纠纷案件的审理规则对商业秘密的构成要件进行审查，则又涉及另一领域的法律适用问题。因此，在司法实践中，即便对于需要审查劳动者是否属于其他负有保密义务的人员存在共识，亦普遍存在基于双方签订了竞业限制协议这一事实，推定用人单位具有商业秘密且劳动者负有保密义务的情况。但是实际上，商业秘密与竞业限制之间是单向的逻辑关系，商业秘密是前提或者存在基础，二者不能互换，更不能进行反推。[①]

二、形式到实质：竞业限制义务适格主体审查的标准

如前所述，司法实践中，关于高级管理人员、高级技术人员的认定，争议相对较少，关于其他负有保密义务的人员的认定，则争议较大，主要体

---

① 邓恒：《德国的竞业禁止制度与商业秘密保护及其启示——兼论〈劳动合同法〉第 23、24 条的修改》，载《法学杂志》2017 年第 3 期。

现为审查标准之争。审查标准一般分为两种，一种是仅作"形式审查"，依据竞业限制协议的约定判断。竞业限制协议是用人单位与劳动者达成的合意，应当充分尊重双方意思自治，只要双方签订有效的竞业限制协议，法院在一般情况下应尊重双方合意，认定劳动者属于竞业限制义务适格主体，不再进一步探究劳动者是否真正负有保密义务。另一种则是作"实质审查"，依据劳动者的工作岗位、工作职责、薪资待遇、工作年限等因素综合判断其是否属于其他负有保密义务的人员。不能仅凭双方有关于竞业限制的约定默认用人单位拥有商业秘密，并推定劳动者知悉用人单位的商业秘密，而应当对用人单位是否拥有商业秘密、劳动者是否存在接触商业秘密的可能性作进一步审查。

由此观之，形式审查标准遵循的裁判思路，是倾向于将竞业限制协议作为一般民事合同看待，强调双方缔约地位的平等性及双方在协议中的意思自治。相较于实体审查，形式审查标准显然更加简单、清晰，从裁判效率的角度来看无疑更加高效。现如今，我国法院面对爆发式增长的各类案件，采取形式审查的方式或许是在寻求效率和公平之间的最好平衡。[①]然而，形式审查标准忽视了竞业限制权利义务关系是基于劳动法律关系而产生，需要受到相应的劳动法律制度调整的事实。竞业限制协议有效的前提系用人单位拥有商业秘密及劳动者负有保密义务，一旦当事人主张劳动者并非适格义务主体，则法院需对此进行实质审查，这实际上也是竞业限制制度相关法律条文的应有之义。

本案中，关于劳动者是否属于竞业限制义务适格主体，一审、二审法院的裁判思路恰恰经历了从形式审查到实质审查的转变。一审法院认为，何某某作为宽带装运维人员难以被认定为高级管理人员或高级技术人员，但何某某作为一线业务人员，对基于工作原因所知晓的亿方公司业

---

① 李欣欣：《劳动者离职竞业限制协议效力问题研究》，载《上海法学研究》集刊 2023 年第 10 卷。

务内容必然具有保密义务,双方进行竞业限制约定并未违反法律规定,故何某某应当按约履行竞业限制义务。可见,一审法院并未对亿方公司是否具有商业秘密及何某某是否存在接触亿方公司商业秘密的可能性进行审查,只是基于双方签订竞业限制协议的事实,以及何某某系一线工作人员的身份,直接认定何某某系其他负有保密义务的人员。二审法院则认为,对于何某某是否属于高级技术人员或者其他负有保密义务的人员,应在遵循一定举证规则的基础上进行实质审查后再予以认定。

三、存在且接触:竞业限制义务适格主体实质审查的维度

法院需从以下两个维度对劳动者是否具有保密义务进行实质审查,一是用人单位存在商业秘密,二是劳动者存在接触商业秘密的可能性。

(一)用人单位存在商业秘密

根据《中华人民共和国反不正当竞争法》第九条的规定,商业秘密指"不为公众所知悉、具有商业价值并经权利人采取保密措施的技术信息、经营信息等商业信息"。审查用人单位是否存在商业秘密或与知识产权相关的保密事项,需要注意以下三个容易产生混淆的误区。第一,要区分一般知识、经验和技能、商业秘密三者的区别。一般知识指劳动者在就业前所获得的必需的生产和生活常识;经验和技能指劳动者从事本行业所应当掌握的行业人员共有的普通技术,及积累的非诀窍类的一般经验;商业秘密则是用人单位采取了保密措施的、能带来巨大经济效益的特殊信息。第二,商业秘密并非企业经营中的常规技术信息和经营信息,更不能与竞争性利益混为一谈。商业秘密是能给企业带来重要商业价值和优势竞争地位的技术信息和经营信息,而非同类企业通常具备的常规技术信息和经营信息。同时,虽然商业秘密的保护的确有助于用人单位获取一

定竞争性利益,但是竞争性利益本身并不等同于商业秘密,不能以保护商业秘密的手段扩大保护竞争性利益,从而脱离商业秘密保护的正当性。第三,商业秘密不能由用人单位单方认定,也不能仅依据当事人对保密信息内容的约定,便认定劳动者属于可以约定竞业限制的人员,否则就混淆了普通保密信息与受竞业限制制度着力保护的"商业秘密和与知识产权相关的保密事项"。

简而言之,商业秘密是有严格界定的,用人单位是否拥有商业秘密需要经过法院的审查认定。本案二审经过审查发现,亿方公司所列举的商业秘密,如小区宽带线路设备配置及客户名单,实际上均属于联通上海分公司直接管理控制下的技术信息和经营信息,并非专属于亿方公司且能给其带来独特优势竞争地位的商业秘密。又如技术方案、硬件管理、业务和行销计划、公司 SOP、客户 SOP 等,实属宽泛概念,本质上属于同类信息技术公司通常均会拥有的技术信息和经营信息,而上述项目概念本身并不能构成商业秘密。本案一审法院实际上就是忽视了商业秘密与常规技术信息和经营信息的区别。

(二) 劳动者存在接触商业秘密的可能性

关于劳动者是否存在接触商业秘密的可能性,应当综合其岗位类型、工作内容、薪资待遇、工作年限等因素进行综合判断。从岗位类型看,当劳动者的岗位为技术研发、销售、财务等特定敏感岗位时,可推定劳动者具有接触用人单位商业秘密的高度可能性。从工作内容看,若劳动者从事的具体工作内容与用人单位的商业秘密存在交集,则可认定其具有接触可能,反之则无接触可能。当然,劳动者薪资待遇的高低、工作年限的长短,都可以反映劳动者的资历及其与用人单位之间的熟悉程度、信赖程度,亦可作为判断其有无可能接触商业秘密的因素。

当然,也有法官提出,在分析劳动者"接触信息的可能性"的基础上,仍需进一步分析劳动者"利用信息的可能性",防止约定竞业限制对劳动者权利限制过度,分析劳动者"重新择业的可能性",防止约定竞业限制实质剥夺劳动者重新就业的权利。[①]司法实质审查是否需要达到如此维度和深度,值得进一步商榷。

(三) 竞业限制义务适格主体审查过程中的举证规则

举证责任分配的一般规则即"谁主张,谁举证",当事人应当对自己主张的事实提供证据并加以证明,当案件事实在诉讼中真伪不明时,由负有举证责任的一方承担不利后果。但是该规则并非一成不变,当负有举证责任的一方当事人所举证据已达到高度盖然性证明标准时,如果对方当事人提出主张不成立,则应当承担反驳证明责任,此时即发生了举证责任的转移。民事诉讼中针对某一事实的举证责任不断在当事人之间进行转移,直至该节事实被查明。举证责任转移本质上系举证责任的减轻,是对承担举证责任一方当事人证明标准的降低,因此举证责任转移需要满足一定的条件。一方面,取决于法院对负有证明责任的一方当事人所提供证据的证明力的综合评价结果。如果在对一方当事人所提供的证据进行审查判断后,认为其证明力具有明显优势并初步达到了相应的证明标准,则此时可以不再要求该方当事人继续提供证据,而转由另一方当事人提供相反证据。另一方面,取决于当事人的证明能力。[②]这在劳动纠纷案件中十分常见,如在竞业限制纠纷案件中,用人单位是劳动关系中负有管理责任的一方,系主动要求与劳动者约定竞业限制并提供竞业限制协议文本的一方,且竞业限制制度本身以保护用人单位商业秘密为目的,用人单位往往较劳动者而言具有更强的举证能力。

以本案为例,关于劳动者是否为竞业限制义务适格主体的举证责任

---

① 卢力:《审理竞业限制纠纷的若干思考》,载《法律适用》2012 年第 3 期。
② 参见最高人民法院(2014)民申字第 148 号案件。

分配问题,实际上在法律上并无明确规定,司法实践中也较为混乱。有的法院认为,用人单位若主张劳动者是负有保密义务的人员,则应当对哪些信息属于保密信息、对保密信息采用了何种保密手段、劳动者如何接触或知悉该信息等事实加以举证证明。有的法院认为,劳动者若主张自己不是适格竞业限制主体,则需要对用人单位无法律意义上的保密事项、自己工作无法接触保密信息等事实进行举证。①对此,笔者认为,在遵循举证责任一般规则的前提下,可通过释明权灵活运用举证转移的民事证明规则,从而在用人单位和劳动者之间进行举证责任的合理分配。总结而言,用人单位主张劳动者承担竞业限制违约金的,应当先证明双方签订了竞业限制协议,且劳动者违反了竞业限制义务。劳动者若抗辩其并非竞业限制义务适格主体,意欲推翻竞业限制协议效力,则应当提交相应证据证明其主张。在劳动者提供相应证据证明其主张后,举证责任又转移至用人单位,即由用人单位对劳动者系竞业限制义务适格主体作进一步举证证明。

四、平衡与保护:竞业限制义务适格主体审查的价值理念

竞业限制内含着商业秘密保护和以雇员生存权为基础的自由择业权的冲突与博弈,其制度设计的目的是对二者进行利益平衡②,而并非仅将其作为保护用人单位利益的工具。竞业限制制度客观上对劳动者的择业自由构成限制,很可能导致劳动者在较长一段时间内无法再从事自己最擅长的岗位工作。无论对于劳动者个人,还是对于整个社会劳动力资源流动而言,均不可避免地会产生一定影响。值得关注的是,当下竞业限制

---

① 熊晖、王瑞宏:《竞业限制对劳动者的泛化适用问题研究》,载《重庆理工大学学报(社会科学)》2021年第9期。

② 许明月、袁文全:《离职竞业禁止的理论基础与制度设计》,载《法学》2007年第4期。

制度存在被泛化使用甚至滥用的趋势,在某种程度上偏离了立法本意,"竞业限制"反而演变成"就业限制",成为"限制劳动者离职或者用人单位获取与劳动者进行离职谈判筹码的方式"。①

对此,法院应当从立法目的出发,从政策导向出发,从条文本义出发,在竞业限制纠纷案件的审理中,遵循利益平衡原则,既重视对用人单位商业秘密的保护,又不能忽视对劳动者权利的保障,通过对竞业限制义务主体资格进行司法审查,以释法说理的形式引导用人单位严格把握签署竞业限制协议的必要性及签署对象的范围,将竞业限制义务主体严格限缩在法律规定的主体范围之内,从而构建和谐劳动关系,优化整体营商环境。

---

① 《我一个普通推销员,签哪门子竞业协议》,载法治网,http://www.legaldaily.com.cn/index/content/2023-03/30/content_8838396.html,2023 年 3 月 30 日访问。

2. A公司、戴某等人非法吸收公众存款、集资诈骗案*

——以真实放贷债权包装理财产品进行非法集资的认定

【裁判要旨】

1. 未经有关监管部门依法批准并非判断非法集资犯罪"非法性"要件的唯一指征。对于"非法性"的认定,应当遵循形式与实质的双重判断标准,从"未经批准"与"侵犯国家金融管理秩序且具有危害公众资金安全的可能性"两个层面把握。以真实放贷债权进行非法集资的行为,因存在资金归集、两端产品期限错配、变相承诺保本付息等违规情形,致使公众资金处于不正常风险状态,因此具有"非法性"。

2. 对以真实放贷债权包装理财产品进行非法集资的行为,不能事后以其模式不可持续为由,推定行为人在开展业务初始阶段即具有非法占有目的,而应当将行为人明确认识到其业务模式不具有可持续性的时间节点,作为判断产生非法占有目的的标准,并区分前后两个阶段,分别认定构成非法吸收公众存款罪与集资诈骗罪,进行两罪并罚。

【相关法条】

《中华人民共和国刑法》

第一百七十六条 非法吸收公众存款或者变相吸收公众存款,扰乱金融秩序的,处三年以下有期徒刑或者拘役,并处或者单处罚金;数额巨

---

* 编写人系上海市第二中级人民法院(原任职于上海市第一中级人民法院)余剑,上海市第一中级人民法院张亚男。

大或者有其他严重情节的,处三年以上十年以下有期徒刑,并处罚金;数额特别巨大或者有其他特别严重情节的,处十年以上有期徒刑,并处罚金。

......

第一百九十二条 以非法占有为目的,使用诈骗方法非法集资,数额较大的,处三年以上七年以下有期徒刑,并处罚金;数额巨大或者有其他严重情节的,处七年以上有期徒刑或者无期徒刑,并处罚金或者没收财产。

......

【案件索引】

一审:上海市第一中级人民法院(2020)沪 01 刑初 100 号(2022 年 12 月 30 日)。

二审:上海市高级人民法院(2023)沪刑终 10 号(2023 年 6 月 2 日)。

【基本案情】

被告人戴某系被告单位 A 公司等系列企业的实际控制人。2011 年 11 月至 2019 年 8 月,戴某在未经有关机关批准的情况下,决定采用债权转让模式向社会公众募集资金。具体模式为:由 A 公司控股的 B 公司(放贷端)招揽借款人签订主要期限为 12—36 个月不等的借款合同,在扣除合同金额 30％左右的服务费用后放贷给借款人,再将放贷债权按照借款合同金额拆分包装成期限 1—36 个月、年化收益 5％—15％不等的债权转让型理财产品,以对外宣传保本付息,或承诺有合作方提供本息垫付逾期债权等方式,通过线下门店或 C 公司运营的线上平台(募资端)发售,从而向社会公众非法募集资金。

2016 年 4 月起,为应对债权逾期还款率攀升造成的无足量资金放贷、无法生成足量债权、无法包装足量理财产品、无法募集足量资金的恶性循环,戴某经由下属提议,决定采用虚假发售逾期债权产品(即将已经垫付原出借人本息的逾期债权虚构为新债权,包装成全新的理财产品对外发售并向出借人隐瞒)、虚假凑标(即当募资端与放贷端产品期限错配造成部分债权闲置时,操控员工个人"超级理财人"账户,动用公司资金购买或转让理财产品以加快标的流转、增加集资量)等手段继续向社会公众非法募集资金。

经审计,2011 年 11 月至 2019 年 8 月,被告单位 A 公司累计向 35 万余名出借人销售理财产品共计人民币 596.66 亿余元,至案发造成 2.65 万余名出借人未兑付本金共计 75.21 亿余元。其中,2011 年 11 月至 2016 年 4 月 14 日,非法募集资金 179.60 亿余元,未兑付本金 1.54 亿余元;2016 年 4 月 15 日至案发,非法募集资金 417.06 亿余元,未兑付本金 73.66 亿余元。前述所募资金主要被用于放贷、兑付出借人资金、支付运营费用等。

【裁判结果】

上海市第一中级人民法院于 2022 年 12 月 30 日作出(2020)沪 01 刑初 100 号刑事判决:对被告单位 A 公司犯非法吸收公众存款罪、集资诈骗罪,决定执行罚金人民币一亿元;对戴某犯非法吸收公众存款罪、集资诈骗罪,决定执行有期徒刑十九年,并处罚金人民币二千五百五十万元;对其余六名被告人犯非法吸收公众存款罪、集资诈骗罪,分别判处有期徒刑十三年至七年六个月不等刑罚,并处人民币一千万元至一百五十万元不等罚金;在案扣押、冻结的赃款按比例发还各名被害人,查封、冻结、扣押在案的房产、股权等拍卖或变卖后分别按比例发还各名被害人,追缴被告单位、各名被告人和相关涉案人员的违法所得,不足部分责令退赔,所得款项按比例发还各名被害人。

一审宣判后,被告人戴某等不服判决,提出上诉。上海市高级人民法院于 2023 年 6 月 2 日作出(2023)沪刑终 10 号刑事裁定,驳回上诉,维持原判。

【裁判理由】

法院生效判决认为:被告单位 A 公司及被告人戴某的行为分阶段构成非法吸收公众存款罪与集资诈骗罪两罪。

首先,被告单位 A 公司系在被告人戴某的决策、指挥下从事非法集资活动。在案证据表明,A 公司及戴某实际控制的其他涉案公司在均不具备公开募集资金从业资质的情况下,通过在全国各地设立众多线下理财门店及运营线上平台,以宣传保本付息、承诺有合作方提供本息垫付等为诱饵,向社会不特定公众公开宣传推介债权转让型理财产品。该行为违反了我国金融管理法律规定,破坏了正常金融秩序,具有非法性、公开性、利诱性、社会性特征,应认定为非法集资行为。

其次,被告单位 A 公司及被告人戴某在 2016 年 4 月之前的非法募集资金行为构成非法吸收公众存款罪。主要理由是:其一,从运营模式看,A 公司及戴某在开展 P2P 理财业务的初始阶段,主要采取收取服务费的模式。募资端发售的理财产品也系建立在有真实底层资产即放贷端审核通过的内容真实的放贷债权基础上。其二,从运营过程及资金去向看,戴某曾为涉案企业的成立、运营注入资金支持;且本案并不存在肆意挥霍集资款、随意投资等情形。其三,从兑付情况看,涉案系列企业在较长时间内通过其业务模式,并设立风险金回购逾期债权、催收等方式对出借人保持了刚性兑付。经审计,2016 年 4 月 14 日之前,A 公司等系列企业非法募集资金 179.60 亿余元,未兑付本金 1.54 亿余元,未兑付比例为 0.85% 左右。其四,从行为方式看,A 公司等系列企业在虚假发售逾期债权产品之前,其行为具有欺骗性质,主要体现在虚假宣传保本付息等方面,结合本案前阶段实际兑付情况来看,仅以虚假宣传作为认定 A 公司、戴某初始阶段即具有非法占有目的依据证明力不足。

最后,被告单位 A 公司及被告人戴某在 2016 年 4 月之后的非法募集资金行为构成集资诈骗罪。理由是:其一,A 公司及戴某此时已经明知涉案经营模式不具有可持续性。在案证据证实,此时 A 公司及戴某已经明知涉案企业的资金流动性与财务状况逐渐恶化,企业已陷入逾期还款率不断攀升造成的无足量资金放贷、无法生成足量债权、无法包装新的理财产品,以及无法募集足量资金的恶性循环之中,经营模式的不可持续性已经显而易见。其二,A 公司及戴某在后续募集资金过程中实施了欺骗行为。在案证据证实,为解决兑付问题,戴某决定采取将已经彻底逾期的债权冒充为新债权并包装成理财产品的方式,对外继续募集资金。尽管已经彻底逾期的债权内容是客观存在的,但是其还款的可期待性与及时性已经远远低于正常债权,导致后续接盘的出借人仍会面临无法兑付的困境。A 公司等系列企业将逾期债权包装成新债权并对外隐瞒,违背了其自身募集资金系建立在正常债权基础上的经营初衷,更违背了广大出借人自愿出资购买正常债权的真实意愿,该行为本质上系诈骗行为。其三,A 公司等系列企业明知其经营模式不具有可持续性,为加快债权标的流转、增加成交量,还是采用虚假凑标的方式发售理财产品。综上所述,从虚假发售逾期债权产品募集资金开始,A 公司及戴某的主观故意内容已经发生明显转变,具有了非法占有目的,应认定 A 公司和戴某构成集资诈骗罪。此外,本案诈骗行为系发生在非法集资过程中,不仅侵犯了被害人的合法财产权利,还严重侵害了国家金融管理秩序,故不应认定为诈骗罪或合同诈骗罪。

【案例注解】

本案系一起以真实放贷债权包装理财产品进行非法集资的涉众型案件,与"庞氏骗局"特征明显的涉众型非法集资案件相比,在业务模式、资金去向、行为手段、造成损失原因、可期待的追赃挽损效果等方面均具有特殊性,导致理论界、实务界对此类案件的行为定性存在较大分歧。公诉机关指控本案构成集资诈骗罪;辩护人则主张构成非法吸收公众存款罪;部分被告人还提出开展集资业务的初衷是发展普惠金融,并不存在违法性。此外，被害人群体通过信访渠道表达了相应诉求。有的被害人提出大量"老赖"逾期还款才是造成巨额损失的根源，被告单位及各名被告人也是被骗对象，不应认定其构成非法集资犯罪；还有的被害人提出，被告单位及被告人与贪图高息的非法集资参与人有本质区别，应认定其构成合同诈骗罪；等等。由此，以真实放贷债权包装理财产品募集资金的行为是否符合非法集资的特征，尤其是非法性特征，如何判断行为人是否具有非法占有目的及非法占有目的的产生时间，是本文着力探讨的问题。

一、以真实放贷债权包装理财产品进行非法集资的模式及特性

近年来，打着"金融创新"旗号违法违规开展金融活动的问题较为突出。对不断翻新发展的金融业务模式、交易结构及存在样态进行解析架构，是进行实质违法性判断及合理解释金融犯罪构成要件要素的重要基础。

以真实放贷债权包装理财产品进行非法集资的涉众型案件，其经营模式往往表现为"两端业务模式"。其中，"放贷端"主要负责寻找借款人，通常由涉案公司的实际控制人或关联人员作为超级放贷人，与借款人签订借款协议，并在借款合同金额基础上扣除一定比例的服务费后，进行放款并取得相应债权；"募资端"负责将放贷形成的真实债权，拆分包装成期限与年化收益不等的理财产品，并以宣传保本付息等为诱饵，向社会不特定公众公开推介。涉案公司收到理财资金后，继续以超级放贷人名义对外放贷，形成新的债权，并包装成理财产品继续发售。"两端产品"之间的利差即属于公司盈利。业务开展过程中，如出现借款人逾期还款问题，涉案公司往往会垫付回购逾期债权，重新包装成正常债权，并设计为全新的理财产品进行发售。该情形下，尽管理财产品所依附的底层资产即逾期债权本身是客观存在的，但与正常债权相比，还款可能性已然降低，而且

后续接盘的出借人往往并不知晓其购买的系逾期债权产品。

与使用资金极度不负责任、所募资金主要用于借新还旧、肆意挥霍等"庞氏骗局"特征明显的涉众型非法集资案件相比，以真实放贷债权包装理财产品进行非法集资的涉众型案件存在以下特殊性。第一，从发售的理财产品看，后者存在真实底层资产，即放贷形成的债权；而"庞氏骗局"情形下，包装发售的理财产品所依附的底层资产往往系完全虚构的项目，或者系随意投资、营收无法保障的项目。第二，从集资款去向看，所募资金主要用于开展放贷业务及公司经营，不存在随意投资、肆意挥霍、抽逃转移资金，或者用于生产经营活动的资金规模与筹集资金规模明显不成比例等情形。第三，从具有欺诈性质的行为方式看，以转让真实放贷债权进行非法集资的中前期，具有欺诈性质的行为往往体现在虚假宣传保本付息方面，中后期因业务模式的不可持续性凸显，可能存在以逾期债权假冒正常债权包装理财产品等欺诈行为；而"庞氏骗局"情形下，行为人在初始阶段往往就会实施虚构项目、虚假投资等诈骗行为。第四，从造成损失原因看，大量借款人逾期还款导致放贷债权无法收回是造成损失的直接原因；而"庞氏骗局"情形下，行为人本身既是造成损失的根本原因，又是直接原因，几乎不存在造成损失的其他外因。第五，从可期待的追赃挽损效果看，基于资金去向的特殊性，以真实放贷债权包装理财产品进行非法集资的情形下，后续仍可通过强制追缴、开展失信惩戒等方式加大对外债权清收力度，仍有弥补被害人损失的可期待性；而"庞氏骗局"情形下，因行为人往往使用资金极度不负责任或肆意挥霍，导致追赃挽损的比例极低。

正是前述特殊情况的存在，导致理论界、实务界对以真实放贷债权包装理财产品募集资金的非法性及非法占有目的的认定产生了很大分歧。如本案公诉机关指控 A 公司及戴某等人不但行为具有"非法性"，而且从开展业务初始即具有非法占有目的；部分被告人则提出其行为不具有非法性,应当给予金融创新容错机会和客观评价;辩护人则认为,A 公司及戴某等人对集资款项不具有非法占有目的。

二、非法集资犯罪之"非法性"的认定

《最高人民法院关于审理非法集资刑事案件具体应用法律若干问题的解释》中明确规定,构成非法集资行为,需要满足"非法性""公开性""社会性""利诱性"四个要件。以本案为代表的真实债权转让型集资行为,通常以线上线下相结合的方式公开推介理财产品,基于网络平台受众的广泛性、不特定性,认定其具有"公开性""社会性"没有争议。"利诱性"的判断则主要从承诺与有偿回报两方面入手,以本案为例,业务员通过承诺保本付息招揽出借人,相关理财产品宣传资料上均标注有"逾期率为 0""合作方提供风险金全额本息垫付"等字样,符合"利诱性"。故判断是否属于非法集资的重点在于对"非法性"的认定。

笔者认为,关于"非法性"要件的认定,应当基于形式与实质的双重判断标准,从"未经批准"与"侵犯国家金融管理秩序且具有危害公众资金安全的可能性"两个层面把握,理由如下所示。

其一,是否经有关监管部门批准并非判断募集资金行为合法与否的唯一指征。《中华人民共和国商业银行法》规定,"未经国务院银行业监督管理机构批准,任何单位和个人不得从事吸收公众存款等商业银行业务"。该前置性规定一度成为裁判文书中论证"非法性"的关键。但需要指出的是,该规定仅是判断吸收公众存款行为合法与否的基本法律依据,绝不意味着未经有关监管部门批准是认定"非法性"的决定性因素。社会经济的发展需要多元化的融资模式,如果将是否获得行政许可作为判断募资行为合法与否的决定性标准,不仅会导致大量民间融资犯罪化,更会扼杀金融创新的动力。正因如此,司法机关更要保持理性与克制,不能简

单、机械地将未经批准作为认定"非法性"的充分条件,否则容易造成刑法过度干预的问题。

其二,从法益保护角度出发,"非法性"的本质在于非法集资业务的开展具有侵犯国家金融管理秩序并危及公众资金安全的可能性。非法吸收公众存款罪的规范目的在于促进吸收存款这种金融业务的行业规范,通过对规范的坚守来保障投资人的资金安全。[①]我国商业银行之所以能够稳定持续地开展吸存揽储业务,就是因为建立了一系列符合行业规范的风险监管制度,如设置存款准备金、贷款保险、贷款审核、贷款损失准备金等,从而能够有效应对挤兑、坏账等系统性金融风险,保护储户资金安全。而未经批准的单位和个人在面向社会公众开展吸存、放贷业务时,由于缺乏风险管理能力和监管约束,很可能引发金融风险并危及公众资金安全,这才是"非法性"的本质所在。

其三,认定"非法性"时,应当充分发挥法益的违法性评价和解释论功能,准确认定非法吸收公众资金行为。具体可从集资业务开展过程中所显露的风险是否违反国家法律法规、是否触发金融监管红线进行判断。根据相关规定,涉案公司仅能作为信息中介机构,依法为借款人和出借人提供信息交互、撮合、资信评估等服务,不得提供增信服务,不得归集资金,不承担借贷违约风险。真实债权转让集资模式如果背离信息中介初衷,存在私设"资金池"、两端产品期限错配、承担借贷违约风险等违规情形,则应认定具有"非法性"。

本案中,A公司、戴某通过转让真实债权来公开募集资金的行为,不仅未经有关监管部门依法批准,还存在利用超级放贷人账户归集资金,将放贷债权拆分包装成多个理财产品进行发售,以及虚假宣传、变相承诺保本付息等多种触发金融监管红线的情形。尤其在两端产品期限、资金错

---

① 胡宗金:《非法吸收公众存款罪的规范目的与规制范围》,载《法学家》2021年第6期。

配情况下，一旦放贷债权中期发生逾期还款情况，前序理财产品可能已到期予以垫付，该垫付损失必将动用资金池后序理财资金进行填补，从而加剧了资金流动性风险。即使设置了风险专用金账户，但无法长期应对挤兑、坏账等金融风险，致使社会公众资金处于风险之中，应认定该行为具有"非法性"，属于非法集资行为。

三、真实债权转让模式下"非法占有目的"的认定

在明确以本案为代表的集资模式符合非法集资特征的基础上，还需进一步审查行为人是否具有非法占有目的，进而认定其行为构成非法吸收公众存款罪或集资诈骗罪。

理论界、实务界对以本案为代表的集资模式是否具有非法占有目的，主要有两种观点。一种观点认为，网贷平台在开展债权转让业务初始阶段即具有非法占有目的。理由是，涉案公司所经营的放贷业务实质上系高利借贷行为，属于《最高人民法院关于审理非法集资刑事案件具体应用法律若干问题的解释》第四条第二款关于非法占有目的的推定情形，即"将集资款用于违法犯罪活动的"；同时，该经营模式从长久来看并不具有可持续性，应认定具有非法占有目的。另一种观点认为，判断是否具有非法占有目的，应当结合集资款去向、造成损失原因等综合分析。就本案而言，平台所募资金主要用于发放贷款，这一经营业务不存在前述司法解释中所列举的肆意挥霍、随意投资、隐匿资产等情形，故应认定构成非法吸收公众存款罪。

新类型的金融犯罪、经济犯罪因涉及复杂的业务模式与经营活动，为实践中判断行为人是否具有非法占有目的带来了很大困扰。具体认定时，应遵循以下思路。

(一) 警惕规范性推定的局限性,避免客观归罪倾向

"非法占有目的"作为一种存在于主观状态下的心理事实,在司法实践中无法直接用证据形式固定并加以认定,故只能借助行为人客观方面的具体表现,以及日常生活中社会民众的一般观念,来推定行为人行为时的特定心理。尽管相关规范性法律文件从刑事推定的角度出发,列举了认定金融诈骗犯罪中"非法占有目的"的具体情形,但在引用列举情形进行释法说理时,更要高度警惕推定这种证据规则天生所具有的局限性,即经推定得出的结论并不唯一,甚至会出现相互矛盾的情形。如以本案为代表的情形而言,前述两种争议观点均以司法解释中所列举的推定情形作为论证的重要依据,却得出了两种截然相反的结论,难以令人信服。

(二) 坚持主客观相一致原则,准确把握非法占有目的产生时间

我国刑法实行主客观相统一原则,该原则的内涵不仅包括主观有责和客观不法行为相一致,还包括主观目的的产生时间与客观行为的实施时间相一致。①这就要求办案机关既要注重证明非法占有目的本身存在与否,又要准确把握非法占有目的的产生时间,从而避免在定性问题上出现"一刀切"的情况。以集资诈骗罪为例,非法占有集资款的主观目的必须与欺诈行为处于同一时间维度,才能认定该罪成立。也就是说,如果行为人在开展业务初始阶段仅具有非法吸收公众存款故意,在发生经营失败、资金链断裂等问题后,明知经营模式不可持续、行为人没有归还能力,仍然继续吸收公众存款,则应当区分前后两个阶段分别认定构成非法吸收公众存款罪与集资诈骗罪。需要注意的是,在以真实放贷债权包装理财产品进行非法集资的涉众型案件中,尽管虚假宣传手段贯穿始终,但鉴

---

① 张忠明等:《金融诈骗罪中非法占有目的证明问题研究》,载《中国检察官》2021 年第 9 期。

于非法吸收公众存款犯罪行为乃至民事欺诈行为中或多或少均存在夸大、虚假宣传情形,故单纯将虚假宣传作为认定 A 公司前期即具有非法占有目的的依据,说服力不足。

(三)应将明确认识到业务模式不可持续的时间节点,作为产生非法占有目的的判断标准

所谓经营模式的可持续性,指企业基于报告期内的生产经营情况,在可预见的未来,有能力按照既定目标持续经营下去。具体判断时,可从行为人对涉案企业财务状况的了解程度,包括现金流是否充足、经营收益是否稳定增长、企业运营成本的投入是否稳定、内控制度是否健全,以及行为人是否实施了欺诈行为以暂时掩盖经营模式不可持续等情况综合认定。具体到本案中,从结果导向看,所涉业务模式确实不可持续,但置身于当下的时空维度,从资金去向、兑付情况、行为手段,以及戴某因开展其他业务所形成的经济实力看,均无法得出其在业务开展初始即具有非法占有目的的结论,故将前期未认识到业务模式不可持续性的阶段认定为非法吸收公众存款罪,更符合主客观相一致原则。后随着时间推移,因业务模式的不可持续性逐渐显露,涉案企业的资金流动性与财务状况逐渐恶化,为解决兑付问题,戴某等实施了虚假发售逾期债权产品、虚假凑标等欺诈行为。此时,A 公司及戴某的主观故意已发生明显转变,具有非法占有目的,应认定构成集资诈骗罪。

3. 江苏远景建设工程有限公司诉王某某
提供劳务者受害责任纠纷案*
——非个人之间劳务关系中提供劳务者受害责任纠纷的规则适用

【裁判要旨】

非个人之间劳务关系中提供劳务者受害责任纠纷的归责原则应参照劳动关系处理，即适用无过错责任原则作为归责原则，由接受劳务方即用工单位对提供劳务者遭受的损害承担无过错赔偿责任。若提供劳务者的损害系第三人侵权行为所致，用工单位在对提供劳务者承担相应赔偿责任之后，有权向该第三人追偿。

【相关法条】

《中华人民共和国民法典》

第一千一百九十一条　用人单位的工作人员因执行工作任务造成他人损害的，由用人单位承担侵权责任。用人单位承担侵权责任后，可以向有故意或者重大过失的工作人员追偿。

劳务派遣期间，被派遣的工作人员因执行工作任务造成他人损害的，由接受劳务派遣的用工单位承担侵权责任；劳务派遣单位有过错的，承担相应的责任。

第一千一百九十二条　个人之间形成劳务关系，提供劳务一方因劳

---

　　*　编写人系上海市第一中级人民法院王茜、沈俊翔。

务造成他人损害的,由接受劳务一方承担侵权责任。接受劳务一方承担侵权责任后,可以向有故意或者重大过失的提供劳务一方追偿。提供劳务一方因劳务受到损害的,根据双方各自的过错承担相应的责任。

提供劳务期间,因第三人的行为造成提供劳务一方损害的,提供劳务一方有权请求第三人承担侵权责任,也有权请求接受劳务一方给予补偿。接受劳务一方补偿后,可以向第三人追偿。

【案件索引】

一审:上海市浦东新区人民法院(2022)沪0115民初52381号(2023年1月29日)。

二审:上海市第一中级人民法院(2023)沪01民终6028号(2023年7月10日)。

【基本案情】

原告(被上诉人)王某某诉称,2019年1月起,王某某受雇于江苏远景建设工程有限公司(以下简称"远景公司"),在上海浦东机场区域从事绿化带保洁工作。2021年7月11日,王某某在浦东机场从事日常保洁工作过程中,踏到路上电信井盖,因该井盖未固定而掉落受伤。后王某某被送医院救治。因赔偿事宜协商未果,诉至法院。王某某请求法院判令:远景公司赔偿王某某各项损失共计人民币18万余元。

被告(上诉人)远景公司辩称,双方之间存在劳务关系,认可王某某在工作过程中发生事故,但是其掉落井盖的具体原因无法核实,也无法确认王某某对事故发生是否有一定责任。事故发生后,远景公司已经垫付了部分医药费、住院伙食费、护理费等费用。

法院经审理查明:2019年1月起,王某某受雇于远景公司在上海浦东机场区域从事绿化带保洁工作。2021年7月11日16时30分左右,王某某在上海浦东机场从事日常保洁工作过程中,踏到路上的电信井盖而掉落受伤,工友沈某某赶来将王某某救起,报告了公司主管丁某某,丁某某赶到现场进行了拍照,并将王某某送医院救治,远景公司垫付了医疗费、住院伙食费、护理费等。2022 年 12 月 9 日,经鉴定,王某某左腕部等处因故受伤,后遗左腕关节功能障碍,构成十级伤残;酌情给予伤后误工 120—150 日,护理 60 日,营养 60 日。

【裁判结果】

上海市浦东新区人民法院于 2023 年 1 月 29 日作出(2022)沪 0115 民初 52381 号民事判决:一、远景公司于本判决生效之日起十日内赔偿王某某 162 313.73 元;二、驳回王某某的其余诉讼请求。

远景公司不服,认为一审判决适用法律错误,按照《中华人民共和国民法典》(以下简称《民法典》)第一千一百九十二条的规定,远景公司应对王某某的受害损失承担补充责任而非赔偿责任,并其有权向电信井盖的所有人或管理人追偿。远景公司向上海市第一中级人民法院提起上诉。

上海市第一中级人民法院于 2023 年 7 月 10 日作出(2023)沪 01 民终 6028 号民事判决:驳回上诉,维持原判。

【裁判理由】

法院生效裁判认为:远景公司与王某某对双方属于劳务关系均无异议,二者间应属于个人与非个人之间建立的劳务关系。此类劳务关系既不同于个人与个人之间建立的劳务关系,又不同于个人与非个人之间建立的劳动关系,更不同于个人与非个人之间建立的承揽关系。实践中,个人与非个人之间建立的劳务关系,通常在工作模式、管理方式、劳动报酬支付方式等方面与劳动关系相似,仅因为相关主体不具备建立劳动关系的主体资格,双方的法律关系才被界定为劳务关系。如本案被上诉人王某某,于 2019 年 1 月起受雇于远景公司,在上海浦东机场区域从事绿化带保洁工作,受雇时王某某已经 59 岁,远超过法定退休年龄,显然不再属于劳动法意义上适格的劳动者。远景公司对王某某进行管理、按时发放报酬，且王某某的工作内容属于远景公司业务的组成部分，故作为接受劳务一方的远景公司应是王某某广义上的用人单位。这一劳务关系与《民法典》第一千一百九十二条第一款所规定的个人之间形成的劳务关系存在显著区别。在用人单位与个人之间形成的劳务关系中，用人单位处于优势地位，并从个人提供的劳务中获得较为显著的商业利益。而个人之间的劳务关系是平等主体之间所建立的，接受劳务的个人往往直接享受劳务成果而非获得商业利益。

鉴于《民法典》并未对用人单位与个人之间建立劳务关系时，个人因提供劳务而受伤的归责原则作出规定，故仅能参照适用最为接近的法律关系来确定相应的归责原则。如上所述，用人单位与个人之间形成的劳务关系更为接近劳动关系，故不宜参照《民法典》第一千一百九十二条第一款的规定，即根据双方各自的过错承担相应的责任，而应参照劳动关系，即由用人单位适用无过错原则承担相应赔偿责任。本案中，王某某在正常提供劳务的时间和场所，因提供劳务而受伤，远景公司作为用人单位不论有无过错，均应承担赔偿责任。综上所述，一审法院虽然适用法律错误，但是最终判决远景公司向王某某承担全部赔偿责任无误，应予维持。远景公司上诉认为本案应当适用《民法典》第一千一百九十二条的规定，判决其承担补偿责任，于法无据，不予支持。

需要指出的是，本案用人单位与个人之间建立的是劳务关系而非劳动关系，用人单位不能通过购买工伤保险来分散用工风险。在此前提下，如确因第三人侵权造成提供劳务一方受到损害，应当允许用人单位在承担赔偿责任之后，参照《民法典》第一千一百九十二条第二款的规定向第三人追偿，这样既可以兼顾和平衡劳务关系中用人单位与个人的合法利益，又有利于劳务市场的有序发展，也符合立法的本意。因此，若远景公司认为王某某的受伤确因第三人侵权所造成，则可以在承担本案的相应赔偿责任之后，另行向第三人追偿。

【案例注解】

本案争议焦点在于：一是如何认定非个人之间劳务关系中提供劳务者受害责任纠纷的归责原则；二是若确因第三人造成提供劳务者人身损害，则用工单位承担相应责任之后，是否有向第三人追偿的权利。

司法实践中，因现行法律规定存在空白，此类案件的审理思路具有进一步检视的重要意义。

一、适法分歧：非个人劳务关系中的归责原则

（一）立法现状：非个人劳务关系中归责原则的法律缺位

我国《民法典》出台实施后，原《中华人民共和国侵权责任法》（以下简称原《侵权责任法》），以及 2020 年修订的《最高人民法院关于审理人身损害赔偿案件适用法律若干问题的解释》（以下简称《人身损害赔偿解释》），都不再适用针对提供劳务者受害责任纠纷所确定的归责原则。目前，审理此类案件的主要法律依据是《民法典》第一千一百九十二条。但该条文仅规定了个人之间劳务关系的归责原则，对非个人之间劳务关系的归责原则未予规定，司法实践中由此产生较大争议，出现适法不统一的现象。近年，尤其是《最高人民法院关于审理劳动争议案件适用法律若干问题的解释（三）》第七条规定，将用人单位与退休人员之间的关系定性为劳务关系后，此类纠纷引发的矛盾更为突出，亟待解决。

（二）路径选择：非个人之间劳务关系中归责原则的主要观点

司法实践中，在审理此类非个人之间劳务关系中提供劳务者受害纠纷案件时，主要有以下三类审理思路。

1. 参照承揽关系处理

第一种观点认为，可以参照承揽关系处理。具体为，若个人为用工单位提供临时性劳动,可以认定双方构成承揽关系,则可适用《民法典》第一千一百九十三条规定:"承揽人在完成工作过程中造成第三人损害或者自己损害的,定作人不承担侵权责任。但是,定作人对定作、指示或者选任有过错的,应当承担相应的责任。"

但是,一方面从法律适用的角度来看,该观点将劳务关系与承揽关系进行了混同,二者在订立合同的目的、工作方式和成果形式、风险承担的划分、人身关系的隶属等方面均存在明显差异。另一方面从社会效果的角度来看,若参照承揽关系处理,对提供劳务者一方的司法保护力度甚至弱于个人之间建立的劳务关系,这样既不利于平衡当事人之间的合法权益,又不利于劳务市场的长期发展。

2. 参照个人之间的劳务关系处理

第二种观点认为,可以参照适用个人之间的劳务关系,即适用过错责任原则。具体为,用工单位应承担选任、监督、安全保障等法律责任,提供劳务者也应承担相应的注意义务,故二者应根据各自过错承担相应责任。本案中,一审法院适用了《民法典》第一千一百九十二条第一款规定,即过错责任原则,认定用工单位在劳务活动中忽视对提供劳务者的管理、保护,对于涉案事故的发生,用工单位应承担相应赔偿责任。支持此类观点的主要理由有二:一是立法沿革。根据新法优于旧法、上位法优于下位法的原则,原《侵权责任法》第三十五条和《民法典》第一千一百九十二条规定,对提供劳务者受害责任纠纷的归责原则均适用了过错责任原则,该原则取代了2003年颁布的《人身损害赔偿解释》第十一条规定的无过错责任原则。二是过错责任原则为侵权责任的一般归责原则,而无过错责任原则为特殊原则。因此,适用无过错责任原则时应有法律的明文规定。在现行法律未有明文规定非个人之间劳务关系中提供劳务者受害纠纷的归责原则的前提下,应适用一般归责原则即过错责任原则。

3. 参照劳动关系处理

第三种观点认为,可以参照劳动关系处理,即适用无过错责任原则。具体为,用工单位对提供劳务者因提供劳务过程中受到的损害承担无过错赔偿责任,若提供劳务者存在故意或重大过失,则可以减轻或免除用工单位的赔偿责任。

(三) 裁判路径:非个人之间劳务关系中归责原则的逻辑论证

笔者认为,在现行法律规定存在空白的情况下,结合论证立法目的、最为接近的法律关系、当事人权益平衡和社会价值引导等方面,确定审理此类非个人劳务关系中提供劳务者受害责任纠纷,应适用无过错责任原则作为归责原则,即赞同观点三,具体理由如下。

1. 立法目的

《民法典》第一千一百九十二条规定的立法目的系规范日常生活中常见的诸如家庭雇佣保姆、小时工、家庭教师等个人之间劳务关系,并非要改变雇主责任的无过错责任归责原则。[1]同时,结合文义解释,该法条适用范围为"个人之间形成劳务关系",是与"非个人之间形成劳务关系"相区别的。二者若不作任何区分,简单统一适用相同的归责原则,则会与立法机构制定并出台该法条的初衷不相符。

2. 最为接近的法律关系

现代法学方法中,类推适用指在对特定的案件缺乏法律规定时,法官比照与该案件类似的法律规定,将法律的明文规定适用于法律没有规定但存在与明文规定相类似的情形。[2]《最高人民法院关于加强和规范裁判文书释法说理的指导意见》第七条亦明确规定:"民事案件没有明确的法

---

[1] 最高人民法院民法典贯彻实施工作领导小组:《中华人民共和国民法典侵权责任编理解与适用》,人民法院出版社 2020 年版,第 248 页。

[2] 王利明:《法学方法论》,中国人民大学出版社 2011 年版,第 499 页。

律规定作为裁判直接依据的,法官应当首先寻找最相类似的法律规定作出裁判;如果没有最相类似的法律规定,法官可以依据习惯、法律原则、立法目的等作出裁判,并合理运用法律方法对裁判依据进行充分论证和说理……"

实践中,与非个人之间劳务关系最为接近的法律关系主要有两类:一是个人之间劳务关系,二是非个人之间的劳动关系。涉案事故发生前,王某某受雇于远景公司,在上海浦东机场区域从事绿化带保洁工作长达 2 年半,有着固定的工作时间、地点与内容,工作内容是公司的业务组成部分,属于从事生产经营及营利性业务活动。同时,王某某服从于远景公司的工作管理与安排,双方之间有一定的人身隶属关系。总体而言,双方在工作模式、管理方式、劳动报酬支付方式等方面均与劳动关系相似。而相较于家政服务、家庭装修等个人之间劳务关系,二者在接受劳务一方的主体地位、工作管理模式、利益分配、风险承担等方面均有明显差异,不宜进行类推适用。综上,此类案件的法律适用参照劳动关系处理更为合适。

3. 当事人权益平衡

第一,在经济利益方面。所谓"受其利者任其害"。不同于个人之间的劳务关系,非个人之间劳务关系中用工单位雇佣提供劳务者的目的,多为从事生产经营及营利性业务活动,用工单位从中获得较为显著的商业利益。同时,用工单位不具有为提供劳务者缴纳工伤保险的法定义务,亦不用考虑福利待遇等问题。因此,相较于劳动关系,公司在劳务关系中的用人成本更低,客观上扩大了经济利益。故若采用过错责任原则,则用工单位在享受较大经济利益的同时,因提供劳务者无法举证证明其存在过错,而不承担任何经济赔偿责任,却由本就弱势一方的提供劳务者个人承担了所有不利后果,这对提供劳务者一方而言显著不公平。

第二,在诉讼能力方面。一般来说,受限于认知水平、法律意识、经济条件等其他客观情况,提供劳务一方和用工单位在诉讼能力上普遍存在较大差距。同时,工作内容、时间地点、用工模式均由用工单位统一安排与管理,故提供劳务一方在证据获取方面也较为受限。若简单适用过错责任原则,则不利于平衡双方之间的合法权益,并且致使提供劳务者个人的维权难度过大、成本过高。

4. 社会价值引导

对用工单位而言,相较于个人雇主,其理应具备更为健全的规章制度、管理模式和风险防范水平,在工作中有对提供劳务者进行指挥、监督、管理职责。因此,法律对用工单位的工作条件与安全保障提出较高的要求,并无不妥。适用无过错责任原则,可以对用工单位进一步规范用工形式、完善劳务保护措施等起到价值导向作用。[1]

对劳动力市场而言,相较于劳动关系,劳务关系中用工单位的用工成本更低。若适用过错责任原则,会进一步降低其用工成本与赔偿风险,可能会对许多企业的用工方式与路径选择产生错误的价值引导作用,从而对现有社会用工体系的稳定与发展造成冲击,不利于规范劳动市场的有序发展。[2]例如,用工单位出于追求经济利益及规避责任等目的,避免与劳动者建立劳动合同,转而采用劳务工的方式,既不利于提供劳务者的相应权益的保障,又不符合人民法院通过司法裁判弘扬社会主义核心价值观的工作要求。

二、法益平衡:非个人之间劳务关系中追偿权的逻辑论证

在劳动关系中,为职工购买工伤保险是用人单位的法定义务,在用人

---

① 侯卫清、王韶婧:《类案裁判方法精要第二辑》,人民法院出版社 2022 年版,第 206 页。

② 陈昆仑:《提供劳务者受害纠纷案件路径探究——以〈民法典〉第 1192 条为指引》,载审判研究微信公众号,https://mp.weixin.qq.com/s/j-KezzqkO0XG4klT4sea5w,2023 年 8 月 6 日访问。

单位未投保工伤保险的情况下,其工伤赔偿责任亦是法定责任,根据《最高人民法院关于审理人身损害赔偿案件适用法律若干问题的解释》《工伤保险条例》的相关规定,用人单位不享有向第三人追偿的权利。同时,《民法典》第一千一百九十二条第二款规定,个人之间劳务关系中提供劳务者因第三人侵权而遭受侵害的,用工单位对提供劳务者承担相应责任后有向第三人追偿的权利。但该法条对非个人之间劳务关系中用工单位是否具有追偿权,并未作出明确规定。

因此,对非个人之间劳务关系中用工单位是否具有追偿权的认定,应当参照劳动关系还是个人之间劳务关系处理,实践中存在较大争议。笔者认为,此类情形下应参照适用个人之间劳务关系,即用工单位享有向第三人追偿的权利,具体理由如下。

(一)劳务关系中不适用双重赔付

不同于劳动关系中职工可以依据工伤保险与第三人侵权的不同请求权基础,而主张双重赔付,根据《工伤保险条例》第二条的规定,我国工伤保险制度尚未覆盖提供劳务者在履职过程中自身遭受损害的情形。因此,在非个人之间的劳务关系中,提供劳务者遭受侵害后有权根据侵权责任向用工单位或者实际侵权人进行权利主张,但不能主张双重赔付。

(二)当事人之间的权益平衡

工伤保险制度的核心在于,一是为工伤事故中的受害人提供基本的生存保障,二是为用人单位分散由工伤事故带来的用工风险。①若不给予用工单位追偿权,在提供劳务者受伤确系第三人侵权行为所造成,而提供劳务者仅选择向用工单位而非第三人进行权利主张的情况下,则会存在

---

① 郑尚元:《工伤保险法律制度研究》,北京大学出版社2004年版,第49页。

明显的权益失衡。具体而言,第一,由于用工单位承担的是无过错赔偿责任,且难以通过工伤保险制度来分散经济赔偿风险,因此其可能面临较大的经济损失;第二,由于提供劳务者不能主张双重赔付,而用工单位已向提供劳务者进行相关赔付,并且用工单位无法向实际侵权人追偿,致使实际侵权人逃避了法律后果的承担;第三,若过于加大用工单位的用工风险,则表面上似乎保护了个案中提供劳务者的相关权益,却使得此类人员在劳动力市场上处于极其不利的地位,而此类人员又有就业的现实需求。

(三) 劳务市场的有序发展

共同维护劳务双方的合法权益是劳务市场高质量发展的重要前提,也是进一步营造健康有序的法治化营商环境的重要保障。本案在具体处理时,一方面,在非个人劳务关系中将无过错责任原则作为归责原则,为在劳务市场中居于弱势地位的广大劳务群体提供了坚强的保障。另一方面,对于不能依靠工伤保险来分散用工风险的用工单位,给予其向实际侵权人追偿的权利,兼顾平衡用工单位的合法权益,为我国劳务市场的长期发展提供了有利的支持。

三、本案引申:非个人之间劳务关系的制度完善思考

在原《人身损害赔偿解释》第十一条雇主责任被修订删除之后,对非个人之间劳务关系中提供劳务者受害责任纠纷的归责原则,以及用工单位在承担相应责任后是否有追偿权利的认定,司法实践中出现了较多法律适用不统一的现象。笔者认为,应尽快填补法律漏洞,统一此类案件的法律适用规则。同时,可进一步规范商业保险制度与劳务市场的有效衔接,保护劳务双方的合法权益,规范劳务市场发展。

（一）立法填补：明确非个人之间劳务关系的法律规范

笔者认为，可以对《民法典》第一千一百九十二条第一款规定进行部分修订，具体规定为"劳务关系中提供劳务一方因劳务造成他人损害的，由接受劳务一方承担侵权责任。接受劳务一方承担侵权责任后，可以向有故意或者重大过失的提供劳务一方追偿。非个人之间形成劳务关系的，提供劳务一方因劳务受到损害的，接受劳务一方应当承担赔偿责任。个人之间形成劳务关系的，提供劳务一方因劳务受到损害的，根据双方各自的过错承担相应的责任"。同时，保留该法条第二款的规定，将劳务关系中用工单位享有对实际侵权人的追偿权予以明确。

（二）规范市场：加强商业保险与劳务市场的有效衔接

非个人劳务关系中用工单位对提供劳务者受害责任纠纷适用无过错责任原则，并且现行工伤保险制度未对劳务关系进行覆盖。因此，可以将团体意外伤害险、雇主责任险等商业保险规范引入劳务市场，在用工成本并未显著增加的情况下，可以为用工单位分散赔偿风险。同时，可以使在劳务市场中居于弱势地位的提供劳务者及时获得相应赔偿，为其提供一定的制度和经济保障。

4. 李某某、邱某某操纵证券市场、非法经营案*

——操纵证券市场犯罪违法所得的认定路径及裁判思路

【裁判要旨】

1. 操纵行为获利的本质是通过扭曲市场价格机制收益。应当将证券交易价量受到操纵行为影响的期间，作为违法所得计算的时间依据。操纵行为的终点原则上是操纵影响消除日，在交易型操纵中，如行为人被控制或账户被限制交易，则应当以操纵行为终止日作为操纵行为的终点。

2. 计算违法所得应当先确认操纵期间的交易价差、余券价值等获利，而后从中剔除正常交易成本。受其他市场因素影响产生的获利原则上不予扣除，配资利息、账户租借费等违法成本并非正常交易行为产生的必要费用，亦不应扣除。

3. 以违法所得数额作为操纵证券市场犯罪情节严重程度的判断标准，是为了对行为人科处与其罪责相适应的刑罚，故应以操纵期间的不法获利作为犯罪情节的认定依据。对行为人追缴违法所得，是为了不让违法者从犯罪行为中获得收益，故应按照亏损产生的具体原因进行区分认定。因行为人自身原因导致股票未能及时抛售的，按照操纵期间的获利金额进行追缴；因侦查行为等客观因素导致股票未能及时抛售的，按照实际获利金额进行追缴。

---

　　*　编写人系上海市高级人民法院（原任职于上海市第一中级人民法院）李长坤、上海市第一中级人民法院吕曌清。

【相关法条】

《中华人民共和国刑法》

第一百八十二条 有下列情形之一,操纵证券、期货市场,影响证券、期货交易价格或者证券、期货交易量,情节严重的,处五年以下有期徒刑或者拘役,并处或者单处罚金;情节特别严重的,处五年以上十年以下有期徒刑,并处罚金:

(一)单独或者合谋,集中资金优势、持股或者持仓优势或者利用信息优势联合或者连续买卖的;

……

第二百二十五条 违反国家规定,有下列非法经营行为之一,扰乱市场秩序,情节严重的,处五年以下有期徒刑或者拘役,并处或者单处违法所得一倍以上五倍以下罚金;情节特别严重的,处五年以上有期徒刑,并处违法所得一倍以上五倍以下罚金或者没收财产:

……

(三)未经国家有关主管部门批准非法经营证券、期货、保险业务的,或者非法从事资金支付结算业务的;

……

【案件索引】

一审:上海市第一中级人民法院(2022)沪 01 刑初 13 号(2023 年 6 月 29 日)。

【基本案情】

一、操纵证券市场犯罪事实

2019 年 9 月至 2020 年 11 月,被告人李某某为谋取非法利益,使用其实际控制的 450 余个他人名下的证券账户,集中资金优势及持股优势,连续买卖"大连圣亚""长盛轴承""朗博科技"等 3 只股票,操纵相关股票的交易价格和交易量。其间,被告人邱某某协助李某某发布交易指令,组织李某、胡某某、唐某某(均另案处理)等人实施下单交易。

2019年9月18日至2020年11月27日连续289个交易日内,李某某控制的证券账户组持有"大连圣亚"证券的流通股份数量为该股实际流通股份总量的10%以上,其中,连续10个交易日的累计成交量为同期该股总成交量的50%以上。2019年10月8日至2020年2月13日连续86个交易日内,李某某控制的证券账户组持有"长盛轴承"证券的流通股份数量为该股实际流通股总量的10%以上,其中,连续10个交易日的累计成交量为同期该股总成交量的20%以上。2020年9月30日至同年11月4日连续20个交易日内,李某某控制的证券账户组持有"朗博科技"证券的流通股份数量为该股实际流通股总量的10%以上,其中,连续10个交易日的累计成交量为同期该股总成交量的20%以上。

二、非法经营犯罪事实

2019年3月至2020年11月,被告人李某某在其经营的美春资产管理有限公司(以下简称"美春公司")未经国家有关主管机关批准且未取得证券经纪、融资业务资质的情况下,以缴纳一定比例保证金即可提供1∶3至1∶10不等的配资为名,组织陈某某、雷某、张某某(均另案处理)等人以微信发布信息、口口相传等方式招揽客户,通过用MC软件为客户开设子账户的方式提供证券经纪服务,以赚取交易手续费及配资利息。经审计,美春公司MC软件账户收取保证金合计1 332万余元,配资金额合计9 792万余元,证券交易总额为9.087 6亿余元。

2020年3月至2020年11月,被告人李某某等人以前述手段招揽客户,通过直接出借他人证券账户的方式为客户提供配资,并收取配资利息。经审计,李某某等人采用该模式收取保证金合计4 387万余元,配资金额合计2.649 7亿元。

其间,被告人邱某某担任美春公司风控部经理,负责管理、维护配资账户。李某某等人通过上述非法经营行为获利共计243万余元。

三、全案综合事实

案发后,美春公司财务负责人于某某(李某某之妻,另案处理)退赔全部违法所得。2020年11月30日,被告人李某某、邱某某被公安机关分别抓获归案,并如实供述主要犯罪事实。一审审理期间,李某某退赔100万元,邱某某退赔50万元。

【裁判结果】

上海市第一中级人民法院于2023年6月29日作出(2022)沪01刑初13号刑事判决:被告人李某某犯操纵证券市场罪,判处有期徒刑六年,并处罚金人民币一千万元;犯非法经营罪,判处有期徒刑五年六个月,并处罚金人民币二百万元,决定执行有期徒刑九年六个月,并处罚金人民币一千二百万元;被告人邱某某犯操纵证券市场罪,判处有期徒刑三年六个月,并处罚金人民币五十万元;犯非法经营罪,判处有期徒刑三年,并处罚金人民币十万元,决定执行有期徒刑五年,并处罚金人民币六十万元;违法所得予以追缴,犯罪工具予以没收。

一审宣判后,被告人李某某、邱某某在法定期限内均未提出上诉,上海市人民检察院第一分院未提出抗诉,判决已发生法律效力。

【裁判理由】

法院生效判决认为:本案操纵证券市场的违法所得不宜以浮盈金额2.81亿余元认定,以实际获利情况认定违法所得更为妥当,理由如下。其一,根据被告人李某某、邱某某被控制日等日期,审计认定李某某、邱某某等人操纵"长盛轴承""大连圣亚""朗博科技"三只股票账面浮盈合计2.81亿余元。其二,审计截止日后,李某某实际控制的证券账户组仍持有大量股票未能出仓。且主要持仓股票"大连圣亚"与"朗博科技"在审计截止日后连续数日跌停,持股股价大幅下跌。综上,李某某等人所持股票在审计日后总体出现大幅亏损。审计日后虽非操纵证券市场行为实行期间,但与操纵证券市场行为紧密相关,故以实际获利情况认定其违法所得更为妥当。

【案例注解】

根据最高人民法院、最高人民检察院《关于办理操纵证券、期货市场刑事案件适用法律若干问题的解释》(以下简称《操纵司法解释》)可知,操纵证券市场的违法所得指通过操纵证券市场所获利益或者避免的损失。但解释未对所获利益或者避免的损失制定明确的计算规则。2007年《证券市场操纵行为认定指引(试行)》曾对操纵行为违法所得的计算方法作出规定[①],该指引虽已被废止,但该公式具有一定合理性且暂无其他计算依据,因此审计机构基本沿用此公式。然而,过于简化的公式不足以涵盖复杂的市场情形,控辩审三方对于获利期间的确定、公式变量的选取也争议颇多。我们认为,对于操纵证券市场犯罪,违法所得的计算基础应为操纵期间的获利,包括交易价差和余券价值,而后从中剔除合法交易成本。此外,还需根据适用场域的不同对违法所得进行区分认定。

一、操纵证券市场违法所得的期间认定

证券市场中,交易机构按照"价格优先、时间优先"的交易规则,将买方与卖方的申报价格和申报数量撮合,形成市场成交价。而操纵行为人往往通过资金、持股等优势虚假造势,放大市场正常需求量,制造供求及价格变动的假象,误导投资者跟风购买,从而控制证券交易价格,实现获利。由此可见,操纵行为获利的本质是通过扭曲市场价格机制收益。因此,应当将证券交易价量因操纵行为受到影响的期间,作为违法所得计算的时间依据,行为人在该期间的不法获利即为违法所得。

[①] 该指引提出,在计算违法所得的数额时,可参考下列公式或专家委员会认定的其他公式:违法所得＝终点日持有证券的市值＋累计卖出金额＋累计派现金额－累计买入金额－配股金额－交易费用。

(一) 操纵期间的认定原则

操纵行为极易被隐藏在证券市场的巨额交易量中。司法实践中的一种做法是,抓取行为人持有涉案证券的全部交易数据,将达到《操纵司法解释》中"情节严重"交易数量标准的区间认定为操纵期间。[①]然而,某一项情节严重的交易量标准并非操纵证券市场罪的必要构成要件。过度依赖交易数据,将操纵期间限定于"情节严重"的达标区间,实际上混淆了情节严重标准和操纵行为标准。

确认操纵期间时,应当着眼于行为人滥用优势的完整过程及证券交易价量变动的金融学原理。在操纵期间,股票具有更高波动率和流动性,股票价格呈上涨趋势;而操纵结束后,股票价格呈下跌趋势。[②]因此,在审查操纵行为时,需要关注在行为人持有涉案股票的时间段内,该股在日收益率、有效价差、换手率和交易规模等市场指征方面的异常表现,以异常交易日作为关键时间节点,结合证人证言、被告人供述等在案证据综合判断行为人是否具有操纵的主观故意,以主客观相统一的原则判定操纵期间。

(二) 操纵终止日的个案认定

在一个完整的操纵行为中,操纵期间起点应为操纵影响产生之时,而终点应为操纵影响消除之时。实务中,由于市场反应、调查介入等不确定因素众多,操纵行为并不一定能够按照预期实施完毕。如何根据操纵行为实施情况选择最为恰当的时点作为操纵终止日,仍存在争议。我们认

---

① 例如,将交易日中满足"持股 10%以上且连续 10 个交易日累计成交量达到同期该证券总成交量 20%以上"的区间认定为操纵期间。

② Aggarwal R., Wu G., "Stock Market Manipulations", *Journal of Business*, 2006, 79 (4):1915—1953.

为,原则上应以操纵影响消除日为操纵终止日,即便此前操纵行为已经停止,但只要市场股价波动仍与操纵行为存在因果关系,行为人就仍应对后续产生的不良影响负责。

在交易型操纵犯罪中,操纵行为可能因行为人被采取刑事强制措施而中断。考虑到行为人此时已无法继续滥用优势控制市场,以操纵行为结束日作为操纵终止日更能体现操纵行为与市场影响的因果关系。需要注意的是,如果在行为人被控制前涉案证券账户就已被限制交易,账户被限制之日即为操纵行为结束日。

本案中,审计机构根据李某某、邱某某的持股情况,结合涉案股票单日换手率、市场成交量占比等交易指标,选取股价异常波动、发生明显市场偏离之日作为操纵起始日。对于已完成操纵的“长盛轴承”“大连圣亚”股票,以市场成交量、股票流通量等数据回归正常之日作为操纵终止日;对于被侦查行为中断操纵的“朗博科技”股票,则以李某某、邱某某被控制的前一个交易日作为操纵终止日。此种认定方式完整地反映出行为人滥用资金优势对市场实施欺骗,诱导市场投资者作出错误判断以获取不法利益的全过程,又不至于过度评价尚未结束的操纵行为。

二、操纵证券市场违法所得的内容涵摄

实务中,市场影响因素的复杂性与股价走向的难以预测性,决定了要绝对精确地计算获利金额是非常困难的,套用任何算法模型都不可避免地存在偏差。因此,应当明确各项违法所得构成内容的计算方式,并对必要支出等成本予以扣减,使计算结果尽可能接近实际获利。

(一) 违法所得的构成内容

操纵证券市场的不法获利主要包括交易价差、余券收益等。一方面,

关于交易价差的计算。如果行为人操纵行为项下的交易已完成平仓,那么对于该部分已被出售的股票,收益应为卖出价与买入价的差值。实务中,交易价差的计算方式主要存在先进先出法、后进先出法、加权平均法等。①我们认为,后进先出法会导致期末余券的价值无法被正确衡量,且该计算方式已被新会计准则取消;加权平均法可以简化计算方式,但在价值波动较大的证券市场中往往难以实现公允;先进先出法更能体现实际交易情况,且符合证券市场的通常操作规则。②另一方面,关于余券收益的计算。余券具有经济价值,体现了行为人的预期收益,是度量操纵行为对证券市场造成危害程度的依据之一。在涉案账户仍持有余券的情况下,期末余券的获利也应当被计入违法所得金额。行为人被行政稽查或刑事侦查而股票尚未全部平仓的,此时操纵行为虽已中断,但对于未被限制交易的证券账户而言,余券数量仍有可能出现变化,如被配资方强行平仓等,即便涉案账户被限制交易,余券价值也会随市场波动发生增减。因此,计算时间点的不同必然会导致余券收益的计算出现差异。如前所述,为体现操纵行为对市场的影响并合理评价被中断的操纵行为,应以操纵终止日作为余券价值的计算基准日。

(二) 违法所得的扣减项目

操纵证券市场犯罪的违法所得本质上是资本市场中有价值的优势被滥用的经济转化。计算违法所得时,应合理确定金额扣减因素,以实现对操纵行为的客观评价。

第一,操纵证券市场犯罪中受其他市场因素影响产生的获利原则

---

① 先进先出法指以最先卖出的对应最先买入的股票计算价差;后进先出法指以某次卖出的对应最后买入的股票计算价差;加权平均法指以加权后的平均卖出价与平均买入价计算价差。

② 证券市场中,投资者卖出股票时,先在证券账户取得的股票优先卖出。国家对于股票红利差异化扣税时,亦按照先进先出原则计算持股期限。

上不予扣除。在民事案件中认定操纵行为违法所得时，如果行为人能够证明获利是由操纵以外的其他市场因素产生，则相关金额可从违法所得中扣除。2022年《最高人民法院关于审理证券市场虚假陈述侵权民事赔偿案件的若干规定》也表达了类似的观点。①有观点认为，在操纵证券市场犯罪中，受到其他市场因素影响的金融利润不能被认定为违法所得，亦应予扣除。②然而，证券市场中的股价变动往往是多种因素共同作用的结果，某一项因素产生的具体影响难以被准确界定。民事案件中采取的是高度盖然性证据标准，法院可就双方举证情况，对其他市场因素导致的不法获利数额进行自由裁量。而刑事案件的事实查明有更严谨的要求，判断市场因素影响时不宜采取估算的方式。且行为人在实施操纵行为时，对于其他市场因素会导致价格波动有主观明知，亦是试图通过操纵行为与其他市场因素的交织对证券市场产生影响并从中获利。因此，在刑事案件中，受其他市场因素影响产生的获利原则上不予扣除。

第二，交易费用属于证券市场中合法合理的手续费用，应在计算时予以扣除。我们认为，佣金、印花税等股票交易费用作为直接交易成本，并非操纵行为影响下优势滥用的价值转化，扣除该部分金额更契合刑事不法中以刑法法益为核心的实质判断。此外，应关注犯罪行为实施过程中的违法成本问题。例如行为人利用场外配资获得资金优势的，配资费用、账户租借费用等皆属于行为人为实施违法行为支出的成本，并非正常交易行为中产生的必要费用，故不应予以扣除。

本案中，对李某某、邱某某操纵行为的获利进行计算时，未剔除配资

① 被告能够举证证明原告的损失部分或者全部是由他人操纵市场、证券市场的风险、证券市场对特定事件的过度反应、上市公司内外部经营环境等其他因素所导致的，对其关于相应减轻或者免除责任的抗辩，人民法院应当予以支持。

② 刘宪权：《操纵证券、期货市场罪司法解释的法理解读》，载《法商研究》2020年第37期。

利息等违法成本,仅以扣除税费等合法手续费后的实际卖出金额与实际买入金额为依据,采用先进先出法得出已平仓股票的价差,并与操纵期末余券获利价值相加。①对于已完成操纵但尚未完全平仓的"长盛轴承""大连圣亚"股票,余券价值以操纵影响消除日的持股价量计算,对于未完成操纵且未平仓的"朗博科技"股票,余券价值以李某某、邱某某被控制日前一个交易日的持股价量计算。

三、操纵证券市场违法所得的适用场域

《刑法》中的违法所得不仅会影响司法机关对具体罪名的认定,还会影响罚金刑的裁量及追缴的执行。在操纵证券市场犯罪中,违法所得既是判断操纵行为情节严重程度的标准之一,又是向操纵证券市场犯罪被告人追缴非法收益的重要依据。从评价目的来看,以违法所得作为犯罪情节严重程度的判断标准,是为了对行为人科处与其罪责相适应的刑罚;对行为人追缴违法所得并判处罚金,是为了不让违法者从犯罪行为中获得收益。二者在功能定位上的不同,决定了对违法所得认定时应根据适用场域的不同进行金额纠偏。

(一) 作为情节评价标准的适用场域

我国刑法采用的是"罪质 + 罪量"相结合的立法模式,通过"罪质"限定具体法益侵害行为的违法类型,并以"罪量"作为入罪标准或法定刑升格条件,从而厘定了一般违法与犯罪,以及犯罪严重程度的界限。因此,在认定操纵证券市场犯罪的过程中,不仅要着眼于对"罪质"的评价,更要满足"罪量"的底线要求。只有满足"罪质 + 罪量"双重评价标准的操纵行

---

① 本案中,审计机构采用的计算公式为:获利金额 = 合计卖出金额 + 剩余未抛售股票股数×期末收盘价 - 合计买入金额 - 期初股票成本。

为，才是操纵证券市场罪评价的内容。①在操纵证券市场的情节标准中，司法解释将违法所得也列为"罪量"评价标准之一。此时的违法所得虽不是决定犯罪成立的必要要件，但作为非构成要件结果对构成要件的成立起到补充判断作用，是在确认涉案行为构成操纵证券市场行为的前提下，通过获利情况衡量行为对证券市场影响的严重程度。操纵行为完成后的余券价值变动等，虽导致实际获利有所增减，但并不意味着操纵行为对金融市场造成的危害程度发生变化。因此，在以违法所得对犯罪情节进行评价时，应当严格遵循"优势滥用的经济价值转化"原则，将违法所得金额限定为操纵期间的不法获利，以体现对操纵行为危害结果的客观评价。

（二）作为财产刑判罚依据的适用场域

根据《刑法》总则的规定，对操纵证券市场罪的违法所得应当予以追缴。追缴违法所得的目的在于对行为人施以财产性痛苦，通过盈亏权衡体现刑罚的威慑性，利用行为经济利益的丧失抑制其犯罪意图。对于有实际获利的操纵行为，违法所得应当予以全额追缴。然而实务中，在操纵期间实现获利的行为人在操纵终止日后并不一定能够维持盈利状态，未出仓的股票会因后期股价波动产生亏损。我们认为，此时应当按照亏损产生的具体原因区分认定应追缴的违法所得金额。对于因行为人自身原因导致股票未能及时抛售的，如行为人在操纵行为结束后决定继续持有，或是行政机关责令限期平仓但未予平仓的，行为人应当对后期产生的亏损负责，对其仍以操纵期间的获利金额进行追缴。对于因侦查行为等客观因素导致股票未能及时抛售的，此时如以操纵期间的高额违法所得对行为人进行全额追缴，对行为人的罪责认定会过于严苛。此种情况下，剔

---

① 陈庆安：《操纵证券、期货市场罪的历史流变、犯罪本质及刑法完善》，载《现代法学》2022年第6期。

除操纵终止日后形成但与操纵行为密切关联的余券亏损，以客观获利为依据对行为人追缴违法所得，可以进一步实现精确定损定责，避免过度追缴。

本案中，李某某、邱某某持有的涉案股票在操纵期间市值上涨共计2.82 亿余元。操纵终止日后，因李某某、邱某某被控制，证券账户组持有的大量股票未能出仓且连续数日跌停，导致严重亏损，后被配资方强制平仓。我们认为，审计日后虽非操纵证券市场行为的实行期间，但与操纵行为紧密相关，以实际获利情况对李某某、邱某某追缴违法所得更为妥当。

5. 陈某诉被告王某某、李某某居住权纠纷案*

——《民法典》施行前当事人取得的居住权益的保护

【裁判要旨】

《民法典》施行前,当事人基于合同、遗嘱、生效法律文书等取得居住他人住宅的权益,《民法典》施行后,当事人请求人民法院确认其对该住宅拥有居住权,并请求房屋所有权人协助办理居住权登记的,人民法院应以公序良俗和诚实信用原则为出发点,综合考察系争居住权益与《民法典》规定的居住权权能是否相同,房屋所有权人是否确有设立物权性居住权的意思,居住权所系房屋的来源及以往实际居住情况,是否基于特定人身关系之间的抚养、扶养、赡养义务而满足特定人群的生活居住需要,以及办理居住权登记是否存在事实或者法律上的障碍等因素决定是否支持当事人请求。

【相关法条】

《中华人民共和国民法典》

第三百六十六条　居住权人有权按照合同约定,对他人的住宅享有占有、使用的用益物权,以满足生活居住的需要。

第三百六十八条　居住权无偿设立,但是当事人另有约定的除外。设立居住权的,应当向登记机构申请居住权登记。居住权自登记时设立。

* 编写人系上海市第一中级人民法院潘静波、上海市闵行区人民法院王伟。

【案件索引】

一审:上海市松江区人民法院(2021)沪0117民初9615号(2021年11月1日)。

二审:上海市第一中级人民法院(2021)沪01民终15353号(2022年11月9日)。

【基本案情】

原告(上诉人)陈某诉称,原告陈某系被告王某某的母亲。2012年,原告计划在上海买房,因限购,原告和丈夫王某与被告王某某商定,由父母方出资,以被告王某某的名义购房,被告王某某承诺父母拥有永久居住权。同年6月6日,被告王某某与案外人签订房屋买卖合同,以净到手184万元的价格,购买了上海市松江区××房屋(以下简称"系争房屋")。除部分贷款外,原告支付了包括税费、中介费、首付款等全部款项。2017年1月,原告再次出资将被告王某某名下的剩余贷款结清。此后,原、被告一直居住在该系争房屋内。2018年8月,二被告出具承诺书,确认系争房屋"是由父母出资96%购买,该房父母有永久居住权,该房的卖、租或抵押均需父母同意"。2021年6月,原告的丈夫王某即被告王某某父亲因病去世。后原告获悉被告王某某已经将系争房屋委托中介挂牌准备出售。被告王某某本应在父亲去世后更加孝敬母亲,却违背当初的书面承诺,给处在悲伤之中的原告带来新的打击。出具承诺书时如果法律规定可以登记居住权,原告陈某早已进行登记。现系争房屋被登记在被告王某某名下,被告王某某一旦出售该房屋,原告将失去居住权,根据《民法典》之规定,应该允许原告进行居住权登记。为维护原告合法权益,陈某请求法院判令:(1)确认陈某拥有上海市松江区××房屋的永久居住权;(2)王某某、李某某配合陈某办理前述居住权的相关登记手续。

被告(被上诉人)王某某、李某某共同辩称:(1)陈某主张永久居住权没有依据。给儿子购买婚房本就是老家的习俗;王某某与李某某的女儿身体不好,平时医药费开支很大;第二套房屋每月还会有房贷。因此,王某某一方一直考虑出售本案系争松江的房屋,减少家中开支压力,置换一套有升值空间的小房子。王某某与李某某名下还有徐汇的房屋,但徐汇的房屋医疗、教育等配套资源较好,所以两相比较之下,还是决定出售松江的房屋。系争房屋现在由王某某一家三口及王某某的岳父岳母居住,徐汇房屋则用于出租。(2)陈某与李某某父母的关系处得很差,把全家的关系都弄得很僵。陈某无法倾听和理解别人,王某某与其之间的关系也一直难以改善。王某某除了是儿子,还是丈夫、父亲,其妻子重度抑郁,女儿还是脑瘫,王某某有着自己的为难和不易。所谓《承诺书》,也是李某某怀孕时被迫签署,并非真实意愿。故被告不同意陈某的上诉请求。

法院经审理查明:原告陈某与其丈夫王某共生育一子即本案被告王某某。王某于 2021 年 6 月 3 日去世。王某某与李某某于 2017 年 2 月登记结婚。系争房屋系王某某婚前(2012 年 6 月)以 184 万元购买,该房屋价款除王某某向银行贷款部分之外,首付款、中介费、税费等均由陈某和其丈夫王某出资,房屋产权于 2012 年 7 月登记至王某某一人名下。2017 年 1 月,陈某再次出资将该房屋的剩余贷款还清。2018 年 8 月 21 日,王某某、李某某出具《承诺书》一份,内容为:"由于我们(王某某和李某某)要在上海购房(徐汇区××房屋),向父母亲(王某和陈某)借款 260 万元,为此承诺如下:1.上海市松江区××房屋是父母出资 96% 购买,该房屋父母有永久居住权、该房的卖、租或抵押均需父母同意。2.此借款在我们婚姻存续期间父母不要求归还,反之我们必须归还父母各自 50% 的借款。"嗣后,陈某已交付王某某、李某某 260 万元用于购买徐汇区××房屋。在上海市,陈某名下目前没有产权房屋、公有租赁房屋,在 2021 年 6 月 1 日之前一直居住在系争房屋内,后因陈某与李某某之间发生矛盾而未继续居住。现陈某发现其享有居住权的系争房屋被王某某挂在房产中介出售,为维护其在该房屋中的居住权而将被告诉至法院。在一审法院庭审中,被告一方表示："居住权还是同意原告居住的，但是不同意登记。如果房屋出售、抵押我还是会经过原告的同意，会保障原告的住宿问题。"

【裁判结果】

上海市松江区人民法院于 2021 年 11 月 1 日作出（2021）沪 0117 民初 9615 号民事判决：一、陈某对上海市松江区××房屋享有永久居住权；二、驳回陈某的其余诉讼请求。

陈某向上海市第一中级人民法院提出上诉。上海市第一中级人民法院于 2022 年 11 月 9 日作出（2021）沪 01 民终 15353 号民事判决：一、维持上海市松江区人民法院（2021）沪 0117 民初 9615 号民事判决第一项；二、撤销上海市松江区人民法院（2021）沪 0117 民初 9615 号民事判决第二项；三、王某某、李某某自本判决生效之日起二十日内配合陈某某办理系争房屋的居住权登记手续。

【裁判理由】

法院生效裁判认为：本案中，王某某、李某某同意陈某就系争房屋享有居住权，但不同意办理居住权登记手续。故本案争议焦点为：陈某主张王某某、李某某配合其就系争房屋进行物权意义居住权登记手续，依据是否充分。

首先，从法律规定而言，《民法典》第三百六十六条、第三百六十八条规定，居住权人有按照合同约定，对他人的住宅享有占有、使用的用益物权，以满足生活居住的需要。设立居住权的，应当向登记机构申请居住权登记，居住权自登记时设立。故《民法典》生效后即 2021 年 1 月 1 日以后，在符合法律规定之情形下，物权性居住权可通过登记之方式进行设立。

其次，从《承诺书》的内容及性质来讲，《承诺书》系王某某与李某某向陈某一方出具，陈某对此予以认可，故相关内容可视为双方的一种约定。《承诺书》虽出具于 2018 年，不可能明确对应上述《民法典》规定之居住权,但其约定内容是否具有物权含义之意思表示,值得斟酌。《承诺书》明确载明:"上海市松江区××房屋,是父母出资 96％ 款项购买的,该房父母有永久居住权、该房的卖、租或抵押均需父母同意。"从"永久居住权""卖、租或抵押均需父母同意"这样的文字表述而言,房屋所有权人王某某一方为了保障父母的居住,限制了其自身对于系争房屋任意处分的权利,有在系争房屋上设立具备一定优先、排他效力的居住权益的意思表示。故虽《承诺书》出具时《民法典》尚未施行,但不能仅以此而认定王某某一方出具相关承诺时不会存有物权含义之意思表示。约定是否具备物权含义,应从约定之具体内容来作出评判,而非以当时有无具体的法条规定为据。

最后,从系争房屋购买及居住情况而言,系争房屋购买于 2012 年,据《承诺书》载明,其中陈某夫妇出资达 96％,可见陈某一方对系争房屋的购买出资贡献较大。在此情况下,王某某一方在向陈某一方借款 260 万元购买第二套房屋时,出具了《承诺书》,符合人之常情。双方当事人均认可,陈某也确实在 2021 年 6 月 1 日前一直居住在系争房屋内,后续因双方发生矛盾纠纷而未继续居住。而且,陈某名下并无本市房屋,如系争房屋被出售,陈某之居住将很有可能无法得到有效保障。

现行法律规定双方具备合意之情况下,可通过登记之方式设立物权意义上的居住权;本案中,虽《承诺书》签署于 2018 年,但相关约定具有物权含义之意思表示;而且,《承诺书》签署后至 2021 年 6 月,陈某一直居住在系争房屋内。综合上述情况,同时考虑到陈某现已年近七旬,名下亦无本市房屋,理应有效保障其作为老年人今后在上海居住生活之权利。且系争房屋目前办理居住权登记不存在事实或者法律上的障碍,也不会过分限制或损害房屋所有人之合法权利,反而能更好地体现当时《承诺书》出具之本意。因此,陈某现主张系争房屋产权人王某某及其配偶李某某配合其就系争房屋进行居住权登记,法院应予支持。法院同时明确,物权意义上的居住权,应自登记时设立。

法院也特别指出,本案虽系一起居住权纠纷案,但纠纷背后实际是家人间的情感纠葛。在案件审理过程中,陈某与王某某均表示了对于对方的些许不满与抱怨。作为老一辈,陈某夫妇为了王某某在上海购房,曾出资数百万元,可见其对儿子是全心全意付出,爱子之心可见一斑;但家人之间,很多时候不全是道理,还有相互理解、信任和包容,陈某还应通过沟通,减少与儿子、儿媳间的隔阂,建立更为融洽的家人关系。作为小一辈,王某某一方有着自己的工作、生活,以及与之相随的琐事和烦恼,其也明确表示了自己出售房屋的目的和打算,很多想法亦属情有可原;但现陈某年事已高,且丈夫已去世,王某某作为唯一的儿子,应该对母亲怀有感恩,报以更多的耐心和理解。望今后,陈某能与王某某、李某某和睦相处,在心平气和中安享晚年;王某某与李某某亦能继续积极面对生活,经营好自己的小家庭。

【案例注解】

《民法典》明确居住权为法定用益物权的一种,为居住权纠纷的审理提供了裁判依据。《民法典》实施以后,如何将《民法典》的相关规定适用在其实施前已由当事人承诺设立的居住权益保护中,便成为法律适用层面不可回避的问题。本案系上海法院首次以判决形式对《民法典》施行前基于合同取得居住他人住宅的权益予以确认,在确认当事人享有居住权的同时,要求房屋所有权人协助办理居住权登记。为《民法典》施行前,当事人基于合同、遗嘱等取得居住他人住宅的权益,在《民法典》施行后,请求人民法院确认其对该住宅拥有居住权,并请求房屋所有权人协助办理居住权登记的情形,确立了相应的裁判规则。以下,我们结合本案案情及相关类案,对《民法典》施行前当事人取得的居住权益的保护现状及相关法律问题进行分析。

一、检视:民法典实施前居住权益保护裁判不一

在《民法典》实施以前,虽然居住权制度未被我国民事立法所确认,但无论是当事人设定的还是法院裁判设立的"居住权"都已经大量存在。《民法典》明确居住权为法定用益物权的一种,为居住权纠纷的审理提供了裁判依据。对《民法典》实施以前形成的合同或遗嘱中提及的居住权益,能否适用《民法典》设立居住权? 如何适用《民法典》? 如何将《民法典》的相关规定适用在其实施前已由当事人承诺设立的居住权益保护中,便成为法律适用层面不可回避的问题。

笔者在中国裁判文书网上高级检索时在案由部分选择"民事案由",在判决结果部分输入"居住权"进行检索,检索时间跨度为自《民法典》施行的 2021 年 1 月 1 日起至 2023 年 6 月 27 日,共检索到裁判文书 329 篇,其中判决书 216 篇。上述案件的案由分布情况见图 1,其中婚姻家庭、继承纠纷占比 54.63%。可见,司法实践中设立居住权的相关案件主要是关于婚姻家庭关系和继承关系的纠纷,其次才是物权纠纷和合同纠纷。这也说明,《民法典》居住权制度的基础应当是社会性居住权。

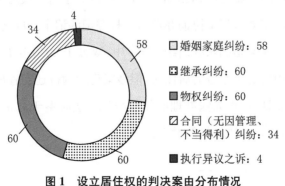

图 1　设立居住权的判决案由分布情况

通过对前述《民法典》实施后居住权设立相关判决的分析可知,实践

中,对类似这种当事人在《民法典》施行前基于合同、遗嘱等取得居住他人住宅的权利,并于《民法典》施行后请求人民法院确认其对该住宅拥有居住权,并请求房屋所有权人协助办理居住权登记的情况,法院是否应该支持,裁判思路尚不统一,同案不同判的现象十分突出,既影响了当事人的合理预期,又影响了居住权相关规定的适法统一。

在周甲诉黄乙离婚后财产纠纷一案①中,周甲主张在涉案房屋中有永久居住权。法院基于双方在《离婚协议》中的约定,即"本着离婚不离家原则,离婚后女方住所、饮食等方面不变,即继续居住在涉案房屋中",认为双方均应按协议的约定履行。而签订协议时,《民法典》尚未施行,双方并不具备办理居住权登记的条件,且该房屋登记时间在夫妻关系存续期间,周甲虽未提出分割,但对其享有权益,故法院判决周甲在有生之年对涉案房屋享有居住权。

在沈某诉程甲离婚后财产纠纷一案②中,法院认为双方签订的《离婚协议书》对居住权进行了明确约定,即沈某拥有涉案两套房屋的居住权,故对于其要求确认其对涉案两套房屋享有居住权的诉请予以支持,居住权至双方之子程乙办理结婚登记手续时止。至于沈某要求程甲协助办理居住权登记的主张,法院认为,居住权益产生在《民法典》施行前,居住事实持续至《民法典》施行后,故应适用《民法典》关于居住权的相关规定,对沈某根据该约定要求程甲协助办理居住权登记的请求予以支持。

在祝某与吴某婚姻家庭纠纷一案③中,双方于2019年在民政局备案的离婚协议中约定了原告的居住权,但涉案房屋为拆迁安置房,暂时不能办理不动产权证,因而无法办理居住权登记。法院鉴于此系客观原因导致没有登记,故认可居住权的设立。

---

① 详见(2021)湘0181民初9741号民事判决书。
② 详见(2022)苏0303民初508号民事判决书。
③ 详见(2021)豫1503民初8576号民事判决书。

在卢某与刘某、王某居住权纠纷一案①中,卢某系王某母亲,王某与刘某原系夫妻。卢某请求法院确认其与王某、刘某之间的居住权协议成立并且生效,卢某对涉案房屋享有居住权,二被告应配合卢某到登记机构办理居住权登记。一审法院认为居住权协议有效,但居住权因未向登记机构登记而未设立,故原告主张其对涉案房屋享有居住权的,不予支持。二审法院则认为,当事人在《民法典》颁布前就已经订立相关居住协议,《民法典》施行后一方申请另一方配合办理居住权登记的,应该予以支持。居住权自登记时设立,未经登记,当事人仅依据居住权合同请求判令一方享有居住权的,法院不应予以支持,故法院判令居住权合同成立并生效,刘某、王某协助卢某办理居住权登记,但不认可居住权已经设立。

因此,《民法典》施行前产生的居住权该如何保护,能否溯及适用《民法典》居住权的相关规定,赋予其物权效力,需要明确。

二、症结:居住权规定能否溯及适用观点不一

《民法典》新设居住权制度的实践意义是解决其实施前居住权无法可依的情况。但《民法典》施行前产生的居住权该如何保护,能否溯及适用《民法典》居住权的相关规定,赋予其物权效力,观点不一。

1. 不支持溯及适用的观点

第一,《民法典》实施前当事人承诺的对系争房屋的"居住权"是对系争房屋的居住权益,而非《民法典》物权编意义上的居住权。依照物权法定原则,《民法典》实施以前的居住权并不是一种法定的物权,当事人不能自行设立具有对抗第三人效力的居住物权,不能根据约定确认《民法典》物权编意义上的居住权。但该约定在不具有效力瑕疵的情况下,不影响

---

① 详见(2021)渝 01 民终 5623 号民事判决书。

当事人之间订立的合同的效力,该合同对当事人仍具有约束力。比如本案中,虽然王某某作为系争房屋的所有权人,曾确认陈某对系争房屋享有永久的居住权益,但是该承诺在《民法典》实施以前作出,不能因此设立具有物权属性的居住权,陈某不能依据该承诺书要求法院确认该居住权益的物权效力,故对陈某关于办理系争房屋居住权登记手续的请求,不能支持。

第二,相关情形无法适用《最高人民法院关于适用〈中华人民共和国民法典〉时间效力的若干规定》(以下简称《时间效力规定》)第三条的规定。新增规定的溯及适用作为法不溯及既往的一种例外类型有其前提,其溯及适用一般并不损害当事人的信赖利益和合理预期,即上述条款但书所列明的,排除"明显减损当事人合法权益、增加当事人法定义务或者背离当事人合理预期"的溯及适用。《民法典》对于居住权的系列新规定并不能根据《民法典》实施前的《中华人民共和国物权法》(已废止,以下简称原《物权法》)及相关法律解释得出,也与新法出台前的司法实践不一致,所以此类新增规定和当事人的合理预期不一致,不应溯及适用。

2. 支持溯及适用的观点

第一,当事人在《民法典》实施前承诺的对系争房屋的居住权,具有《民法典》中通过合同方式设立的居住权的相应物权权能,二者皆指居住使用系争房屋。第二,当事人如果一直居住在系争房屋内,该法律事实符合《时间效力规定》第一条第三款的规定,即《民法典》施行前的法律事实持续至《民法典》施行后,该法律事实引起的民事纠纷案件,适用《民法典》的规定。第三,在因《民法典》施行前的法律事实引起的民事纠纷案件中,关于居住权登记的事宜也应根据《时间效力规定》第三条的规定空白溯及适用《民法典》的相关规定。居住权合同虽然订立在《民法典》施行之前,但适用《民法典》的规定并不会明显减损房屋所有权人的合法权益、增加其法定义务,也未背离当事人签订合同的合理预期,因此,该合同仍然可以作为《民法典》中新增的居住权的设立依据。而且,溯及适用《民法典》的相关规定有利于保障权利人的居住权益,更好地实现居住权立法的目的。

三、出路:允许居住权规定个案溯及适用

1. 个案可以溯及适用居住权规定的理由

第一,《时间效力规定》第三条所称的空白溯及原则,是为应对法律事实发生时没有法律规定的情形。将"新法适用在其实施以前就发生的行为和事件,实际是改变了其实施前发生的行为和事件的法律效果"①。在诉讼双方无法达成和解的情况下,胜诉一方与败诉一方对是否"明显减损其合法权益、增加其法定义务、背离其合理预期"自然会有不同的认知。此时就需要法官以公序良俗原则和诚实信用原则为出发点,综合考量案件的各方面因素进行判断,从而判定适用旧法还是新法。

第二,原《物权法》虽然没有规定居住权制度,但并不意味着禁止设立居住权。基于物权法定主义的缓和,《民法典》实施前当事人意定的居住权实则为"事实物权或习惯上的物权性权利",应当认为具有物权效力,只是其效力来源不是法律的直接规定,而是"习惯做法或习惯认知"。②居住权作为唯一的建筑物用益物权被纳入法律规定范畴,说明《民法典》实施前的居住权与物权法定的规范意旨并不矛盾,且与法秩序中的价值判断和政策倾向一致。此时,如果仍对实施前的居住权益严格苛以物权法定主义,否认其物权效力,则不利于居住权益人合法权益的保护。因此,如果请求居住权登记的当事人能够举证证明,合同订立或者遗嘱设立时,当事人有设立物权性居住权的意思表示,比如个案中一方为另一方设立所

---

① 宋志军:《从旧与从新:刑事再审之程序法适用论》,载《政法论丛》2016年第4期。

② 参见张志坡:《物权法定缓和的可能性及其边界》,载《比较法研究》2017年第1期。

谓"终生居住权"或"永久居住权",或者约定房屋的出卖、出租或抵押均需居住权人同意,则此时不宜单纯将该意思表示解释为设立债权,法院应该结合个案中的相关因素综合认定其是否具有物权效力。

第三,居住权设立的初衷在于保障妇女、老人等家庭内特定弱势群体享有最基本的居住利益。居住权创设于罗马法,其产生的基础就是对具有特定身份关系人的利益的保护。《民法典》确立的居住权制度拓展了房屋的社会保障属性,凸显了房屋价值利用的多元化功能,解决了以长期居住作为赡养方式的法律保障问题,为实现"住有所居"提供了重要的法律支撑。当前,由于《民法典》对于居住权的规定不够细致充分,也无相关的司法解释出台,为应对居住权错综复杂的社会实际,在个案中根据实际情况溯及适用《民法典》的相关规定,认可居住权的物权效力,支持办理居住权登记,有利于弥补《民法典》施行前居住权制度的缺憾,有利于保护民事主体的合法权益,同时符合促进家庭和谐、维护当事人"住有所居"等社会价值导向,助力后者取得较好的法律和社会效果。

2. 本案溯及适用居住权规定的考量因素

居住权登记是唯一一种阻止王某某、李某某未经陈某同意擅自出售该房屋的方式。陈某给儿子先后购买了两套房屋,几乎已倾尽其一生积蓄,溯及适用《民法典》的相关规定,判决王某某配合陈某办理居住权登记,有利于保障其老有所居,维护老年人的合法权益。儿子王某某为其母亲陈某办理居住权登记也不存在事实或者法律上的障碍。因此,法院从诚信原则和公序良俗的角度出发,综合考虑系争居住权益具有《民法典》规定的居住权的相应物权属性,房屋所有权人王某某确有为陈某设立物权性居住权的意思表示,居住权所系房屋主要来源于陈某的出资,陈某在关系恶化前实际居住在系争房屋内,基于陈某、王某某的母子关系,王某某对其具有赡养义务,为满足陈某的生活居住需要,且办理居住权登记并不存在事实或者法律上的障碍等因素,法院作出了支持其办理居住权登记的判决。

3. 个案溯及适用居住权规定的考量因素

具体来说,《民法典》施行前,当事人基于合同、遗嘱、生效法律文书等取得居住他人住宅的权益,《民法典》施行后,当事人请求人民法院确认其对该住宅拥有居住权,并请求房屋所有权人协助办理居住权登记的,人民法院应以公序良俗和诚实信用原则为出发点,综合考察系争居住权益是否具有《民法典》规定的居住权的相应物权属性,房屋所有权人是否确有设立物权性居住权的意思,居住权所系房屋的来源,以往实际居住情况,是否基于特定人身关系之间的抚养、扶养、赡养义务而满足特定人群的生活居住需要,以及办理居住权登记是否存在事实或者法律上的障碍等因素。根据个案情况审慎溯及适用于《民法典》施行前当事人取得的居住权益保护(见图 2)。

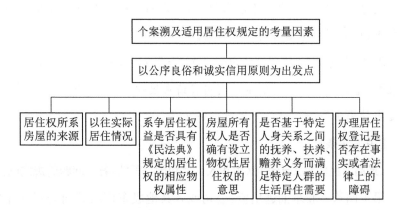

图 2 个案溯及适用居住权规定的考量因素

6. 天津小壮教育咨询服务有限公司诉上海申宝泵业有限公司、林某某等股东出资纠纷案*

——瑕疵出资股东催缴出资请求权的行使及"净手原则"的适用条件

【裁判要旨】

1. 瑕疵出资股东有权请求抽逃出资股东向目标公司返还出资本息，《公司法解释三》第十四条第一款中的"其他股东"不应限缩解释为守约股东。通过赋予更广泛的主体请求权，以股东间形成的对抗破除出资瑕疵的状态，更有利于保障公司财产权益。

2. 应区分"股东对公司的出资义务"与"违约股东对守约股东的合同责任"。基于出资义务的法定性及出资请求权的共益性，瑕疵出资股东有权要求抽逃出资股东对公司履行出资义务。

【相关法条】

《最高人民法院关于适用〈中华人民共和国公司法〉若干问题的规定(三)》

第十四条 股东抽逃出资，公司或者其他股东请求其向公司返还出资本息、协助抽逃出资的其他股东、董事、高级管理人员或者实际控制人对此承担连带责任的，人民法院应予支持。

公司债权人请求抽逃出资的股东在抽逃出资本息范围内对公司债务不能清偿的部分承担补充赔偿责任、协助抽逃出资的其他股东、董事、高

---

* 编写人系上海市高级人民法院(原任职于上海市第一中级人民法院)成阳、上海市第一中级人民法院郑军欢。

级管理人员或者实际控制人对此承担连带责任的,人民法院应予支持;抽逃出资的股东已经承担上述责任,其他债权人提出相同请求的,人民法院不予支持。

《中华人民共和国公司法》

第五十三条　公司成立后,股东不得抽逃出资。

违反前款规定的,股东应当返还抽逃的出资;给公司造成损失的,负有责任的董事、监事、高级管理人员应当与该股东承担连带赔偿责任。

【案件索引】

一审:上海市闵行区人民法院(2021)沪 0112 民初 19563 号(2021 年 9 月 26 日)。

二审:上海市第一中级人民法院(2021)沪 01 民终 14513 号(2022 年 6 月 30 日)。

【基本案情】

原告(上诉人)天津小壮教育咨询服务有限公司(以下简称"小壮公司")诉称:(1)被告上海申宝泵业有限公司(以下简称"申宝公司")作为目标公司上海闵行幸子小额贷款股份有限公司(以下简称"幸子公司")的股东,其投入注册资本均来源于案外人上海市江川经济发展有限公司,在取得上海天衡会计师事务所有限公司出具的验资报告后,旋即又将已缴存注册资本转入上海市江川经济发展有限公司。被告申宝公司上述行为明显属于抽逃出资,应当予以返还。(2)被告林某某作为幸子公司的董事、董事长,时任被告申宝公司的法定代表人、执行董事、控股股东和实际控制人,应当承担连带责任。因此,原告小壮公司请求法院判令:(1)被告申宝公司向第三人幸子公司返还其抽逃出资 600 万元;(2)被告林某某就上述诉讼请求承担连带责任。

被告(被上诉人)申宝公司辩称:原告小壮公司通过拍卖方式继受取得案外人上海协丰科技创业投资有限公司(以下简称"协丰公司")持有的

幸子公司 10%的股权。小壮公司明知转让方协丰公司抽逃出资,但也并未向第三人幸子公司履行出资义务,属于非诚信股东。另外,幸子公司于2016 年 7 月 18 日起不再经营,并办理相关工商变更手续,从收到批复之日起至今,公司确实不再经营。

被告(被上诉人)林某某辩称,本案中并无证据证明其协助抽逃出资,其并非本案适格被告。

第三人幸子公司述称,不同意小壮公司的诉讼请求。公司的经营需经金融办许可,而幸子公司因被取消经营资格,自 2012 年起便不再经营,目前不存在外部债权人,也无需追究其他股东的出资责任。

法院经审理查明以下事实。

(1)目标公司幸子公司的出资情况。目标公司于 2009 年 1 月 20 日成立,股东为申宝公司、协丰公司等九家公司。2009 年 1 月 13 日和 14日,案外人公司分别向各股东账户转入注册资本共计 6 000 万元,各股东以货币出资形式缴足目标公司注册资本 6 000 万元(申宝公司 1 200 万元,其余八名股东各 600 万元)。目标公司注册成立后,各股东分别将自己在 6 000 万元注册资本中的份额从目标公司的账户转出至案外人公司的银行账户。

(2)目标公司的债务执行情况。另案中,法院于 2014 年 6 月判决目标公司向该案原告顾某支付 900 万元。顾某据此申请强制执行。执行中,法院以申宝公司等股东抽逃出资为由,裁定追加股东为共同被执行人,但未执行到位,后恢复执行,最终以执行完毕结案。

(3)目标公司的经营情况。2016 年的上海市金融办文件载明,同意取消目标公司本市小额贷款公司试点资格的申请,其不得开展新的小额贷款业务,之前经营中形成的债权债务应依法做好处置工作。

(4)小壮公司通过拍卖获得协丰公司持有的目标公司 10%的股权。在股东协丰公司的破产清算案件中,小壮公司通过拍卖取得目标公司

10%的股权,拍卖款为 16 000 元。《股权转让协议》载明,小壮公司已支付股权转让款,小壮公司确认协丰公司身份、股权现状及目标公司现状,并自愿接受所有瑕疵。迄今,小壮公司受让股权未经工商变更登记。

【裁判结果】

上海市闵行区人民法院于 2021 年 9 月 26 日作出(2021)沪 0112 民初 19563 号民事判决:驳回天津小壮教育咨询服务有限公司的全部诉讼请求。

上海市第一中级人民法院于 2022 年 6 月 30 日作出(2021)沪 01 民终 14513 号民事判决:一、撤销上海市闵行区人民法院(2021)沪 0112 民初 19563 号民事判决;二、被上诉人上海申宝泵业有限公司于本判决生效之日起十日内向第三人上海闵行幸子小额贷款股份有限公司返还出资600 万元;三、驳回上诉人天津小壮教育咨询服务有限公司的其余诉讼请求。

【裁判理由】

法院生效裁判认为:本案的焦点是小壮公司要求申宝公司向目标公司幸子公司返还抽逃出资 600 万元的诉请能否获得支持。被告申宝公司通过第三方代垫出资并将其出资抽回的行为并未经过法定程序。原告小壮公司享有幸子公司的股东权利,有权提起本案诉讼。申宝公司提出,小壮公司在受让该股权时对协丰公司抽逃出资的事实,以及幸子公司股东的出资情况清楚,因而其属于非诚信股东,且幸子公司不再继续经营,补足出资已无必要。关于该辩解是否成立,法院认为,法律没有明确规定《公司法解释三》第十四条中的其他股东应被限定为守约股东。幸子公司章程规定的出资义务人是公司全体股东,而该出资的权利主体是幸子公司,该种出资方式并非股东之间的对待给付,故申宝公司以小壮公司受让之股权存在瑕疵为由拒绝向幸子公司返还出资没有对抗基础,即本案中不存在适用同时履行抗辩权的前提和基础。因此,公司股东的任何一方均不得以对方未履行出资义务、抽逃出资或者受让之股权存在瑕疵为由拒绝履行自身的出资义务。股东抽逃出资侵害的是公司财产权益,股东行使的出资请求权属于共益权范畴。股东的出资义务具有法定性,公司资本维持是股东承担有限责任的基础,公司资本缺失显然会降低公司的履约能力和偿债能力,故不应以公司意志予以免除。综上,小壮公司要求申宝公司向幸子公司返还抽逃出资的诉请于法有据。

【案例注解】

《公司法解释三》第十三条和第十四条赋予了公司、其他股东和公司债权人要求"未履行或者未全面履行出资义务的股东"及"抽逃出资的股东"履行出资义务的权利。然而,在行权股东本身存在出资瑕疵的情况下,其是否有权要求其他抽逃出资的股东履行出资义务?本案从审判实践中的两种观点入手,对"净手原则"在股东出资请求权中的适用条件进行分析,结合股东出资义务的法定性和共益性,以更为明确的裁判规则回应对《公司法解释三》规定的不同理解。

一、问题的提出:瑕疵出资股东是否有权行使催缴权

《公司法解释三》赋予公司、其他股东及公司债权人向未履行或未全面履行出资义务的股东进行催缴的权利。实践中常见的情况是,行使催缴权的股东本身同样存在瑕疵出资问题。对此,司法实践中存在两种不同观点。

一种观点是,瑕疵出资股东无权要求抽逃出资的股东向目标公司返还抽逃出资,即《公司法解释三》第十四条第一款中的"其他股东"应被限缩解释为守约股东。根据该款规定,"股东抽逃出资,公司或者其他股东请求其向公司返还出资本息、协助抽逃出资的其他股东、董事、高级管理人员或者实际控制人对此承担连带责任的,人民法院应予支持"。该条中

虽未对"其他股东"进行限缩,但从责任性质来看,股东应当按照出资协议的约定履行出资义务,而抽逃出资股东应对其他守约股东承担出资协议项下的违约责任。

另一种观点是,瑕疵出资股东有权要求抽逃出资的股东向目标公司返还抽逃出资,即《公司法解释三》第十四条第一款中的"其他股东"不应作限缩解释。就文义解释而言,该条规定并未将"其他股东"限定为守约股东。就体系解释而言,《公司法解释三》中数次出现有关"其他股东"的规定:第八条至第十一条规定了其他股东请求认定出资人未履行出资义务的请求权;第十三、十四条分别规定了其他股东对瑕疵出资股东、抽逃出资股东的请求权;第二十八条规定了其他股东不享有对被冒名登记为股东的请求权。因此,对该司法解释中的"其他股东"应作同一理解。从规定整体来看,司法解释系对股东行使出资请求权这一共益权的规定,不应加以文义之外的限制。赋予更广泛的主体请求权,以股东间形成的对抗破除出资瑕疵的状态,更有利于保障公司财产权益。

就瑕疵出资股东的请求权问题,最高人民法院的相关判决曾有不同倾向。在(2020)最高法民申 4547 号案件中,法院认为,该案中股东协议已解除,原告以股东身份要求被告股东按公司章程履行出资义务的合同基础已丧失。尤其是,在目标公司明确表示不要求各股东履行出资义务的情形下,对原告股东诉请被告股东按照公司章程履行出资义务不予支持,并不影响原告股东依据股东协议向被告股东主张赔偿责任,也并不影响公司债权人向未履行出资义务的股东主张权利。此外,目标公司没有商标授权后已无法正常进行生产经营,股东之间亦已发生多起诉讼,目标公司已发布解散公告,表明公司因无法继续经营而可能面临解散清算。因此,考虑到该案的具体情形,让股东继续履行出资义务已无实际意义。与前述案件中股东无需履行出资义务有所区别的是,在(2019)最高法民申 509 号案件中,法院认为,股东之间对违约责任的承担,属两股东内部法律关系的范畴,不同于股东对公司履行出资义务的问题。由于再审申请人并非出资协议约定的"足额缴纳出资的股东",故法院认为被申请人无须向其承担违约责任。

在上述案件中未曾明确的是,抽逃出资返还义务是否因行权股东的出资瑕疵而免除。就该问题,下文将从出资请求权与"净手原则"的关系、出资义务的法定性及催缴出资请求权的共益性等方面予以分析。

二、出资请求权与"净手原则"的适用条件

(一) 净手原则在民商事裁判中的体现

所谓净手原则,是令有明显不当行为者丧失对其行为的救济请求权的规则。我国法律中净手原则体现为诚信原则,具体规定主要包括:不安抗辩权、减损规则、卖方的瑕疵告知义务、撤销赠与规则、禁止高利放贷规则、继承权丧失规则等。《日本民法典》中将诚信原则细化为禁反言原则和净手原则。① 净手原则在侵权和合同领域中均有体现。在侵权领域,净手原则体现为不得从欺诈或不法行为中获利。在合同领域,则是考虑因过错所为的给付是否应予返还,例如在处理合同无效后的财产返还时,不能使不诚信的当事人从中获益。② 净手原则作为民法中诚信原则的子原则,体现的是法律最低限度的道德属性,也被其他部门法借用。③ 净手原

---

① 《日本民法典修正案:第一编总则》第三条规定,"遵守诚信原则,不得有如下行为:1.违反自身的先前行为,主张背信弃义;2.有明显不当行为者请求对其行为进行法律上的救济"。该第 2 款即为净手原则。参见[日]加藤雅信:《日本民法典修正案 I:第一编总则(附立法提案及修正理由)》,朱晔、张挺译,北京大学出版社 2017 年版,第 7 页。

② 《全国法院民商事审判工作会议纪要》(即《九民纪要》)第三十二条规定:"在确定合同不成立、无效或者被撤销后财产返还或者折价补偿范围时,要根据诚实信用原则的要求,在当事人之间合理分配,不能使不诚信的当事人因合同不成立、无效或者被撤销而获益。"

③ 例如在行政法中,即便是违法的授益行政行为,行政机关或法院也不能轻易撤销,而应当保障行政相对人的信赖利益。

则在公司纠纷中的常见适用情形是,在损害公司利益责任纠纷(股东代表诉讼)中,作为原告的股东必须对董事和高级管理人员的违法和不当行为未为明确的赞成、批准或默认,能够公正、充分地代表公司和其他众股东的利益。①

在股东出资纠纷中,如两名以上股东均存在瑕疵出资或抽逃出资的情形,任一股东均无权要求其他股东承担责任。这既可以作为股东出资协议履行中的抗辩事由,又可以作为股东向公司履行出资义务的抗辩事由。股东出资作为公司独立财产,应先被用以保障公司债权人的利益,而后股东享有对公司剩余财产的分配请求权。本案中,各股东均存在抽逃出资、未补足出资的情形。在小壮公司明知目标公司的出资情况且其自身并未补足出资的情况下,如支持小壮公司对申宝公司的诉请,则可能带来小壮公司对申宝公司向目标公司的出资享有剩余财产分配请求权的结果,即小壮公司反而可以因其自身未补足出资而获得救济,不符合净手原则的要求;同时,可能导致连锁诉讼,即目标公司及其他股东也要求小壮公司补足出资,不符合纠纷解决的便利性要求。在一定程度上,瑕疵出资股东(包括明知股权所对应的出资已被转出的受让人)提起股东出资纠纷,均系意图通过由对方履行向公司出资的义务,从而免除自身的出资义务。出于净手原则的考量,不支持瑕疵出资股东的诉讼请求言之成理。

(二) 瑕疵股东出资请求权不适用"净手原则"

净手原则的要义是一方不能因其不当行为而获得法律上的救济。但在股东出资纠纷中不应适用这一原则,关键原因在于:股东履行出资义务后的直接获益主体是公司,而非瑕疵出资的股东。存在不当行为

---

① 参见(2020)沪02民终1245号民事判决、(2015)穗中法民二终字第886号民事判决等。

的主体（瑕疵出资股东）与获益主体（目标公司）并不一致，这是净手原则在股东出资纠纷中不应适用的关键。在股东出资纠纷中，司法解释规定股东有权直接提起诉讼，但此时诉讼利益仍归属于公司。股东享有的分红权、剩余财产分配权仅是间接权益。因此，瑕疵出资股东并不会从抽逃出资股东对公司的返还义务中直接获益，此时并不满足净手原则的适用条件。本案情形应与以下两种可能适用净手原则的情形加以区别：

第一是与依据出资协议要求股东承担违约责任的情形相区别。瑕疵出资股东对未履行出资义务或抽逃出资的股东提起诉讼时，通常基于两种法律关系。一是依据出资协议要求股东承担违约责任。在合同关系中，被告享有双务合同抗辩权，如原告亦未履行出资义务，则被告可依据净手原则提出抗辩。二是依据司法解释的规定，要求股东向公司承担补足或返还出资的责任。股东未履行出资义务或抽逃出资侵害了公司财产权益，此时被告并不能援引双务合同抗辩权。本案中，原告小壮公司并非要求申宝公司向其承担违约责任，而是要求申宝公司向目标公司返还抽逃出资。因此，本案并不存在净手原则的适用空间。

第二是与瑕疵股权转让的情形相区别。在瑕疵股权转让中，受让人与转让人的股权具有同一性，如判决瑕疵股权的出让人向公司返还出资，则受让人必然能够免除就受让股权向公司出资的义务。如受让人并非善意（即在股权转让之时知道或应当知道其受让股权所对应的出资已被转出），则不应使其因非善意的受让行为而免除出资义务。而在本案中，原告股东与被告股东持有的股权并不相同，即便判决被告股东向公司返还出资，亦不就此免除原告股东的出资义务。换言之，原告股东本身的瑕疵出资行为（原告的不当行为），与被告股东向目标公司返还出资（原告诉请救济的权利）之间缺乏关联性。美国判例法的通行观点是，"手不净的行为"与诉请救济的权利之间的关联性是净手原则适用的构成要件之一。①
在缺乏该关联时,即便原告股东本身存在不当行为,亦不得对其适用净手
原则。

三、出资请求权与出资义务的法定性

股东的出资义务具有法定性,不应以公司意志予以免除,以防有损外
部债权人利益。从公司资本制度来看,公司股本是公司独立人格、公司独
立承担责任的核心要素,是公司对外偿债与建立信用的基础。股东出资
义务的法定性是公司对外责任能力的保障,表现为不得通过股东之间的
协商予以豁免。②在发生股东因未履行出资义务或抽逃出资而直接损害
公司利益的情形下,法律赋予其他股东提起诉讼要求其缴纳出资及赔偿
损失的权利,有利于及时维护公司资本利益及公司外部信用。

任何股东不履行出资义务,均属于违反公司法强制性规定,损害公司
和其他股东利益的行为,应当承担相应的法律责任。若"其他股东"亦属出
资瑕疵股东,允许其提起诉讼向同类瑕疵股东主张权利,确与诚实信用原则
不甚相符。然而,若因"其他股东"系出资瑕疵股东而否定其请求权,而公司
又未向股东主张权利,则可能出现以下两种情形:一是可能出现股东以其他
股东未履行出资义务为由,自身亦不履行出资义务的情况,由此可能出现全
体股东均不履行出资义务的僵局,从而直接导致公司资本制度失灵,最终影
响公司、股东及债权人利益;二是公司对自身财产(股东出资)的处分权可能
受个别股东控制而被滥用。判断公司意志代表权,应遵循依法原则、尊重公
司自治原则及公司内外纠纷区分原则。股东出资纠纷属于公司内部纠纷,

---

① T. Leigh Anenson, "Announcing the 'Clean Hands' Doctrine", Vol. 51 (2017), *UC Davis Law Review*, p.1886.

② 朱慈蕴:《股东出资义务的性质与公司资本制度完善》,载《清华法学》2022 年第 2 期。

公司表达的无须股东履行出资义务的意见，可能仅系控制公司的个别股东意见。如公司实际被未履行出资义务或抽逃出资的股东所控制，则公司对自身财产的处分权极有可能遭到滥用。尤其是在公司决议程序未有效运行时，公司在诉讼中的意见或将不能体现公司的真实意志。

因此，从维护公司资本制度的目的考量，将"其他股东"解释为不论出资到位与否的全体股东，更加符合立法本意及公司资本制度目的。

四、出资请求权与催缴出资的共益性

以股东行使股权的目的和内容为标准，可将股权区分为共益权和自益权。前者指参与公司治理的权利，包括参与公司经营管理的决策、监督等，包括表决权、会议主持与召集权、代表诉讼提诉权等，具有直接为全体股东的共同利益、间接为自己的利益的特性。自益权指股东为自己的利益而行使的权利，主要表现为金钱利益，包括股利分配请求权、新股认购优先权、剩余财产分配请求权等。

共益权与自益权的最终目的均指向股东的利益，二者的区分在于行权的直接目的、行权原因和行权手段。依据通说，区分共益权与私益权的直接目的在于股东行权目的是仅为自己利益还是兼为公司利益。二者在行权原因与行权手段上有所区别，因而对行权主体的要求亦不相同。

	共益权	自益权
行权目的	直接目的是为公司（全体股东、债权人）的整体利益	直接目的是为股东的自身利益
行权原因	其他股东未履行对公司的义务	其他股东对行权股东存在违约
行权手段	股东通过参与公司治理实现	股东对公司提出直接请求
行权主体	对行权股东自身是否瑕疵出资并无要求	要求行权股东为守约股东

股东瑕疵出资、抽逃出资直接侵害的是公司利益,公司对出资享有独立请求权。从合同性质来看,股东出资协议属于《民法典》规定的向第三人履行的合同①,即股东之间约定由股东向目标公司履行出资义务,而目标公司对股东的出资义务享有独立的请求权。然而,在其他股东未履行出资义务或抽逃出资时,股东行使出资请求权(包括履行出资义务及返还抽逃出资)须通过参与公司治理方可实现。因此,股东催缴出资请求权是一种典型共益权。

基于催缴出资的共益性,权利行使的直接目的是为公司的整体利益,包括全体股东和债权人的共同利益。若要求非诚信股东先弥补自己的出资瑕疵后才能主张行权,则可能放任甚至助长股东抽逃出资情况的发生,不利于对公司和债权人利益的保护。鉴于此,催缴出资的行权主体范围不应在法律文义基础上加以限缩,既包括守约股东又包括瑕疵出资股东,才能有利于公司资本的充实和稳定。本案中,在小壮公司的主张得到法院支持后,申宝公司抽逃的出资被返还至幸子公司账户。与此类似,其余被抽逃的出资若也通过此种方式被返还至幸子公司账户,则公司资本得以充实,对公司和债权人而言有利无弊。

综上,通过在公司全体股东、债权人的整体利益保护与行权股东的行权限制之间进行司法裁决上的利益衡量,赋予更广泛的主体以催缴出资请求权,以股东间形成的对抗破除出资瑕疵的状态,更有利于保障公司全体股东和债权人的财产权益。

---

① 《民法典》第五百二十二条第二款规定了向第三人履行的合同,即"法律规定或者当事人约定第三人可以直接请求债务人向其履行债务,第三人未在合理期限内明确拒绝,债务人未向第三人履行债务或者履行债务不符合约定的,第三人可以请求债务人承担违约责任;债务人对债权人的抗辩,可以向第三人主张"。

7. 蔡某非法控制计算机信息系统案[*]

——为获取佣金使用非法手段进行广告推广的性质认定

【裁判要旨】

1. 通过后台技术,使得手机用户在自行打开或者通过其他推广渠道唤起手机中的相应电商 APP 时,被强制显示指定的推广链接页面,应当认定为采用其他技术手段非法控制计算机信息系统。

2. 互联网商品的推广者为获取推广佣金,使用非法技术手段进行推广的,如其确实履行了推广义务,达到相关推广协议的佣金获取要求,并未就获取佣金的事实依据进行隐瞒、虚构的,属于利用推广规则漏洞牟利,一般不宜认定为诈骗犯罪。

【相关法条】

《中华人民共和国刑法》

第二百六十六条 诈骗公私财物,数额较大的,处三年以下有期徒刑、拘役或者管制,并处或者单处罚金;数额巨大或者有其他严重情节的,处三年以上十年以下有期徒刑,并处罚金;数额特别巨大或者有其他特别严重情节的,处十年以上有期徒刑或者无期徒刑,并处罚金或者没收财产。本法另有规定的,依照规定。

第二百八十五条第二款 违反国家规定,侵入前款规定以外的计算

机信息系统或者采用其他技术手段,获取该计算机信息系统中存储、处理或者传输的数据,或者对该计算机信息系统实施非法控制,情节严重的,处三年以下有期徒刑或者拘役,并处或者单处罚金;情节特别严重的,处三年以上七年以下有期徒刑,并处罚金。

【案件索引】

一审:上海市长宁区人民法院(2021)沪 0105 刑初 820 号(2022 年 3 月 1 日)。

二审:上海市第一中级人民法院(2022)沪 01 刑终 483 号(2023 年 7 月 27 日)。

【基本案情】

上海市长宁区人民法院经审理查明:多多进宝是拼多多公司搭建的用于推广拼多多 APP 内商品、服务等项目的推广平台。在该推广平台注册的推广者,可以将从平台获取的推广链接发布推广,当手机用户点击推广链接并成功购物后,推广者可获得推广佣金。被告人蔡某在多多进宝内注册了多个推广者账户。

2019 年 11 月至 2020 年 10 月间,被告人蔡某在今日影视、趣步等手机 APP 内配置 SDK 模块,手机用户安装运行上述 APP 时,会下载并运行蔡某编写的 APK 程序①,致使手机用户在自行打开或者通过其他推广渠道唤起手机中的拼多多 APP 时,被强制显示蔡某从多多进宝获取的推广活动页面,蔡某以此获取锁佣期。在锁佣期内,手机用户自发购买相关商品而产生的交易被拼多多公司误认为系基于蔡某的合法推广而产生,从而向蔡某支付原本不应支付的推广佣金。蔡某通过上述方式获取推广

---

① SDK,即 Software Development Tool Kit 缩写,又称软件开发工具包,是辅助开发某一类软件的相关文档、范例和工具的集合,简单来说就是将一些通用的软件功能标准化、模块化地开发好,让各类 APP 或者网站可以即插即用;APK 全称 Android application package,即 Android 应用程序包,是 Android 操作系统使用的应用程序包文件格式。

佣金 600 余万元,提现 2 386 921.34 元。

蔡某上诉认为:(1)其实际上是针对用户喜好进行了相应的推广活动,最终根据真实成交的订单获取佣金。因此,其没有虚构推广事实,只是在推广手段上不太合法,不应当构成诈骗罪。(2)公诉机关指控的诈骗金额中有其使用通知栏功能推广产生的合法收益。

辩护人认为:(1)涉案佣金所有权不属于拼多多公司,原判认定拼多多公司为被害人不当;(2)拼多多公司是基于蔡某的实际推广所产生的真实交易而给付佣金,不能以蔡某推广手段非法或不正当而推定其主观上具有非法占有之目的;(3)蔡某的程序还具有通知栏推送的推广功能,部分佣金是基于该功能产生;(4)即便蔡某构成犯罪,也应当是构成非法控制计算机信息系统罪。

上海市人民检察院第一分院认为:原判认定事实清楚,证据确实充分,就蔡某构成诈骗罪的论述既符合客观事实,又依法有据;本案属于非法控制计算信息系统罪与诈骗罪的想象竞合犯,被告人的非法收入都是由拼多多公司支付,拼多多公司理应为本案的被害单位,本案中的犯罪金额均为通过无感知唤醒和即时唤醒功能获得,数额认定正确。综上,原判定性准确,量刑适当,且诉讼程序合法。建议二审法院驳回上诉,维持原判。

拼多多公司出具法律意见书认为:(1)唤起链接中的推广识别 ID 是判断佣金给付对象的依据,蔡某在唤起链接中强制写入推广识别 ID 系虚构推广动作及佣金给付对象的行为,拼多多公司基于虚假的唤起链接错误给付了佣金,从而遭受了财产损失,蔡某的行为符合诈骗罪的构成。(2)蔡某属于以控制计算机信息系统的方式实施诈骗行为,应当按照牵连犯处理,构成诈骗罪,且每一笔佣金对应的数据均能体现唤起链接被蔡某篡改的特征。(3)本案表征为手机用户被植入"SDK",但事实上是拼多多公司的财产权益受到了犯罪行为的直接侵害,拼多多公司应当是违法所得的返还对象，认定非法控制计算机信息系统罪将导致拼多多公司丧失被害人地位，导致其财产损失无法挽回，刑事诉讼功能无法实现。

上海市第一中级人民法院经审理查明：多多进宝系拼多多公司搭建的用于推广拼多多 APP 内商品、服务等项目的推广平台。用户在多多进宝注册成为多多客后，可将从平台获取的推广链接发布推广，当手机用户点击推广链接并成功购物后，推广者可获得推广佣金。推广佣金由商家支付，拼多多公司负责提供技术服务，且基于商家授权，具备从商家账户代划佣金给多多客的权限。

2019 年 11 月至 2020 年 10 月间，被告人蔡某事先注册多多进宝推广账户后，与今日影视、趣步等手机 APP 开发公司开展信息推广合作，在 APP 内配置 SDK 模块，手机用户安装运行上述 APP 时，会下载并运行蔡某编写的 APK 程序，实现手机用户在自行打开或者通过其他推广渠道唤起手机中的拼多多 APP 时，被强制显示蔡某多多进宝账户所关联的推广链接页面，用户购买商品后，蔡某即可获取佣金。蔡某以此方式获取推广佣金 600 余万元，提现 2 386 921.34 元。

【裁判结果】

上海市长宁区人民法院认为，被告人蔡某利用计算机技术手段骗取他人财物，其行为已构成诈骗罪，且数额特别巨大，依法应予惩处。被告人诈骗既遂 2 386 921.34 元，未遂 300 余万元，二者在同一量刑幅度，以诈骗罪既遂处罚，未遂部分作为酌情从重情节。被告人蔡某到案后如实供述了主要犯罪事实，依法予以从轻处罚。判决：一、被告人蔡某犯诈骗罪，判处有期徒刑十一年，剥夺政治权利一年，并处罚金人民币二十五万元。二、责令被告人蔡某退赔违法所得发还被害单位，作案工具苹果电脑一台及华为手机一部予以没收。

蔡某向上海市第一中级人民法院提出上诉。上海市第一中级人民法院于 2023 年 7 月 27 日作出（2023）沪 01 刑终 483 号刑事判决：一、撤销上海市长宁区人民法院（2021）沪 0105 刑初 820 号刑事判决。二、上诉人蔡某犯非法控制计算机信息系统罪，判处有期徒刑六年六个月，并处罚金人民币二十五万元。三、违法所得予以追缴，不足部分责令退赔，作案工具苹果电脑一台及华为手机一部予以没收。

【裁判理由】

法院生效裁判认为：蔡某为获取推广佣金，与今日影视、趣步等手机 APP 开发公司开展推广合作，在 APP 内配置 SDK 模块，实现安装运行上述 APP 的手机用户在自行打开或者通过其他推广渠道唤起拼多多时，被强制显示蔡某所推广的活动页面，但未造成拼多多信息系统功能被实质性破坏或不能正常运行，也未对该信息系统内有价值的数据进行增加、删改，属于采用其他技术手段对计算机信息系统实施非法控制，其行为已构成非法控制计算机信息系统罪。蔡某到案后能够如实供述自己的罪行，依法可以从轻处罚。

【案例注解】

在互联网高速发展的时代，无感唤醒、强制通知、强制弹窗、页面关闭困难等都是互联网广告行业中常见和常用的推广方式，因其技术简单、转化速度快、成功率高，故广为互联网从业者所采用。然而，前述推广方式存在着侵犯用户知情权、选择权、隐私权及不正当竞争等问题，可被统称为"流氓广告"，且已成为我国引导和规范互联网行业健康发展的重点整治领域之一。

本案是全国首例有关多多客在推广拼多多商品、服务过程中使用强制手段的案例。具体推广方式为：与今日影视等手机 APP 进行信息技术合作，事先在 APP 内嵌入的 SDK 通过互联网与后台服务器连接，在手机用户不知情的情况下自动下载、安装、运行蔡某编写的 APK 程序，手机用户在直接打开或者通过其他渠道跳转到拼多多 APP 时首先被强制显示蔡某的推广链接页面,用户点击领取红包并购买相关商品后,拼多多支付推广佣金,目前全国尚有多起类似案件正在处理。

本案法律适用的分歧较大,焦点问题具有代表性和典型性,裁判结果对强制推广过程及支付佣金依据进行了充分阐述,兼顾了互联网广告投放及计算机信息系统安全的衡平,为小微企业依法开展广告业务提供了一个重要的分析样本,具有一定的类案指导意义。以下,结合本案案情,以类案分析为方法,对为获取推广佣金,采用技术手段强制进行广告推广之行为的定性进行分析。

《刑法》第二百八十七条规定,利用计算机实施金融诈骗、盗窃、贪污、挪用公款、窃取国家秘密或其他犯罪的,依照有关规定定罪处罚。然而该条规定仅仅属于刑法提示性条款,在处理具体个案时,我们仍需围绕刑法总则理论和分则犯罪构成展开分析。

一、采用技术手段强制用户手机接收广告推广,一般构成非法控制计算机信息系统罪

(一) 强制推广行为一般不构成破坏计算机信息系统罪

根据《刑法》第二百八十六条规定,破坏计算机信息系统罪有三种表现形式:一是违反国家规定,对计算机信息系统功能进行删除、修改、增加、干扰,造成计算机信息系统不能正常运行,后果严重的;二是违反国家规定,对计算机信息系统中存储、处理或者传输的数据和应用程序进行删除、修改、增加的操作,后果严重的;三是故意制作、传播计算机病毒等破坏性程序,影响计算机系统正常运行,后果严重的。第二款并未如第一款及第三款,在条文中对行为后果严重作出"造成计算机信息系统不能正常运行"或"影响计算机系统正常运行"的解释,但鉴于该罪所侵犯的法益系计算机信息系统安全,结合体系解释方法,第二款规定中的严重后果亦应是可能影响计算机系统正常运行。①所谓不能正常运行，指宕机或者不能正常接收指令。

从客观上看，行为人强制推广的行为目的是指定商品、服务或网站进行广告宣传，具体方式是通过劫持用户手机，强迫其展示特定广告，推广链接是在用户打开特定 APP 时展开，相应程序监控、关注、调用的也多是特定的 APP 关联进程，一般不会导致手机系统不能正常运行。从主观上看，推广者希望尽可能地提高其所推广的互联网广告展示次数、观看人数、观看时长，且对商品类推广者而言，他们还需要用户实际进行购物方能获取佣金，因此，推广者均不希望造成手机系统无法正常运行。

综上，对于采用技术手段强制手机用户接受广告推广的，不宜以破坏计算机信息系统罪论处，但如推广者使用了极端手段如投放计算机病毒等破坏性程序进行推广的，其主客观因素均已然超出强制推广的范畴，存在构成破坏计算机信息系统罪的可能。

（二）强制推广行为符合非法控制计算机信息系统罪的构成要件

《刑法》第二百八十五条规定的非法控制计算机信息系统罪包含两个要件，一是违反国家规定，二是对计算机信息系统实施非法控制。

1. 被植入强制推广程序的手机用户对相关 SDK 的配置和 APK 程序的植入及运行往往并不知情，强制显示的推广页面与用户操作手机行为的目的也没有因果关系，植入行为均属于未经用户授权，违反了《中华人民共和国计算机信息系统安全保护条例》及《全国人大常委会关于加强网络信息保护的决定》等国家规定。

2. 非法控制是使计算机信息系统违背用户意志执行特定操作，不限于直接控制，也可以通过计算机程序等媒介间接控制，可以通过技术手段

---

① 周立波：《破坏计算机信息系统罪司法实践分析与刑法规范调适——基于 100 个司法判例的实证考察》，载《法治研究》2018 年第 4 期。

实现,也可以通过非技术手段进行,且控制行为不必然具有排他性。非法控制包括完全控制,也包括部分控制,只要是计算机信息系统执行其发出的指令即可。①强制推广是通过技术手段,使得用户手机在满足特定条件的情况下,进行强制弹窗、强制唤醒等违背用户意愿的操作,应当依法认定其为非法控制。

本案中,蔡某为获取推广佣金,与今日影视、趣步等手机 APP 开发公司开展信息推广合作,在 APP 内配置 SDK 模块,实现安装运行上述 APP 的手机用户在自行打开或者通过其他推广渠道唤起拼多多时,被强制显示蔡某所推广的活动页面,其行为属于采用其他技术手段对计算机信息系统实施非法控制,依法构成非法控制计算机信息系统罪。

二、未针对佣金获取依据虚构事实、隐瞒真相的,一般不构成诈骗罪或合同诈骗罪

行为人使用非法手段强制进行广告推广的目的在于获取推广佣金。从获利方式来看,强制推广大体可以分为:流量类强制推广,佣金结算依据是相应广告的展示次数、时长、观看流量等;商品类强制推广,佣金结算依据是推广之后的具体商品成交数据等。随着大数据及人工智能产业的迅速发展,与推广者相关联的流量及商品成交量均由计算机自动统计,推广进行的同时,流量会被自动计入其推广成果,推广者可直接据之索取报酬,商品类强制推广则还需用户实际购物。对推广者而言,强制推广行为已经实施终了,取财行为也已完成,在此过程中如存在虚构事实、隐瞒真相的行为,确有可能涉嫌构成诈骗犯罪,但行为人如仅仅是对推广行为的合法性进行了隐瞒而未针对佣金获取依据虚构事实、隐瞒真相的,则不构

---

① 周道鸾、张军:《刑法罪名精释》(第四版),人民法院出版社 2013 年版,第 705 页。

成诈骗罪或合同诈骗罪。理由是：

一方面，从法益侵害性来看，强制推广类案件涉及广告委托方和受托方、手机用户、第三方推广商等。其中，财产性法益是否受到侵害，对于诈骗犯罪的认定而言至关重要。以本案为例，商家通过蔡某的成功推广获取销售利润，为此支付推广费用为应有之义，拼多多公司获取软件服务费，蔡某获取推广佣金及平台奖励费，三方本质上是共赢的。对于流量被劫持的第三方推广平台而言，丧失的是交易机会，并非诈骗犯罪所保护的实际存在的财产或财产性利益。因此，本案中除手机被劫持的用户外，并没有其他被害人存在，以诈骗犯罪追究蔡某刑事责任在逻辑上难以自洽。但如商家是为流量付费，即流量可以直接明确计算出财产价值，那么流量被劫持的第三方平台可以成为本案的受害人。

另一方面，从构成要件符合性来看，诈骗犯罪的构成要件是，行为人基于非法占有目的虚构事实或隐瞒真相→对方（受骗者）产生错误认识→对方基于错误认识处分财产→行为人或第三者取得财产→被害人遭受财产损失[1]，各环节彼此之间应当具有典型的因果关系。此类案件中，因事实证据的复杂性、专业性，对于构成要件的判断需更紧扣推广流程，找准获利依据。

本案中，蔡某根据《多多进宝推广平台使用协议》履行了推广义务，并据此获取推广佣金，拼多多支付佣金也是基于实际成交的推广订单，涉案订单均为真实，蔡某并未就此进行隐瞒或者虚构。至于采用了何种手段推广乃至于推广手段是否合法，蔡某并无一一如实告知的义务。可见，主观上，蔡某并无非法占有他人财产的目的；客观上，蔡某推广手段的非法性与拼多多公司处分财产的结果之间并无因果关系，没有实施刑法罪名构成要件意义上的虚构事实或隐瞒真相行为。蔡某本质上属于为获取正

---

① 张明楷：《刑法学》（第六版），法律出版社 2021 年版，第 1303 页。

常的推广佣金而采用了违法手段,其目的与行为不符合诈骗罪或合同诈骗罪的构成要件。但如蔡某就交易订单进行了隐瞒或者虚构,则符合诈骗罪或合同诈骗罪的构成要件。

如能通过违约救济加以解决,则认定诈骗时应更慎重。对于约定推广的双方而言,事先必然会存在权利义务及相应救济措施的约定,只有在民事救济不足以体现被告人的非法占有目的、行为的社会危害性和刑事违法性时,刑事手段方可介入。蔡某在本案中具有履约能力,未曾为履行合同创造虚假条件,也实际履行了合同,所得推广佣金主要用于正常生产经营,而根据《多多进宝推广平台使用协议》,拼多多有权根据协议内容或平台规则,对违约的多多客及多多客的关联账户采取包括但不限于不结算佣金等款项、限制账户权限等处理措施。基于合同的相对性,针对拼多多公司与蔡某之间佣金是否需要支付的法律争议,可以先行通过仲裁、诉讼等民事途径予以解决,而不应对一方所认为的违约方先行刑事追诉。

三、规制此类犯罪应兼顾网络秩序与技术进步之需求,慎用重刑

强制推广方式最为常见于互联网中小微企业中,而中小微企业是我国技术创新的主要力量,对于信息产业的发展与繁荣而言具有重要作用。在互联网高速发展、高度竞争时代,"流氓广告"等灰色业务是中小微企业的重要利润来源之一。互联网中小微企业为求生存而发展此类业务,一定程度上对良好的互联网秩序造成了不良影响。但网络不是自由之地,习近平总书记在第二届世界互联网大会开幕式的主旨演讲中指出:"网络空间同现实社会一样,既要提倡自由,也要保持秩序。自由是秩序的目的,秩序是自由的保障。"[①]可以说,网络秩序是网络治理的逻辑起点,应

---

① 《习近平在第二届世界互联网大会开幕式上的讲话》,载新华网,http://www.xinhuanet.com/politics/2015-12/16/c_1117481089.htm,2023 年 5 月 26 日访问。

当竭力维持,刑法对信息网络犯罪的规制也必须以构建良好的网络秩序为目标。

可以说,当前的互联网是由法律、代码技术、社会规范及市场四者共同参与和调整的系统,法律的作用主要在于引导而非限制,在面对新型技术时,法律应当为技术创新留下自我规制和完善的空间,在规制信息网络犯罪时,更应当合理平衡秩序管理与科技进步的关系,即在实现有效管理的基础上,给技术发展留足空间。

相较传统企业,互联网中小微企业的人员构成有其自身特殊性,其中技术占据了核心地位,技术人员往往同时是公司实际控制人,为节省成本、保障生存发展及形成技术壁垒,相关技术沟通、开发、应用技术人员"一肩挑"的情况较为常见,在分身乏术、企业发展压力巨大的情况下,其行为触犯刑法规定时有发生。同时,由于互联网本身特征,获利数额及受害人数相较于传统线下更容易呈几何级扩散趋势,导致相应人员面临较重刑期,进而对公司发展造成毁灭性打击。

相较于传统犯罪,互联网中小微企业的创业人员主观故意明显较轻,产生严重后果也有其客观原因,为了在保障互联网良好秩序的同时促进技术进步、建立良好的营商环境,对于强制推广类案件原则上应慎用重刑,即便要适用,也应当以能够查清、区分的事实为依据,不能查清的,利益应归于被告人。从该角度来看,蔡某强制推广中包含了用户本身即有购物欲望、用户因蔡某推广产生购物欲望,以及第三方推广使用户产生购物欲望等多种情况,在不能查清的情况下,不宜一律以诈骗犯罪评价。

8. 上海市金山区人民检察院诉徐某等人 贩卖毒品、洗钱案*

——提供资金账户及通过转账方式转移资金的行为与自洗钱的认定

【裁判要旨】

人民法院认定自洗钱行为,应结合立法背景和目的,依据洗钱罪的罪状表述进行判定,对于提供他人的资金账户为自己的贩卖毒品等上游犯罪进行洗钱的,通过转账等资金支付结算方式掩饰、隐瞒贩卖毒品等上游犯罪所得及产生收益的来源和性质的,均属于自洗钱行为,应当依法认定行为人的行为构成洗钱罪。

【相关法条】

《中华人民共和国刑法》

第三百四十七条 走私、贩卖、运输、制造毒品,无论数量多少,都应当追究刑事责任,予以刑事处罚。

......

走私、贩卖、运输、制造鸦片不满二百克、海洛因或者甲基苯丙胺不满十克或者其他少量毒品的,处三年以下有期徒刑、拘役或者管制,并处罚金;情节严重的,处三年以上七年以下有期徒刑,并处罚金。

......

* 编写人系上海市第一中级人民法院秦现锋、杨聪宇。

对多次走私、贩卖、运输、制造毒品，未经处理的，毒品数量累计计算。

第一百九十一条 为掩饰、隐瞒毒品犯罪、黑社会性质的组织犯罪、恐怖活动犯罪、走私犯罪、贪污贿赂犯罪、破坏金融管理秩序犯罪、金融诈骗犯罪的所得及其产生的收益的来源和性质，有下列行为之一的，没收实施以上犯罪的所得及其产生的收益，处五年以下有期徒刑或者拘役，并处或者单处罚金；情节严重的，处五年以上十年以下有期徒刑，并处罚金：

（一）提供资金账户的；

（二）将财产转换为现金、金融票据、有价证券的；

（三）通过转账或者其他支付结算方式转移资金的；

（四）跨境转移资产的；

（五）以其他方法掩饰、隐瞒犯罪所得及其收益的来源和性质的。

单位犯前款罪的，对单位判处罚金，并对其直接负责的主管人员和其他直接责任人员，依照前款的规定处罚。

【案件索引】

一审：上海市金山区人民法院（2021）沪 0116 刑初 1035 号（2022 年 1 月 28 日）。

二审：上海市第一中级人民法院（2022）沪 01 刑终 301 号（2023 年 3 月 31 日）。

【基本案情】

公诉机关指控：2021 年 7 月 5 日至同月 22 日期间，被告人徐某在明知合成大麻素类物质已被国家列为毒品进行管制的情况下，为牟取非法利益，多次向他人贩卖含合成大麻素成分烟油的电子烟。为掩饰、隐瞒毒品犯罪的所得及其产生的收益，徐某利用其外祖母付某某的身份信息办理银行卡（卡号：623＊＊＊＊＊＊＊＊＊＊＊8016）、手机卡（卡号：186＊＊＊＊＊＊53），该银行卡绑定微信（微信昵称：A 滴滴微信不收款，微信号：jdjl-66＊＊＊＊88）专门用于购买含有合成大麻素成分的电子烟，手机号 186＊＊＊＊＊＊53

绑定的支付宝账号用于支付结算毒资,其收取的毒资部分转移至卡号为623 *********** 8016 的银行卡中,部分转移至徐某另外一部卡号为186 ****** 81 的手机绑定的支付宝账号中。

2021 年 7 月 15 日,吸毒人员张某某联系被告人梁某某购买电子烟。后梁某某向被告人徐某购买了一支含有合成大麻素成分烟油的电子烟,将 800 元钱款转至徐某 186 ****** 53 绑定的支付宝账号中,并让徐某通过出租车司机直接送货至张某某暂住的索菲特宾馆,张某某拿到电子烟后将电子烟放置在宾馆卫生间内,后被民警查获。梁某某向张某某收取钱款 1 500 元。经鉴定,该电子烟的烟油中含有合成大麻素成分。

2021 年 7 月 24 日 21 时 54 分许、7 月 25 日凌晨 2 时 28 分许,被告人潘某某先后两次分别将两支、三支含有合成大麻素成分烟油的电子烟通过闪送发货的方式以 800 元、1 250 元的价格贩卖给刘某。

被告人徐某辩称,其在贩卖电子烟过程中,除了卖给被告人梁某某的一支电子烟中含有大麻烟油,其余都是普通的烟油,不含合成大麻素成分。其对于洗钱情况主观上并不知晓,以为用亲人的银行卡和手机号并无问题,并非抱着洗钱犯罪的心态去做这个事情。

被告人潘某某、梁某某对被起诉指控的事实无异议,被告人认罪认罚。

被告人徐某的辩护人对起诉指控徐某犯贩卖毒品罪无异议,但提出,徐某不存在多次贩卖毒品的情况,不应认定为情节严重。关于起诉指控徐某犯洗钱罪,鉴于其洗钱金额不大、手段隐秘性不强,故建议对徐某从轻处罚。

被告人潘某某、梁某某的辩护人对被起诉指控的事实无异议。

法院经审理查明的事实与指控的事实一致。

【裁判结果】

上海市金山区人民法院于 2022 年 1 月 28 日作出(2021)沪 0116 刑初 1035 号刑事判决:一、被告人徐某犯贩卖毒品罪,判处有期徒刑四年,并处罚金人民币八千元。二、被告人潘某某犯贩卖毒品罪，判处有期徒刑一年三个月，并处罚金人民币三千元。三、被告人梁某某犯贩卖毒品罪，判处有期徒刑六个月，并处罚金人民币二千元；在案扣押的作案工具手机二部、赃物烟油等及被告人潘某某退缴的违法所得均予以没收。四、被告人徐某、梁某某的违法所得予以追缴并没收。

上海市金山区人民法院提起抗诉，被告人徐某不服原审判决，提起上诉。上海市第一中级人民法院于 2023 年 3 月 31 日作出（2022）沪 01 刑终 301 号刑事判决：一、维持上海市金山区人民法院（2021）沪 0116 刑初 1035 号刑事判决第二项、第三项、第四项，即被告人潘某某犯贩卖毒品罪，判处有期徒刑一年三个月，并处罚金人民币三千元；被告人梁某某犯贩卖毒品罪，判处有期徒刑六个月，并处罚金人民币二千元；在案扣押的作案工具手机二部、赃物烟油等及被告人潘某某退缴的违法所得均予以没收；被告人徐某、梁某某的违法所得予以追缴并没收。二、撤销上海市金山区人民法院（2021）沪 0116 刑初 1035 号刑事判决第一项，即被告人徐某犯贩卖毒品罪，判处有期徒刑四年，并处罚金人民币八千元。三、上诉人徐某犯贩卖毒品罪，判处有期徒刑四年，并处罚金人民币八千元；犯洗钱罪，判处有期徒刑十个月，并处罚金人民币二千元，决定执行有期徒刑四年六个月，并处罚金人民币一万元。

【裁判理由】

法院生效裁判认为：（1）在案证据证实，赵某某、刘某、徐某某等向上诉人徐某所购得的电子烟及烟弹所含烟油并非普通烟油，系违禁品，吸食后会"上头"、感觉轻飘飘的，其中赵某某、杨某某明确称向徐某所购买的是大麻电子烟。经鉴定，赵某某、刘某、徐某某的头发中均被检出含有大麻素类物质。在案证据足以证实徐某违反国家毒品管理法规，多次向他人贩卖毒品，原判因此认定徐某的行为已构成贩卖毒品罪，且系情节严重，并无不当。（2）在案证据证实，上诉人徐某利用其实际控制的外祖母支付宝账户收取毒资,再转账至其本人支付宝账户或者提现至外祖母的银行卡等。徐某为掩饰、隐瞒毒品犯罪所得及其产生的收益的来源和性质,采取冒用他人支付宝账号收取毒资后转至自己账号等支付结算方式转移资金,其行为已构成洗钱罪。

【案例注解】

2017年4月,中央全面深化改革领导小组第三十四次会议审议通过了《关于完善反洗钱、反恐怖融资、反逃税监管体制机制的意见》。意见指出,反洗钱、反恐怖融资、反逃税监管体制机制的完善,对于推进国家治理体系、治理能力现代化具有重要意义,也是建设中国特色社会主义法治体系和现代金融体系的重要内容。自洗钱行为入罪成为国内顶层设计的要求。2021年3月1日起实施的《中华人民共和国刑法修正案(十一)》(以下简称《刑修十一》)将自洗钱行为规定为犯罪,加大了对从洗钱犯罪中获益最大的上游犯罪本犯的惩罚力度,也符合依法治国的总要求。但有关自洗钱的问题成为洗钱罪认定中的重点和难点,特别是在《刑修十一》将第一百九十一条第二、三、四项中规定的"协助"删除,但仍保留第一款第一项中规定的"提供资金账户",同时存在对于转账等行为的不同理解,使得适用自洗钱的情形存在争议,本案中即存在此种分歧。

一、自洗钱应适用洗钱罪中"提供资金账户"的规定

有观点认为,"提供"一词属于典型的帮助型术语,是典型的指向第三人称的表述,不包括主语的本体在内,由此排除"自己为自己提供"的文义内涵。[①]从而从罪质上否认"提供资金账户"被纳入自洗钱的评价范围。但笔者认为,"提供资金账户"符合自洗钱的成立条件。其一,从立法背景

---

① 王新:《洗钱罪的司法认定难点》,载《国家检察官学院学报》2022年第6期。

和目的来看,对洗钱罪的法律规定应作全新的理解,司法裁判不应落于原有思维窠臼中。1997 年《刑法》修订后,立法机关通过刑法修正案的形式对洗钱罪作了多次修改,洗钱罪立法呈现逐步扩张的态势。这里既有参与全球治理和国际合作的外在需求,亦有我国推进国家治理体系和治理能力现代化的内生动力。2021 年 3 月 1 日施行的《刑修十一》,明确自洗钱行为独立构成犯罪。司法也应当跟随立法的步伐,对原有的裁判思维进行调整,对于自洗钱的理解不能局限于《刑法》第一百九十一条第一款中有所修改的第二项、第三项、第四项规定,而应当将对自洗钱的解读置于对洗钱罪的整体理解中,包括第一项"提供资金账户"。其二,从法律解释的层面来看,无论是从文义解释、目的解释,还是体系解释的角度来看,上述"提供资金账户"都适用于自洗钱的情形。行为人提供自己的资金账户亦是在本犯之后另有掩饰、隐匿行为,进而切断资金与本犯的联系,达到对犯罪所得及其收益的"漂白"作用,符合洗钱罪的构成要件。否则,洗钱罪相关司法解释规定的通过典当、租赁、买卖、投资等方式,转移、转换犯罪所得及其收益等"以其他方法掩饰、隐瞒犯罪所得及其收益的来源和性质的"的情形,亦不得适用于自洗钱,这明显是与立法目的相悖的。其三,从侵犯法益的角度来看,虽然学界对于洗钱罪所保护的法益众说纷纭,但是金融管理秩序作为洗钱罪侵害的法益已无争议。[①]行为人虽然提供的是本人的资金账户,但是其将上游犯罪之所得及其收益存入该账户进而支配、使用,亦是破坏了金融机关的监管制度。中国人民银行在2016 年通过了《金融机构大额交易和可疑交易报告管理办法》,其中第 5条规定,当日单笔或者累计交易人民币 5 万元以上(含 5 万元)、外币等值1 万美元以上(含 1 万美元)的现金收支,当日单笔或者累计交易人民币50 万元以上(含 50 万元)、外币等值 10 万美元以上(含 10 万美元)的境内

---

① 黎宏:《"自洗钱"行为认定的难点问题分析》,载《法学评论》2021 年第 3 期。

款项划转等大额交易,金融机构应当向中国反洗钱监测分析中心报告。若行为人通过"零存整取"的方式将犯罪所得及其收益存入或转入自己的资金账户的行为被排除评价为洗钱行为,则不利于对金融管理秩序的保护。

二、收取毒资的行为可被单独评价为自洗钱的实行行为

收取毒资的行为可以被单独评价为自洗钱的实行行为,并不违反重复评价原则。从犯罪着手来看,自洗钱犯罪行为应发生于上游犯罪既遂之后。洗钱犯罪和上游犯罪共犯的界分在于是否"事后"参与,事前、事中通谋的洗钱行为应当作为上游犯罪的共同犯罪行为,只有事后通谋的洗钱行为才能单独成立洗钱罪。虽然贩毒人员收取毒资的行为能够为贩卖毒品罪的构成要件所涵盖,但是将该行为评价为洗钱罪的实行行为,并不违反禁止重复评价原则。根据贩卖毒品罪买入即既遂的实务通说,以贩卖为目的买入毒品即达犯罪既遂。时任最高人民法院副院长张军于2008 年 9 月 23 日至 24 日在全国部分法院审理毒品犯罪案件工作座谈会上明确指出:"毒品交易双方约定交易地点后尚未见面,在路途中即被抓获的,对于卖方,仍应按以上原则认定为犯罪既遂,因为他是为卖而买到毒品的……如其毒品是祖上传下来的,尚未出手即被查获,也可认定为贩卖毒品未遂。"由此可见,至迟在毒品出手时贩卖毒品罪已经既遂,后续是否收到毒资并不影响贩卖毒品罪既遂的认定。在毒品犯罪既遂后,其犯罪构成已经完整,后续收取毒资的行为可以被进行独立的法律评价。而且,根据既往司法实践,贩卖毒品罪既遂后,借用他人账户收取、转移赃款的,如果他人明知该赃款的来源仍提供资金账户的,他人的该行为可被认定为洗钱罪。同理,上游犯罪的行为人提供他人的资金账户给自己用于掩饰、隐瞒毒品犯罪所得及其产生的收益的来源和性质的,该行为人的行

为同时构成自洗钱类型的洗钱罪。本案中，徐某的行为即符合洗钱罪中有关"提供资金账户"的规定。

三、"转账"与"结算方式"无需遵循同质性解释原则

"转账"和之后的"结算方式"是并列关系，无需遵循同质性解释原则。《刑修十一》第十四条规定将洗钱罪第三项"通过转账或者其他结算方式协助资金转移的"修改为"通过转账或者其他支付结算方式转移资金的"。无论修改前还是修改后，"转账"和之后的"结算方式"都是并列关系，并非限制关系。如果系限制关系，通常应表述为"转账等资金支付结算方式"。所以，立法并未对作为洗钱手段的"转账"作出限制。本案中，上诉人徐某收取毒资后，多次转账，且毒资和其个人合法收入混同，明显已经达到了"漂白"的目的，可以认定徐某实施了洗钱行为。

最后，上诉人徐某具有洗钱犯罪的故意。徐某为掩饰、隐瞒毒品犯罪所得及其产生的收益的来源和性质，提供他人资金账户供自己收取毒资，后以转至自己账号等支付结算方式转移资金，其行为已构成洗钱罪。

9. 厦门航欢海运有限公司、李某某非法采矿案*

——海运人员事中参与非法采砂的共犯责任及处理规则

【裁判要旨】

1. 运输人员接受海运委托,指使或驾驶运砂船前往盗采海砂活动频繁的异常海域,明知正在从事现场采砂作业的采砂船隐藏船号,未提供货运单据等,仍抛锚停泊,持续从采砂船过驳和运输海砂,事中参与非法采砂活动,构成非法采矿罪的共犯。

2. 运输人员事中参与共同犯罪的,可根据海砂抵岸前的泊水价认定犯罪数额。而运输人员事后转移非法开采的海砂,构成掩饰、隐瞒犯罪所得罪的,可根据运砂船过驳海砂时的出水价认定犯罪数额。

3. 人民法院审理非法采矿等环境资源案件,可主动建议检察机关提起民事公益诉讼,做好生态环境损害赔偿、修复或替代性修复工作,并将赔偿或修复情况作为重要量刑依据。

【相关法条】

《中华人民共和国刑法》

第三百四十三条 违反矿产资源法的规定,未取得采矿许可证擅自采矿,擅自进入国家规划矿区、对国民经济具有重要价值的矿区和他人矿区范围采矿,或者擅自开采国家规定实行保护性开采的特定矿种,情节严

---

*　编写人系上海市第一中级人民法院于书生。

重的,处三年以下有期徒刑、拘役或者管制,并处或者单处罚金;情节特别严重的,处三年以上七年以下有期徒刑,并处罚金。

【案件索引】

一审:上海市金山区人民法院(2021)沪 0116 刑初 1040 号(2021 年12 月 27 日)。

二审:上海市第一中级人民法院(2022)沪 01 刑终 126 号(2023 年 4月 25 日)。

【基本案情】

上海市金山区人民检察院指控:2020 年 4 月 2 日,被告单位厦门航欢海运有限公司(以下简称"航欢公司")作为承运人与托运人福州老船长船务有限公司签订单航次货物运输合同,随后被告人李某某安排船长陈某某率"航欢 6"船至台湾浅滩附近海域非法装载海砂,并明知是现场采砂船非法采挖的海砂仍予过驳装载,后在运往江苏省太仓市途中被查获。经中国检验认证集团上海有限公司检验,"航欢 6"船所载海砂重量为 4.6万余吨,中砂,氯离子含量为 0.02%。经上海市价格认证中心认定,上述海砂的市场批发价为 77 元/吨,价值 358 万余元。

法院经审理查明事实与起诉指控事实一致。

【裁判结果】

上海市金山区人民法院于 2021 年 12 月 27 日作出(2021)沪 0116 刑初 1040 号刑事判决,以掩饰、隐瞒犯罪所得罪判处航欢公司罚金三十万元;判处李某某有期徒刑二年,罚金五万元;涉案赃物予以没收,违法所得予以追缴并没收。宣判后,李某某不服,提出上诉。上海市第一中级人民法院于 2023 年 4 月 25 日作出(2022)沪 01 刑终 126 号刑事判决,维持上海市金山区人民法院(2021)沪 0116 刑初 1040 号刑事判决第三项;以非法采矿罪判处李某某有期徒刑二年,缓刑三年,并处罚金五万元;判处航欢公司罚金三十万元。

【裁判理由】

法院生效裁判认为:航欢公司、李某某明知他人从事非法采砂,仍在采砂现场向正在作业的采砂船过驳运输海砂,为大规模开采海砂提供重要的便利条件,构成非法采矿罪的共犯,而非掩饰、隐瞒犯罪所得罪。航欢公司、李某某过驳运输海砂是非法采矿活动的重要环节,其实施共同犯罪的目的是将海砂抵岸销售,故应以运输目的地江浙沪地区长江水域的海砂泊水价 358 万余元认定犯罪数额。检察机关经建议提起民事公益诉讼后,航欢公司、李某某预缴生态环境损害赔偿金 19 万余元。综合考虑航欢公司、李某某的犯罪事实、性质,以及自首、退赔违法所得、预缴生态环境损害赔偿金、认罪悔罪等情节,同时考虑到营造良好的民营企业营商环境,法院依法对航欢公司判处罚金,对李某某减轻处罚,并适用缓刑。

【案例注解】

近年来,盗采海砂犯罪案件数快速增长,犯罪手段不断翻新,需从严打击,依法整治。为贯彻党的二十大报告关于"发展海洋经济,保护海洋生态环境,加快建设海洋强国"的重要部署,司法机关在 2023 年开展了打击整治盗采海砂违法犯罪专项行动。从犯罪模式看,现实中形成由"采运销"一体化向采运分离、"采运销"专业化演变的发展态势。在采运分离模式下,对于运输人员事中参与过驳运输海砂如何定性,以及犯罪数额如何认定等,均需探讨。

一、事中非法过驳运输海砂的行为定性分析

对于采运分离模式下过驳运输海砂的行为,最高人民法院、最高人民检察院于 2016 年 11 月 28 日颁布的《关于办理非法采矿、破坏性采矿刑事案件适用法律若干问题的解释》(以下简称《解释》)第七条规定,明知是犯罪所得的矿产品及其产生的收益,而予以窝藏、转移、收购、代为销售或者以其他方法掩饰、隐瞒的,依照《刑法》第三百一十二条的规定,以掩饰、隐瞒犯罪所得、犯罪所得收益罪定罪处罚。实施前款规定的犯罪行为,事前通谋的,以共同犯罪论处。因这一规定,实务中一度形成无犯罪着手前通谋就不能认定为共同犯罪的处理思路。本案二审认定被告人事中与他人形成共同犯罪,改判为非法采矿罪后,最高人民法院、最高人民检察院、中国海警局于 2023 年 6 月 6 日联合颁布《依法打击涉海砂违法犯罪座谈会纪要》(以下简称《纪要》),并指出,未与非法采挖海砂犯罪分子事前通谋,但受其雇佣,指使或者驾驶运砂船前往指定海域,在非法采砂行为仍在进行时,明知系非法采挖的海砂,仍直接从采砂船过驳和运输海砂的,对过驳和运输海砂的船主或者船长,以非法采矿罪定罪处罚。我们认为,《纪要》的规定是合理的,有无事前通谋不是认定是否存在共犯关系的唯一依据。主要理由是:

第一,从法理角度看,共犯之间事前无通谋可构成共同犯罪。共同犯罪可分为事前通谋的共同犯罪和事前无通谋的共同犯罪。事前无通谋的共同犯罪,主要指承继的共同犯罪现象,即前行为人已经实施了一部分实行行为之后,后行为人以共同实施的意思参与犯罪,或以帮助的故意实施帮助行为。[1]因此,即使共犯之间无事前谋议,但在着手实行犯罪的过程中形成共同犯罪故意的,也可构成共同犯罪。非法采砂案件中,从采砂船采砂到运砂船过驳、运输,整个犯罪过程可能持续数日甚至数十日,因不同船舶、人员的分工及参与时间不同,完全可能构成承继的共犯。

第二,从体系解释角度看,刑法未要求共同犯罪以事前通谋为成立要件。与《解释》第七条的规定类似,最高人民法院于 2015 年 5 月 29 日颁布的《关于审理掩饰、隐瞒犯罪所得、犯罪所得收益刑事案件适用法律若

---

① 张明楷:《刑法学》(上),法律出版社 2016 年版,第 430 页。

干问题的解释》第五条规定,事前与盗窃、抢劫、诈骗、抢夺等犯罪分子通谋,掩饰、隐瞒犯罪所得及其产生的收益,以盗窃、抢劫、诈骗、抢夺等犯罪的共犯论处;2000 年 9 月 8 日颁布的《关于审理伪造货币等案件具体应用法律若干问题的解释》第一条规定,行为人制造货币版样或者与他人事前通谋,为他人伪造货币提供版样的,依照伪造货币罪的规定定罪处罚。而《刑法》第一百五十六条规定,与走私罪犯通谋,为其提供贷款、资金、账号、发票、证明,或者为其提供运输、保管、邮寄或者其他方便的,以走私罪的共犯论处,未明确规定事前通谋还是事中通谋。对此,最高人民法院、最高人民检察院、海关总署于 2002 年 7 月 8 日颁布《关于办理走私刑事案件适用法律若干问题的意见》第十五条规定,《刑法》第一百五十六条规定的"与走私罪犯通谋"中的通谋,指犯罪行为人之间事先或者事中形成的共同的走私故意。由此可见,共犯之间的意思联络并非必然要求在犯罪着手前形成,前述司法解释主要是提示性规定,提示司法人员注意审查共犯之间的共谋情况。

第三,事前通谋中的事前也可扩大理解为犯罪结束或既遂之前。事中成立共犯,一般要求发生于犯罪既遂以前。[①]前述多项司法解释中所提事前通谋,通常表现为共犯在犯罪准备阶段或着手之前就形成了意思联络,但明知他人实施犯罪,在犯罪结束或既遂之前帮助、参与的,也可认定为事前通谋。本案中,采砂地点位于台湾海峡海域部分,距海岸线较远,而采砂船的吨位较小,难以独自实现海砂的大规模开采及转运。航欢公司、李某某指派运砂船向现场采砂船过驳并进行运输,显然是在非法采砂活动结束前事中参与犯罪。

对于非法采运海砂,判断运输人员与采砂人员事中是否形成共犯关系,主要审查以下要素:(1)现场采砂是否结束。采砂船因吨位较小,

---

① 张明楷:《刑法学》(上),法律出版社 2016 年版,第 431 页。

需向在附近海域抛锚停泊的运砂船多次往返过驳海砂,此时采砂作业尚未结束,双方可形成共犯关系。采砂活动已结束,海砂堆积于其他船舶或临近码头,而进一步予以转移的,可构成掩饰、隐瞒犯罪所得罪。(2)是否交接货运单据。货运委托人、船舶代理公司或现场采砂船在进行委托或过驳海砂时,是否与运输人员交接货运单据。(3)过驳地点是否正常。考虑到行政主管部门通常不会就台湾海峡的海域部分颁发海域使用权证或采矿许可证,运砂船驶往异常海域过驳海砂的,可推定具有共犯故意。(4)采砂作业是否正常。现场采砂船是否涂抹、遮挡船号,是否有意隐匿己方身份。(5)运砂过程是否正常。运砂船在转运海砂的过程中是否关闭 AIS 船舶自动识别系统,是否有意隐匿或改变船舶行驶轨迹。(6)具体人员的职责分工。海运公司负责人、船主、船长等对整体犯罪活动具有较为清晰的认识,更可能被认定为共犯;而其他公司员工或船员对采砂现场情况或是否有货运单据等情况不一定具有全面认识,认定为共犯时应相对慎重。

本案中,虽无证据证明航欢公司、李某某在接受船舶代理公司委托之初即对非法采砂活动具有主观明知,但结合其派出的运砂船按指令来到台湾浅滩海域,始终未取得货运单据,仍过驳运输海砂,以及现场采砂船涂抹船号等情况,能够认定被告人与他人在事中形成意思联络,加入并共同实施非法采砂行为。

二、财物价值随犯罪进程而变化的数额认定规则

与传统财产犯罪不同,非法采矿犯罪活动的持续时间长、空间跨度大,矿产品的价值随着犯罪进行往往会发生增值,其犯罪数额的认定存在较多争议。以海砂为例,实务中有出水价、泊水价(抵岸价)及销售价等不同计价标准。本案中,以台湾浅滩海域出水价计算,涉案海砂价值 90 余

万元,而以运输目的地江浙沪地区长江水域泊水价计算,则价值350余万元。关于涉案海砂如何计价,第一种意见认为,出水价能够体现非法开采海砂的真实价值,应作为认定犯罪数额的依据。第二种意见认为,泊水价能够反映运输目的地的市场价格及行为人的销售获利情况,应据此认定犯罪数额。我们同意第二种意见。主要理由是:

第一,犯罪数额认定与犯罪性质密切相关。认定犯罪数额应综合考虑行为人的犯罪模式、目的及获利等要素。对于赃物罪,一般按照犯罪行为开始时的财物价值认定犯罪数额;对于取得罪,则通常按照犯罪行为结束或销售获利时的财物价值予以认定。非法采砂活动中,运输人员的过驳和运输行为主要涉及掩饰、隐瞒犯罪所得及非法采矿共犯两类情形。如果因缺乏事前通谋或事中参与的罪证而认定为掩饰、隐瞒犯罪所得罪,应根据运砂船过驳海砂时的出水价认定犯罪数额。否则,将行为人为实施掩饰、隐瞒犯罪所得而支出的成本计入犯罪对象的价值,将存在一定的逻辑矛盾。如果能够认定为非法采矿罪的共犯,则应根据整体非法采砂活动结束时的泊水价认定犯罪数额。运输人员事中参与共同犯罪,与采砂人员形成意思联络,其整体犯罪目的是将海砂抵岸销售,故根据抵岸时的泊水价予以认定,更能完整揭示共犯行为的整体危害性。

第二,以泊水价认定犯罪数额符合矿产品的通常计价规则。《解释》第十三条规定:"非法开采的矿产品价值,根据销赃数额认定;无销赃数额,销赃数额难以查证,或者根据销赃数额认定明显不合理的,根据矿产品价格和数量认定。"换言之,对于犯罪数额,原则上按照行为人的销售获利情况予以认定。本案中,涉案海砂运抵长江水域,尚未实际销售即被查获,且卖家及买家均未到案,销赃数额难以认定。而泊水价主要指海运船舶将货物运抵目的地附近水域,抛锚停泊待小船过驳至港口前的货物价值,能够评价犯罪活动的完成情况及海运船舶的参与程度,可以作为犯罪数额的认定依据。①

第三,对于运输人员实施的赃物罪或非法采矿罪分别按照出水价及泊水价认定犯罪数额,可对两罪的轻重关系起到适当平衡作用。非法采矿活动侵害了国家或他人的矿产资源权益,破坏了生态环境,其危害性要重于针对非法开采矿产品的掩饰、隐瞒行为,处罚力度也理应更重。根据《刑法》规定,掩饰、隐瞒犯罪所得罪与非法采矿罪的法定最高刑均为七年有期徒刑。根据现行司法解释的规定,掩饰、隐瞒犯罪所得及其产生的收益价值 3 000 元至 1 万元以上的,就构成犯罪;而开采的矿产品价值在 10 万元至 50 万元以上的,才构成非法采矿罪。非法采矿罪的数额标准远高于掩饰、隐瞒犯罪所得罪,这可能造成上下游犯罪分子之间的责任倒挂。对于事中参与共同犯罪按照较高的泊水价认定犯罪数额,对于事后的转移行为按照较低的出水价认定,可防止重罪处理的轻缓化,有利于准确评定不同性质行为人的刑事责任。

三、审理非法采矿案件应注重生态环境损害赔偿与修复

非法采矿活动一般伴随生态环境损害,非法开采海砂可能改变海砂沉积和自然分布的状态,进而引发海岸线后退、坍塌等地质灾害,破坏海洋生物栖息场所和捕食资源。而受损的海底地貌,难以通过人工干预进行恢复,简单回填海砂可能造成海洋生态环境二次损害。②实务中,一般通过民事公益诉讼或协商方式,确定赔偿金额后,由司法机关或被告人通

---

① 最高人民检察院于 2019 年 2 月 20 日发布《检察机关服务保障长江经济带发展典型案例》中的"赵某某等六人非法采矿案"分析中提出,采运一体盗采模式可以采用"抵岸价"认定犯罪数额。这里的抵岸价与泊水价大致相当。本案中,采运环节虽然由不同人员分别实施,但因形成共犯关系,在犯罪数额的问题上应作大致相同的认定。

② 刘长兴、晏恒、李侠:《非法采砂刑事附带民事诉讼与附带民事公益诉讼的界分》,载《人民检察》2021 年第 2 期。

过替代方式修复海洋生态环境。主要替代措施有：(1)认购碳汇。通过资源环境交易中心购买一定数量的海洋碳汇，替代环境修复。①(2)增殖放流。购买特定种类的海洋生物在受损海域进行增殖放流，修复生态。(3)补植复绿。通过选取、培育适生植物品种进行补植复绿，促进海岸线自我更新修复，防止海洋侵蚀。②

　　本案二审期间，法院主动联系检察机关公益诉讼部门，以提起民事公益诉讼的方式，提请专业部门对海洋生态环境损害进行评估鉴定，从而认定本案非法采砂通过抽取砂层、提高海水浑浊度、减弱水体真光层厚度、改变生态环境等，对各类海洋生物资源造成了影响，并综合确定损失金额，建议对海洋生态以自然恢复为主。法院据此联合检察机关使用本案赔偿金设立生态环境修复基金，视情用于适当的环境修复工作。同时，法院将生态环境损害赔偿情况作为重要量刑依据，同时考虑到航欢公司、李某某并非专门或主要从事非法采矿活动，而是在新冠疫情暴发、正常航运业务遭受影响之际偶然犯罪，因此，为营造良好的民营企业营商环境，决定对李某某适用缓刑。

---

① 陈家煊:《明知他人非法盗采海砂，仍与他人事前通谋、过驳运输海砂牟利，情节特别严重，破坏海洋生态环境的，应认定为非法采矿罪——林某某非法采矿案》，载 2022 年 6 月 7 日《人民法院报》。

② 福建省福州市人民检察院课题组:《盗采海砂犯罪刑民交叉问题研究》，载《中国检察官》2021 年第 12 期。

10. 顾某某等人恶势力网络"套路贷"诈骗案[*]

——新型电信网络"套路贷"行为的认定与刑法规制

【裁判要旨】

1. 犯罪行为依托网贷 APP，以低息等为诱，结合收取高额服务费、设置虚假借款和展期期限、转台平账垒高债务、软硬兼施"索债"等特征，本质上与传统"套路贷"无异。对行为定性时，应按照主客观一致原则，综合认定非法占有目的，并结合网络犯罪手段隐蔽、链条长的特点，对案件事实完整、充分地评价。通过虚构事实、隐瞒真相使被害人产生错误认识而自愿建立借贷关系，又使用软硬兼施"软暴力"催讨，使被害人"自愿"承担垒高的债务，以获取高额的服务费、展期费等，符合诈骗罪构成要件，依法构成诈骗罪。

2. "爆通讯录""短信轰炸"等非接触网络手段，只要足以对不特定人产生心理威慑、心理强制，即可认定为"软暴力"。恶势力主要成员之间虽然人身依附性较弱，但其首要分子通过掌握信息、技术、资金支付等要素对下实施管理和控制的，亦可认定为恶势力。

【相关法条】

《中华人民共和国刑法》

第二百六十六条　诈骗公私财物，数额较大的，处三年以下有期徒

刑、拘役或者管制,并处或者单处罚金;数额巨大或者有其他严重情节的,处三年以上十年以下有期徒刑,并处罚金;数额特别巨大或者有其他特别严重情节的,处十年以上有期徒刑或者无期徒刑,并处罚金或者没收财产。本法另有规定的,依照规定。

《关于办理"套路贷"刑事案件若干问题的意见》

《关于办理实施"软暴力"的刑事案件若干问题的意见》

一、"软暴力"是指行为人为了谋取不法利益或形成非法影响,对他人或者在有关场所进行滋扰、纠缠、哄闹、聚众造势等,足以使他人产生恐惧、恐慌进而形成心理强制,或者足以影响、限制人身自由、危及人身财产安全,影响正常生活、工作、生产、经营的违法犯罪手段。

《关于办理恶势力刑事案件若干问题的意见》

4. 恶势力,是指经常纠集在一起,以暴力、威胁或者其他手段,在一定区域或者行业内多次实施违法犯罪活动,为非作恶,欺压百姓,扰乱经济、社会生活秩序,造成较为恶劣的社会影响,但尚未形成黑社会性质组织的违法犯罪组织。

【案件索引】

一审:上海市第一中级人民法院(2022)沪01刑初35号(2023年1月17日)。

二审:上海市高级人民法院(2023)沪刑终17号(2023年3月31日)。

【基本案情】

公诉机关指控:2020年5月至2021年7月,被告人顾某某及妻子被告人王某某通过实际控制的江苏石头人信息科技有限公司(以下简称"石头人公司"),开发设计并实际控制爱峰、金戒指等23款非法网贷APP和共债数据系统,交由被告人郑某等人用于对外放贷,并联系资金结算平台。郑某等人分头纠集人员,使用上述网贷APP及顾某某提供的公民个人信息,隐瞒网贷APP自动调取手机通讯录等事实,以低息、无抵押等诱骗他人网上申请小额贷款,收取借款金额30%左右的"砍头息";还以提高借款额度等诱骗借款人再次借贷,或采用威逼诱骗等手法办理展期,或通过实际控制的关联网贷APP重新借款平账从而不断垒高债务;再用"爆通讯录""短信轰炸"、辱骂威胁等软暴力手段进行催收,非法占有被害人钱款。被告人杨某某、袁某某、丁某某、李某某等人受郑某纠集,带领人员负责运营部分网贷APP,实施"套路贷"诈骗犯罪活动。据此,顾某某等人通过网络"套路贷"诈骗全国各地4 100余名被害人共计人民币9 414万余元,未遂人民币4 152万余元,其中被害人韩某因不堪债务压力自杀身亡。

被告人及辩护人的主要辩护意见如下。(1)将电信网络"套路贷"诈骗行为拆解成宣传、认证、放款及收取服务费、提醒还款、展期及收取费用等独立的环节,借款人在每个环节均作出了同意表示,被告人不存在欺骗、隐瞒的客观行为及主观故意;将涉案二十余个网贷APP拆解为各个独立运行的平台个体,否认转单平账的行为。被告人及辩护人据此否认诈骗行为,认为仅涉及高利放贷行为,因而构成非法经营罪;或者单独评价催债行为,构成寻衅滋事罪。(2)网络上"爆通讯录""短信轰炸"等是个别人员的行为,且未达到恶势力犯罪的暴力或"软暴力"程度;借款人的死亡结果不直接归因于被告人的高利放贷行为。据此,本案被告人群体不属于恶势力犯罪集团。(3)本案中借款人证据未全部收集,审计结果客观性不足;对于未收回贷款的部分,应当从犯罪金额中扣减等。

法院经审理查明:2019年3月,被告人顾某某在江苏省徐州市注册成立了主要经营范围为信息技术开发等的江苏石头人信息科技有限公司,与被告人王某某共同经营。此后,顾某某分别与被告人郑某等人结伙。由顾某某组织人员先后研发爱峰、大将军、快吧等共计23个非法网贷APP;与被告人郑某商议后,除制定系列反侦查措施外,还指使人员研发共债数据系统和强制下单等功能;另联系极支付、牛牛支付等第四方支付平台作为与上述 APP 对接的支付结算系统,连同非法获取的借款人信息、话术清单和配套的技术服务、售后保障等提供给郑某等人。郑某等人又先后纠集被告人杨某某、袁某某、丁某某、李某某等人,以共同出资形式分别结伙,杨某某与袁某某、丁某某与李某某等人再各自纠集人员,组成 3 个运营团队实施以下非法活动。(1)引流,即利用顾某某通过郑某、杨某某等人层层下发的借款人信息和话术,采用拨打电话、微信联系等方式引诱借款人下载非法网贷 APP。(2)认证,即验明借款人身份信息、银行卡等,其间,借款人被迫同意授权 APP 自动读取手机通讯录等信息。(3)审核和放款,即进行形式审查后通过第四方支付系统向借款人发放借款,其间,借款人被迫同意先行扣除 30% 左右服务费,并接受所谓"真 4 假 5"的借款周期、限制取消和后期增加的强制下单等各项借款规则,且未被告知到期当日 12 点为还款时间及各项展期事宜等内容。(4)预告和展期,即借款人在到期当日上午会被临时告知 12 点为还款时间,若借款人无法按时还款则可以办理展期,展期费用为协议金额的 10%,展期周期与借款周期规则相同。(5)催收,即当借款人出现逾期等情形后,采用打电话、微信联系等方式实施所谓"爆通讯录""短信轰炸"等,间或威胁、侮辱、谩骂借款人,迫使借款人还款、展期等。(6)转台平账,即为了最大限度攫取非法利益,通过共债数据系统等梳理出借款即将到期的借款人信息,以关联非法网贷 APP 名义对借款人进行话术营销,引诱借款人向关联非法网贷 APP 进行借款(流程同前),再对原非法网贷 APP 借款进行同步催收,引诱、逼迫借款人借新还旧,从而垒高借款人债务。(7)复贷,即利用共债数据系统梳理出所谓优质借款人,实施"提高借款额度""赠送大额优惠券"等话术营销,引诱借款人再次进行贷款。(8)系列反侦查措施,即为了规避警方调查和降低风险,顾某某等人既专门建立用于及时汇报、处置借款人报警和自杀等突发情况的"突发情况汇报"微信群,又制定诸如限定单个 APP 运营期限、使用 Skype 软件进行工作交流、定期更换工作地点和移动电话等管理措施。

2020年5月至2021年7月,被告人顾某某、郑某、杨某某、袁某某、丁某某、李某某、王某某等组成的犯罪组织在江苏省徐州市、安徽省淮北市等地,实施以研发非法网贷APP为起始、以运维非法网贷APP为核心、以第四方支付为配套、以系列反侦查措施为应急措施的新型"套路贷"诈骗活动,共计骗得4 100余名被害人钱款9 414万余元,并给被害人的身心健康、工作、婚姻和家庭生活等造成恶劣影响,其中被害人韩某因不堪债务压力自杀死亡。

【裁判结果】

上海市第一中级人民法院于2023年1月17日作出(2022)沪01刑初35号刑事判决:一、被告人顾某某犯诈骗罪,判处无期徒刑,剥夺政治权利终身,并处没收个人全部财产。二、被告人郑某犯诈骗罪,判处无期徒刑,剥夺政治权利终身,并处没收个人全部财产。三、被告人杨某某犯诈骗罪,判处有期徒刑十五年,剥夺政治权利四年,并处罚金人民币一百五十万元。四、被告人袁某某犯诈骗罪,判处有期徒刑十三年,剥夺政治权利三年,并处罚金人民币六十万元。五、被告人丁某某犯诈骗罪,判处有期徒刑十四年,剥夺政治权利四年,并处罚金人民币七十万元。六、被告人李某某犯诈骗罪,判处有期徒刑十二年,剥夺政治权利三年,并处罚金人民币七十万元。七、被告人王某某犯诈骗罪,判处有期徒刑十三年,剥夺政治权利三年,并处罚金人民币二百万元。八、向被告人顾某某、王某某共同追缴人民币一千九百二十二万元,向被告人郑某追缴人民币一千三百八十六万元,向被告人杨某某追缴人民币七百五十万元,向被告人袁某某追缴人民币三百万元,向被告人丁某某、李某某均追缴人民币三百五十万元;责令顾某某、王某某对于全部诈骗违法所得追缴不足部分承担退赔责任,其余各名被告人对于各自参与诈骗违法所得追缴不足部分承担退赔责任;上述追缴、退赔所得款项按比例返还被害人;查封、冻结、扣

押在案的财产依法处置后所得款项折抵上述款项。九、追缴各非法网贷
APP未收回的借款人民币二千五百零五万余元，所得款项优先用于返还
被害人，所余部分上缴国库。

被告人顾某某、郑某、杨某某、袁某某、丁某某、李某某、王某某不服，
提起上诉。上海市高级人民法院于2023年3月31日作出（2023）沪刑终
17号刑事判决：维持原判，驳回上诉。

【裁判理由】

法院生效裁判认为：本案的争议焦点包括本案的定性、本案被告人群
体是否属于恶势力犯罪集团，以及本案的犯罪数额。

关于本案的定性。本案系假借民间借贷之名，以低息、红包等为诱饵
骗取被害人签订借贷协议，放贷时直接扣除高额的服务费以变相虚增借
贷金额，又肆意提前还款期限为中午12时，诱骗被害人支付高额展期费
进行展期，或去被告人实际控制的其他非法网贷APP平账，进一步垒高
债务。行为特征从整体上表现为以非法占有为目的，通过虚构事实、隐瞒
真相使被害人产生错误认识而自愿建立借贷关系，又使用软硬兼施"软暴
力"催讨，使被害人"自愿"承担垒高的债务，以获取被害人的高额服务费、
展期费等，符合诈骗罪的构成要件，依法应认定为诈骗犯罪。

关于本案被告人群体是否属于恶势力犯罪集团。本案犯罪组织系由
多个层级组成，架构完整、成员固定、犯意统一、分工明确。对于有组织的
实施电信网络"套路贷"犯罪活动，实施"软暴力"催收，构成"为非作恶，欺
压百姓"，造成较为恶劣社会影响的，依法应认定为恶势力组织犯罪。

关于本案的犯罪数额。依据司法解释的规定，本案的犯罪数额应以
被告人实际非法占有的被害人所支付的高额的服务费和展期费为准。同
时，对因意志以外原因未得逞的，以已经着手非法占有的财物数额认定为
犯罪未遂。本案的既、未遂金额均已达到数额特别巨大的法定刑幅度，以
既遂酌情从重处罚。

【案例注解】

本案是中央扫黑办挂牌督办的重大恶势力犯罪集团案件,也是上海市首例纯线上"套路贷"涉恶案件。涉案团伙以自主研发的非法网贷 APP 及共债数据系统为依托,以运维非法网贷 APP 为核心,以第四方支付为配套和系列反侦查措施为应急措施,实施新型电信网络"套路贷"犯罪。本案的主要争议焦点在案件的定性和软暴力、恶势力犯罪组织的认定上。本案的裁判对新型电信网络"套路贷"的认定和定性,软暴力、恶势力犯罪组织的认定等均具有重要意义。以下,我们将结合本案案情,对上述法律问题进行分析。

一、"套路贷"的战场转移:新型电信网络"套路贷"的识别

随着信息网络的高速发展,"套路贷"犯罪也逐渐转移"战场",向互联网空间延伸,犯罪链条不断拉长,犯罪行为的科技化、隐蔽化、集团化程度日益增强。此时,倘若仍然以传统线下"套路贷"的惯常手法来认定线上"套路贷",往往会因缺少其中某一环节而得出不构成"套路贷"的结论,不利于对犯罪的有效打击。

(一) 把握"套路贷"的本质特征

"套路贷"是对假借民间借贷之名非法占有被害人财物的一类违法犯罪活动的概括性称谓,传统"套路贷"的常见犯罪手法和步骤包括制造民间借贷假象、制造资金走账流水等虚假给付、故意制造违约或者肆意认定违约等。在认定不断翻新的"套路贷"案件时,必须结合贷款的具体手段、情节和后果,从整体上把握"套路贷"犯罪的本质,即通过设置层层"套路"非法占有被害人财物,而是否有制造虚假给付事实、是否有故意制造违约等均不是"套路贷"的必备要件。

本案并非传统"套路贷",不存在传统"套路贷"中常见的以虚假资金走账流水和层层垒高方式虚增借贷金额、恶意制造违约、肆意认定违约、毁匿还款证据等主要特征。然而,本案中的高额服务费、期限规则和转台平账等要素与传统"套路贷"的核心内容并无差异。同时,本案存在以下特征:一为事先精准的"客户引流",即利用事先精准掌握的借款人信息和共债数据系统等引诱借款人办理借款、展期等业务;二为更加隐秘的作案方法和强大的反侦查措施,即明知其行为可能涉嫌"套路贷"犯罪,刻意回避传统"套路贷"的常见手法和犯罪特征,研发新型非法网贷模式,例如在到期当日才告知 12 点为还款时间(规避传统"套路贷"中恶意制造违约、肆意认定违约等特征)、口头告知期限规则、隐瞒关联关系、制定系列反侦查措施等;三为利用电信网络技术(非法网贷 APP)实施非法活动。据此,本案系新型"套路贷"。

(二) 区别于民间借贷、高利贷

"套路贷"犯罪通常假借民间借贷之名,但与民间借贷有本质区别。民间借贷是以自有资金通过合法方式赚取合法利息,通常没有砍头息、服务费等,如出现逾期,通常以民事诉讼方式主张权利。高利贷则是出借人希望借款人按约定支付高额利息并返还本金,目的是获取高额利息。而"套路贷"中,出借人以非法占有借款人财产为目的,要求但并不希望借款人及时归还本金和利息,甚至会刻意制造违约达到虚增债务的目的,并使用软硬兼施的催债手段。

本案的被告人不是仅以获取服务费为最终目的,而是以通过提高展期率、复贷率、转台平账率等快速垒高被害人债务从而最大限度获取暴利为最终目的;所实施的利用"料子"、话术和共债数据系统等进行精准营销、展期、复贷和转台平账等行为系典型的套路贷行为。对于确实存在的正常还款和撸贷情形,其中正常还款所占比例甚低(事实上被告人最终目的并非正常借贷),而撸贷既是被告人本身刻意防范的情形,又是被告人在实施犯罪活动中已预估的犯罪成本,且并不包括在本案认定的既遂数额中,故均不影响案件的整体定性。

二、新型"套路贷"的准确定性:犯罪行为的全链条审查和评价

(一) 完整评价案件事实比对犯罪构成要件

被告人事先已通过"料子"和共债数据系统掌握了被害人的个人信息及其急于借款的心理,进而有针对性地进行话术营销,诱骗被害人签订借贷协议;关于借款周期、服务费、展期费、还款截止时间、各网贷 APP 之间关联关系等重要事项,或隐瞒或临时告知被害人;被害人是在被诱骗的情况下网签借款协议、办理展期、复贷、转台平账等逐步垒高债务。被告人的行为特征从整体上表现为以非法占有为目的,通过虚构事实、隐瞒真相使被害人产生错误认识而自愿建立借贷关系,以骗取被害人高额的服务费、展期费等,符合诈骗罪的构成要件。

1. 主观上具有非法占有的故意

一为被告人均明知所运营的均系非法网贷 APP、所从事的均系非法网贷活动;二为被告人均明知只有运营多个非法网贷 APP、提高展期率、复贷率、转台平账率等才能快速地、最大限度地获取暴利,尤其是明知其中的展期(展期费占诈骗既遂比例高达 50% 左右)和转台平账可以快速垒高被害人债务;三为非法网贷 APP 均设置了强制读取被害人手机通讯录等、限制取消订单、强制下单等非正常功能;四为各项反侦查措施证明被告人对所实施行为的非法性和"套路贷"违法性具有充分认识。

2. 客观上实施了虚构事实、隐瞒真相的行为

一为利用"料子"和共债数据系统事先掌握了精准的被害人(借款人)信息(包括急于借款的心理),再有针对性地采用话术诱骗被害人下载、注册

非法网贷 APP。二为利用非法网贷 APP 预设的各种非法功能和界面隐瞒真实借款利息、展期费用和期限规则(主要为:真 4 假 5 的借款、展期期限、到期当日 12 点为还款时间)等,诱骗被害人办理借款、展期等。三为隐瞒非法网贷 APP 之间的关联性等事实,利用共债数据系统等进行转台平账。

(二) 割裂评价无法全面体现犯罪过程和社会危害性

非法经营行为(放贷行为)和寻衅滋事行为(催收行为)均系整体行为的组成部分,均无法完整、充分地体现本案的犯罪过程和社会危害性,非法经营、寻衅滋事等罪名定性的意见,是对案件整体事实片面、割裂地评价。本案是被告人在统一的诈骗犯罪联络下,按照各自分工相互配合共同实施的诈骗犯罪,整体主观故意并非非法经营或寻衅滋事故意,整体行为也不仅仅是非法经营或寻衅滋事行为。据此,依照想象竞合理论,本案应当按重罪(诈骗罪)论处,而不能以非法经营罪或寻衅滋事罪论处或者并罚。

关于敲诈勒索罪的定性意见,在催收时实施"软暴力"行为,从实施的时间和程度上看,是在被害人"自愿"建立借贷关系之后,难以偿还"债务"时,对被害人施加的程度较轻的胁迫行为。一方面,本案的被害人实质上还是基于被骗而"自愿"承担奎高的债务,在催收阶段的软暴力胁迫主要是为了保证所诈骗钱款的顺利收取,也即犯罪的既遂;另一方面,本案系通过电信网络手段实施的软暴力,对被害人人身权的侵犯程度较低,且依据现有证据难以证明本案所认定的每一名被害人均遭到"软暴力"索债,故本案也不宜认定构成敲诈勒索罪。

三、恶势力网络蔓延:新型恶势力犯罪组织的认定

(一) "软暴力"的网络迁移与认定

所谓"软暴力",是与传统暴力相对的,非对被害人肉体施加痛苦而是

对被害人精神施加影响的违法犯罪手段。依据 2019 年两高两部《关于办理实施"软暴力"的刑事案件若干问题的意见》的相关规定,认定"软暴力"的关键在于其行为手段是否已达到公开性,对不特定被害人产生的心理威慑性,严重影响他人正常工作生活秩序。本案中,被告人在进行所谓催收时,或向被害人及其通讯录人员发送讨告、人格侮辱短信等进行所谓"短信轰炸""爆通讯录",或直接进行威胁、侮辱、谩骂等,属于线上即通过信息网络或者通信工具实施的"软暴力"。其虽然未直接造成被害人肉体上的伤害,但长期的滋扰、威胁给被害人及周边亲朋造成了巨大了精神压力和心理恐惧,扰乱了正常的工作、生活秩序。特别是被害人可能产生的"社会性死亡"后果,导致其与身边亲朋无法正常交往,在人际交往频繁的现代社会甚至会形成比现实暴力更为恶劣的危害后果,因而能够被评价为"软暴力"。

(二) 信息、技术、资金依附的线上新模式

依据 2019 年两高两部《关于办理恶势力刑事案件若干问题的意见》的相关规定,恶势力指经常纠集在一起,以暴力、威胁或者其他手段,在一定区域或者行业内多次实施违法犯罪活动,为非作恶,欺压百姓,扰乱经济、社会生活秩序,造成较为恶劣的社会影响,但尚未形成黑社会性质组织的违法犯罪组织;"软暴力"属于"恶势力"概念中的"其他手段"。实施电信网络诈骗犯罪的群体,大都涉案人员众多、组织严密、层级分明、各环节分工明确。对符合《刑法》关于犯罪集团的规定,有明确首要分子,主要成员固定,不过其他人员有一定流动性的电信网络诈骗犯罪组织,可以依法认定其为诈骗犯罪集团。虽然首要分子与主要成员之间并不经常纠集在一起,彼此之间人身依附性较弱,但首要分子通过信息技术等手段掌握"客源"、资金结算等经营要素,对下实施管理和控制的,可以认定该群体构成恶势力犯罪集团。

本案犯罪组织在江苏省、安徽省两地长期实施非法网贷活动,正如被告人自述"已经站在这个行业金字塔的顶端了",足以认定其符合"在一定区域或者行业内多次实施违法犯罪活动"的恶势力特征;上级通过信息技术等手段掌握"客源"、技术、资金结算等经营要素,对下实施管理和控制,利用预设的非法功能强制获取借款人通讯记录等并加以利用实施所谓的"短信轰炸""爆通讯录"等"软暴力",催收逼债,牟取暴利,严重滋扰被害人正常工作生活,显已构成"为非作恶,欺压百姓",造成较为恶劣的社会影响。本案犯罪组织符合恶势力的认定标准。

四、结语

本案是一个具有新型"套路贷"、新型"软暴力"、新型"恶势力组织"等特征的恶势力犯罪集团案,体现了在扫黑除恶专项斗争转入常态化之后,结合信息网络技术,黑恶势力的蛰伏和变异。案件显示的犯罪链条长、作案手段隐蔽性强、精心设计"套路"等特征导致司法认定争议大,我们不能囿于传统的线下犯罪模式,应随时适应技术革新与滥用,紧盯黑恶势力犯罪在信息网络空间的延伸发展态势,把握犯罪的本质特征,准确定性,妥当量刑,实现三个效果的统一。

11. 徐某某诉上海多倩化妆品有限公司、上海上匠网络科技有限公司等网络侵权责任纠纷案 *

—— 网络侵权纠纷中"合格通知"的规则检视及司法认定

【裁判要旨】

网络侵权纠纷中的通知制度有效运作的前提之一是确立合理且明确的"合格通知"规则。合格通知的构成要件包括通知人的真实身份信息和构成侵权的初步证据。包含侵权证据而缺失身份信息的通知不是合格通知，但不合格通知并非不产生任何法律后果，不合格通知可作为网络服务提供者"应当知道"的判断因素，进而其因知道规则而负有采取必要措施的义务。

【相关法条】

《中华人民共和国民法典》

第一千一百九十五条　网络用户利用网络服务实施侵权行为的，权利人有权通知网络服务提供者采取删除、屏蔽、断开链接等必要措施。通知应当包括构成侵权的初步证据及权利人的真实身份信息。

网络服务提供者接到通知后，应当及时将该通知转送相关网络用户，并根据构成侵权的初步证据和服务类型采取必要措施；未及时采取必要措施的，对损害的扩大部分与该网络用户承担连带责任。

---

* 编写人系上海市第一中级人民法院王韶婧、渠啸。

权利人因错误通知造成网络用户或者网络服务提供者损害的,应当承担侵权责任。法律另有规定的,依照其规定。

第一千一百九十六条　网络用户接到转送的通知后,可以向网络服务提供者提交不存在侵权行为的声明。声明应当包括不存在侵权行为的初步证据及网络用户的真实身份信息。

网络服务提供者接到声明后,应当将该声明转送发出通知的权利人,并告知其可以向有关部门投诉或者向人民法院提起诉讼。网络服务提供者在转送声明到达权利人后的合理期限内,未收到权利人已经投诉或者提起诉讼通知的,应当及时终止所采取的措施。

《中华人民共和国电子商务法》

第四十二条　知识产权权利人认为其知识产权受到侵害的,有权通知电子商务平台经营者采取删除、屏蔽、断开链接、终止交易和服务等必要措施。通知应当包括构成侵权的初步证据。

电子商务平台经营者接到通知后,应当及时采取必要措施,并将该通知转送平台内经营者;未及时采取必要措施的,对损害的扩大部分与平台内经营者承担连带责任。

因通知错误造成平台内经营者损害的,依法承担民事责任。恶意发出错误通知,造成平台内经营者损失的,加倍承担赔偿责任。

【案件索引】

一审:上海市金山区人民法院(2022)沪 0116 民初 9430 号(2023 年 3 月 8 日)。

二审:上海市第一中级人民法院(2023)沪 01 民终 6527 号(2023 年 6 月 19 日)。

【基本案情】

原告(被上诉人)徐某某诉称:徐某某在淘宝平台上拥有两家网络店铺,从 2021 年开始销售由完全生物公司生产的一款名为"真美人"的化妆品。2022 年 1 月 11 日,上匠公司以购买、鉴定的方式对徐某某名下一家名为"美肤馆 168"的淘宝店铺进行了售假投诉,该投诉致使"真美人集萃水凝肤乳 120 ml"产品链接被删除。2022 年 1 月 20 日、2022 年 3 月 15 日,上匠公司又以相同方式对徐某某名下名为"xuweichun00"的淘宝店铺进行了两次售假投诉,导致"真美人氨基酸洁面泡沫 120 ml""真美人调服精华液 1 号 15 ml"产品链接被删除。2022 年 3 月 15 日的投诉导致徐某某被淘宝平台处罚 4 000 元。徐某某系完全生物公司的线下以及线上代理商,有权销售真美人品牌商品,且该商品均为正品。徐某某请求判令:(1)淘宝公司恢复链接、恢复保证金 4 000 元及恢复店铺积分;(2)上匠公司、多倩公司、完全生物公司、淘宝公司赔偿徐某某淘宝店铺链接被删除的经济损失 200 000 元,淘宝公司承担 20%,上匠公司、多倩公司、完全生物公司承担 80%;(3)上匠公司、多倩公司、完全生物公司、淘宝公司承担徐某某律师费 30 000 元。

被告(上诉人)多倩公司辩称:涉案期间,多倩公司独家授权完全生物公司使用真美人商标进行生产及销售,多倩公司仅从完全生物公司处取得商标使用费,完全生物公司系真美人商标的排他使用权人。对于徐某某和完全生物公司签订的代理合同没有异议。多倩公司系受完全生物公司委托,并转委托上匠公司进行网络打假,打假行为的行为主体、责任主体及受益主体均为完全生物公司,应由完全生物公司独立承担相应的侵权赔偿责任。

原审被告上匠公司辩称:多倩公司为真美人商标权利人,徐某某从未取得多倩公司授权。上匠公司受多倩公司的委托,根据多倩公司作出的鉴定报告向淘宝平台投诉徐某某的产品,徐某某向淘宝平台进行申诉,平台认定其申诉理由不成立,作出下架处理,所有流程均符合平台规则。

原审被告淘宝公司辩称:淘宝公司在收到涉案三次投诉后,均及时通知了徐某某,徐某某其中二次未申诉,剩余一次提交律师函作为申诉依据。根据平台规则,被投诉方应当提供发票、进货凭证、付款凭证等正规进货证明资料,律师函不具有证明效力,故淘宝平台判定其申诉不成立。没收保证金和链接被删除的后果是徐某某没有进行正确积极的申诉造成的。

原审被告完全生物公司辩称:徐某某和完全生物公司签订了网络独家销售合同,明确约定销售价格不得低于八五折。徐某某以低于八五折的价格进行销售,构成违约,是徐某某的行为导致了第三方的投诉。

法院经审理查明:邱某某于2015年9月7日注册了真美人商标。邱某某授权完全生物公司使用真美人3类商标,期限为2021年8月1日至2022年12月1日。多情公司于2021年8月6日自原注册人邱某某处受让该商标。完全生物公司于2021年11月8日授权徐某某代理真美人化妆品,期限为2021年11月8日至2022年11月7日,徐某某经营淘宝店铺"美肤馆168""xuweichun00"进行线上销售。2022年1月5日,上匠公司向淘宝公司投诉其从徐某某店铺购买的真美人亮肤乳120 ml为假货,并提供了多情公司的鉴定报告。淘宝公司通知徐某某后,徐某某对该投诉超时未申诉,淘宝公司将前述商品链接删除。2022年1月15日,上匠公司第二次向淘宝公司投诉其从徐某某店铺购买的洁面泡沫120 ml为假货,并提供了多情公司的鉴定报告。2022年1月20日,徐某某向淘宝公司提交申诉理由、申诉说明,并上传了北京德和衡(成都)律师事务所律师函作为申诉材料。淘宝公司以被投诉方未提供发票、进货凭证、付款凭证等正规进货证明资料等证明不存在侵权行为的初步证据,且律师函并非正规进货证明资料为由,判定申诉不成立,淘宝公司将前述商品链接删除。2022年3月9日,上匠公司第三次向淘宝公司投诉其从徐某某店铺购买的精华液15 ml为假货,并提供了多情公司的鉴定报告。徐某某对该投诉超时未申诉,淘宝公司将前述商品链接删除。

【裁判结果】

上海市金山区人民法院于2023年3月8日作出(2022)沪0116民初

9430 号民事判决：一、上海上匠网络科技有限公司于判决生效之日起十日内撤销对徐某某店铺的投诉；二、浙江淘宝网络有限公司于判决生效之日起十日内恢复徐某某店铺保证金 4 000 元及店铺积分；三、上海多倩化妆品有限公司于判决生效之日起十日内赔偿徐某某损失 60 000 元；四、驳回徐某某其余诉讼请求。

多倩公司向上海市第一中级人民法院提出上诉。上海市第一中级人民法院于 2023 年 6 月 19 日作出（2023）沪 01 民终 6527 号民事判决：驳回上诉，维持原判。

【裁判理由】

法院生效裁判认为：商标转让证明显示多倩公司系涉案期间的商标权利人，其对徐某某与完全生物公司签订合同予以确认，足以认定多倩公司作为商标权利人对代理协议书的追认，徐某某有权网络销售真美人相关产品。关于淘宝公司的责任认定如下。多倩公司作为真美人商标权利人，其出具的鉴定报告足以作为侵权的初步证据，淘宝公司在收到涉案三次投诉后，均及时通知了徐某某，尽到了其通知义务。三次投诉中，徐某某均未向淘宝公司提交不存在侵权行为的初步证据，应视为自行放弃申诉的权利，应当自行承担相应的法律后果，该情况下淘宝公司采取删除被投诉链接的行为并无不妥。关于上匠公司、多倩公司的责任认定如下。上匠公司受多倩公司委托进行打假活动，两者均非一般意义上的消费者，意在打击假冒商品使其下架，二公司应当意识到其行为存在导致卖家损失的可能性，应负有较高的注意义务，对其打假的全程进行留痕，保证打假行为的正当性和合法性。在其二公司未提交涉案投诉行为正当性和合法性相关证据的情况下，应当认定其存在过错，其投诉行为导致了徐某某的损失，相关损害后果及因果关系明确。至于具体的责任比例，徐某某在三次申诉中均未按照淘宝公司的要求提供相应的申诉材料，未有效避免后期删除链接导致的损害，亦存在较为明显的过错，上述情况可以减轻多倩公司的侵权责任,故判定多倩公司承担损失的 30% 计 60 000 元,徐某某承担 70% 计 140 000 元。

【案例注解】

在互联网高度普及的当今社会,网络侵权更加具有普遍性和复杂性。我国《民法典》第一千一百九十五条规定系针对网络侵权而设立的通知制度,该制度允许权利人不经法院诉讼而直接要求网络服务提供者对侵权内容采取删除等必要措施。关于网络侵权的研究多聚焦于网络服务提供者在收到合格通知后应负有的义务和承担的责任,对如何认定通知之合格属性较少关注。现实中充斥着数量庞大的错误通知乃至恶意投诉行为,权利人是否曾向网络服务提供者发送过"合格"的通知往往成为司法实践中的审理难点。我国《民法典》第一千一百九十五条第一款明确将"构成侵权的初步证据"和"权利人的真实身份信息"作为合格通知的要件。这一规定与已有的《中华人民共和国电子商务法》(以下简称《电子商务法》)等法律中的表述都不相同。本案系涉及合格通知司法认定的典型案件,本文将结合本案案情,以《民法典》的规定为中心,系统阐释合格通知的法律原理,从而为解决目前合格通知认定这一司法实践中的难点提供理论支持。

一、合格通知规则现状分析

我国关于合格通知的规定,可见于 2018 年的《电子商务法》第四十二条第一款规定的"通知应当包括构成侵权的初步证据",以及 2020 年《民法典》第一千一百九十五条第一款规定的"通知应当包括构成侵权的初步证据及权利人的真实身份信息"。之后,《最高人民法院关于审理涉电子商务平台知识产权民事案件的指导意见》(以下简称《电子商务指导意见》)第五条规定:"知识产权权利人依据《电子商务法》第四十二条的规定,向电子商务平台经营者发出的通知一般包括:知识产权权利证明及权利人的真实身份信息;能够实现准确定位的被诉侵权商品或者服务信息;构成侵权的初步证据;通知真实性的书面保证等。通知应当采取书面形式。"可见最高人民法院对《电子商务法》规定的"初步证据"采广义解释,包括"真实身份信息"等,但与《民法典》不同,《电子商务指导意见》又提及"能够实现准确定位的被诉侵权商品或者服务信息"和"通知真实性的书面保证"。

二、合格通知的构成要件

(一) 构成侵权的初步证据

1. 理论功能

根据民法原理,通知主体享有的是"请求权",即法律关系的一方主体请求另一方主体为或不为一定行为的权利,在法院判决之前,权利人不能对权利标的进行直接支配。故严格而言,通知规则中所谓的"权利人"其实是"通知人",其是否为有权人,有待法院认定。然而,根据通知规则的实证法规定,网络服务提供者在收到合格通知时,便负有移除义务,否则将可能承担侵权责任。该规则事实上赋予了通知类似于诉前禁令的效力,但其构成要件比诉前禁令宽松得多。因此,初步证据应作为合格通知的必要要件:只有提供了初步证据,网络服务提供者才能知晓侵权内容,进而对其采取删除等必要措施。初步证据的必要性在于其正当化了网络服务提供者所负有的采取必要措施的义务,"一个不包含任何哪怕是初步证明其权利被网络用户所侵害的投诉通知,一般来说,不应该对网络服务提供者的注意义务产生实质性影响"[1]。

综上,"初步证据"的理论功能在于使通知所涉内容具备"侵权"的外

---

[1] 薛军:《民法典网络侵权条款研究:以法解释论框架的重构为中心》,载《比较法研究》2020年第4期。

观,也使通知人具备权利人的"外观"。在没有被其他证据(比如反通知)推翻之前,法律上将通知所涉内容推定为侵权内容,故而网络服务提供者在收到合格通知后负有采取必要措施的义务,若缺失初步证据,便无法证成网络服务提供者负有的删除等义务。

2. 证明标准

(1)低盖然性标准

通知制度得以达到预期规范效果的前提之一是,被投诉内容在多数情况下确系侵权。

在证明标准方面,美国在比较法上采低盖然性标准。美国通知规则强调投诉人"善意相信"所涉内容构成侵权即可,善意声明的缺失会导致网络服务提供者无需采取移除等措施。而我国法中权利人"善意"规则的规范目的是免除权利人的责任。通知规则定性上的不同,决定了我国的合格通知不宜采低盖然性标准。无论是原《侵权责任法》第三十六条还是《民法典》第一千一百九十五条都规定,未采取必要措施的法律后果均是网络服务提供者"对损害的扩大部分与该网络用户承担连带责任"。可见,我国的通知规则是归责条款,即收到合格通知被作为判断网络服务提供者是否存在过错的标准之一,而非如美国般作为免责条款。[①]从实践效果来看,电子商务活动中的错误通知和恶意通知已成为通知制度实施中不可忽视的问题,较低标准的初步证据易引发错误乃至恶意通知,该制度将造成严重的副作用,即合法的内容因遭错误乃至恶意投诉而被删除等。

(2)高盖然性标准

初步证据无法采低盖然性标准,也不宜采高盖然性标准。其一,通知规则的设计中并没有如诉讼中那样的对席审理和辩论,在两造参与不均的情况下查明事实自然会受到限制。且网络服务提供者的审查能力难以

---

① 徐伟:《通知移除制度的重新定性及其体系效应》,载《现代法学》2013 年第 1 期。

与法院相比,通知的审查期限也较短(网络服务提供者需"及时"采取必要措施),这些都决定了初步证据在事实上难以达到高度盖然的程度。其二,通知规则与司法诉讼是法律为权利人提供的两种不同的救济手段。通知规则的规范目的在于为权利人提供便捷、快速的救济手段,而采高盖然性标准有悖于此。其三,《民法典》第一千一百九十五条规定采取的是"初步证据"的表述,"初步"二字表明了有关侵权事实的证明标准应低于诉讼中的证明标准。

(3)一般可能性标准

电子商务争议中初步证据的证明标准应低于高盖然性标准,但应高于低盖然性标准,宜采"一般可能性"标准。主要考量因素有:其一,立法采用"初步证据"的表述,证明标准应与"初步"相对,不应过高。其二,从通知制度的制度设计来看,对初步证据进行审查是启动转送的前置程序,而非对侵权与否的实体裁断,故其证明标准应低于民事诉讼证明标准。综上,初步证据正当化网络服务提供者采取必要措施义务这一功能的发挥,有赖于初步证据能实现通知人是权利人、通知所涉内容构成侵权这一"外观"的形成。"一般可能性"标准是现阶段较适合电子商务平台经营者判断初步证据的证明标准。

(二)权利人的真实身份信息

一般而言,通知应包含身份信息,这也是实务中的普遍做法。对身份信息作为必要要件的质疑主要出现在侵权明显的场合。比如,若通知人提供了侵权"确凿"的证据(比如公权力机关出具的认定侵权的文书),或者通知所涉内容侵权"显而易见"(比如系正在上映电影的"枪版"影片、投诉所涉内容存在明显的侮辱性表述等),此时,即便通知人未提供身份信息,网络服务提供者也应在收到此类通知后采取删除等必要措施。

对于网络中的侵权内容,网络服务提供者采取必要措施的义务来源主要有三：一是来自公法上的义务。比如根据《互联网信息服务管理办法》第十五条和第十六条规定，互联网信息服务提供者发现其网站存在明显的侮辱、诽谤等侵害他人合法权益的内容时，应当立即停止传输。二是来自通知规则，即收到合格通知决定了网络服务提供者负有采取必要措施的义务。三是来自知道规则，即因侵权内容明显等原因，网络服务提供者知道或应当知道侵权所在，从而采取措施。笔者认为，就逻辑而言，网络服务提供者的移除义务不应来源于公法上的义务。尽管公法中也对网络服务提供者提出了审查侵害他人合法权益内容的义务，但该义务是基于公共利益而非个人利益的考量，且违反此类义务的法律后果应是承担公法上的责任，而非私法上的责任。从实践效果来看，应适用知道规则来课予网络服务提供者移除义务。理由在于，若适用通知规则，将导致合格通知的要件不得不区分为需要提供身份信息和不需要提供身份信息两类。在侵权明显时无需提供身份信息，反之，则需提供身份信息。这不仅制造了潜在的争议（侵权明显与否有时未必显而易见），且可能造成实务操作上的混乱。相反，以是否提供身份信息来区分通知规则和知道规则的适用，可为权利人提供明确的规则和预期。若权利人确信侵权明显，则可不必提供身份信息以降低救济成本；若对侵权明显与否存疑，则可通过提供身份信息来确保通知的有效性。此种规则安排可为权利人提供侧重效率或效果的多重保护。

综上，权利人的真实身份信息应作为合格通知的要件之一。包含侵权证据而缺失身份信息的通知不是合格通知，但网络服务提供者可能因知道规则而负有采取必要措施的义务。即，如果可以达到对服务对象提供的内容的准确定位，亦足以证明网络服务提供者明确知晓那些服务对象提供的内容构成侵权。[①]

① 孔祥俊：《网络著作权保护法律理念与裁判方法》，中国法制出版社 2015 年版，第 117—118 页。

三、不合格通知的法律后果

（一）错误通知人的归责原则

"错误通知"指通知人发出不合格通知从而对被通知人造成损害的行为。司法机关或行政机关最终认定被通知人不构成侵权，应当属于通知人通知错误。

关于错误通知人的归责原则，浙江省高级人民法院课题组认为，《电子商务法》第四十三条第三款规定中的"错误"定性的是通知本身，而非通知人的主观状态，故该款"明确了错误通知的归责要件为无过错责任原则"，如此才"符合权责统一原则"。[①]也有学者主张对错误通知人采过错推定责任，"当权利人恶意投诉导致卖家遭受损失后，推定权利人具有主观过错并将自证无过错的举证责任负担给权利人"。其理由为被投诉方难以证明投诉方的过错，因为其"事实上不可能举证权利人在发起投诉时是否进行了必要的检索或其他基础性措施"，由投诉人举证"也督促权利人谨慎行权，防止权力滥用"。[②]也有学者认为："对权利人的主观认定应适用应知标准，即在错误通知的赔偿责任中，推定投诉人在通知发出之前及必要措施采取的期间未履行审查义务，应当知道通知错误，其应为侵害平台内经营者权益的行为承担赔偿责任。同时，只有在权利人证明自己为善意后，方可减免其赔偿责任。"其理由也是"让平台内经营者证明权利人的主观恶意极具挑战性"。[③]过错推定责任的主要目的是缓解被通知人

---

① 浙江省高级人民法院联合课题组：《关于电商领域知识产权法律责任的调研报告》，载《人民司法（应用）》2020 年第 7 期。

② 李伟、冯秋翔：《从价值到规范：论权利人滥用取下通知的规制路径选择》，载《电子知识产权》2019 年第 11 期。

③ 沈一萍：《错误通知的认定及其赔偿责任研究——以〈电子商务法〉草案送审稿第 54 条第 1 款为中心》，载《电子知识产权》2017 年第 3 期。

举证上的困难,但其实这一问题可通过过失认定标准的宽严和证明标准的高低予以把握和解决。从司法实践来看,被通知人举证困难的问题似并未那么突出,故没有必要采取举证倒置规则。而且,目前并无任何法律规范和司法裁判支持该主张。

基于侵权一般原理,除非有足够充分且正当的理由,否则应采过错责任原则。因此,对《民法典》第一千一百九十五条规定的"错误通知"应作限缩解释,将其限于通知人有过错的情形。

(二) 与"恶意投诉"行为的区分

侵权法意义上的"过错"包括故意与过失两种样态,而"恶意投诉"的"恶意"仅包含故意。《电子商务法》第四十二条第三款规定的"恶意发出错误通知,造成平台内经营者损失的,加倍承担赔偿责任"也对恶意与错误作了区分。

《电子商务指导意见》第六条第一款规定提供了认定"恶意"的指导:"人民法院认定通知人是否具有电子商务法第四十二条第三款所称的'恶意',可以考量下列因素:提交伪造、变造的权利证明;提交虚假侵权对比的鉴定意见、专家意见;明知权利状态不稳定仍发出通知;明知通知错误仍不及时撤回或者更正;反复提交错误通知等。"总结而言,恶意投诉行为可以被分类为:权利本身不正当;权利外观正当,但状态不稳定或有瑕疵;权利正当且稳定,但权利人滥用权力。[①]

回归到本案中,本案的争议焦点在于上匠公司受商标权利人多倩公司委托的投诉行为是否构成错误通知,乃至是否属于恶意投诉行为。上匠公司提供了多倩公司作出的鉴定报告,作为其证明徐某某侵权的初步证据,但并未有任何证据可以体现鉴定报告中的假货系徐某某店铺中所

---

① 成文娟、郎梦佳:《电商环境下知识产权恶意投诉行为的认定与规制》,载《中国应用法学》2020 年第 1 期。

购买，其并未达到"一般可能性"的证明标准，并不符合"合格通知"的构成要件，应承担举证不能的不利后果。值得注意的是，现实生活中职业打假、知假买假的投诉行为屡见不鲜，本案中多倩公司委托上匠公司购买徐某某商铺的涉案商品，系作为非一般意义上的消费者而作出的打假行为，其目的在于使目标商品下架，对卖家产生的影响更大，故其在打假过程中负有更高的注意义务，应对其打假的正当性、合法性、关联性承担相应的举证责任，如果构成恶意发出错误通知，还应依法加倍承担赔偿责任。

12. 郑某诉刘某某其他合同纠纷案*

——服刑补偿协议之效力认定

【裁判要旨】

受托讨债后遭受刑事处罚,委托人与受托人签订补偿协议书,约定受托人在服刑期间的工资收入由委托人补偿,实质上等同于将对犯罪人员的刑事处罚所造成的经济后果通过民事合同转嫁由他人分担。该协议扰乱了国家刑罚制度的执行和社会公共管理秩序,违反公序良俗原则和社会主义核心价值观,对该协议应作无效评定。

【相关法条】

《中华人民共和国民法典》

第八条 民事主体从事民事活动,不得违反法律,不得违背公序良俗。

第一百四十三条 具备下列条件的民事法律行为有效:(一)行为人具有相应的民事行为能力;(二)意思表示真实;(三)不违反法律、行政法规的强制性规定,不违背公序良俗。

第一百五十三条第二款 违背公序良俗的民事法律行为无效。

第九百三十条 受托人处理委托事务时,因不可归责于自己的事由受到损失的,可以向委托人请求赔偿损失。

---

* 编写人系上海市第一中级人民法院孙春蓉、熊崧。

【案件索引】

一审:上海市闵行区人民法院(2023)沪 0112 民初 2390 号(2023 年 5 月 10 日)。

二审:上海市第一中级人民法院(2023)沪 01 民终 9709 号(2023 年 8 月 15 日)。

【基本案情】

原告(被上诉人)郑某诉称:2021 年 3 月 24 日,刘某某为补偿郑某因受其委托向青岛恒瑞公司催款过程中被羁押而产生的损失,在刘某某聘请的律师见证下,双方签订补偿协议,约定刘某某于 2021 年 3 月起至 2024 年 2 月止 3 年内给予郑某共计 30 万元的补偿,并约定如刘某某违反协议,郑某有权就剩余未补偿款项一并提起诉讼,并赔偿郑某因维权而产生的利息、律师费、诉讼费等损失。协议签订后,刘某某仅支付郑某 1.5 万元。郑某请求法院判令:(1)刘某某支付郑某 28.5 万元,及以 28.5 万元为基数、按照全国银行间同业拆借中心公布的一年期贷款市场报价利率计算、自 2021 年 7 月 1 日起至实际清偿之日止的逾期利息;(2)刘某某承担郑某实现债权费用计保全担保费 1 100 元、律师费 15 000 元。

被告(上诉人)刘某某辩称:郑某受其委托向青岛恒瑞公司催款,后郑某又请多人赴青岛,因与对方发生冲突,而以寻衅滋事罪被判刑。为解决刑事诉讼,刘某某前后共花费几十万元。刑满释放后,郑某即向刘某某索要补偿,并采取威胁、闹事等手段逼迫刘某某,最后双方签订了补偿协议。故刘某某认为补偿协议系在郑某胁迫下签订,且违反公序良俗和社会主义核心价值观,应为无效。

法院经审理查明:2015 年 8 月,郑某受刘某某委托赴青岛向相关公司催款过程中,因犯寻衅滋事罪被当地法院判刑。郑某刑满释放后,就补偿事宜与刘某某进行多次协商。2021 年 3 月 24 日,双方签订《补偿协议书》,载明:2015 年 8 月,郑某在受刘某某委托前往青岛催讨款项时因涉嫌寻衅滋事罪被追究刑事责任,被判处一年四个月有期徒刑。刘某某自述为处理郑某等人的刑事案件共花费60万元左右,现郑某提出刘某某补偿其被羁押期间的相关损失。具体而言,郑某服刑期间为2015年9月至2017年1月,郑某自述服刑前一年月平均工资为1.5万元左右,刘某某知晓并认可,刘某某同意以每月1.875万元来计算相关补偿,故郑某要求刘某某给予30万元的补偿;协议签订之日起,郑某不得再有任何有损或者影响刘某某生活或者利益的行为;刘某某如违反协议,郑某有权就剩余未补偿款项一并提起诉讼,刘某某还应赔偿郑某的其他损失,包括但不限于利息损失、因维权而支付的律师费、诉讼费等。协议签订后,刘某某通过他人向郑某支付15 000元。另查明,郑某为本次诉讼支出律师费15 000元、保全担保费1 100元。

二审另查明:涉案事件发生后,刘某某向郑某汇款30余万元用于应诉、生活支出等善后事宜;郑某刑满释放后,在与刘某某微信聊天中多次采取辱骂性和威胁性的言语。二审中,双方当事人一致陈述:双方于2014年10月在展会中结识;2015年8月,郑某参与刘某某在上海的一笔37万元获偿债权的催讨;郑某刑满释放后曾至刘某某所在小区门口用喇叭喊叫刘某某。

【裁判结果】

上海市闵行区人民法院于2023年5月10日作出(2023)沪0112民初2390号民事判决:一、刘某某于判决生效之日起十日内支付郑某补偿款28.5万元;二、刘某某于判决生效之日起十日内支付郑某以28.5万元为基数,按照全国银行间同业拆借中心公布的一年期贷款市场报价利率(3.85%)计算,自2021年7月1日起至实际清偿之日止的逾期利息;三、刘某某于判决生效之日起十日内支付郑某律师费损失15 000元;四、刘某某于判决生效之日起十日内支付郑某保全担保费1 100元。

上海市第一中级人民法院于2023年8月15日作出(2023)沪01民

终9709号民事判决:一、撤销上海市闵行区人民法院(2023)沪0112民初2390号民事判决;二、驳回郑某原审诉讼请求。简要理由和情况:受托讨债后遭受刑事处罚,委托人与受托人签订补偿协议书,约定受托人在服刑期间的工资收入由委托人补偿,实质上等同于将对犯罪人员的刑事处罚所造成的经济后果通过民事合同转嫁由他人分担,扰乱了国家刑罚制度的执行和社会公共管理秩序。该协议违反公序良俗原则和社会主义核心价值观,应作无效评定。

【裁判理由】

法院生效裁判认为:本案争议焦点为,涉案协议是否违背公序良俗,应作无效评判。第一,关于涉案委托关系中的补偿约定。《民法典》第九百三十条规定,受托人处理委托事务时,因不可归责于自己的事由受到损失的,可以向委托人请求赔偿损失。郑某在受托讨债过程中,因包括郑某在内的现场人员的自身行为,将社会催收升级至暴力催收,并因此获刑。刘某某作为委托人未在现场,亦未授意郑某等受托人使用暴力;而郑某作为高学历人士,不缺乏判断力和选择能力,其选择参与社会催收并带领一众人等将事件演变成暴力催收,无论是获刑还是相关经济损失,都难谓法律上"因不可归责于自己的事由",应自负后果。根据前述《民法典》规定,郑某在涉案委托关系中的损失,不符合法律规定项下可向委托人求偿的情形,刘某某在涉案委托关系事件中,不负有法定的赔偿义务。第二,关于涉案补偿约定是否违背公序良俗。本案中,郑某主张补偿的基础系受刘某某所托催收债权却致获刑入狱的事实。郑某系因其作为受托人的自身过错行为构成犯罪而受到刑事制裁,法律上的责任和经济上的损失后果均应由其本人承担。但涉案协议约定,郑某在羁押、服刑期间的工资收入由刘某某作出补偿,若认定协议有效,则等同于认同对犯罪人员作出的刑事处罚,可以合法、正当地通过民事合同转嫁由他人分担,变相地扰乱了国家刑罚制度的执行和社会公共管理秩序。公序良俗原则的核心含义是行为人在一切民事活动中均不得违背公共秩序与伦理底线,是对个体自由和私法自治的一种限制,故无论涉案协议签订中刘某某是否为自愿或胁迫,其补偿指向皆不具有合法正当性。刘某某以涉案协议系当事人真实意思表示作为抗辩理由,应不予采纳。同时,根据《最高人民法院关于适用〈中华人民共和国民法典〉总则编若干问题的解释》第二条的规定,适用公序良俗原则,对案件进行价值衡量时,应当从社会整体价值标准出发,不得违背社会主义核心价值观。本案中,涉案协议的约定内容不具有法律效力,且郑某刑满释放后,采取至对方居住小区门口用喇叭喊叫,公开侮辱、威胁等手段向刘某某施加压力。郑某自身触犯刑律,向委托人主张赔偿于法无据,不文明行为造成不良社会影响,其再通过司法诉讼要求予以救济,不符合社会主义核心价值观的价值导向,故对其诉请不应予以支持。

【案例注解】

公序良俗原则是民法的基本原则,《民法典》第一百五十三条第二款明确规定了违反公序良俗原则的民事法律行为无效,该原则亦是社会主义核心价值观的重要体现。本案中,受托人在受托讨债过程中获刑,羁押出狱后,其与委托人签订补偿协议,约定受托人在服刑期间的工资收入由委托人补偿,因委托人未履行协议内容,受托人遂诉至法院。法院对协议内容进行实质审查,最终认定协议无效,改判驳回了受托人的原审诉讼请求。如此判定的根本原因在于:涉案协议违反了公序良俗原则和社会主义核心价值观。

一、意思自治损害公共秩序的风险防范:公序良俗原则的适用

(一)意思自治与公共秩序的冲突

作为民法遵循的基本原理,意思自治是市场经济的根基和主体人格自由发展的基础,民事主体基于自己意思形成的法律关系原则上有效。然而,正如古谚所言,"不存在绝对意义上的自由",《民法典》要求民事主体在从事民事活动的过程中,不得违反法律,不得违背公序良俗。

公序良俗根据其文义概念和比较法学说,可拆分为公共秩序和善良风俗两个概念,前者主要指公法保障的社会公共利益,后者主要指社会公德,本文重在讨论"公共秩序"这一概念。在司法实践中,意思自治与公共秩序的冲突常而有之,如民间高利贷对国家金融秩序的影响[①]、公司解散未承担社会责任导致损害社会公共利益[②]、代孕协议的订立[③]等,都显示了若无限放任意思自治,将对公共秩序造成重大影响。可见,民法中的私法自治必须以公共秩序作为基础,过度放任当事人意思自治将会扰乱公共秩序,影响民事主体合法权益的实现。因此,民事主体从事法律行为的自由必须以不损害国家利益、社会公共利益为限。

(二) 涉案协议中的法益冲突

在涉案协议中,当事人的协议内容为由委托人刘某某按照郑某入狱前的工资标准对受托人郑某受刑事羁押期间的收入损失进行补偿。根据《民法典》第一百四十三条规定,民事法律行为的有效需满足当事人具有行为能力、意思表示真实、不违反法律和行政法规的强制性规定、不违背公序良俗等基本要件。本案中,当事人皆为完全民事行为能力人,虽然刘某某主张该协议系受胁迫签订,但因除斥期间已过,刘某某撤销权已消灭,本案无意思表示瑕疵的事由,亦无违反法律、行政法规强制性规定的情形,故本案当事人的真实意思表示为一方就另一方获刑之事为民事补

[①] 贺小荣:《意思自治与公共秩序》,载《法律适用》2021 年第 2 期。
[②] 参见山东省高级人民法院(2015)鲁民再字第 5 号民事判决书。
[③] 参见湖南省郴州市中级人民法院(2020)湘 10 民终 1763 号民事判决书,湖北省武汉市中级人民法院(2018)鄂 01 民终 9799 号民事判决书等。

偿。但在检视涉案法律行为是否违反公序良俗要件时,因当事人所达成的协议为对郑某受刑事处罚期间的损失补偿,关涉公法保障的国家刑罚制度和社会公共管理秩序,故本案涉及当事人意思自治与公共秩序的冲突,需要通过厘清二者边界,进一步判断涉案协议是否因违反公序良俗原则而应认定无效。

二、意思自治与违反公共秩序的界限:违反公序良俗原则的认定标准

(一) 公序良俗原则在司法适用中存在的问题

当前,司法实践中关于公序良俗原则的适用存在较多问题。较为典型的有:(1)将违反公序良俗原则与一般社会道德混淆,将公序良俗与"社会公德"等概念混用,导致该原则的适用范围被不当扩大,产生道德审判的结果。(2)公序良俗原则的适用次序不当。作为原则性条款,其主要功能为弥补法律漏洞、解决法律冲突,而实践中部分裁判未优先考虑适用具体法律规则,导致该原则向一般条款逃逸。[①]

笔者认为,一方面,公序良俗应当是法律评价标准,是最低社会道德的底线。正如学者所言,应当保持公序良俗概括条款司法适用的谦抑性,将其作为底线性评价标准。[②]若非如此,意思自治的结果将动辄因违反公序良俗而无效,市场经济和民事主体的自由发展亦受影响。另外,法律对违反公序良俗的行为作无效评价,而现有立法对法律行为的无效事由作严格限定,若不当放宽违反公序良俗的适用范围,最终将导致可评价为无

[①] 李岩:《公序良俗原则的司法乱象与本相——兼论公序良俗原则适用的类型化》,载《法学》2015 年第 11 期;王利明:《论习惯作为民法渊源》,载《法学杂志》2016 年第 11 期。

[②] 参见于飞:《〈民法典〉公序良俗概括条款司法使用的谦抑性》,载《中国法律评论》2022 年第 4 期。

效的事由不断增多,进而使法律行为无效制度的设立目的落空。因此,只有准确界定违反公序良俗与意思自治的边界,才能正确适用公序良俗原则,对法律行为效力作出正确评价。另一方面,法律规则的制定说明立法者对某一行为效力有更加合乎立法目的的具体安排,就民事法律规则和法律原则的适用而言,应当优先适用法律规定,只有在法律没有具体规定的情况下,为了实现个案正义,才可以适用法律的基本原则和基本精神进行裁判。①

(二) 违反公序良俗原则的认定标准

《民法典》并未明确规定公序良俗的范围,亦无明确的构成要件。我国民法学界参考比较法判例学说,将其类型化为以下几种类型:(1)危害国家政治、经济、财政、税收、金融、治安等秩序类型;(2)危害家庭关系行为类型;(3)危害性道德行为类型;(4)违反人权和人格尊严行为类型;(5)限制经济自由行为类型;(6)违反公平竞争行为类型;(7)违反消费者保护行为类型;(8)违反劳动者保护行为类型等。②我国台湾地区学者王泽鉴将违反公序良俗原则的类型划分为:宪法规定的基本权利保护、对婚姻关系的维护、家庭伦理、合同中危险的合理分配、经济秩序及不道德性关系。③然而,作为不确定的法律概念,公序良俗具有较大的弹性,无法穷尽,上述类型可作为判断违反公序良俗的重要参考,但要精准判断是否悖俗,应当遵循相对确定的评价标准。笔者认为,除参考上述类型外,是否违反公序良俗原则应当遵循如下判断标准。

---

① 《最高院关于适用〈中华人民共和国民法典〉总则编若干问题的解释》第一条规定:"就同一民事关系,其他民事法律的规定属于对民法典相应规定的细化的,应当适用该民事法律的规定。民法典规定适用其他法律的,适用该法律的规定。民法典及其他法律对民事关系没有具体规定的,可以遵循民法典关于基本原则的规定。"

② 参见李适时主编:《中华人民共和国民法总则释义》,法律出版社 2017 年版,第 482 页。

③ 参见王泽鉴:《民法总则》,中国政法大学出版社 2001 年版,第 292—297 页。

一是不得突破公序良俗原则的功能边界。为避免公序良俗原则突破功能边界,有损意思自治原则,是否悖俗的认定应当严格控制在一定范围内。一方面,应区分公序良俗与一般社会道德。违反社会道德较为轻微的法律行为不必然无效,如一般的欺诈和胁迫行为违反社会道德,但若不满足违法悖俗等要件,则其法律后果仅限于"可撤销"。在评价是否悖俗时,应当采取法律性评价标准,如违反宪法基本权利价值体系,或具有底线性意义的规章、道德和习惯等。①另一方面,应当穷尽法律规则。原则上,除非适用该法律规则将严重影响个案正义,否则现有的法律规则应当较公序良俗原则更优先适用。同时,若法律行为已经因违反强制性规定而无效,亦应优先适用违法无效的规则。

二是遵循比例原则和"超过论证"。比例原则指只有符合以下情况,才能对个人自由及私法自治进行干预:干预相对于更高的利益而言是必要的;干预必须适合于达成所欲求之目的;采用最和缓的手段达成目的,禁止逾越必要限度。②如前所述,意思自治的过程中存在与公共秩序的冲突,遵循比例原则有利于确保私法自治不被国家权力过度干预。我国民法虽未确定比例原则,但该原则的基本精神仍可内化于公序良俗原则的适用中。有学者指出,在公序良俗的使用中应当进行"超过论证",即涉案秩序伦理因素的分量超过维持私法自治结果的分量。③笔者赞同该观点。作为意思自治原则的例外规定,公序良俗对自由自决的限制需要掌握在必要的限度内,其适用目的必须较遵循意思自治处于更为优势的地位,不得为较小的公共秩序利益损害较大的私法主体利益。

三是结合社会主义核心价值观,确保效果统一。《民法典》将弘扬社会主义核心价值观作为立法宗旨,最高院《关于深入推进社会主义核心价

---

① ③ 于飞:《〈民法典〉公序良俗概括条款司法使用的谦抑性》,载《中国法律评论》2022年第4期。

② 郑晓剑:《比例原则在民法上的适用及展开》,载《中国法学》2016年第2期。

值观融入裁判文书释法说理的指导意见》明确提出,涉及公序良俗的案件,应当强化运用社会主义核心价值观释法说理。社会主义核心价值观包含国家、社会、个人三个层面的实质内涵,据此,在公序良俗原则的适用中应当考量当事人的意思自治是否有损国家和社会的正当利益,该原则的应用是否能够实现政治效果、法律效果和社会效果的有机统一。

三、涉案协议的效力认定

(一)涉案协议未突破公序良俗原则的适用边界

一方面,涉案协议内容有违公法保障的社会秩序和最低限度的社会道德。公序良俗原则的核心含义是行为人在一切民事活动中均不得违背公共秩序与伦理底线。本案中,郑某主张补偿的基础系受刘某某所托催收债权却致获刑入狱的事实。但涉案协议约定,郑某在羁押、服刑期间的工资收入由刘某某作出补偿,实际上等同于通过民事合同转嫁刑事处罚带来的经济后果,变相扰乱了国家刑罚制度的执行和社会公共管理秩序。另一方面,本案无可直接适用的法律规则。本案主张胁迫的除斥期间已过,且协议内容未违反法律的具体规定,需要进一步引入法律原则来评定涉案协议的效力。

(二)认定涉案协议违反公序良俗不违反比例原则

就当事人而言,本案不符合《民法典》第九百三十条关于委托关系中的补偿的法律规定。[①]刘某某作为委托人未授意郑某等使用暴力催债,刑事判决书亦未认定刘某某负有刑事责任,郑某系因自身过错行为构成犯罪而受到刑事制裁,法律上的责任和经济上的损失后果均应由其本人承

---

① 《民法典》第九百三十条规定:"受托人处理委托事务时,因不可归责于自己的事由受到损失的,可以向委托人请求赔偿损失。"

担。因此,除涉案补偿协议外,郑某并无要求委托人刘某某赔偿的合法请求权基础。

就国家和社会而言,涉案协议约定,郑某在羁押、服刑期间的工资收入由刘某某作出补偿,若认定协议有效,则等同于认同对犯罪人员作出的刑事处罚,可以合法、正当地通过民事合同转嫁由他人分担,有损国家刑罚制度的执行和社会公共管理秩序。刑法以惩罚犯罪和保护人民为立法目的,其适用与公法保障的社会秩序息息相关,涉案协议约定对受到刑事处罚的受托人进行民事补偿,是对公权力的挑战,超出了意思自治的行使边界。

综上所述,涉案协议对于国家和社会秩序的不良影响显著重于协议欲达成的补偿受托人羁押期间工资损失之目的,违背公序良俗,应属绝对无效。

(三) 涉案协议作无效评定符合社会主义核心价值观

根据《最高人民法院关于适用〈中华人民共和国民法典〉总则编若干问题的解释》第二条规定,适用公序良俗原则,对案件进行价值衡量时,应当从社会整体价值标准出发,不得违背社会主义核心价值观。本案中,郑某刑满释放后,采取至对方居住小区门口用喇叭喊叫公开侮辱、威胁,以及微信发送辱骂性消息等手段向刘某某施加压力,其不文明行为造成不良社会影响,不符合"文明""和谐""法治"等社会主义核心价值。且郑某自身触犯刑法获刑事处罚,其向委托人主张赔偿于法无据,其再通过司法诉讼要求予以救济,企图以私法补偿救济因刑事处罚遭受的"损失",亦不符合社会主义核心价值观的价值导向,若予以支持,将严重影响刑事判决的震慑力,造成不良社会影响。故本案适用公序良俗原则认定涉案协议无效,符合社会主义核心价值观。

13. 邹某诉上海华侨城投资发展有限公司经营场所的管理者责任纠纷案[*]

——参与危险性娱乐活动风险自担与安保责任限度的司法审视

【裁判要旨】

《民法典》引入"自甘风险"规则,是其亮点和创新,也完善了侵权责任篇归责原则。游客参与危险性娱乐活动时,经营者、管理者对游客人身安全负有保障义务,游客对其自身安全负有谨慎注意义务,至于能否依据"自甘风险"免除或减轻经营者的安全保障义务,司法实务中存在裁判不一的情形。法律规定"自甘风险"作为侵权责任中的免责事由,属于自愿承担损害后果,但行为人存在故意或者重大过失造成损害的除外;但经营者、管理者对游客受损害后果应当适用安全保障义务规则加以认定,"自甘风险"不应作为免除或减轻经营者过错责任的事由。本案暨厘清危险性娱乐活动中安保责任归责原则的使用误区。

【相关法条】

《中华人民共和国民法典》

第一千一百七十六条　自愿参加具有一定风险的文体活动,因其他参加者的行为受到损害的,受害人不得请求其他参加者承担侵权责任;但是,其他参加者对损害的发生有故意或者重大过失的除外。

---

* 编写人系上海市第一中级人民法院宋蕾、徐林祥宇。

《中华人民共和国民法典》

第一千一百九十八条第一款　宾馆、商场、银行、车站、机场、体育场馆、娱乐场所等经营场所、公共场所的经营者、管理者或者群众性活动的组织者,未尽到安全保障义务,造成他人损害的,应当承担侵权责任。

【案件索引】

一审:上海市松江区人民法院(2022)沪 0117 民初 7437 号(2022 年 8 月 25 日)。

二审:上海市第一中级人民法院(2022)沪 01 民终 11252 号(2023 年 3 月 7 日)。

【基本案情】

原告(上诉人)邹某诉称:邹某带家人前往上海华侨城投资发展有限公司(以下简称"华侨城公司")经营的水上公园游玩,其间,邹某乘坐的浮筏被浪打翻,撞到了水上乐园救生员所坐的椅子上,致使其受伤,华侨城公司在海上冲浪项目水域中设置救生员座椅后,不采取任何防撞击的防护措施,存在巨大安全隐患,导致邹某在人造浪冲击下,与该救生员座椅支架发生撞击的损害后果,华侨城公司未尽到经营场所的安全保障义务,应当对本起事故承担全部赔偿责任,是否抓紧皮筏扶手与本起损害后果并无因果关系。请求法院判令赔偿相应损失。

被告(被上诉人)华侨城公司辩称:华侨城公司为了救生员及时发现危险并快速采取救助措施,按照相关体育局文件规定在该水域中设置救生员座椅,具有必要性,也正因此,该水域未曾发生游客溺亡事故,可见该设施起到了积极作用。华侨城公司对该座椅采取包裹软包装的防撞措施,积极行使了安全保障义务;该水域冲浪项目存在一定危险性,邹某作为完全民事行为能力人,自身负有注意义务,在造浪过程中,认为有危险可以选择浅滩区,避免受到人造浪的冲击;邹某在乘坐皮筏参与冲浪时未抓紧扶手,对本起损害后果也具有过错。

法院经审理查明:2021 年 8 月 4 日,邹某在上海玛雅海滩水公园海上冲浪项目游玩时,因乘坐的皮筏被水浪打翻后撞击了华侨城公司设置在水域中的救生员座椅而受伤。

【裁判结果】

上海市松江区人民法院于 2022 年 8 月 25 日作出(2022)沪 0117 民初 7437 号民事判决:一、上海华侨城投资发展有限公司赔偿邹某14 792.79 元;二、驳回邹某的其他诉讼请求。

邹某向上海市第一中级人民法院提出上诉。上海市第一中级人民法院于 2023 年 3 月 7 日作出(2022)沪 01 民终 11252 号民事判决:一、撤销一审判决;二、上海华侨城投资发展有限公司于判决生效之日起十日内赔偿上诉人邹某人民币 29 585.57 元;三、驳回上诉人邹某原审其余诉讼请求。

【裁判理由】

一审判决认为:根据《民法典》第一千一百九十八条第一款之规定,宾馆、商场、银行、车站、体育场馆、娱乐场所等经营场所、公共场所的经营者、管理者或者群众性活动的组织者,未尽到安全保障义务,造成他人损害的,应当承担侵权责任。本案中,邹某系在参加海上冲浪项目时受伤。一审判决认为,海上冲浪项目会造成水波冲击,游客游玩时有一定风险,邹某作为该项目的参与者对此应当明知,故应对自身安全有更全面的预估。本案事故的发生,系邹某在游玩过程中未能抓紧皮阀扶手所致,故邹某应当承担一定责任。华侨城公司在该项目水域中设置救生员座椅是必需的措施,但同时华侨城公司作为上海玛雅海滩水公园的经营者,应当进一步考虑已有安全保障措施的合理性。因此,综合本案情况,酌情确定华侨城公司对邹某因此次事故造成的损害承担 50%的赔偿责任。

生效判决认为:华侨城公司应承担全责。

首先,华侨城公司是否违反安全保障义务。华侨城公司作为该活动项目的经营者、管理者,负有保障游客及消费者人身安全的义务,不应仅限于设施使用与运行的保障,还应对设施设置和运行过程中可能存在的危险采取必要的防范措施,以防止危害的发生,华侨城公司对该设施存在安全保障上的疏忽,未尽到安全保障义务。

其次,华侨城公司作为经营者、管理者未尽到安全保障义务,造成消费者或者活动参与者在内的他人损害,应当承担侵权责任。本案受害人邹某系该活动项目的消费者,损害发生与华侨城公司对水域中的救生员座椅未采取安全保障措施具有直接的因果关系,华侨城公司应当承担未尽安全保障义务的侵权责任。

最后,华侨城公司主张受害人邹某具有"自甘风险"及未抓紧皮筏扶手的过错责任。生效判决认为,邹某作为消费者,对其参与冲浪活动项目中会发生自身与座椅撞击的损害并不具有可预见性,且该损害不属于活动项目固有的风险,华侨城公司认为邹某未抓紧皮筏扶手具有过错,但受害人的损害结果系受到浪的冲击力与救生座椅发生碰撞所致,受害人是否抓紧皮筏扶手,与发生本起撞击损害事故无必然的因果关系,邹某并不存在主观故意或放任损害发生的过错行为,故华侨城公司主张受害人邹某未抓紧皮筏扶手的过错责任,不予采纳。生效判决据此予以改判,由华侨城公司承担全责。

【案例注解】

《民法典》第一千一百七十六条规定了自甘风险规则:自愿参加具有一定风险的文体活动,因其他参加者的行为受到损害的,受害人不得请求其他参加者承担侵权责任;但是,其他参加者对损害的发生有故意或者重大过失的除外。此外,第一千一百九十八条第一款亦规定了经营者的安全保障义务:宾馆、商场、银行、车站、机场、体育场馆、娱乐场所等经营场所、公共场所的经营者、管理者或者群众性活动的组织者,未尽到安全保障义务,造成他人损害的,应当承担侵权责任。司法实践中,参与者在危险性娱乐活动中受伤,对于责任主体及归责原则的认定,存在一定困惑,本案以游乐场所是否尽到安全保障义务,受害人邹某是否具有过错责任作为切入点,从两者的法律概述、适用情形方面进行论述,得出危险性娱乐活动的经营者过错不适用自甘风险免责的结论,并以此为类似案件的处理提供裁判思路方面的参考与借鉴,以厘清两者裁判适用边界。

一、自甘风险与安保责任归责的衔接

(一)自甘风险与安全保证义务的法律概述

自甘风险是侵权责任编一般规定中新增加的免责事由。所谓自甘风险,即明知风险而自甘冒险,发生损害后果应当自负,来源于英美法上的"自愿者无损害可言"原则。最早的案例是有人坚持乘坐醉酒的飞行员开的飞机,失事之后,乘机人家属起诉飞行员家属承担侵权责任,法院没有支持,由此确立了自甘风险的概念。2002 年教育部《学生伤害事故处理办法》第十二条第五项规定,在对抗性或者具有风险性的体育竞赛活动中发生意外伤害的,学校已履行了相应职责,行为并无不当的,无法律责任。《民法典》第一千一百七十六条规定:"自愿参加具有一定风险的文体活动,因其他参加者的行为受到损害的,受害人不得请求其他参加者承担侵权责任;但是,其他参加者对损害的发生有故意或者重大过失的除外。活动组织者的责任适用本法第一千一百九十八条至一千二百零一条的规定。"由此在民事法律制度中确立了"自甘风险"这一免责事由。①确立自甘风险的责任承担规则,目的在于厘清文体活动中出现意外时各方的责任承担范围,同时将风险、责任进行合理的控制和分配。自甘风险规则符

---

① 参见最高人民法院政治部编:《人民法院大讲堂民法典重点问题解读》,人民法院出版社 2021 年版,第 810—812 页。

合体育竞技规律,能够鼓励参与者在规则允许的范围内放开手脚、合力对抗,引导人们积极参与文体活动。

安全保障义务指宾馆、商场、银行、车站、机场、体育场馆、娱乐场所等经营场所、公共场所的经营者、管理者或者群众性活动的组织者等安全保障义务主体,在合理限度范围内使他人免受人身及财产损害的义务。从立法沿革来看,《民法典》第一千一百九十八条规定对原《侵权责任法》第三十七条规定进行了两处修改:第一,在第一款中增加了机场、体育场馆两类典型的公共场所,并将安全保障义务的主体从原来的"公共场所的管理人"调整为"经营场所、公共场所的经营者、管理者";第二,规定了安全保障义务向直接侵权的第三人追偿的权利。

(二) 自甘风险行为不排除管理者的安全保障义务

需要注意的是,自甘风险的适用范围仅限于直接投身活动之中。在活动中担当某种角色,比如在足球活动中,活动组织者对于发生在运动员、裁判员等参加者之间的损害可以不承担侵权责任,但对观众造成的损害不包括在内,《民法典》第一千一百七十六条第二款的指引性规定,明确了活动组织者的责任适用第一千一百九十八条至一千二百零一条的规定。这些规定体现了自甘风险行为与安全保障义务的衔接,这些规定不是免责事由,而是关于安全保障义务人和学校、幼儿园等承担具体责任的规定,自甘风险行为不排除管理者的安全保障义务,即经营场所、公共场所的经营者、管理人或者群众性活动的组织者所负有的,在合理限度范围内保护他人人身和财产安全的义务。组织者不能以自甘风险为抗辩理由,减轻或免除其安全保障义务。综上,自甘风险规则的引入,是对侵权责任规则制度的完善,安全保障义务与自甘风险规则,两者是相互补充、相互衔接的。

二、自甘风险规则与安全保障义务认定实务分析

如何区分自甘风险规则与安全保障义务的适用,将直接影响各方主体的责任认定问题。法律规定了自甘风险规则作为侵权责任的免责条款,但又规定了经营者、管理者应当承担安全保障义务,如何做到两者的平衡,需要结合具体的案件,从具体情形进行审慎把握,需从以下方面进行分析认定。

(一) 明确安全保障义务人的范围认定

根据《民法典》的规定,安全保障义务明确为以下两类主体所履行:第一,经营场所、公共场所的经营者、管理者;第二,群众性活动的组织者。本案中,华侨城公司是上海玛雅水上公园的经营者及管理者,损害行为发生于该水上公园的人造浪水域,活动内容是通过人工造浪方式为游客提供冲浪活动,对于华侨城公司而言,水上公园处于其控制之下,其提供的游玩项目开启了潜在风险,这是一种因先前行为而引发的责任。此外,邹某支付门票对价接受华侨城公司提供游玩项目的服务,邹某在双方的合同中处于消费者的地位,《中华人民共和国消费者权益保护法》亦对经营场所的安全保障义务予以了明确。依上规定,华侨城公司作为经营者、管理者,应当在其经营管理等活动场所内承担相应的安全保障义务。

(二) 自甘风险规则适用要点的判断

适用自甘风险规则,主要从以下几个方面进行判断。

一是参加的活动须为文体活动。文体活动,指与文化、体育有关的各类活动。包括:(1)对抗性竞赛活动,如足球、篮球、羽毛球等激烈的对抗性运动比赛;(2)冒险类活动,如探险、极限运动等存在较高风险的活动。

（3）文化娱乐活动类，如骑马、轮滑等对抗性较少，风险系数较低的活动。需要注意的是，上述文体活动应当符合法律规定和公序良俗，打黑拳、飙车等违反相应法律法规的活动不适用自甘风险的规则。

二是文体活动存在固有风险性。这种风险必然存在，但是否会产生损害结果不确定。这种风险的存在应当是固有的、内在的风险，是伴随着该活动而来，难以避免的风险，这些风险是显而易见并可以预见的，并且与活动本身不易分割。如足球比赛中，一般的冲撞、过人、拉扯可能会导致肌肉受伤，甚至骨折，但这些属于正常风险；但譬如在场边不恰当地设置广告牌，导致球员与广告牌发生碰撞从而受伤，则可能超出了参与者可预期的风险程度。

三是受害人须明知文体活动具有风险仍自愿参加。明知指受害人对于自己参加的活动导致的危害结果是明知的，并且能够合理评价此种危害的性质。自愿指受害人在认知到特定危险的情况下自愿地趋近于危险。这并不意味着受害人希望或者放任损害结果的发生，即损害结果的发生与其主观意愿是相违背的。

四是参加者不存在故意或者重大过失的情形。行为人在主观上可以有过失，如篮球比赛中被判定的犯规行为，这也属于可以预见的风险范围。但是行为人故意侵权不属于自甘风险的范围，因为活动参加者所能够预见的行为不包括其他人故意侵权的行为。因此，只有在参加者在项目中从事规则所允许范围之外的行为而损害其他参加者时，如果这种行为是对规则的严重违背，且造成的损害完全超出可预见的范围，该参加者才需要承担侵权责任。否则，单纯的违反规则的行为，不必然具有侵权行为的违法性。

（三）安全保障义务与自甘风险的归责原则

自甘风险遵循过错归责原则。对于存在一定安全风险的行为，受害人自甘风险而为之，且对自身安全未尽到谨慎注意义务，致使意外发生，属于自陷风险，应自我担责。但经营者、管理者应当按照法律因果关系的归则原则，承担与过错相当的民事责任，若无过错，则无需担责。

此外，《民法典》在规定自甘风险作为免责抗辩事由的同时，还规定了其他参加者在主观上存在故意或重大过失时的可归责性。其他参加者若基于故意或重大过失导致受害人人身损害的，仍应承担侵权责任。

同样，违反安全保障义务适用过错责任原则。在违反安保义务的情境中，应采取过错责任原则，法律并不会要求安全保障义务人对其场所内的所有伤害事故承担责任，义务人只有在未尽到安全保障义务时才承担责任，同时，受害人对同一损害的发生或者扩大有过错的，可以减轻侵权人的责任。然而，有一种观点认为，违反安全保障义务应适用过错推定原则，也就意味着安全保障义务人应当对其已经尽到安全保障义务提供证据加以证明。我们对该观点不予认同。《民法典》第一千一百九十八条并未规定举证责任由安全保障义务人承担，因此在无特别规定的情形下，被侵权人应当就义务人未尽到安全保障义务承担举证责任，对该类纠纷案件适用过错推定原则，也从经济层面增加了相关主体的成本与风险，动辄得咎，社会将陷入不安定状态。①本案中，邹某请求损害赔偿时，应当基于损害事实的发生举证证明其因华侨城公司未尽到安全保障义务而受有伤害，否则应当承担举证不能的法律后果；华侨城公司则有权就其已尽到相应的安全保障义务进行抗辩。

（四）安全保障义务以合理范围为边界

不同义务人对不同保护对象所负有的安全保障义务是不同的。司法实践中，可以参考以下因素确定该义务的合理限度范围：一是法定标准和

---

① 最高人民法院民法典贯彻实施工作领导小组主编：《中华人民共和国民法典侵权责任编理解与适用》，人民法院出版社 2020 年版，第 285 页。

行业标准,安全保障义务人应当严格遵守法律法规的相关规定,并达到同类行业从业者所具备的善良管理人的程度;二是风险或者损害的来源、强度,以及安全保障义务人采取措施制止损害发生或者扩大的可能性和有效性;三是安全保障义务人是否获益,一般情况下,经营性场所的安全保障义务程度要高于非经营性场所;四是对特定人群应当采用特别标准,例如经营场所对未成年人具有危险时,管理人应当履行最高的安全保障义务。

回到本案,水上公园经营的冲浪项目,属于风险性娱乐项目,对于是否尽到安全保障义务的认定应从以下标准把握。一是经营资质、配套设施、日常管理是否符合相关法律法规及行业规定;二是受害人发生危险时,水上公园是否采取保护和救助措施,以避免损害的扩大。本案中,一方面,华侨城公园经营的水上公园作为经营场所,不仅限于关注场所内设施的使用与运行保障,还应对设施设置和运行过程中可能存在的危险采取必要的防范措施,包括指示、警告等,以防止危害的发生。另一方面,经营场所的安全保障义务应有边界,否则将不合理地加重公共场所管理者的安全保障义务,导致社会公共利益的损害,助长社会不良风气的滋生。比如游乐场所关闭,工作人员下班后,如果游客仍擅自闯入该场所内游玩,则不能苛求游乐场所以正常的安全保障水平保障该游客的安全。

三、参与危险性娱乐活动责任边界实务研判

通过前面的论述可知,经营者责任严格适用安全保障义务的过错责任审查。实践中,有些文体活动需要组织者详细明确告知参加者各种风险;有些活动是按照经验进行,不需要组织者告知参加者风险的,因为这些活动的固有危险已经为社会一般人所知晓,更为参加者所熟知。这在确定文体活动组织者责任时,应当予以考虑。但是,固有风险之外的意外

损害,应当由组织者承担。整个活动过程中,组织者是否尽到了必要的安全保障义务、采用了足够安全的措施、设计了突发情况的预案,损害发生后是否及时采取了合理措施等,是考虑活动组织者是否尽到了责任的因素。当然,还要考虑受害人是否有过错及过错程度。

(一) 对风险性的判断以达到理性人的标准为界

对风险程度的判断标准,可以分为两种情形:就职业文体活动而言,应以经常参加此类文体活动,且对该类文体活动有较为充分了解的理性人的认知作为判断依据;就业余性文体活动而言,应以社会一般人的认知为判断依据,因为业余性文体活动的参加者并非必须达到理性人的标准。

本案中,华侨城公司主张受害人邹某具有对活动项目固有风险的认知。我们认为,若活动参与者可预见参与具有一定危险性的文体项目,且损害发生在其预见范围内,则属于"自甘风险"情形。但就本案而言,邹某作为消费者对其参与冲浪活动项目中会发生自身与座椅撞击的损害并不具有可预见性及因果关系,该损害不属于活动项目固有的风险。邹某参加水上冲浪项目,追求的是冲浪的速度使其产生的感官上的刺激与愉悦,邹某对该娱乐活动的风险性接受程度,也仅是跌落入水时所带来的不适,对其身体与救生座椅底座发生碰撞导致受伤之风险并不明知,也不可能接受。从一般社会认知的角度判断,若参加该水上冲浪项目会令其与救生座椅发生碰撞导致其骨折,并承受其带来的痛苦,将违背邹某参加该活动的初衷,这一后果已超出邹某对该项目固有风险的判断及认知范围。

(二) 以是否存在因果关系为界

自甘风险规则与经营者、管理者承担安全保障的义务因因果关系判断的不同而不同,司法实践中,该类案件的因果关系判断可以分为两种情况。

1. 无直接侵权人

在没有直接侵权人的情况下,如果安全保障义务人违反安全保障义务,造成了损害结果,可以直接认定其违反安全保障义务的行为与损害结果之间具有因果关系。例如,某风景区内不对游客开放的地方都有明确的标志,且设置了防护栏,但某游客私自进入该区域并遭受了损害。这种情形下,风景区管理人如果能够证明其已经尽到了其应尽的注意义务,游客遭受损害,完全是自身的过错所致,则可以认为此时不存在因果关系。但如果游客证明,风景区管理人虽然设置了标志,但是没有设置防护栏,风景区管理人没有尽到安全保障义务以阻止损害的发生,那么,上述情形下应认定违反安全保障义务与损害结果之间具有因果关系。

2. 存在直接侵权人

在存在直接侵权人的情况下,要考虑违反安全保障义务是否对损害结果的发生起到了一定的作用。只要义务人违反义务的行为对结果的发生起到了一定的作用,就认定有因果关系存在。在许多案件中,被告的不作为并不是损害后果发生的真正原因,损害后果之发生是其他原因如第三人的侵害造成的。被告不履行安全保障义务只是加大了损害发生的盖然性,或者说,如果被告认真履行安全保障义务,则极可能避免损害的发生,此时应当认为存在因果关系。在此情况下,受害人虽不必证明安全保障义务的违反是损害发生的充分原因,但要证明二者之间存在关联性。[①]此种关联性的判断主要考虑如下因素:第一,损害发生的时间、空间。损害应当发生在安全保障义务人可以控制的时间和空间范围之内。例如,受害人是在被告的经营场所遭受了第三人的侵害,此时,被告对于该经营场所具有控制力。第二,被告的不作为增加了损害发生的可能性。如果被告积极作为,其就可能制止或避免损害的发生。例如,受害人擅自进入

---

① 王利明:《侵权责任法研究(第二版)》(下卷),中国人民大学出版社 2021 年版,第 164 页。

他人的院内偷枣,在翻墙时不慎摔倒,受害人的人身伤害与安全保障义务违反之间没有任何关联性,就不能要求他人承担责任。

(三) 以承担活动组织过失责任为界

活动组织过失指风险活动的组织者对活动事故的发生造成的后果具有过失,应当对受害人承担损害赔偿责任的自甘风险类型。司法实践中,我们认为,如果在风险活动中发生事故造成损害的,应当引入安全保障义务责任条款,即适用《民法典》第一千一百九十八条至第一千二百零一条的规定确定组织者、经营者、管理者的责任。此外,以适用《民法典》第一千一百六十五条关于过错责任的规定,对活动组织者过失责任进行规则上的补充。在参与危险性娱乐过程中发生事故造成参加者损害的,应当直接确定组织者是否有过失,有过失则承担责任,无过失则不承担责任。此外,违反安全保障义务的损害责任分为直接责任和补充责任,对于造成自愿参加者损害的,只要存在组织过失,即使为第三人造成的损害,组织者也应当承担直接责任,原则上不存在补充责任的适用。

(四) 自甘风险与活动伤害的归责界限

活动伤害指在风险活动中,参加者所受损害不是活动风险所致,而是其他参加者因故意或重大过失所致,此情形下,其他参加者应当承担赔偿责任的活动事故。构成活动伤害,须加害人作为其他参加者造成损害时,在主观上具有故意或者重大过失。在风险性娱乐活动中,活动伤害的法律后果是"除外",即《民法典》自甘风险规则的除外,是相对于前文"受害人不得请求其他参与者承担侵权责任"而言,活动伤害的造成意味着受害人可以请求致害的其他参加者承担侵权责任。其他参加者应当依照《民法典》第一千一百六十五条规定的过错责任原则,确定损害赔偿责任。

综上所述,本案中,华侨城公司作为该活动项目的经营者、管理者,负有保障游客及消费者人身安全的义务,不应仅限于对设施使用与运行的保障,还应对设施设置和运行过程中可能存在的危险采取必要的防范措施,以防止危害的发生。从本案水上项目的活动内容来看,水公园管理者通过人工造浪为游客及消费者提供具有一定危险性的活动项目,管理者为防范溺水等安全隐患,在该水域中设置救生员座椅具有必要性,但应当考量活动项目性质,且有能力预见游客及消费者与该座椅发生撞击受伤的风险,却未对该设施采取有效的防冲撞、阻隔缓冲等合理措施,故华侨城公司对该设施存在安全保障上的疏忽,未尽到安全保障义务,作为经营者,应当就损害结果承担过错责任。本案受害人邹某系该活动项目的消费者,损害发生原因与华侨城公司对水域中的救生员座椅未采取安全保障措施具有直接的因果关系,华侨城公司作为该危险性娱乐活动的经营者,应当就损害结果承担过错责任。

此外,华侨城公司主张受害人邹某具有"自甘风险"及未抓紧皮筏扶手的过错责任。我们认为,活动参与者可预见参与具有一定危险性的文体项目,且损害发生在其预见范围内的,属于"自甘风险"情形,但就本案而言,邹某作为消费者对其参与冲浪活动项目中会发生自身与座椅撞击的损害并不具有可预见性,且二者之间并不具有因果关系,该损害不属于活动项目固有的风险,华侨城公司也未能举证证明尽到风险告知或提示、防范义务;华侨城公司认为邹某可选择浅滩区避免浪的冲击力,实则是要求消费者放弃参与活动的权利,与活动项目设置目的相悖,也难以依此推定消费者参与活动具备过错,故法院对于华侨城公司主张适用"自甘风险"的过错责任,不予认同。华侨城公司认为邹某未抓紧皮筏扶手具有过错,但从本起事故发生的原因来看,"因"为人造浪的作用力,及管理者未对水域中救生员座椅采取有效的防冲撞安全保障措施,"果"为受害人邹某在浪的冲击力下与该座椅发生撞击损害,故受害人是否抓紧皮筏扶手,与发生本起撞击损害事故无必然的因果关系;即使游客在人造浪冲击中未抓紧皮筏扶手，也缺乏主观故意或放任损害发生的过错行为。综上，从损害发生的原因及与损害结果的因果关系来看，受害人邹某作为理性消费者对本起事故发生并无过错，不应当承担过错责任。华侨城公司对其在水域中设置的救生员座椅未采取有效的安全保障措施具有过错，且该事实系本案事故的成因，华侨城公司应当对邹某的损害后果承担全部赔偿责任。

14. 中航信托股份有限公司诉上海上实国际贸易（集团）有限公司、吴某某等执行分配方案异议之诉纠纷案*

——监护人抵押未成年人房产的代理行为评定

【裁判要旨】

监护人有权代理未成年子女从事民事活动，但其行使法定代理权应当符合法律规定。对于代理活动是否属于"为维护未成年人利益"，应作目的性限缩解释，并结合个案具体情形进行实质考量。非为维护未成年人利益，超出法定代理人的代理权限范围而从事抵押未成年人共有房产的民事行为属于无权代理，未经追认，对未成年人不发生法律效力，但应采用"区分"原则，不影响其他有效民事法律行为的责任承担，其他抵押人仍应在其自身份额财产范围内对外承担担保责任。

【相关法条】

《中华人民共和国民法典》

第三十四条　监护人的职责是代理被监护人实施民事法律行为，保护被监护人的人身权利、财产权利以及其他合法权益等。

......

监护人不履行监护职责或者侵害被监护人合法权益的，应当承担法律责任。

---

*　编写人系上海市第一中级人民法院丁杏文。

第三十五条　监护人应当按照最有利于被监护人的原则履行监护职责。监护人除为维护被监护人利益外,不得处分被监护人的财产。

第一百七十一条　行为人没有代理权、超越代理权或者代理权终止后以被代理人名义订立的合同,未经被代理人追认,对被代理人不发生效力,由行为人承担责任。

【案件索引】

一审:上海市浦东新区人民法院(2021)沪0115民初97593号(2022年11月14日)。

二审:上海市第一中级人民法院(2023)沪01民终3580号(2023年5月31日)。

【基本案情】

原告(上诉人、债权人)中航信托股份有限公司(以下简称"中航信托")诉称:(1)张某甲、姚某某系张某乙父母,签订涉案《信托贷款合同》《房产抵押合同》时,张某乙系未成年人,张某甲、姚某某作为张某乙的监护人,有权代理张某乙实施房产抵押行为。(2)张某乙作为未成年人,生活来源于其父母,其对涉案房屋的权益也来自父母的无偿赠与;借款目的是用于"公司周转",出借人有理由相信抵押借款是为提高公司的经营收益,进而确保家庭生活的经济来源及未成年人成长所需的费用支出,与张某乙的利益密切相关。(3)即使张某乙的利益因其监护人的抵押行为而受损,也应当由监护人承担侵权赔偿责任。(4)因涉案房屋为被执行人共有房产而经司法拍卖执行,涉案分配方案已在执行分配款中扣除张某乙的份额,抵押权人对张某甲、姚某某的涉案房屋份额优先受偿,并未实际损害张某乙的利益。原告请求法院判令:中航信托对涉案房屋的拍卖所得款项中张某甲、姚某某所有的15 713 549.13元享有优先受偿利益。

被告(被上诉人、债权人)上海上实国际贸易(集团)有限公司(以下简称"上实国际")辩称:涉案房屋为张某甲、姚某某、张某乙共同共有的房产,设立中航信托抵押权时,张某乙尚未成年,监护人以未成年人的财产进行抵押借款损害了未成年人利益,属于无权处分,且中航信托作为金融机构,明知未成年人共有房产,却未尽审慎义务,故不属于善意第三人,该抵押无效。

被告(被上诉人、债权人)吴某某辩称:(1)监护人将未成年人共有房屋作借款抵押,并非服务于未成年人利益,损害了未成年人的利益,属于无权处分,且未经共同共有人同意,应当认定抵押无效;中航信托不能证明出借款服务于被监护人利益,且作为金融机构对抵押物未尽注意义务,也不属于善意第三人,中航信托不享有抵押权益。(2)张某乙现已成年,其对抵押存有异议,因此该抵押当属无效。

被告(被执行人)姚某某、被告(债权人、利害关系人)张某乙共同辩称:张某乙对涉案房屋享有的份额权益已经在执行分配款中扣除。家庭生活日常支出来源于家庭共有的三套房产出租收益,张某甲控制的公司经营收益并未用于家庭支出,中航信托的出借款也未流向家庭,故该出借款未用于张某乙生活、学习等支出,不属于"为未成年人利益"的借款。

第三人(被执行人)张某甲未陈述意见。

法院经审理查明:2016 年 10 月 17 日,姚某某、张某甲与中航信托于东方公证处签署《房产抵押合同》一份,并由其二人代张某乙签字。该合同约定,姚某某、张某甲、张某乙以涉案房屋为张某甲、姚某某 1 200 万元债务向中航信托提供抵押担保,依据《信托贷款合同》记载,借款是用于"公司周转"。后涉案房屋完成抵押登记。

根据生效法律文书认定债权债务情况如下:(1)吴某某对张某甲、姚某某的债权本息为 60 756 200 元;(2)吴某某对张某甲的债权本息为 37 972 600 元;(3)张某甲、姚某某在 3 000 万元限额范围内对上实国际货款本息承担连带清偿责任,截至 2021 年 3 月 29 日拍卖成交日,货款本息合计 34 487 802.20 元;(4)张某甲、姚某某归还中航信托本息合计 15 713 549.13 元

(该判决未确认中航信托优先受偿抵押物变价款);(5)张某甲应付张某乙抚养费 7 万元。

上海市浦东新区人民法院于 2021 年 8 月 20 日作出(2021)沪 0115 执恢 2626 号执行财产分配方案:现已查控被执行人张某甲、姚某某的财产为拍卖涉案房屋的变价款 3 170 万元。上述各债权人均为一般债权人,应按各自债权占全部申请参与分配债权数额的比例受偿。张某乙系涉案房屋的产权人。根据生效法律文书认定,涉案房屋由张某甲、姚某某、张某乙各占三分之一产权份额。故扣除拍卖辅助费、交易税费后,张某乙享有三分之一剩余款项,即 9 683 394.27 元。经计算……债权人受偿如下:债权人吴某某分配金额为 11 814 904.57 元;债权人上实国际分配金额为 4 617 492.91 元;债权人中航信托分配金额为 2 418 194.55 元;债权人张某乙分配金额为 4 689.53 元。后中航信托就上述执行财产分配方案提出书面异议,并遭张某乙、姚某某、吴某某与上实国际反对。为此,中航信托提起执行分配方案异议之诉。

【裁判结果】

上海市浦东新区人民法院于 2022 年 11 月 14 日作出(2021)沪 0115 民初 97593 号民事判决:驳回中航信托的全部诉讼请求。

中航信托向上海市第一中级人民法院提出上诉。上海市第一中级人民法院于 2023 年 5 月 31 日作出(2023)沪 01 民终 3580 号民事判决:一、撤销上海市浦东新区人民法院(2021)沪 0115 民初 97593 号民事判决;二、撤销上海市浦东新区人民法院(2021)沪 0115 执恢 2626 号《执行财产分配方案》。

【裁判理由】

法院生效裁判认为:(1)涉案房屋设立中航信托抵押权时,属于被执行人与未成年子女共有的房产。生效判决认定涉案房屋由张某甲、姚某某、张某乙各占三分之一产权份额,涉案房屋产权状态从共同共有转化为按份共有。(2)法定代理人有权代理被监护人从事民事活动,但法定代理人的代理权限应符合法律规定。涉案抵押借款目的为"公司周转",不能证明该借款用于被监护人的生活、学习等利益所需;中航信托作为出借人,将属于未成年子女共有的房产作为抵押担保物,对借款用途是否符合未成年人利益保护规定也未尽到注意义务,故法定代理人超出上述规定代理权限签署的涉案房屋抵押合同属于无权代理行为,未经被监护人成年后追认,对被监护人不发生效力。(3)监护人无权代理的法律后果仅对被监护人不产生效力,但不影响自身份额财产范围内的担保责任承担。虽抵押效力不及于张某乙,但及于抵押人张某甲和姚某某,张某甲、姚某某应当按照约定履行债务或者承担抵押担保责任。涉案房屋经分割后共同共有关系转化为按份共有关系,抵押权人中航信托对张某乙财产份额不享有清偿债务的权益,但对张某甲、姚某某财产份额享有实现债权的抵押优先受偿权。故涉案《执行财产分配方案》在张某甲、姚某某份额利益分配中,将中航信托担保债权作为普通债权参与分配的认定错误,应予以纠正。

【案例注解】

在居民家庭财产与日俱增的当今社会,未成年人通过继承、赠与或其他方式获得财产的情形屡见不鲜,家庭内部安排将房产登记在父母与未成年子女共同名下,或仅登记在未成年子女名下的情形亦较常见,但未成年人自身并不具备相应的管理能力,通常情形下系由其监护人代为管理和处分,而房产作为稳定且价值高的不动产,市场上极易被用作抵押担保的标的物,然对于监护人抵押未成年人房产的代理行为如何评定、抵押效力如何认定等,司法实践中未有定论且裁判不一,而此又涉及未成年人利益与外部交易稳定之保护位阶及平衡问题,亟须厘清,期以本案为切入点,对此类问题进行剥离梳理。

一、行为基石：法定代理人暨监护人的代理权

根据我国法律规定，父母是未成年子女的监护人。我国实行的是法定代理人与监护人合一制度。《民法典》第三十五条延续了原《中华人民共和国民法总则》（已废止，以下简称原《民法总则》）第三十五条的规定，与原《中华人民共和国民法通则》（已废止，以下简称原《民法通则》）第十八条规定相比表述得更为科学和严谨，此条明确了监护制度设立的目的是保护被监护人利益。[①]监护人的职责是以法定代理人的身份代理被监护的未成年子女实施民事法律行为，保护被监护人的人身权利、财产权利及其他合法权益。此处的代理系一种概括授权，代理被监护人做出的行为一般可认定为有权代理，然其代理并非不受限制，就"除为被监护人利益外，不得处分被监护人的财产"之规定，应理解为对法定代理权的一种特别限制[②]，即监护人的处分行为仅限定在为了被监护的未成年人利益范围内行使，故应以不处分未成年人财产为原则，以在维护未成年人利益前提下处分为例外。

如法定代理人超出上述规定代理权限处分未成年人财产，则应属于无权代理行为。[③]依据法律规定，"行为人没有代理权、超越代理权或者代理权终止后以被代理人名义订立的合同，未经被代理人追认，对被代理人不发生效力，由行为人承担责任"。故法定代理人超出代理权限之无权代理行为未经被代理人追认，对被代理人不发生效力。

---

① 贾娜娜：《父母以未成年子女名下房产抵押案件之抵押行为的效力认定分析》，载《法制与社会》2018 年第 19 期。

② 朱广新：《论监护人处分被监护人财产的法律效果》，载《当代法学》2020 年第 1 期。

③ 此亦是我国台湾司法实务中审理该类案件纠纷的通说。参见陈棋炎、黄宗乐、郭振恭：《民法亲属新论》（修订十一版），台北三民书局 2011 年版，第 135 页。

二、认定难点:"为维护未成年人利益"之边界争议

《民法典》第三十五条及原《民法通则》第十八条就监护人应为被监护人的利益方能处分其财产这一原则进行了规定,然而相关条文较为抽象概括。对于何为"为维护未成年人利益",法律上并未规定明晰的标准,亦未存在其他法规或司法解释对为维护未成年人利益的情形进行详细列举,导致这一原则在司法实践中缺乏明确性及指导性,不同法院在对"为维护未成年人利益"进行解释时理解不一,导致裁判思路亦存在差异。

(一)"为未成年人利益"概念内涵的观点差异

有观点认为应对未成年人利益之概念进行扩大解释,未成年子女与父母都是社会生活中"家庭"的重要组成部分,未成年子女实则无法独自为自己或家庭谋求利益,其自身利益与父母利益、家庭利益息息相关,应视为整体一致,父母为家庭利益,或者为开设或投资公司处分未成年人财产,均可纳入"为未成年人利益"的范畴,即只要该处分行为直接或间接有利于整个家庭,则可视作为维护未成年人利益;只要不是显著损害未成年子女利益,就不属于非为未成年子女利益。①

另有观点认为应进行严格限制,要使未成年人纯获法律利益②,或仅限于为未成年子女人身有关的利益③,能证明直接目的是用于未成年子女生活、求学或就医等,才可认定是为未成年人利益。

(二)规则架构:目的性限缩解释下的个案实质审查

笔者认为鉴于审查监护人的处分行为对未成年人利益的实质影响存

---

① 杨遂全主编:《婚姻家庭亲属法学》,清华大学出版社 2011 年版,第 195 页。
② 张新宝:《〈中华人民共和国民法总则〉释义》,中国人民大学出版社 2017 年版,第 70 页。
③ 林秀雄:《婚姻家庭法研究》,中国政法大学出版社 2001 年版,第 207 页。

在现实困境,对于是否为维护未成年人利益之认定,不能采用一刀切的方式,将未成年子女利益直接等同于父母利益或家庭利益,此易导致未成年人财产保护形同虚设。亦不宜将未成年子女利益局限于纯获益范围,此无需通过法定代理制度实现,亦不利于未成年人参与私法自治。基于对优先保护未成年人利益及未成年人利益最大化之考量,对于"为维护未成年人利益"应当进行目的性限缩解释①,结合个案案情及事实进行综合实质性判断,具体可以参考以下因素:

(1) 处分行为与未成年人本身的关联密切度,是否系为未成年人的生活、教育、医疗等生存所需或人格健全发展所需;

(2) 处分行为之结果是否为用于未成年人自身或与未成年人关系较为紧密之人如父母、其他近亲属等,是否直接或间接影响未成年人的良好生长环境;

(3) 处分是否具有必要性,如作出该处分或未作该处分是否实质影响未成年人之生存利益或自我发展利益;②

(4) 优先推定"非为未成年人利益",即如各方均无确凿证据证明系为维护未成年人利益或非为维护未成年人利益,基于未成年人利益优先保护原则,则推定为"非为未成年人利益";③

(5) 结果导向至上,如处分之结果最终明显有利于未成年人,一般均可反推视作为未成年人利益;

(6) 其他结合个案具体情况需要考量的特殊因素。

---

① 江钦辉:《父母以未成年子女不动产设定抵押担保之行为效力》,载《求索》2023 年第 2 期。

② 王利明主编:《〈中华人民共和国民法总则〉详解》,中国法制出版社 2017 年版,第 164 页。

③ 张欣:《未成年人不动产抵押法律效力研究》,辽宁大学 2019 年法律硕士学位论文,第 17 页。

三、实践困境及出路探究：以未成年人房产设定抵押担保的效力认定

我国法律法规对于如何认定监护人代理处分未成年人房产的行为效力并未进行明确规定，此处的"处分"当然包括监护人以未成年子女的房产设定抵押担保的行为，而实践中不同法院对于未成年人利益保护及外部交易安全维护的侧重点不同，导致裁判标准也存在异同。

（一）涉未成年人房产抵押合同效力之裁判争议

从司法实践中对于父母以未成年子女房产设定抵押担保之行为效力的裁判意见来看，观点迥异：

（1）抵押合同有效。该观点认为未成年人可要求其父母为侵害其合法权益承担责任或赔偿损失，必要时甚至可撤销监护人的资格，此系为监护人损害未成年人利益提供了内部救济的途径，故父母是否为未成年子女利益处分财产对抵押合同的效力并无影响，不能由此否定合同效力。如"黄某某与华夏银行股份有限公司深圳天安支行、昶皓照明股份有限公司等一般担保合同纠纷"中，法院即持此观点。[①]

（2）抵押合同无效。该观点认为鉴于房产在社会生活中的高价值及抵押行为的高风险，父母抵押未成年子女房产很难认定是为了被监护人的利益，除非有相反证据证明抵押之直接目的是用于未成年子女生活、求学或就医等，才可认定为对未成年人有利，此类抵押行为一般认定无效。此观点实质将"监护人除为维护被监护人利益外，不得处分被监护人的财产"之规定识别为效力性强制规范，基于父母以未成年子女之房产设定抵

---

① 参见最高人民法院(2014)民申 308 号民事裁定书。

押担保的行为,非为了未成年子女利益,可以以违反法律的效力性强制规范为由,认定抵押行为无效。如"赵某某与安徽聚能融资担保有限公司追偿权纠纷"中,法院即持此观点。[①]

（二）裁量检视:无权代理路径下,未经追认则不对未成年人发生法律效力

如前所述,在判定父母以未成年子女房产设定抵押担保非为其利益的情况下,应认定该抵押行为系超出法定代理权限的无权代理行为,从而适用委托代理制度中有关无权代理的规定。故而涉未成年人房产抵押的合同效力应在无权代理的路径下,立足个案具体情形,通过多种维度切入予以综合认定。

《民法典》第三十五条及原《民法通则》第十八条之规定旨在通过限制监护人的代理权限进而保护被监护人利益,并未明确指出如违反该规定将导致合同无效。而从维护市场交易的稳定性、保护善意第三人利益[②],以及重视违反该规定的后果严重性方面考量,违反该规定并非可认定为对国家利益和社会公共利益有损,故难以将该规定认定为效力性强制性规定,不宜认定抵押行为无效。根据2000年施行的《最高人民法院关于适用〈中华人民共和国担保法〉若干问题的解释》(已失效,以下简称原《担保法司法解释》)第五十四条第一款规定,"共同共有人以其共有财产设定抵押,未经其他共有人的同意,抵押无效",然而监护人就未成年人财产或份额设定抵押时,未成年人作为共有人"同意"的民事行为实则由法定代理人代为行使,并不属于"未经其同意"导致抵押无效的情形,而应将其定性为超越对法定代理权之法定限制的无权代理行为,应适用无权代理的

---

① 参见安徽省六安市中级人民法院(2017)皖15民终260号民事判决书。
② 刘燕波、戎喆:《监护人以未成年人所有的财产设置抵押时的合同效力》,载《人民司法》2016年第8期。

法律后果,子女成年后可通过追认使之生效,否则应认定监护人以其与未成年子女共有房产设定抵押的行为对被监护人不发生法律效力。

实践中,监护人经常通过公证或书面声明、保证书的方式保证相关抵押行为系为维护被监护人利益而做出,能否仅根据该声明认定相应抵押行为系为被监护人利益,并由此认定相关抵押合同的效力,司法实践中对此亦存在裁判不一的情形。如在"熊某、九江银行股份有限公司广州分行金融借款合同纠纷"①及"江西万年农村商业银行股份有限公司、周某某金融借款合同纠纷"②中,在监护人均出具声明或公证保证抵押行为系为维护未成年人利益的情形下,法院对抵押合同效力的认定却截然相反。笔者认为,单纯依靠该声明不宜直接认定监护人的抵押行为系为维护被监护人利益,但该声明在一定程度上可以体现监护人对处分未成年人财产需为其利益应为知晓,同时印证了外部相对交易人在抵押过程中尽到了善意及注意的义务,最终是否为被监护人利益仍需根据抵押用途及后果等进行综合认定。且被监护的未成年人与监护人在普遍意义上通常被视作利益一体,尤其是在监护人作出为被监护人利益的承诺或声明后,又以被监护的未成年人名义表示实质损害其利益为由主张合同无效,此行径实质系监护人为逃避合同义务的反言,如就此认定抵押合同整体无效,则亦有违诚信原则,不利于维护交易对象的合法权益,会损害正常交易安全。同时,如过分苛责外部交易人对法定代理人代为处分未成年人财产的注意义务,则有可能导致房产市场抵押的流动性受阻,不利于促进交易、提高经济活力及正常市场流通,甚至可能导致未成年人所有的财产被逐渐排除出市场交易范畴,最终无法实现保护未成年人利益的立法目的。③故笔者认为,对于外部抵押权人而言,其仅需就监护人处分未成年

① 参见广东省高级人民法院(2017)粤民申 9312 号民事裁定书。
② 参见江西省上饶市中级人民法院(2017)赣 11 民终 1109 号民事判决书。
③ 最高人民法院民一庭:《婚姻家庭案件审判指导》,法律出版社 2018 年版,第 455 页。

人财产尽到形式审查义务,此举既能保护未成年人利益又能促进交易。回归本案,监护人抵押房产不能证明系用于未成年人的生活、学习等利益所需,出借人将属于未成年子女共有的房产作为抵押担保物,对借款用途是否符合未成年人利益保护规定也未尽到注意义务,故法定代理人超出代理权限签署涉案房屋抵押合同属于无权代理,未经被代理人追认对其不发生效力。

(三)责任承担:采用"区分"原则,独立审查监护人与未成年人抵押后果

如前所述,监护人无权代理的法律后果对未成年人不发生效力,如监护人系以未成年人单独所有的房产进行抵押,则抵押合同对未成年人不发生法律效力,抵押权人亦无法对此享有抵押权益,就该未成年人财产行使优先受偿权;如监护人系以其与未成年人共有房产进行抵押,则应采用"区分"原则,将监护人财产与未成年人财产分开认定,抵押后果互相独立、互不影响。因无权代理的法律后果并不影响其他有效民事法律行为的责任承担,监护人作为房屋共有人,且享有完全民事行为能力,其以房屋作为担保抵押系其真实意思表示,虽抵押效力不及于未成年人,但及于监护人,监护人应当按照约定履行债务或者承担抵押担保责任。故监护人无权代理的法律后果仅对被监护人不产生效力,并不影响监护人自身财产份额范围内的担保责任承担,抵押权人有权就监护人的财产份额依法享有抵押权益,在监护人财产份额范围内享有实现债权的抵押优先受偿权。

15. 杨某某诉上海锐天投资管理有限公司 劳动合同纠纷案[*]

——用人单位原因未支付竞业限制经济补偿的司法审查与认定

【裁判要旨】

1. 用人单位与劳动者约定的离职后履行竞业限制义务报告或证明提供义务不属于竞业限制经济补偿的法定对价,不能成为用人单位拒绝支付竞业限制经济补偿的合法依据。

2. 劳动者离职后未依约向用人单位报告或提供履行竞业限制义务证明,并以用人单位原因导致三个月未获得经济补偿为由请求解除竞业限制约定的,人民法院应审查用人单位未支付经济补偿是否存在法定抗辩权行使事由、是否存在客观支付障碍,并以用人单位是否诚信履约作为衡量基准,结合相关条款设定有无歧义、报告义务内容是否合理、所设义务是否通过实际履行方式予以变更、单位行为能否体现履行协议的主观意愿等实际情况,合理确定用人单位未支付竞业限制经济补偿的责任归因。

【相关法条】

《中华人民共和国劳动合同法》

第二十三条 用人单位与劳动者可以在劳动合同中约定保守用人单位的商业秘密和与知识产权相关的保密事项。

---

* 编写人系上海市第一中级人民法院孙少君。

对负有保密义务的劳动者,用人单位可以在劳动合同或者保密协议中与劳动者约定竞业限制条款,并约定在解除或者终止劳动合同后,在竞业限制期限内按月给予劳动者经济补偿。劳动者违反竞业限制约定的,应当按照约定向用人单位支付违约金。

《最高人民法院关于审理劳动争议案件适用法律问题的解释(一)》

第三十八条　当事人在劳动合同或者保密协议中约定了竞业限制和经济补偿,劳动合同解除或者终止后,因用人单位的原因导致三个月未支付经济补偿,劳动者请求解除竞业限制约定的,人民法院应予支持。

【案件索引】

一审:上海市徐汇区人民法院(2022)沪 0104 民初 2433 号(2022 年 5 月 7 日)。

二审:上海市第一中级人民法院(2022)沪 01 民终 9691 号(2022 年 11 月 25 日)。

【基本案情】

原告(上诉人)杨某某诉称:杨某某离职后始终履行竞业限制义务,但自 2021 年 4 月起锐天公司经杨某某多次要求,仍长达五个月拒绝支付竞业限制补偿,杨某某被迫书面通知锐天公司解除双方竞业限制协议,不应对此承担任何违约责任。请求法院判令:(1)锐天公司支付经济补偿 3 000 000 元、2021 年 4 月 1 日至 8 月 27 日的竞业限制经济补偿 458 335 元;(2)杨某某不支付锐天公司违约金 4 000 016 元。

被告(被上诉人)锐天公司辩称:杨某某离职后没有提供过任何履行竞业限制义务的证明,违反了报告义务,锐天公司有理由认为杨某某违反了竞业限制义务。杨某某违约在先,无权单方解除竞业限制协议。2021 年 9 月 22 日,杨某某入职新单位,新单位与锐天公司存在竞争关系。因此,锐天公司无需支付竞业限制经济补偿,杨某某应当支付违反竞业限制义务的违约金。

被告（被上诉人）锐天公司诉称：杨某某离职后违反了竞业限制报告义务、竞业限制义务。请求法院判决：锐天公司不支付杨某某解除劳动合同的经济补偿金 2 000 000 元。

原告（上诉人）杨某某辩称：《解除劳动合同协议书》约定的经济补偿金是双方劳动关系解除的对价，不是竞业限制履行的对价，锐天公司应支付解除劳动合同的经济补偿。

法院经审理查明：2017 年 10 月 9 日，杨某某入职锐天公司担任量化研究员。双方于 2017 年签订的《竞业限制协议》约定：杨某某在离职后 2 年内负有竞业限制义务，锐天公司在杨某某完全履行竞业限制义务的情况下未按协议约定支付竞业限制补偿金超过三个月的，杨某某可以依法解除竞业限制协议；杨某某应当在离职后每季第一个月提供履行竞业限制义务的证明，拒不提供或提供材料存在虚假，视为杨某某根本违约；违反竞业限制违约金以员工离职前一个月工资为基数计算 48 个月。

2020 年 10 月 12 日，双方签订《雇员保密、竞业限制和创新成果权利归属协议》（以下简称《归属协议》），约定：锐天公司于杨某某离职后 24 个月每月支付等同于杨某某离职前一个月工资的竞业限制补偿金，杨某某负有在竞业限制期限内及时向公司汇报就业情况的义务；如果杨某某未能及时向公司汇报就业情况导致公司向本人多支付补偿金的，应当予以双倍退还；杨某某在竞业限制期限内应每月向公司提供一份履行竞业限制义务的证明，包括但不限于本人就职单位的就业证明、所在街道证明（自由职业的）、未就业说明书（未重新工作的）等，否则锐天公司有理由认为杨某某已经违反了保密及竞业限制义务；如果杨某某以任何方式就业，均应及时以书面方式告知锐天公司。

2021 年 3 月 5 日，杨某某与锐天公司协商一致解除劳动合同。《解除劳动合同协议书》约定：锐天公司就双方劳动合同的解除等向杨某某支付经济补偿金 300 万元，竞业限制期为自双方终止劳动关系之日起的一年内。4 月 15 日，锐天公司向杨某某支付了 3 月的竞业限制补偿金，之后未再发放。4 月，杨某某曾多次通过微信向锐天公司工作人员催问钱款发放问题，对方回复"还有其他人的钱也一样没发""我也在等反馈"等。8 月 27 日，杨某某通过电子邮件告知锐天公司，因三个月没有支付竞业限制补偿金，竞业限制协议将自动解除。9 月 7 日，杨某某向锐天公司邮寄解除竞业限制通知书，以锐天公司已超过三个月未支付竞业限制补偿金为由解除竞业限制约定。锐天公司于次日签收上述通知书。杨某某离职后未向锐天公司提交履行竞业限制义务的证明。

2021 年 9 月 22 日，杨某某入职新单位，岗位为量化策略研究。

2021 年 9 月 26 日，杨某某申请劳动仲裁，要求锐天公司支付 4 月至 8 月的竞业限制经济补偿、解除劳动合同的经济补偿等。锐天公司提出反申请，要求杨某某支付违反竞业限制违约金等。仲裁委裁决锐天公司支付杨某某解除劳动合同的经济补偿 200 万元，杨某某支付锐天公司违约金 4 000 016 元。杨某某与锐天公司均不服仲裁裁决，先后诉至法院。

【裁判结果】

上海市徐汇区人民法院于 2022 年 5 月 7 日作出（2022）沪 0104 民初 2433 号民事判决：一、锐天公司于本判决生效之日起七日内支付杨某某 2021 年 4 月 1 日至 8 月 27 日的竞业限制经济补偿 450 001.64 元；二、杨某某于本判决生效之日起七日内支付锐天公司违约金 4 000 016 元；三、锐天公司于本判决生效之日起七日内支付杨某某解除劳动合同的经济补偿金 3 000 000 元；四、驳回杨某某的其余诉讼请求；五、驳回锐天公司的其余诉讼请求。

杨某某、锐天公司均向上海市第一中级人民法院提出上诉。上海市第一中级人民法院于 2022 年 11 月 25 日作出（2022）沪 01 民终 9691 号民事判决：一、维持上海市徐汇区人民法院（2022）沪 0104 民初 2433 号民事判决第一、三项；二、撤销上海市徐汇区人民法院（2022）沪 0104 民初

2433 号民事判决第二、四、五项；三、上诉人杨某某不支付上诉人上海锐天投资管理有限公司违约金 4 000 016 元；四、驳回上诉人上海锐天投资管理有限公司的诉讼请求。

【裁判理由】

法院生效裁判认为本案的争议焦点为：一、杨某某未履行报告义务，是否构成违反竞业限制义务，能否成为锐天公司不支付杨某某竞业限制补偿金的充足依据；二、杨某某就锐天公司 2021 年 4 月起未支付竞业限制补偿金之行为，可否享有法定竞业限制解除权。

关于争议焦点一，竞业限制补偿金系劳动者因履行竞业限制义务导致择业自由权受限而由用人单位给予的经济补偿，而非劳动者向用人单位报告其离职后就业情况的对价。在未有证据证明杨某某系争期间存在竞业限制协议所约定之同业竞争行为的情况下，锐天公司以杨某某未按协议履行报告义务为由，主张不支付杨某某 2021 年 4 月 1 日至 8 月 27 日的竞业限制经济补偿，于法无据。

关于争议焦点二，锐天公司自 2021 年 4 月起未支付杨某某竞业限制补偿金确系属实。锐天公司虽称此系因杨某某未按照协议约定履行报告义务所致，但对此：一则，如前述，用人单位支付的竞业限制补偿金系劳动者择业自由权受限之对价，锐天公司与杨某某所签订协议中将杨某某未每月提供一份履行竞业义务证明作为锐天公司认定杨某某违反保密及竞业限制义务的依据，且锐天公司据此主张无需支付杨某某竞业限制补偿金，本即与法相悖。二则，从双方《归属协议》第 2.4 条约定内容看，除约定竞业限制补偿金的支付方式为离职后 24 个月每月支付外，还约定了杨某某未能及时汇报就业情况导致锐天公司多支付补偿金情形下的双倍退还责任，并未约定不汇报就业情况就不支付补偿金。三则，从双方就竞业限制补偿金支付的实际履行情况看，杨某某在锐天公司于 2021 年 4 月向其支付上月竞业限制补偿金前并未进行过就业汇报或提交履行竞业限制证明之事实，与锐天公司所持竞业限制补偿金需以履行报告义务为支付前提之主张相悖。锐天公司虽称此系因竞业限制对其公司非常重要，为让杨某某继续遵守竞业限制协议而支付第一个月竞业限制补偿金，但也未有在案证据证明截至杨某某因锐天公司不支付竞业限制补偿金而提出解除竞业限制约定之时，锐天公司曾采取告知或督促杨某某履行报告义务以便支付竞业限制补偿金之举措。再结合杨某某在 2021 年 9 月 7 日邮寄解除竞业限制通知书前，还曾于 2021 年 8 月 27 日发送电子邮件告知竞业限制协议将因三个月没有支付竞业限制补偿金而自动解除，而锐天公司仍未支付竞业限制补偿金，对于所称的电话告知杨某某未支付原因之主张也未有证据予以佐证等事实，实难认定锐天公司超过三个月未向杨某某支付竞业限制补偿金系杨某某原因所致。杨某某以锐天公司超过三个月未支付竞业限制补偿金为由解除竞业限制约定，于法有据。鉴于锐天公司未有证据证明杨某某在双方竞业限制协议解除前存在同业竞争行为，杨某某入职积幂公司亦发生在竞业限制协议解除之后，杨某某主张无须支付锐天公司违反竞业限制的违约金，确有依据，本院予以支持。

【案例注解】

竞业限制有利于保护用人单位的合法商业利益，维护公平竞争秩序，但在一定程度上限制了劳动者的自由择业权。为平衡双方利益，司法解释赋予了劳动者在用人单位原因导致后者三个月未按约定支付竞业限制经济补偿情况下的竞业限制解除权，但对于"用人单位原因"如何认定，实践中存在一定争议，有待进一步分析厘清。

一、探根溯源：竞业限制制度下不同主体间的利益冲突与博弈

劳动者依约履行竞业限制，用人单位对应给付自由择业权受限补偿，本系竞业限制制度设计之理想状态。然实践中常见因竞业限制的履行、竞业补偿金的支付所发生之争议。究其缘由,实系竞业限制制度下不同主体间存在利益冲突,相互博弈。

(一)劳动者:社会分工精细化与竞业限制补偿有限性现状下的反限制要求

对于劳动者而言,自由择业权本系受法律保护之劳动基本权利。竞业限制义务的履行,直接导致劳动者自由择业权受限,引发劳动者劳动权与用人单位商业秘密等权益之间的冲突。虽然劳动者依法可享有一定的经济补偿,但随着经济发展、社会分工的精细化,劳动者的职业技能日趋专业化。一方面,能够接触到用人单位商业秘密、存在竞业限制适用需求的,往往是在用人单位担任较高职位或具有专业技能的劳动者;另一方面,越是高阶职位、强专业技能的劳动者,离职后至非竞争性行业寻求合适工作的难度越大,现有竞业限制经济补偿标准往往难以足额弥补其再就业的成本和损失。也因此,实践中,常见劳动者通过中介公司挂靠、以他人名义开办公司等方式隐蔽违约,在用人单位三个月未支付竞业限制经济补偿情况下,更是积极行使解除权,以摆脱竞业限制之束缚。

(二)用人单位:自身利益最大化驱动下的竞业限制泛化约定与经济补偿支付条件的附加化

对于用人单位而言,其自身的商业秘密及与知识产权相关的具有保护价值之秘密,有利于维护其竞争优势,通过协议约定,在法律规定期限内限制了解其商业秘密之员工从事同业竞争行为,较之商业秘密侵权行为发生后的事后救济,显具有低成本且易行之优势。也因此,实践中,不少用人单位为最大化保护自身利益,存在泛化签订竞业限制倾向。但对于竞业限制经济补偿的支付,或由于竞业限制下劳动者的履约方式为不作为,相较于金额确定的竞业限制经济补偿支付成本,劳动者的竞业限制履约行为对用人单位并不产生直接经济利益,因此,用人单位欠缺支付经济补偿的动力,且对于不作为义务的实际履行亦存在判断难度,由此也导致实践中不少用人单位在提供的竞业限制协议格式文本中不设定竞业限制经济补偿条款或加设离职后履行竞业限制证明提供义务等竞业限制经济补偿的支付附加条件。

(三) 其他用工主体:市场经济竞争机制驱使下对负有竞业限制义务或存在竞业限制争议之劳动者的积极招揽

对于其他用工主体而言,虽然竞业限制制度有利于维护公平竞争的市场秩序,但在一定程度上阻碍了劳动力的自然流动,影响其自主用人权。竞争本是现代社会的基本特征,"自由竞争、优胜劣汰构成了市场经济两大运行机制"[①]。劳动者在职期间掌握的本单位的各类经营及技术信息,有助于同行业其他企业提升竞争优势,可为其带来直接利益。加之《劳动合同法》第九十一条仅规定了用人单位招用与其他用人单位尚未解除或者终止劳动合同的劳动者造成损失情形下的连带赔偿责任,对于已离职但负有竞业限制义务之劳动者的招用并未直接规定劳动法上之招用单位责任。如发生争议,要求新招用单位承担责任,往往需要通过侵犯商业秘密等不正当竞争纠纷诉由进行主张。相较于原用人单位与劳动者之间设立竞业限制违约金的直接约定,主张由新招用单位承担损失赔偿责任,显然更有难度。由此,进一步激发了其他用工主体在市场经济竞争机制驱使本能下,对负有竞业限制义务或存在相关争议之劳动者的招揽用工动力。

---

① 林志友、孙炳炎:《市场经济运行机制与当代中国社会基本矛盾运动》,载《社会主义研究》2014 年第 6 期。

二、衡量基准：用人单位是否诚信履行竞业限制经济补偿支付义务

囿于前述不同主体之间的利益冲突与博弈行为，用人单位因故未向劳动者支付竞业限制补偿之情形时有发生。虽然司法解释赋予了劳动者在用人单位原因导致后者三个月未按约定支付经济补偿情形下的竞业限制解除权。但对于何谓"用人单位原因"，尤其在竞业限制协议对劳动者设定有离职后履行竞业限制报告或证明提供义务的情形下，如何认定因用人单位原因未支付竞业限制经济补偿，实践中存在一定争议。对此，宜以用人单位是否诚信履行竞业限制经济补偿支付义务作为衡量基准，理由如下。

第一，更符合司法解释赋予劳动者法定情形下竞业限制解除权所隐含之价值选择。尽管依据不同标准，不同权利之间的位阶顺序可能发生变化，但"人格权应优位于财产权，生存权应优位于发展权"[1]与"生存利益高于商业利益"[2]，逐渐成为共识。自由择业权是宪法所规定的基本人权之一——劳动权在劳动法上的具体权利体现，劳动者的生存发展相较于用人单位的商业秘密财产权而言，本应处于更高权利位阶，本案系用人单位在法律允许范围内，通过与劳动者协议意定方式，使其商业秘密财产权得到优先保护。用人单位该优先保护权的享有，需要以支付相应经济补偿为对价，以弥补劳动者因择业自由权受限而对其生存权所产生的不利影响。在用人单位的竞业限制经济补偿支付违约行为达到法定界限，可能危及劳动者正常生活时，司法解释允许劳动者行使竞业限制解除权，实际意味着此情形下对于劳动者劳动权的优先保护。以用人单位是否诚

---

[1]　张平华：《权利位阶论——关于权利冲突化解机制的初步探讨》，载《法律科学（西北政法学院学报）》2007 年第 6 期。

[2]　王利明：《民法上的利益位阶及其考量》，载《法学家》2014 年第 1 期。

信履行法定竞业限制经济补偿支付义务作为评判标准，而不机械适用双方协议约定，显然更符合司法解释相关规定所隐含之价值选择。

第二，有利于用人单位与劳动者缔约地位不平等客观情况下双方权利义务之平衡。用人单位与劳动者约定劳动者承担离职后履约报告或证明提供义务，虽不违反法律禁止性规定，但"劳动法学之所以在整个法律体系上自成一个学门，主要在于现代社会中劳资双方所能运用的资源悬殊、先天上地位不平等"[①]，"私法中的自治得以建立的两个前提在于私法主体的完全平等性和互换性"[②]，而劳动关系的基本特征在于劳动者与用人单位之间人身和经济上的从属性，该从属性事实上也导致了双方在劳动合同的缔结与履行过程中劳动者协商话语权的欠缺，"劳动合同的附和化是社会整体趋势"[③]。竞业限制协议作为用人单位与劳动者通过劳动合同条款或其他形式订立的协议，同样具有高度附和化特征，双方权利义务设置易失公平性。以用人单位是否诚信履约作为劳动者是否可得行使竞业限制解除权的衡量基准，更有利于平衡双方因缔约地位不平等而产生的利益失衡。

第三，可促进现有竞业限制制度设计下社会整体利益之最大化。竞业限制制度在保护用人单位商业利益的同时，在一定程度上阻碍了劳动力的自由流动。而"竞争是推动社会运行和社会变化加速化的主要动力"[④]，"在迄今为止的历史演进过程中，竞争都在直接的意义上促进了社会整体的效率"[⑤]。虽然法律和司法解释赋予了用人单位可根据本单位

---

① 王松柏：《劳动法上合意终止契约、调职、同时履行抗辩权与雇主不依契约给付报酬之认定与适用问题之研究》，载《东吴大学法律学报》（台）第 12 卷第 2 期。转引自郑尚元：《劳动合同法的制度与理念》，中国政法大学出版社 2008 年版，第 20 页。

② 林嘉、范围：《劳动关系法律调整模式论——从〈劳动合同法〉的视角解读》，载《中国人民大学学报》2008 年第 6 期。

③ 同上书。

④ 张康之：《论竞争的后果与风险社会》，载《理论与改革》2020 年第 4 期。

⑤ 同上书。

商业利益保护需求,免除劳动者竞业限制义务或提前解除竞业限制之权利,但实践中不乏用人单位从自身利益最大化角度考虑,超出必要限度约定竞业限制之情形。用人单位在竞业限制协议签订后的履约过程中怠于支付经济补偿之行为本身,也可从侧面反映其对竞业限制经济补偿支付成本与劳动者解约致商业利益受损风险之间的经济成本的衡量与选择。故而,以用人单位是否诚信履约作为劳动者可否行使竞业限制解除权的评判依据,亦可反向促进社会整体利益之最大化。

三、实践考量:用人单位未支付竞业限制经济补偿归因之具体把握

(一) 是否存在法定抗辩权行使事由

竞业限制经济补偿是劳动者履行竞业限制导致择业自由权受限而给予的对价性补偿。如劳动者未履行竞业限制义务,用人单位无需支付相应对价。即便用人单位因未及时了解掌握劳动者违反竞业限制义务情况,而向劳动者支付了其违约期间竞业限制补偿金的,亦可主张返还。也因此,在劳动者离职后违反竞业限制义务的情况下,用人单位当可行使同时履行抗辩权,其不支付竞业限制补偿金,理由正当,不能成为劳动者竞业限制解除权的行使依据。但如用人单位系因误认为劳动者存在违反竞业限制行为,或在双方就劳动者是否违约存在争议的情形下,而停发竞业限制经济补偿,最终又不能证明劳动者违约的,用人单位应承担不利后果,劳动者当可享有竞业限制解除权。此外,依照《劳动合同法》第二十六条规定,竞业限制协议中用人单位免除自身法定责任、排除劳动者权利的条款应属无效,不能成为用人单位拒绝支付竞业限制经济补偿之合法依据。

本案中,虽然竞业限制协议约定杨某某离职后不提供履行竞业限制义务证明或提供材料存在虚假,即视为其根本违约,但相关证明提供义务

并不属于竞业限制经济补偿的法定对价,该条款不能成为锐天公司不支付竞业限制经济补偿主张成立之充足依据。

（二）是否存在客观支付障碍

如劳动者并不存在违反竞业限制行为,则需进一步考量用人单位是否存在支付竞业限制经济补偿的客观障碍。相关客观障碍包括劳动者所实施的注销账号、搬迁住址、退还已支付经济补偿等拒绝配合受领竞业限制经济补偿行为,也包括不可抗力、意外事件。需要注意的是,根据竞业限制协议的合同属性,以及《民法典》第五百九十三条关于"当事人一方因第三人的原因造成违约的,应当依法向对方承担违约责任"之规定,因第三人原因导致用人单位未按约定支付经济补偿的,属于"因用人单位原因"范畴;用人单位因经营不善、资不抵债而未能支付竞业限制经济补偿的,也构成"因用人单位原因"未支付。①

（三）是否诚信履约

第一,条款设定有无歧义。如果竞业限制协议不同条款之间存在矛盾或条款内容存在歧义,不能依据协议条款推断得出用人单位在劳动者未就履行竞业限制进行报告或提交相关证明情形下可先不支付竞业限制经济补偿之结论,应由用人单位承担此情形下的不利后果。

第二,义务内容是否合理。竞业限制义务本系不作为义务,劳动者同意配合提供新入职单位相关信息资料,系其诚信履行竞业限制义务的体现。但如用人单位利用其缔约优势地位,要求劳动者必须每月提供需经由第三方辅助配合方能提供的证明材料,未就业也要每月进行说明,显过于苛责,有失合理。

---

① 最高人民法院民事审判第一庭编著:《〈最高人民法院关于审理劳动争议案件适用法律问题的解释（一）〉理解与适用》,人民法院出版社 2021 年版,第 457—458 页。

第三,所设义务是否通过实际履行方式予以变更。也即,对于竞业限制协议约定的离职后履约报告或证明提供义务,用人单位在实际支付竞业限制经济补偿过程中是否要求履行,是否已通过实际履行方式予以变更,相关变更是否已让劳动者产生履约报告或证明提供义务并非支付竞业限制经济补偿条件之认知。

第四,单位行为能否体现履行协议的主观意愿。比如,用人单位在劳动者离职后有无关注其竞业限制义务履行情况,在劳动者未报告或提供履约证明情况下,有无主动联系、询问情况、催促其提交相关证明,对于劳动者就竞业限制经济补偿支付所提出的异议,有无及时回应进行解释等。

本案中,杨某某离职后虽未向锐天公司提供双方竞业限制协议所涉之履约证明,但从协议条款内容看,相关义务的履行与竞业限制经济补偿支付之间的关联性本就存在歧义,对杨某某设定的证明提供义务亦过于严苛。且锐天公司对于已支付的竞业限制经济补偿并未以履行证明提供义务作为必要条件,也未就杨某某不履行报告义务提出任何质疑,甚至在杨某某已明确提出异议,预告竞业限制将自动解除后,仍未履行支付义务。在此情况下,难以认定锐天公司已诚信履约,杨某某可依法行使竞业限制约定解除权。

16. 王某诉上海屹秦信息技术有限公司 确认劳动关系纠纷案*

——外卖骑手认定劳动关系从属性标准的司法审查

【裁判要旨】

平台经济催生的新业态用工模式中,从业者与用工主体之间是否存在劳动关系,应根据双方实际履行的权利义务内容予以认定。本案裁判明确从业者注册为个体工商户,并不丧失其作为劳动者的主体资格。从业者提供的证据能初步证明其向用工主体提供劳动并获取报酬的,用工主体作为劳务接受方应就双方之间系其他法律关系承担举证责任。从业者与用工主体之间实际履行的权利义务内容存在人身从属性、组织从属性及经济从属性等劳动关系特征的,应予以确认劳动关系。

【相关法条】

《劳动和社会保障部关于确立劳动关系有关事项的通知》

第一条　用人单位招用劳动者未订立书面劳动合同,但同时具备下列情形的,劳动关系成立。(一)用人单位和劳动者符合法律、法规规定的主体资格;(二)用人单位依法制定的各项劳动规章制度适用于劳动者,劳动者受用人单位的劳动管理,从事用人单位安排的有报酬的劳动;(三)劳动者提供的劳动是用人单位业务的组成部分。

---

　　*　编写人系上海市第一中级人民法院顾颖、马哲一。

【案件索引】

一审：上海市徐汇区人民法院（2021）沪 0104 民初 32702 号（2022 年 5 月 25 日）。

二审：上海市第一中级人民法院（2022）沪 01 民终 10322 号（2022 年 12 月 30 日）。

【基本案情】

原告（上诉人）王某诉称：王某于 2021 年 5 月 18 日进入上海屹秦信息技术有限公司（以下简称"屹秦公司"）工作，担任美团专送员一职，双方未签订劳动合同，但实际工作过程中，王某需要接受屹秦公司管理，需要每天早上九点半在某地立交桥下开早会，平时向站长郭某某汇报工作和请假。王某认为其工作过程中接受屹秦公司的管理，双方存在劳动关系，屹秦公司为了规避劳动关系，以发工资需要为名义让王某签署相关转包协议，王某实际并不知晓内容。王某请求法院判令：确认 2021 年 5 月 19 日至 2021 年 6 月 30 日期间屹秦公司与王某之间存在劳动关系。

被告（被上诉人）屹秦公司辩称：屹秦公司与王某之间不存在劳动关系，仅为合作关系。屹秦公司与好活公司签署了"好活"平台服务协议，约定屹秦公司将业务发包给好活公司，好活公司承接业务后发包给具备经营资质的商事主体（企业或个体工商户等）。王某于 2021 年 6 月 3 日注册了个体工商户，有个体工商户执照且与好活公司签订了《项目转包协议》，协议约定，双方均明晰双方系独立的民事承包合作关系。王某 2021 年 5 月的项目服务费由好活公司支付。后因屹秦公司与好活公司合作到期，屹秦公司与海根公司于 2021 年 7 月 15 日签署现代服务委托合同，约定屹秦公司将相关信息表单及款项交付给海根公司，由海根公司提供服务。王某 2021 年 6 月的项目服务费由海根公司支付。王某与屹秦公司仅为合作关系，王某跑单费用均由好活公司、海根公司支付，王某与屹秦公司不存在劳动关系。现双方单量服务费已结清，合作关系已解除，双方之间不存在劳务和经济纠纷。

法院经审理查明:王某于 2021 年 6 月 4 日注册个体工商户,名称为昆山市玉山镇贰贰叁贰零肆肆号好活商务服务工作室,经营者为王某。该个体工商户与好活公司签有项目转包协议。

2021 年 8 月 2 日,王某向上海市徐汇区劳动人事争议仲裁委员会申请仲裁,要求确认王某与屹秦公司于 2021 年 5 月 19 日至 2021 年 6 月 30 日期间存在劳动关系。2021 年 9 月 15 日,该仲裁委员会作出裁决:对王某的请求不予支持。王某不服裁决,提起本案诉讼。

二审庭审中,王某陈述:其在屹秦公司徐家汇站点做骑手,站长是郭某某,平时向站长汇报工作和请假,其在该站点看到挂着屹秦公司的营业执照,所以主张和屹秦公司存在劳动关系;其并未和屹秦公司签订过合作协议或劳动协议,只签过租车协议,住宿费、车辆租赁费都是要从跑单的费用中扣除的;每天早晨九点半,各骑手在某地立交桥下开早会,然后各自接单跑单,一天必须跑 8 小时以上才能下线,不足 8 小时下线会被罚款,下线了就回公司宿舍休息;其跑单到 2021 年 6 月 16 日受伤那天,每月工资明细是屹秦公司制作的,发放主体其看到是美团,屹秦公司为其购买过保险。

屹秦公司表示:其公司为美团加盟商,承接美团上海部分区域的专送业务;其公司将业务发包给好活公司是为了节约经营成本,提高效率;屹秦公司审批骑手领用物资、住宿申请是作为美团加盟商提供的基础服务,领用物资是基于美团对骑手的着装要求,住宿是为无居所的骑手提供便利;2021 年 6 月 16 日是王某最后一次跑单的日期。

屹秦公司另在二审中陈述:确认站长郭某某和区域经理车某的身份,该二人对于王某提交的申请审批同意,该二人是屹秦公司的员工;站长郭某某负责对站点的骑手进行管理,骑手不去上班需要向站长请假;骑手的费用明细是由屹秦公司制作的,但发放由好活公司或海根公司负责,屹秦公司与好活公司、海根公司是合作关系,和劳动者也是合作关系;屹秦公司为王某购买过雇主责任险。

王某在一审提供的微信聊天记录显示,2021 年 5 月 28 日,郭某某在培训群中表示"八点半收工来站点培训,时间安排好",6 月 9 日,郭某某说,"晚上 8:30 站点集合,车不要放在小区里面了⋯⋯吃好饭了来""今天跟大家来电技能提升,希望你们用心去听"。6 月 7 日,王某向组长表示,"领导,今天早上早会请个假,起得早了,接了一单,准备去送",组长回复"好,搞慢点不慌"。"钉钉或好活未弄人员"群显示,6 月 4 日,郭某某说,"你们这个抓紧时间弄啊,没弄的到站点来搞啊,告诉你们怎么搞,不搞到了会影响发工资这些东西",王某于当日下午回复已完成,郭某某表示"你们最好弄了之后到站里来,我来检查一下啊,路过站点的时候到站点来,我给你们检查一下这个,到时候会影响到你们发工资的啊,很重要"。6 月 17 日王某受伤次日,王某向组长询问"工作单位地址怎么填",对方回复"上海屹秦徐家汇美团外卖站"及具体地址。

【裁判结果】

上海市徐汇区人民法院于 2022 年 5 月 25 日作出(2021)沪 0104 民初 32702 号民事判决:驳回王某的全部诉讼请求。

王某向上海市第一中级人民法院提出上诉。上海市第一中级人民法院于 2022 年 12 月 30 日作出(2022)沪 01 民终 10322 号民事判决:一、撤销上海市徐汇区人民法院(2021)沪 0104 民初 32702 号民事判决;二、确认王某与上海屹秦信息技术有限公司于 2021 年 5 月 19 日至 2021 年 6 月 16 日期间存在劳动关系。

【裁判理由】

法院生效裁判认为:对于新就业形态中企业与劳动者间的法律关系,应根据双方之间的实际权利义务内容予以认定,以依法保护企业与劳动者的合法权益。本案中,第一,王某于 2021 年 5 月至屹秦公司所在站点从事美团骑手工作,通过美团 APP 接单并从事外卖配送服务,屹秦公司自述其公司承接美团上海部分区域的专送业务,故王某的工作内容属于屹秦公司的主营业务范畴。第二,王某提供的钉钉申请及审批、微信聊天记录等,可以反映屹秦公司站长郭某某等人对王某的物资领用、宿舍入住、健康证补贴申请等进行审批,王某需根据站长指示参加早会、培训,屹秦公司确认站长郭某某负责对站点的骑手进行管理,不去上班需要向站长请假,故可以认定王某需要服从屹秦公司的管理。第三,王某的收入虽然由案外公司发放,但费用明细由屹秦公司制作。屹秦公司将骑手信息表单及相关款项交付予好活公司或海根公司,再由好活公司或海根公司发放给骑手。故报酬的制作及钱款来源均与屹秦公司密切相关。第四,王某虽与好活公司签有项目转包协议,但根据"钉钉或好活未弄人员"微信群聊内容,可以看出办理"好活"相关手续系为了配合屹秦公司安排的工资发放形式。王某于 2021 年 6 月 4 日注册为个体工商户,时间上与微信群中站长的催促办理完全匹配。此外,王某虽然注册成了个体工商户,但其明显不是在从事工商业经营,而是在根据公司的指令提供劳动,并通过劳动获得报酬。综上,王某与屹秦公司之间符合劳动关系的法律特征,判决双方于 2021 年 5 月 19 日至 2021 年 6 月 16 日期间存在劳动关系。

【案例注解】

外卖骑手又称为外卖配送员,指通过平台公司接单,提供外卖配送服务并获取报酬的新业态从业者。在未签订书面劳动合同的情况下,外卖骑手与用工主体之间是否存在劳动关系往往需要结合个案情况进行具体分析,在实务中一直存在较大争议。本案涉及的争议焦点为:在外卖骑手注册为个体工商户,并以个体工商户名义签订合作协议的情况下,外卖骑手与用工主体之间是否存在劳动关系。

一、劳动关系的认定标准

劳动关系是双方当事人通过合意由劳动者一方提供劳动、用人单位一方给付报酬所形成的具有经济和人身从属性的权利义务关系。就劳动关系理论的发展历程而言,传统劳动关系的构建是以雇佣身份的确认来定义劳资双方的权利义务的,其区别于一般雇佣关系的特征在于雇主对雇员的"控制",以及雇员对雇主的从属性。劳动法理论一般认为,从属性导致劳资失衡及雇员权利受不公正侵害现象的产生,为了矫正民法雇佣契约的平等原则,实现劳资关系的实质平衡,需要将具有从属性的雇佣关系纳入劳动法的保护范围。[①]正是由于劳动法对劳动者实施的保护标准往往高于一般民事法律关系,而劳动关系项下的权利义务又同承包、承揽等民事法律关系具有相似性,实践中存在用人单位通过隐蔽雇佣的方式来推脱劳动法上责任的情形,对此往往需要揭开表象的民事法律关系,对双方实际履行的权利义务关系进行认定。司法实践中,人民法院一般依照原劳动和社会保障部于 2005 年发布的《关于确立劳动关系有关事项的通知》(以下简称《通知》)第一条的规定,即用人单位招用劳动者未订立书面劳动合同,一般认为同时具备以下三种情形的,则劳动关系成立:(一)用人单位和劳动者符合法律、法规规定的主体资格;(二)用人单位依法制定的各项劳动规章制度适用于劳动者,劳动者受用人单位的劳动管理,从事用人单位安排的有报酬的劳动;(三)劳动者提供的劳动是用人单位业务的组成部分。根据该规定,认定劳动关系的标准应包括以下两个方面。

第一,适用主体。鉴于劳动关系本身特点,建立劳动关系的主体只能是劳动者和用人单位,即排除个人雇佣之情形,将自然人作为劳动法上之

---

① 肖竹:《劳动关系从属性认定标准的理论解释与体系构成》,载《法学》2021 年第 2 期。

雇主将使目前尚未成熟的劳动法理论变得更加难以应付①,本文在此不作展开讨论。劳动者的适格主体为超过法定最低年龄限制的自然人,参加劳动的条件应符合法律规定;用人单位的适格主体应经过登记、合法成立,具有独立民事主体资格。《劳动合同法》将用人单位的范畴框定为我国境内的企业、个体经济组织、民办非企业单位等组织。因此,建立劳动关系的主体,还必须具有合法性。如公司处于筹备阶段,或者公司不是合法成立的,则产生的后果是非法用工,而外国公司必须通过外服公司才能雇佣劳动者。值得注意的是,劳动者的主体资格与其他主体资格存在共存的情况,应根据实际履行的权利义务情况进行判断。例如本案王某虽注册为个体工商户,但其并无事实经营行为,不能仅以王某注册为个体工商户即认为其丧失劳动者主体资格。

第二,适用标准。认定劳动关系应符合以下两个要件。一是双方建立劳动关系的原因和目的只能是实现交换。史尚宽先生认为,"劳动关系谓以劳动给付为目的之受雇人与雇佣人间之关系"。这一概念强调了劳动力与工资形成对价的结构。因此,从市场经济角度理解,劳动关系是基于资本购买特定劳动力的交换关系。劳动者提供劳动,用人单位支付对价,这是构成劳动关系的基本特征,也是劳动关系经济从属性的具体表现。如当事人间具体的法律关系与典型劳动关系构成之间存在着差异,认定是否属于劳动关系,必须围绕当事人间具体的权利义务内容来进行思考。二是劳动者一方必须向特定雇主提供劳动,出资购买劳动力的雇主在规定的时间内可以对劳动者排他性使用。所谓排他性使用,就是命令、服从。雇主向劳动者支付对价进行交换所要获取的是对劳动力支配、使用的权利,即劳动者的人身从属性。此外,随着劳动资料的集成化,雇主对劳动者的管理往往通过特定的组织架构来实现,劳动者通过成为特

---

① 郑尚元:《劳动合同法的制度与理念》,中国政法大学出版社 2008 年版,第 66 页。

定组织架构的一员配合他人完成工作,即组织从属性。综上,劳动关系并非劳动者与用人单位之间单纯以劳动力为对价的财产关系,其还具有劳动者对用人单位的人身隶属关系。

实践中,劳动关系的外在表现形式往往具有复杂性,并非《通知》确定的判断标准能够直接适用,尤其在平台经济推动下的新型用工模式中,《通知》对劳动关系的列举式认定标准已经不足以涵盖劳动关系的全貌。《劳动法》及《劳动合同法》亦未就劳动关系的构成要件进行明确,只是引入了模糊的"用工概念",未对认定劳动关系的具体事项进行细化规定。但就劳动关系的本质特征而言,《通知》确定的从属性认定标准内核仍是至今认定劳动关系的重要依据。

二、从属性的要素特征及判断标准

劳动关系建立之前,用人单位与劳动者双方是平等主体,基于平等主体的平等自愿、协商一致原则,确定是否建立劳动关系及劳动关系内容等。劳动关系一旦建立,即产生从属性特性。理论界一般将劳动关系的从属性分为经济从属性、组织从属性及人身从属性。

人身从属性即在劳动关系存续期间,负有劳务给付义务的劳动者一方基于明示、默示或依劳动之本质对自己的工作时间无法自行支配,它是对劳动者自行决定的自由权的一种压抑。换而言之,劳动者在劳动关系存续期间必须服从用人单位的指示命令、受用人单位的管理和监督,用人单位可通过惩戒对劳动者进行约束与强制。需要注意的是,有些其他民事法律关系,为了给付义务履行的方便,一方须加以一定配合,此时即便配合的内容须根据一方的要求进行,也不能与劳动关系意义上的服从关系相提并论。例如搬运货物承揽合同,承揽人虽须按照托运一方提出的地点和方式履行搬运义务,但这仅构成特定合同义务的履行,承揽人既无须遵守托运方的一整套规章制度,亦无须接受除违约责任之外的来自托运方的制裁。

经济从属性指劳动者为用人单位的利益付出劳动,其重点在于劳动者并不是为自己之营业劳动,而是从属于用人单位,为用人单位营业之目的而劳动,生产经营风险由用人单位承担。其最重要涵义在于劳动者既不是用自己的生产工具从事劳动,亦不能用指挥性、计划性或创作性方法对自己所从事的工作加以影响。①劳动者为了获取经济利益而付出劳动力受雇于用人单位,负有提供用人单位指定劳动内容的义务。组织从属性指劳动者融入用人单位的经济组织与生产结构,用人单位通过特定的组织架构对劳动者实施劳动管理。

一般而言,对于从属性尤其是人身从属性的判断,以用人单位对劳动者的约束为着手点。但也应当注意到,经济从属性及组织从属性并不具备足以区分劳动关系与其他民事法律关系的特殊性,因此,纯粹从经济从属性或组织从属性上来判断双方之间是否存在劳动关系,其定位并不明显,判断劳动者与用人单位双方之间的劳动关系存在与否,应当以人身从属性为核心,结合组织从属性及经济从属性作出综合判断。

对经济从属性及组织从属性的判断,可从以下三点进行把握:一是劳动者是为用人单位之营业目的而劳动,而非为自己营业之目的;二是劳动者对生产工具、设备及原材料等生产要素无所有权;三是用人单位向劳动者支付劳动报酬,但是该劳动报酬并非劳动者参与利润分配的结果,而是用人单位根据本单位的生产经营特点、经济效益和劳动岗位的不同,依法自主决定的。

对人身从属性的判断则可从以下四点进行考量:一是劳动者需服从用人单位的工作规则,具体表现为服从用人单位的规章制度,服从单位对

---

① 黄越钦:《劳动法新论》,中国政法大学出版社 2003 年版,第 95 页。

工作日、上下班时间的安排等管理行为,这种服从亦可能体现在工作时间之外,即劳动者在某方面受到用人单位规章制度、管理行为等规则的约束;二是劳动者在劳动关系存续期间服从用人单位的指示,包括对工作地点、详细内容、方式、过程等指示,除非违反法律规定;三是劳动者有接受检查的义务,即接受用人单位的监督考察以确定其是否遵守工作规则或单位指示;四是劳动者有接受制裁的义务,用人单位有权通过口头训诫、开除解雇等合法方式对劳动者的错误行为进行一定制裁。

三、从权利义务的约定和实际履行情况判断从属性

权利义务关系的内容往往决定法律关系的性质,因此判断劳动关系是否成立,应当关注双方对于权利义务的约定,以及实际履行是否符合劳动关系的从属性特征,以下通过本案对双方之间是否存在从属性特征进行具体分析。

首先,王某于2021年5月至屹秦公司所在站点从事美团骑手工作,通过美团APP接单并从事外卖配送服务,屹秦公司自述其公司承接美团上海部分区域的专送业务,故王某的工作内容属于屹秦公司的主营业务范畴。

其次,王某提供的钉钉申请及审批、微信聊天记录等,可以反映屹秦公司站长郭某某等人对王某的物资领用、宿舍入住、健康证补贴申请等进行审批,王某需根据站长的指示参加早会、培训,屹秦公司确认站长郭某某负责对站点的骑手进行管理,不去上班需要向站长请假,故可以认定王某需要服从屹秦公司的管理,双方之间存在人身隶属性。

再次,从报酬看,王某的收入虽然由案外人发放,但根据屹秦公司陈述及其提供的与案外公司的协议可知,骑手的费用明细系由屹秦公司制作,屹秦公司将骑手信息表单及相关款项交付予好活公司或海根公司,再

由好活公司或海根公司发放给骑手。因此，无论是报酬明细的制作，还是钱款的来源，均与屹秦公司密切相关，不能因为最后一手的发放方并非屹秦公司，而否定王某与屹秦公司之间的经济从属性。

最后，王某虽与好活公司签有项目转包协议，但根据相关微信群聊内容，可以看出办理"好活"相关手续系为了配合屹秦公司安排的工资发放形式。王某于 2021 年 6 月 4 日注册个体工商户，时间上与微信群中站长的催促办理完全匹配。王某虽然注册成了个体工商户，但其明显不是在从事工商业经营，而是在根据公司的指令提供劳动，并通过劳动获得报酬。

综合以上几点，应认为根据王某与屹秦公司之间存在的人身隶属性及经济性属性的程度能够认定双方存在从属性，符合劳动关系特征，双方之间存在劳动关系。

17. 上海昊征自动化科技有限公司诉上海精准德邦物流有限公司快递服务合同纠纷上诉案*

——《民法典》新规下"保价条款"分析的逻辑进路

【裁判要旨】

1. 保价条款的订入与效力判断应当采用逻辑二分法分别审查。对于订入判断应当重点审查条款提供方是否履行了提示和说明义务,对于效力判断应当着重鉴别"合理与不合理"的界限问题。

2. 承运人的过错程度影响保价条款能否作为免除责任或者限制责任的依据,即"保价条款"若约定在快递公司存在故意或重大过失的情况下,其仅赔偿运费相应倍数,则构成不合理地免除或者减轻其责任、加重对方责任、限制对方主要权利。当货损发生时,快递公司应对其不存在故意或者重大过失承担举证责任。在快递公司仅为一般过失的情形下,若无其他无效事由,则不应排除保价条款的适用。

【相关法条】

《中华人民共和国民法典》

第四百九十六条第二款　采用格式条款订立合同的,提供格式条款的一方应当遵循公平原则确定当事人之间的权利和义务,并采取合理的方式提示对方注意免除或者减轻其责任等与对方有重大利害关系的条

* 　编写人系上海市第一中级人民法院吴慧琼、华东政法大学窦丹玲。

款,按照对方的要求,对该条款予以说明。提供格式条款的一方未履行提示或者说明义务,致使对方没有注意或者理解与其有重大利害关系的条款的,对方可以主张该条款不成为合同的内容。

第四百九十七条 有下列情形之一的,该格式条款无效:

(一)具有本法第一编第六章第三节和本法第五百零六条规定的无效情形;

(二)提供格式条款一方不合理地免除或者减轻其责任、加重对方责任、限制对方主要权利;

(三)提供格式条款一方排除对方主要权利。

第八百三十二条 承运人对运输过程中货物的毁损、灭失承担赔偿责任。但是,承运人证明货物的毁损、灭失是因不可抗力、货物本身的自然性质或者合理损耗以及托运人、收货人的过错造成的,不承担赔偿责任。

【案件索引】

一审:上海市浦东新区人民法院(2022)沪 0115 民初 56252 号(2022 年 12 月 6 日)。

二审:上海市第一中级人民法院(2023)沪 01 民终 3742 号(2023 年 7 月 28 日)。

【基本案情】

原告(被上诉人)上海昊征自动化科技有限公司(以下简称"昊征公司")诉称:(1)2022 年 2 月 12 日,昊征公司将价值人民币 88 500 元的西门子 PLC(可编程逻辑控制器)CPU 模块设备(以下简称"涉案设备")交由上海精准德邦物流有限公司(以下简称"德邦公司")承运,德邦公司当场验视后承运。涉案货物在运输途中被烧毁,但德邦公司以昊征公司未保价为由拒绝照价赔偿。(2)昊征公司与德邦公司签订的物流运输合同,系德邦公司提供的格式条款。昊征公司认为德邦公司对不保价后果没有给予明确弹窗提醒等进一步的提示，而径行认定昊征公司不保价，这明显排除了昊征公司的主要权利，加重了昊征公司的责任，不能认为已采取合理方式提醒昊征公司注意，故德邦公司提供的格式条款无效。且昊征公司认为是否保价是昊征公司自主决定和选择的事项，不应成为德邦公司免除违约责任的理由。原告请求法院判令：(1)判令德邦公司赔偿昊征公司损失人民币 88 500 元；(2)判令德邦公司退还 39 元物流费。

被告(上诉人)德邦公司辩称：德邦公司对昊征公司通过官网下单委托德邦公司运输货物，以及德邦公司的运输车辆着火导致昊征公司货物烧毁的事实均不持异议。根据当事人双方签订的《月结服务合同》，未保价的托寄物因德邦公司过错造成损毁、灭失的，德邦公司赔付 5 倍以内的运费，每笔订单下单时强制阅读的电子运单条款中也有相同的保价赔偿标准约定。虽然在下单过程中，不保价的后果未以单独弹窗提示，但是会有强制阅读运单条款的弹窗，而且保价条款已加粗显示，故不存在排除昊征公司主要权利的情形。

法院经审理查明：2020 年 10 月 23 日，德邦公司(甲方)与昊征公司(乙方)签订《月结服务合同》，其中条款 5.3 约定"未保价托寄物赔偿标准：若因甲方过错造成托寄物损毁、灭失的，甲方应按对应基础费用(不含保价等增值服务费用)的 5 倍以内赔偿托寄物的实际损失"。2022 年 2 月 12 日，昊征公司员工在德邦公司官网下单委托德邦公司托运价值人民币 88 500 元的涉案货物，运费金额为 39 元。2022 年 2 月 15 日，昊征公司收到德邦公司发送的短信，载明"涉案货物在运输途中因事故损坏……"，根据德邦公司提交的涉案运单信息显示，涉案货物所对应单号于 2022 年 2 月 17 日"人工上报丢货入库"。昊征公司确认经常在德邦公司处下单，大部分订单已保价。丰都县消防救援大队于 2022 年 3 月 10 日出具《火灾事故认定书》，载明："火灾事故基本情况：2022 年 2 月 15 日 01 时 48 分，丰都县消防救援大队接到报警，称丰都县 G69 封堵绿豆湾大桥附近通往重庆方向(苏 ETS712、沪 DK010 挂)挂车发生火灾,火灾烧毁该事故车辆挂车(沪 DK010 挂)以及该车车厢内部货物。过火面积约 35.6 平方米,无人员伤亡。经统计,直接财产损失 1 390 025 元。经调查,对起火原因认定如下:起火时间为 2022 年 2 月 15 日 01 时 27 分许,起火部位位于挂车(沪 DK010 挂)车厢内,起火原因可排除人为放火、油路系统故障、电路系统故障、外来火源、遗留火种、轮胎起火和机械故障,不排除货物自燃引发火灾的可能。"

【裁判结果】

上海市浦东新区人民法院于 2022 年 12 月 6 日作出(2022)沪 0115 民初 56252 号民事判决:一、上海精准德邦物流有限公司应于判决生效之日起十日内赔偿上海昊征自动化科技有限公司 65 000 元;二、上海精准德邦物流有限公司应于判决生效之日起十日内返还上海昊征自动化科技有限公司运输费用 39 元。

德邦公司向上海市第一中级人民法院提出上诉。上海市第一中级人民法院于 2023 年 7 月 28 日作出(2023)沪 01 民终 3742 号民事判决:一、维持上海市浦东新区人民法院(2022)沪 0115 民初 56252 号民事判决第二项;二、撤销上海市浦东新区人民法院(2022)沪 0115 民初 56252 号民事判决第一项;三、上诉人上海精准德邦物流有限公司应于本判决生效之日起十日内赔偿被上诉人上海昊征自动化科技有限公司人民币 195 元。

【裁判理由】

法院生效裁判认为:第一,依据相关在案证据,认定保价条款确实相较其他条款进行了加粗,结合昊征公司确认经常在德邦公司处下单且大部分订单已经保价,故涉案合同中的第 5.3 条应成为《月结服务合同》中的内容。第二,涉案条款对德邦公司的赔偿标准进行了限制,因而属于减轻其责任的情形。第三,第 5.3 条中的实际约定"德邦公司在故意或重大过失的情况下对于未保价货物仅需赔偿运费的 5 倍"为对德邦公司的赔偿标准进行限制的规定,属于减轻德邦公司责任的情形。但在二审中,德邦公司提供火灾事故认定书以证明其对于火灾的发生不存在故意或重大过失,故不应排除适用系争合同条款规定。第四,依据合同第 5.3 条约定,德邦公司应赔偿昊征公司金额为 5 倍运费,即 195 元。

【案例注解】

本案系《民法典》背景下快递服务合同中关于"保价条款"是否属限制赔偿责任的"格式条款"而应否适用,从而引发的涉及托运公司与承运公司对货物受损的责任承担纠纷。笔者以本案为基准,通过威科先行法律数据库,以"快递服务合同"及"保价条款"作为关键词,搜索 2018 年 1 月 1 日至 2023 年 1 月 1 日之间的民事判决书,共计 29 份,通过关联性筛选后以其中 28 份裁判文书为研究对象。[①]通过分析,发现当前快递服务合同中涉及保价条款的案件存在以下特点。第一,纠纷中涉及保价条款效力判断的纠纷占比较高。以笔者提取的 28 件样本为例,在案件争议焦点及本院认为中涉及保价条款作为格式条款的效力判断案件为 19 件,占比 67.9%。第二,在笔者提取的 28 件案例中,对于案件事实发生在《民法典》生效之前的,法院对于保价条款的订入与效力认定较为简单,并未采取订入—效力二分的逻辑对其进行审查。[②]本案基于《民法典》第四百九十六条、第四百九十七条的订入规制与效力规制的逻辑二分,对保价条款的纳入与生效进行区分。并在类型化分析的基础上,区分承运人的过错程度与举证责任分配裁判路径,以求体现与运用现行法律的教义学。

---

① 参见威科先行法律数据库: https://law.wkinfo.com.cn/judgment-documents/list?mode = advanced&rdt = 1691302123422,2023 年 8 月 6 日访问。

② 参见江西省上饶市中级人民法院(2020)赣 11 民终 830 号民事判决书。

一、《民法典》框架下保价条款订入规则的判定

保价条款作为条款提供方预先拟定的限制赔偿责任的格式条款，应当遵循《民法典》对于格式条款的审查逻辑，对其订入与效力进行审查。根据《民法典》有关格式条款规制的表述，其中第四百九十六条第二款规定了格式条款的"订入控制"，即规制格式条款能否被订入合同。将格式条款订入合同内容并成为合同的组成部分是其产生法律效力的必经程序，对于不符合法律规定的格式条款并不予实际订入合同，亦无需判断效力问题。因此，判断保价条款的首要之义就是检视其是否符合订入规则而成为合同内容。

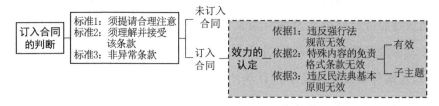

图1　《民法典》关于格式条款认定的逻辑

（一）《民法典》施行之前订入规则的法条演变

原《合同法》第三十九条第一款规定①第一次以一般法形式确定了格式条款的订入规则，但也存在一些问题：其一，该款没有明确"采取合理的方式"的含义，可能导致自由裁量权过大；其二，该款规定的提示说明义务范围过于狭窄，仅包括免除或限制使用人责任的条款，事实上除此二类条款之外还存在其他应当被纳入提示说明义务范围的条款；其

---

① 原《合同法》第三十九条第一款规定："采用格式条款订立合同的，提供格式条款的一方应当遵循公平原则确定当事人之间的权利和义务，并采取合理的方式提请对方注意免除或者限制其责任的条款，按照对方的要求，对该条款予以说明。"

三,该款没有规定违反提示说明义务的法律后果,造成了适用困境。而 2009 年颁布《最高人民法院关于适用〈中华人民共和国合同法〉若干问题的解释(二)》(已失效,以下简称原《合同法司法解释(二)》)的第六条①、第九条②、第十条③规定对上述问题作出回应。但是第六条与第九条规定仍然将提示说明义务范围限定在免除、限制使用人责任条款这个狭隘的范围内,不利于维护相对人权益。并且在第九条已规定了"可撤销"是违反提示说明义务的后果的情况下,第十条规定又将违反提示说明义务作为认定格式条款无效的要件,导致关于格式条款的订入规则存在内部矛盾。

《民法典》出台后,其中第四百九十六条较之于之前的规定变化如下:其一,将提示说明义务范围扩大到与相对人有重大利害关系的条款,扩大了订入规则的保护范围;第二,规定不履行提示说明义务的后果是相对人可主张相应格式条款不成为合同的内容,即可以主张格式条款不成立。

---

① 原《合同法司法解释(二)》第六条规定:"提供格式条款的一方对格式条款中免除或者限制其责任的内容,在合同订立时采用足以引起对方注意的文字、符号、字体等特别标识,并按照对方的要求对该格式条款予以说明的,人民法院应当认定符合合同法第三十九条所称'采取合理的方式'。提供格式条款一方对已尽合理提示及说明义务承担举证责任。"本条对"采取合理的方式"这一概念的解释在一定程度上明确了标准,也即通过文字、符号、字体等特别标识的适用引起相对人之注意。该解释为司法者判断使用人是否使用了合理方式提供了切入点,但是何为"足以引起对方注意"仍然给予了司法者较多自由裁量权,所以仍应当研究更为细致的判断标准。第九条规定违反提示说明义务的法律后果为"可撤销"。

② 原《合同法司法解释(二)》第九条规定:"提供格式条款的一方当事人违反合同法第三十九条第一款关于提示和说明义务的规定,导致对方没有注意免除或者限制其责任的条款,对方当事人申请撤销该格式条款的,人民法院应当支持。"本条规定违反提示说明义务的法律后果为"可撤销"。然而原《合同法》第三十九条第一款应为订入规则,原《合同法司法解释(二)》第九条的规定混淆了合同的成立与生效。

③ 原《合同法司法解释(二)》第十条规定:"提供格式条款的一方当事人违反合同法第三十九条第一款的规定,并具有合同法第四十条规定的情形之一的,人民法院应当认定该格式条款无效。"本条将违反原《合同法》第三十九条规定的提示说明义务和违反《合同法》第四十条规定的以无效作为后果的内容控制规则都设定成格式条款无效要件,造成本条规定和原《合同法》第三十九条第一款规定的冲突。

(二) 保价条款之订入规则的要件构成

保价条款作为格式条款虽由格式条款制作人制定后广泛使用,但并不因此当然具有法律效力,必须经过一定的程序,经相对人认可,方可主张格式条款订入合同并认可其合同内容生效。目前依据《民法典》第四百九十六条的规定,主要目的在于判断快递公司"是否履行提示说明义务"。具体来说涵盖了两种情形:第一,寄件人是否注意到保价条款的存在;第二,寄件人是否理解保价条款表述的含义。

1. 标准一:条款的提供者须合理提请注意

《民法典》第四百九十六条虽笼统规定格式条款提供方对于利害条款须采取"合理"及"显著"的方式予以说明,但并未具体明确"合理方式"的情形及认定标准,"合理"与"显著"的概念本身过于抽象,都属于不确定概念[①],因此法院在进行个案裁量时如何界定"合理方式"成为司法难题。

实践中,快递公司无法直接或即时地知晓寄件人是否注意到条款,只能通过寄件人勾选保价条款的最终结果来确认其意思表示,故提示义务的审查方式应当为以形式标准为主、以实质标准作补充。快递公司须以合理方式对保价条款的内容进行提示,所谓"合理"通俗指能引起寄件人注意的符号或者其他能吸引眼球的标识,例如加粗、标红等方式。

2. 标准二:条款的相对方须理解并接受该条款

格式条款作为条款提供方预先拟定的合同条款,虽省略了磋商条款的环节,但其订入合同的必经程序须经相对方承诺,即相对方理解并接受条款作为合同内容。格式条款制定者应当给予相对方充分时间,使其了解条款内容并知悉相应的法律结果。简言之,格式条款制定者除向当事

---

① 安晋城:《类型化建构与格式条款提示标准的确定》,载《吉林大学社会科学学报》2021年第 3 期。

人提供格式条款的文本以外,还须尊重相对方基于合同作出的可合理期待的承诺,使其充分理解格式条款的内容。①

　　关于寄件人(即条款相对方)是否理解保价条款表述的含义,可以参照《中华人民共和国保险法》(以下简称《保险法》)中规定的保险条款说明义务进行判断。《保险法》中说明义务的切实履行须达到"投保人的理解",但这个标准具有极强的主观臆断性,证据固定较难施展。对于快递服务这种业务输出量庞大、劳动人员密集、高效低成本的行业而言明显不切实际。另外,寄件人自主完成快递预约流程时,快递公司处于"被动说明"的状态,难以实现主动说明的效果。所以,说明义务的判断标准应当倒置为以实质标准定性,以形式标准为辅。即快递公司对保价条款的解释、说明效果达到"常人能够理解"的一般理性程度,就应当认为其已经履行了说明义务。

　　3. 标准三:条款并非异常条款

　　除满足上述要求外,格式条款订入合同的程序还须依据法律行为的性质进行调整,即格式条款非异常条款。异常条款,也被称为不寻常条款,主要指当事人在正常市场交易过程中以社会一般人的角度无法预见到的条款。认定和效果可作为异常条款司法规制的两种方法路径,认定包含原因和标准。原因指该条款权利义务分配相差甚远,不具有期待可能性,则该条款属于异常条款。标准主要是结合社会一般人法律行为的可预见性,综合社会一般人的认知水平及其所涵盖具体市场交易中的行为性质及目的等,判断该条款是否能够被一般人所预见到。其被判定为异常条款后的法律效果是被认为未被订入合同,合同双方当事人均不受该合同条款的约束。

---

　　① [德]迪特尔·梅迪库斯:《德国债法总论》,杜景林、卢谌译,法律出版社 2003 年版,第315 页。

（三）涉案保价条款的订入判断

就本案而言，结合前述格式条款的订入构成要件，可从以下几方面进行判断。第一，从合同订立过程来看，本案所涉保价条款已经以加粗字体显示。作为理性谨慎的市场交易主体的昊征公司应当能够注意到德邦公司加粗的合同条款。因此，本案中可以认为德邦公司已经对保价条款尽到了提示、说明义务。第二，从条款的理解方面而言，昊征公司理应知晓在寄递货物时选择保价能够降低运输风险可能造成的损失。其经常在德邦公司处下单，并在此前的大部分订单中选择了保价服务，由此应当认定昊征公司理解保价条款的内容并自愿接受其内容约束。第三，本案中的昊征公司是此前多次通过德邦公司邮寄货物的老客户，且为正常市场主体，理应知晓上述保价条款所涉及的内容。故而昊征公司对于涉案保价条款具有一定的可预见性和合理信赖，此条款不属于异常条款。综上，涉案《月结服务合同》系争第 5.3 条应当作为快递服务合同内容予以订入。

二、《民法典》框架下保价条款效力规则的判定

在确定保价条款作为格式条款订入合同之后，就要依据《民法典》第四百九十七条的规定对其进行效力审查。通常采用两种判断方法：一是判断格式条款是否违背《民法典》中有关格式合同审查的一般规定；二是判断是否违背《民法典》基本原则，如公平原则、诚实信用原则的一般性审查。一般性的审查方式不在本案讨论范围之列，故以下主要围绕《民法典》中有关格式条款效力的特别规定进行分析。此前原《合同法》仅规定了无效的条款类型，而未规定无效的标准，似乎只要是免除拟定方责任、加重对方责任、排除对方主要权利的条款均属无效。但是实际上此类条

款仅确定了效力控制的对象,并未确定效力控制的审查标准。此次《民法典》第四百九十七条明确规定了相应标准,即对于排除对方主要权利的条款,无须"不合理"的判断标准。①但对于免除、减轻、加重、限制条款则须进行合理性判断。②系争第 5.3 条款③具有格式条款与限制责任条款的双重属性,需要就承运人过错程度进行类型化分析。

(一) 情形一:承运人故意或者重大过失

根据我国《民法典》的相关规定④,因故意或者重大过失造成对方财产损失的免责条款无效。因此,在承运人具有故意或者重大过失的情况下,应当排除适用限制责任条款或者免责条款。但关于认定快递公司具有故意或重大过失的标准仍不明确。⑤鉴于此,对于快递企业故意或重大过失的界定,可从行为视角和结果视角进行。从行为视角来看:一方面,行为人对损害结果本应具备相应的认识,却因为故意或者重大过失作出错误的认识。比如快递公司明知寄件人所寄物品属于贵重物品仍然心存侥幸心理,并未按照贵重物品的标准来办理托运,使得货物在途的风险增大。此时可认定快递公司明显存在重大过失。⑥另一方面,故意或重大过失是一种异常的过错,导致故意或重大过失的行为与正常行为之间必

---

① 有观点认为对于提供格式条款一方排除对方主要权利的情形,本身就严重违反了公平原则,可以直接认定格式条款无效。参见贺栩栩:《〈民法典〉格式条款的效力审查规范解读——以零时生效条款与等待期条款为例》,载《苏州大学学报》2020 年第 4 期,第 59 页。

② 有观点认为需要考量条款制定方的理由,如是否在非核心给付条款上有权利上的让渡。此外还需要考量等值原则、风险控制因素、保险保障因素等,从而确定格式条款是否限制了依据合同本质所发生的重要权利或者义务。

③ 系争第 5.3 条约定的未保价托寄物赔偿标准为:若因甲方过错造成托寄物毁损、灭失的,甲方应按对应基础费用(不含保价增值服务费用)的 5 倍以内赔偿托寄物的实际损失。

④ 《民法典》第五百零六条规定:"合同中的下列免责条款无效:(一)造成对方人身损害的;(二)因故意或者重大过失造成对方财产损失的。"

⑤ 李晏、赵欢:《快递货物损害赔偿中的保价条款研究》,载《江南论坛》2016 年第 12 期,第 33 页。

⑥ 参见青海省西宁市城东区人民法院(2015)东民二初字第 97 号民事判决书。

定有所偏差。比如快递公司在收到寄件人邮寄的货物后,将货物随意放置且无人看管,导致货物被盗。此时可认定快递公司没有尽到其应尽的注意和保管义务,明显存在重大过失。①从结果视角而言,故意或重大过失的行为偏差一般会导致合同义务不履行或者不完全履行。比如在邮寄期间,收货人修改地址及电话属重大变更,快递公司不应仅以客服电话来电显示的号码判断修改人的身份。若因此导致物品被犯罪分子骗取,快递公司可被认为具有重大过失,亦属于对合同的不完全履行行为。②

(二) 情形二:承运人一般过失

一般过失行为虽然也应被谴责和否定,但是相对来说,对社会秩序、社会公德的损害比较轻微,加上快递行业在收件、运输、派件过程中经历多个环节、多种操作,即使尽到注意义务,也不可能完全避免快件损害。若一般过失情况下也认定未保价快件限额赔偿条款无效,则会导致快递企业承担了大量的风险,从而大大加重了快递企业的负担,这并不合理。因此,不排除一般过失行为下减轻赔偿责任属于当事人之间合理分配风险的需要。

在本案二审中,德邦公司提供火灾事故认定书用以证明其对于火灾发生不存在故意或重大过失。鉴于该火灾事故认定书所载的车辆信息与涉案快递订单中的车辆信息能够相互关联,结合事故发生的时间、地点,且该火灾事故认定书所载的起火原因调查载明"不排除货物本身性质造成的火灾",因此本案中德邦公司对火灾的发生难谓构成故意或重大过失,不应排除适用系争第 5.3 条的约定。

---

① 参见上海市第一中级人民法院(2008)沪一中民一(民)终字第 1826 号民事判决书。
② 参见北京市西城区人民法院(2016)京 0102 民初 9 号民事判决书。

(三) 承运人过错的举证责任分配

根据《民法典》第八百三十二条①的规定，以及"谁主张，谁举证"的一般原则，快递公司应对其不存在故意或者重大过失承担举证责任。寄件人将需寄送的物品交给快递公司后即丧失对物品的控制，且货物在运输过程中的信息录入均处于快递公司的控制之下，寄件人与快递公司在运输货物过程中明显信息不对称，此时由快递公司承担举证责任较为合理。笔者认为，在此情形下应当参照《民法典》第八百三十二条的规定，由寄件人对快递公司存在故意或者重大过失提供初步证据，由快递公司证明其在整个运输过程中都尽到了合理的管理义务，或物品毁损、灭失是由于自然灾害或不可抗力导致的。

在本案二审中，承运人德邦公司提供消防机关出具的火灾事故认定书来证明"不排除货物本身的性质"引发火灾，且在火灾发生后，德邦公司采取了报火警、及时联系昊征公司等避免损失继续扩大的行为，故可排除德邦公司具有故意或重大过失。本案不应排除系争第 5.3 条保价条款的适用。

三、民法基本原则下涉案保价条款规制之正当性检视

诚如前文所述，保价条款具有格式条款暨免责条款的双重身份，其订入与效力认定问题影响当事双方的利益。因此，通过民法基本原则对案涉《月结服务合同》系争第 5.3 条保价条款进行检视，为本案中保价条款的司法裁判提供再证成的正当性来源。

---

① 《民法典》第八百三十二条规定："承运人对运输过程中货物的毁损、灭失承担赔偿责任。但是，承运人证明货物的毁损、灭失是因不可抗力、货物本身的自然性质或者合理损耗以及托运人、收货人的过错造成的，不承担赔偿责任。"

（一）公平原则检视下之正当性

公平原则在合同法律关系中可以分为程序公正和结果公正。[1]就保价条款而言，从程序公正来看，如果双方当事人意识受到限制，出现非自由的意思表示，则不能判断双方当事人愿意受到保价条款的权利义务关系的约束，故保价条款不成立。比如物流公司未向托运人详细告知和提示保价条款的权利义务内容，则违背程序公正，法院将不适用双方当事人之间设立的保价条款。[2]从结果公正来看，当提出保价条款的要约人凭借自身掌握的知识、技能，以及行业认知的优势地位，将保价条款设定为偏向于自身利益的格式条款，不合理地削减处于弱势地位承诺人的权益，亦会获得法律的否定评价。[3]

本案中的德邦公司作为快递服务公司，在合同履行中承担着巨大的风险，故在合同内容中要求昊征公司对贵重物品进行保价，支付相应的保费，以实现风险分担上的公平亦属合理。在德邦公司履行提示说明义务后，昊征公司亦能了解保价条款含义，且德邦公司并无故意或重大过失的基础上，德邦公司利用保价条款将仅收取 39 元快递费用而需承担涉案货物价值 88 500 元的风险分担给昊征公司，也符合民事法律关系中权利义务相一致的公平原则。

（二）意思自治原则检视下之正当性

意思自治原则指法律主体能够依据自己的主观意思、意图来为自己创设权利。[4]根据我国《民法典》规定，合同成立前提必须满足意思表示一

---

[1] 丁建国：《狭义公平原则：适用范围、性质、内涵——以〈中华人民共和国民法典〉第六条为研究视角》，载《学习论坛》2021 年第 6 期。

[2] 参见辽宁省鞍山市中级人民法院(2021)辽 03 民终 2197 号民事判决书。

[3] 参见黑龙江省绥化市北林区人民法院(2018)黑 1202 民初 680 号民事判决书。

[4] 张民安：《法国民法中意思自治原则的新发展》，载《法治研究》2021 年第 4 期。

致的要件,当意思表示真实且无其他效力瑕疵,才能认定合同有效。在快递行业惯例中,托运人如果选择保价,当发生货物毁损,快递公司就会当然地依据保价条款约定的标准赔付;若托运人未选择保价,那么发生货物毁损后,快递公司就会按照数倍运费或不超过一定数额的赔偿支付给托运人。从意思自治角度出发,虽然保价条款具有格式条款特征,但托运人可以自由选择是否被其约束。

本案中,系争保价条款中规定"在故意或重大过失的情况下未保价就以5倍运费"当作托运人的损害赔偿予以支付。对于该内容,德邦公司履行了提示说明义务,昊征公司亦能了解保价条款含义,在没有保价时,就应当按照德邦公司所预见的价值(即5倍运费)进行赔偿。因此,在保价条款作为双方合同内容的一部分且发生效力的同时,应当认为其符合意思自治原则。

(三) 诚实信用原则检视下之正当性

诚实信用原则指民事活动的主体从事民事活动时应当恪守承诺、秉承诚信,不得为维护个人利益而损害他人或社会利益。[①]评价保价条款是否经得起符合诚实信用原则的检视,要从保价条款成立阶段、生效阶段和履行阶段来分别判断。本案中,在保价条款成立阶段,德邦公司向昊征公司提示和说明保价条款的内容,是谓遵守该原则。在保价条款生效阶段,在德邦公司没有故意或重大过失的情况下不排除保价条款的适用亦是对合同诚实信用原则的恪守。在保价条款的履行阶段,当事双方既已接纳其作为合同的一项内容,就应当遵守约定,如此才符合合同履行中的诚实信用原则。

---

① 于飞:《基本原则与概括条款的区分:我国诚实信用与公序良俗的解释论构造》,载《中国法学》2021年第4期。

18. 太阳能电力有限公司诉尚德电力投资有限公司、上海世灏商贸发展有限公司等债权人撤销权纠纷案*

——债权人撤销权制度在连环转让中的适用

【裁判要旨】

1. 债务人以明显不合理的低价转让财产后,相对人又将该财产以明显不合理的低价转让,影响债权人的债权实现,且相对人和转得人对其实施的行为影响债权实现的事实知道或者应当知道的,债权人请求一并撤销相对人的转让行为,人民法院应予支持。

2. 人民法院应对连环转让行为逐一进行审查,在对主客观要件、举证责任进行全面审查的基础上,对于转得人主观上是否具有恶意,可以综合考虑转得人与相对人、债务人之间是否存在关联关系或交叉任职的情况,以及交易对象、交易场所、交易时间、交易价格、款项的支付情况等因素,对各个环节整体考量、分别判断。

3. 连环转让中,债权人请求人民法院撤销债务人与相对人、相对人与转得人之间的财产转让合同,同时请求转得人返还财产的,依法予以支持。

【相关法条】

《中华人民共和国民法典》

第五百三十八条　债务人以放弃其债权、放弃债权担保、无偿转让财产等方式无偿处分财产权益,或者恶意延长其到期债权的履行期限,影响债权人的债权实现的,债权人可以请求人民法院撤销债务人的行为。

第五百三十九条　债务人以明显不合理的低价转让财产、以明显不合理的高价受让他人财产或者为他人的债务提供担保,影响债权人的债权实现,债务人的相对人知道或者应当知道该情形的,债权人可以请求人民法院撤销债务人的行为。

第五百四十二条　债务人影响债权人的债权实现的行为被撤销的,自始没有法律约束力。

【案件索引】

一审:上海市长宁区人民法院(2021)沪 0105 民初 7532 号(2022 年 9 月 16 日)。

二审:上海市第一中级人民法院(2022)沪 01 民终 13816 号(2023 年 4 月 17 日)。

【基本案情】

原告(被上诉人)太阳能电力有限公司(以下简称"太阳能电力公司")诉称:2018 年 7 月,新加坡高等法院终审判决确认尚德电力投资有限公司(以下简称"尚德投资公司")应向太阳能电力公司支付 197 501 785 美元(后文未标注币种的均系人民币)及利息。2018 年 9 月,尚德投资公司以 2 元价格将其所持有的上海浦羿太阳能有限公司(以下简称"浦羿公司")100％股权转让给上海世灏商贸发展有限公司(以下简称"世灏公司")和镇江荣德新能源科技有限公司(以下简称"镇江荣德公司")。2019 年 5 月,世灏公司和镇江荣德公司以 2 元价格将其所持有浦羿公司的 100％股权转让给上海宝成房地产有限公司(以下简称"宝成公司")和上海梅陇大厦发展有限公司(以下简称"梅陇大厦公司")。2019 年 11 月,宝成公司和梅陇大厦公司以 2 元价格将其所持有的浦羿公司的 100％股权转让给扬州荣德公司。根据生效裁判文书记载,浦羿公司一处厂房的评估价值即达到 70 560.29 万元。尚德投资公司在负债超过 1.97 亿美元的情况下,数月内连续象征性地以 2 元,实为无偿(至少构成明显不合理的低价)转让浦羿公司的全部股权,交易方均存在关联关系,对太阳能电力公司债权的实现造成严重损害。原告请求法院判令:(1)撤销尚德投资公司与世灏公司、镇江荣德公司于 2018 年 9 月签订的转让股权协议;(2)撤销世灏公司、镇江荣德公司与宝成公司、梅陇大厦公司于 2019 年 5 月签订的转让股权协议;(3)撤销宝成公司、梅陇大厦公司与扬州荣德公司于 2019 年 10 月签订的转让股权协议;(4)尚德投资公司、世灏公司、镇江荣德公司、宝成公司、梅陇大厦公司、扬州荣德公司共同将浦羿公司100%的股权恢复登记至尚德投资公司名下。

被告(原审被告)尚德投资公司称:2021 年 11 月 12 日,新加坡高等法院裁定尚德投资公司进入清算程序。鉴于尚德投资公司可能以低于市场价值的方式贬损其资产,导致尚德投资公司无法向其债权人履行债务,联合及分别清盘人请求撤销上述股权转让。

被告(上诉人)世灏公司、镇江荣德公司辩称:浦羿公司当时合计负债达 1 287 348 521.83 元,且公司银行账户、房产、设备等遭受多轮查封,股权转让交易是承债式转让,交易价格符合市场价值,并未损害债权人的利益。现没有任何证据能证明世灏公司、镇江荣德公司收到或知道新加坡高等法院禁令,或知道尚德投资公司在转移财产,世灏公司、镇江荣德公司属于善意第三方。

被告(上诉人)宝成公司、梅陇大厦公司辩称:宝成公司、梅陇大厦公司不是债务人相对方,非本案适格被告。宝成公司、梅陇大厦公司受让股权是承债式的受让,未以低价甚至无偿的方式受让或转让浦羿公司的股权,不具有恶意转让及逃避债务的目的。

被告(上诉人)扬州荣德公司辩称:扬州荣德公司不应成为本案被告,撤销权只能撤销债务人行为。

第三人(原审第三人)浦羿公司述称:其同意被告的意见。

法院经审理查明:2014 年年初,太阳能电力公司在新加坡起诉尚德投资公司。2014 年 9 月 4 日,新加坡高等法院向尚德投资公司作出禁止在全球范围内处置资产的禁令,其中包括浦羿公司的股权。2018 年 7 月 5 日,新加坡高等法院判决尚德投资公司向太阳能电力公司支付 197 501 785 美元及利息。2021 年 7 月 29 日,本案二审法院裁定承认和执行新加坡高等法院作出的裁判。

2018 年 9 月 10 日,尚德投资公司将浦羿公司的 80%股权、20%股权分别以 1 元价格转让给世灏公司和镇江荣德公司。2019 年 5 月 23 日,世灏公司以 1 元价格将浦羿公司的 80%股权转让给梅陇大厦公司,镇江荣德公司将浦羿公司的 15%股权、5%股权分别以 1 元价格转让给梅陇大厦公司、宝成公司。2019 年 10 月 15 日,梅陇大厦公司以 1 元价格将浦羿公司的 95%股权转让给扬州荣德公司,宝成公司以 1 元价格将浦羿公司的 5%股权转让给扬州荣德公司。

世灏公司分别是镇江荣德公司、扬州荣德公司的法人独资股东。张某某是宝成公司和梅陇大厦公司的股东,并担任浦羿公司监事。柏某从 2014 年至 2018 年为浦羿公司的法定代表人,也是尚德投资公司的董事、扬州荣德公司的总经理。

(2015)沪一中受初字第 81 号民事裁定书载明上海市闵行区立跃路 1888 号 1—14 幢工业房地产估价市场价值为 70 560.29 万元。

【裁判结果】

上海市长宁区人民法院于 2022 年 9 月 16 日作出(2021)沪 0105 民初 7532 号民事判决:一、撤销尚德投资公司与世灏公司、镇江荣德公司 2018 年 9 月 10 日签订的《尚德太阳能电力有限公司股权转让协议》;二、撤销世灏公司、镇江荣德公司与宝成公司、梅陇大厦公司 2019 年 5 月 23 日签订的《尚德太阳能电力有限公司 100%股权转让协议》;三、撤销宝成公司、梅陇大厦公司与扬州荣德公司 2019 年 10 月 15 日签订的《尚德太阳能电力有限公司 100％股权转让协议》；四、尚德投资公司、世灏公司、镇江荣德公司、宝成公司、梅陇大厦公司、扬州荣德公司应于判决生效之日起三十日内将浦羿公司 100％的股权恢复登记至尚德投资公司名下。

世灏公司、镇江荣德公司、宝成公司、梅陇大厦公司、扬州荣德公司向上海市第一中级人民法院提出上诉。上海市第一中级人民法院于 2023 年 4 月 17 日作出(2022)沪 01 民终 13816 号民事判决：驳回上诉，维持原判。

【裁判理由】

法院生效裁判认为：(1)鉴于涉案合同中均约定股权转让价格为 1 元，对浦羿公司债权债务未经专门评估即确定为 1 元，几近无偿，亦与浦羿公司于二审中关于定价系为登记手续办理之需的陈述相吻合。本案不突破涉案合同文义，仍确认相应股权系有偿转让。(2)世灏公司、镇江荣德公司、宝成公司、梅陇大厦公司对浦羿公司资产负债不作详尽调查、全面评估即受让的行为，有悖市场主体正常情况下的交易模式。二审审理中，上述公司均表示在进行股权受让时，已知悉浦羿公司名下工业房地产的存在，故应在此基础上确定相应股权的合理对价。由此认定，涉案三次股权转让对价均属于明显不合理的低价转让的情形。(3)新加坡高等法院发布的禁令虽不能在我国境内产生直接法律效力，但基于对外国司法行为的尊重与互信，且与该司法行为有关的生效裁判已在我国得到承认和执行，可确认该禁令系具有高度证明力的书证，并作为判断股权转让交易方在进行股权转让时是否存在恶意的重要依据。加之，股权出让方与受让方之间存在股权架构的直接或间接联系，以及董事、监事、高级管理人员的任职交叉，时间亦从 2014 年持续至今。结合股权交易方在短时间内连续数次向存在关联关系的企业以明显不合理低价转让股权的行为，可确认世灏公司、镇江荣德公司、宝成公司、梅陇大厦公司、扬州荣德公司在受让涉案股权时均可判断以该明显不合理低价进行股权转让的行为将对债权人造成损害。(4)对连环股权转让行为是否应予撤销,取决于受让人和转得人是否均具有恶意,亦即对其实施的股权转让行为损害债权人的事实有无认识。在相继进行的连环股权转让中,股权转让款的支付时间、是否真实支付等事实均存在诸多疑点,且没有证据证明转得人在受让及再次转让股权时对浦羿公司的资产进行了严格审查,加之受让行为的间隔时间短,受让方之间彼此关联,且其对新加坡高等法院禁令具有知晓的高度可能性,综合上述事实因素,足以证明连环股权转让中的各股权转让人存在主观上的恶意。故应对受损债权人太阳能电力公司撤销涉案系列股权转让协议的主张一并予以照准。

【案例注解】

一、连环转让中债权人行权的路径选择及审查要点

(一) 债权人撤销权对合同相对性的突破与限制

合同的相对性,意味着依法成立的合同,除法律另有规定外,仅对当事人具有约束力。债务人从事的正常交易活动,一般情况下,债权人无权对其加以干涉,但是债务人的责任财产是债权人债权的担保,在债务人实施无偿处分财产权益、以明显不合理的低价转让财产等行为,影响债权人债权实现的情况下,若放任债务人该等行为,无疑将对债权人的正当利益造成损害。其中,债务人恶意减少责任财产、影响债权人债权实现的行为,被称为"诈害行为"。[①]因此,一方面,赋予债权人撤销债务人诈害行为的权利,以突破合同相对性、引起现有交易秩序不安为代价,恢复债务人

---

① 王洪亮:《〈民法典〉第538条(撤销债务人无偿行为)评注》,载《南京大学学报》2021年第6期。

的责任财产,保障债权人债权的实现。[①]另一方面,考虑到债权人撤销权的"侵略性",为保证交易关系的安全性,对于债权人撤销权的行使条件和适用范围有着严格要求,防止其被滥用。

就连环转让中,相对人的转让行为能否撤销,司法实践同样受到上述观点的影响,对于《民法典》将撤销的对象限于"债务人的行为"这一规定存在法律理解上的分歧。部分法院认为,债权人撤销权制度针对的是债务人损害债权的行为,而债务人和转得人[②]之间并不存在直接的法律关系,所以债权人也不能因转得人具有主观恶意而请求撤销相对人与转得人之间的法律行为。[③]也有部分法院认为,为了将债权人的责任财产恢复至债务人实施损害债权行为之前的状态,应赋予债权人撤销债务人其后相对人转让行为的效力。

(二) 连环转让中债权人的"曲线救国"

囿于司法实践就连环转让情况下债权人撤销权之适用存在分歧,债权人不得不通过现行法中的其他法律制度寻求救济。

第一,合同无效制度。若相对人和转得人构成恶意串通,即明知债务人欠债情况,却未实际支付对价,阻碍债权人债权实现的,则有适用恶意串通制度的空间。相对人与转得人之间的转得行为因构成恶意串通而自始无效、归于消灭,转得人应就取得的财产予以返还,不能返还或者没有必要返还的,应当折价补偿。

第二,善意取得制度。债权人行使债权人撤销权后,债务人和相对人之间的转让行为被撤销,相应标的物的物权变动因缺乏有效的法律行为也应回转至债务人名下,相对人对于标的物的再次处分因此沦为无权处

---

① 崔建远:《论债权人撤销权的构成》,载《清华法学》2020 年第 3 期。
② 转得人,指自相对人/受益人处取得权利的人。
③ 范纪强:《被转让的财产可否返还不影响撤销权行使》,载《人民司法》2019 年第 17 期。

分。若转得人受让标的物是善意的,以合理价格受让,并就标的物完成登记或交付的,则转得人构成善意取得,转得人取得标的物所有权。反之,转得人不符合善意取得的要件,此时实际物权人得向转得人主张返还标的物。

综上,虽然现行法上的合同无效制度及物权善意取得制度为相对人的再次转让行为从法律行为效力和物权变动效力等角度提供了一些救济的可能性,但是这些救济路径自身仍有不足之处,并影响适用的效果与救济的效力。

首先,适用恶意串通制度加重了债权人的举证责任。债权人不仅要证明相对人与转得人主观上具有恶意,还要证明相对人与转得人之间存在互相通谋勾结,以及客观上损害债权人的合法权益等构成要件,证明标准也需达到排除合理怀疑的程度。

其次,前述制度的构成要件与连环转让的事实情况无法完全贴合,强行适用存在削足适履的情况。例如,在债权人以利害关系人身份主张相对人和转得人恶意串通时,由于相对人与转得人之间的行为并未减少债务人的责任财产,难言损害债权人的利益,则恶意串通规则的客观要件有不能成立的风险。而在转得人不符合善意取得要件的情况下,债务人虽然重新获得物权人地位,但是债权人径行以物权人名义主张物权返还请求权的,亦在一定程度上缺乏依据。

最后,善意取得制度仅仅从物权变动的层面上对连环转让之事实作出评价,但无法处理相对人与转得人之间的法律行为(如转让合同),从而无法达到全面评价、案结事了的效果。当转得人和相对人之间的转让行为效力情况未被确定无效或被撤销时,表面上,转得人似乎仍可基于有效的合同向相对人主张违约责任,但实际上,转得人的恶意使得其并不应自动获得优越于相对人的地位,可这些评价无法在善意取得制度下进行处理。

（三）赋予债权人一并撤销连环转让行为的权利

债权人撤销权设计之初，为保证债权人的债权实现，赋权债权人废除债务人与相对人之间的诈害行为是最为便捷、有效的措施。[1]如前所述，以其他法律制度满足债权人的救济需求难谓契合债权人撤销权的立法初衷。因此，有必要赋予债权人在连环转让中一并撤销恶意转让行为的权利。

从实体层面而言，在债务人、相对人和转得人均存在诈害意思的情况下，两次转让财产的行为应视为债务人在他人配合下故意减少责任财产的一个行为整体，第二次转让行为是第一次转让行为的延续。因连环转让行为降低了债务人的清偿能力，影响债权人债权实现的，撤销权的效力也及于后续转让行为，应予以一并撤销。此外，就第二次转让行为而言，虽然无权处分不影响合同效力，但在诈害情形下，相对人和转得人之间的合同已无保护之必要，撤销该合同对于转得人来说亦不会导致利益受损。

从程序层面而言，一并撤销债务人和相对人的诈害行为有利于一次性解决纠纷。部分债权人在拿到撤销债务人行为的生效判决后，另行以相对人不符合善意取得条件为由请求转得人返还财产，或者另行以相对人和转得人为共同被告提起确认无效之诉。采用两次诉讼的方式不仅不符合诉讼经济原则，还增加了债权人在不同法律制度下的举证责任。

（四）连环转让中债权人撤销权的审查要点

有别于一般债权人撤销权的审查，连环转让涉及多个转让关系，应对相应连环转让行为逐一进行审查。具体如下：

---

[1] 崔建远：《论债权人撤销权的构成》，载《清华法学》2020 年第 3 期。

首先,对债务人转让行为的主客观要件、举证责任进行全面审查。只有在债务人转让行为客观上减少债务人的责任财产,影响债权人债权实现,且相对人主观上知道或者应当知道该情形,具备债权人撤销权行使要件,方有审查后续转让行为是否撤销的空间。

其次,对相对人后续转让行为是否满足撤销要件进行审查。后续转让行为满足撤销要件的,可同债务人的转让行为一并撤销,但后续转让行为是否满足撤销要件亦不影响对债务人转让行为是否撤销的判断。

最后,对各个环节的审查应遵循整体考量、分别判断的原则。尤其在不合理低价的连环转让中,债务人、相对人、转得人之间存在关联关系或高管交叉任职的情况下,各方知悉债务人转让财产影响债权人债权实现的情况具有高度可能性,其后转让行为系债务人转让行为之延续,因此对连环转让可进行整体综合考量,但就各层转让是否满足债权人撤销权要件应作分别判断。

二、连环转让中转得人规则的构建

(一) 转得人的诉讼地位

虽然《最高人民法院关于适用〈中华人民共和国合同法〉若干问题的解释(一)》曾规定撤销权诉讼中债务人为被告,可以将受益人或者受让人列为第三人,但现实中已不乏将债务人和相对人列为共同被告的司法实践。《关于适用〈中华人民共和国民法典〉合同编通则部分的解释(征求意见稿)》第四十五条对此亦有规定。

在连环转让行为可得一并撤销的前提下,转得人应取得与相对人同等的诉讼地位,即转得人应被列为共同被告。将转得人列为被告,便于法院查清事实,从而确保最终判决的既判力能够约束转得人,有利于及时回转债务人的责任财产,同时给予转得人在诉讼中提出抗辩的权利,例如主张善意取得。①

(二) 转得人的主观状态

一般情况下,在诈害行为系有偿行为时,债权人撤销权的成立还需具备相对人主观恶意的要件。在连环转让中,该要件同样适用于各层转让中。因此,对有偿连环转让行为中相对人的行为是否予以撤销,取决于相对人和转得人是否均具有恶意,亦即相对人和转得人是否知道或应当知道该转让行为影响债权人债权实现。一方面可考察其是否知道或者应当知道存在债务人不支付到期债务的事实,另一方面可考察其是否知道或者应当知道债务人在处分其财产后没有能力清偿债权人的到期债权。②转得人应对其"不知"没有重大过失。

该主观要件在连环转让中更具价值与复杂性。一方面,连环转让涉及的交易次数更多,维护交易秩序与安全的重要性更加凸显,严格遵守恶意要件是平衡债权人利益与交易秩序的重要锚点;另一方面,连环转让涉及的相对人、转得人众多,认定各环节主体的恶意较为复杂。

对于转得人主观上是否具有恶意,可以综合考虑转得人与相对人、债务人之间是否存在关联关系或交叉任职的情况,以及交易对象、交易场所、交易时间、交易价格、款项的支付情况等因素。

结合本案事实具体而言,首先,尚德投资公司与太阳能电力公司的债权债务关系已经域外生效判决所确认,且新加坡高等法院已在诉讼中出具禁令,禁止尚德投资公司处置资产。其次,基于尚德投资公司、世灏公司、镇江荣德公司、宝成公司、梅陇大厦公司及扬州荣德公司之间股权架

---

① 夏志毅:《〈民法典〉时代债权人撤销之诉的解释论——以诉讼法视角为切入点》,载《烟台大学学报(哲学社会科学版)》2022年第6期。

② 王洪亮:《〈民法典〉第538条(撤销债务人无偿行为)评注》,载《南京大学学报》2021年第6期。

构的直接或者间接联系,以及董监高的任职交叉情况,可以认定各层转让的相对人和转得人具有知悉债务人不能清偿债务情况的高度可能性。再者,在相继进行的连环股权转让中,股权转让款的支付时间、是否真实支付、转让的间隔时间等事实均存在诸多疑点,且没有证据证明转得人在受让及再次转让股权时对资产进行严格审查。综合上述事实因素,足以证明连环股权转让中的相对人和转得人存在主观上的恶意。

(三) 转得人主观状态的举证责任

转得人的主观状态应由债权人举证,证明转得人知道或者应当知道其有偿行为影响债权人债权的实现。一是符合"谁主张谁举证"的举证一般规则,二是利于保护转得人的利益,毕竟证明消极事实存在一定难度。不过,在以明显不合理的低价进行转让时,可在一定程度上推定转得人主观恶意之存在。

三、连环转让中债权人撤销权行使效果

债权人撤销权行使的法律效果与债权人撤销权的性质息息相关。学界对于债权人撤销权的性质有三种观点:一是形成权说,该说认为债权人撤销权是形成权,其法律效果是使债务人与相对人/受益人之间的法律行为效力绝对地消灭,因此债权人撤销权诉讼为形成之诉。二是请求权说,该说认为债权撤销权是债权请求权,即债权人享有请求相对人/受益人返还财产的权利,因此债权人撤销权诉讼是给付之诉。三是折中说,兼具形成权说和请求权说的观点,认为债权人撤销权不仅可以撤销债务人的诈害行为,还可以请求相对人/受益人返还财产。

我国学者通说采折中说,针对存在物权变动的诈害行为,若仅仅否定诈害行为的效力而不肯定债权人享有返还请求权,就不能有效地恢复债

务人的责任财产和偿债能力。该观点同样适用于连环转让中的债权人撤销权,即债务人和相对人的行为满足撤销要件,债权人可径行撤销连环转让中的所有法律行为,并可直接请求实际的转得人返还财产至债务人,从而保全债务人的一般财产。

值得注意的是,由于债权人撤销权兼具形成权和请求权的性质,当事人享有选择权,可在一案中一并主张,也可仅主张形成权,即债务人可在主张撤销的同时,请求相对人/受益人或转得人返还财产,也可以仅主张撤销诈害行为。

对于当事人权利自由处分的尊重理所应当,但不必太过僵化。具体而言,当债权人仅主张撤销诈害行为时,法院可以向其释明是否一并处理撤销后的返还问题。此种释明是在债权人撤销权具有两面性的基础上,引导当事人明确自己的诉讼请求[①],避免当事人因诉讼请求不当而无法得到救济。若经法院释明,债务人仍只选择撤销合同时,债权人撤销权诉讼只发挥形成之诉的作用,因生效判决主文没有给付内容,债权人无法就相对人/受益人或转得人返还财产申请强制执行。[②]

---

① 宋史超:《论债权人撤销权判决的实现路径——以指导案例 118 号为中心》,载《政治与法律》2021 年第 1 期。

② 杨春:《〈东北电气发展股份有限公司与国家开发银行股份有限公司、沈阳高压开关有限责任公司等执行复议案〉的理解与参照——债权人撤销权诉讼的执行问题》,载《人民司法》2022 年第 11 期。

19. 曾某某、司某某诉上海辰银投资管理中心(有限合伙)、王某某股东损害公司债权人利益责任纠纷案*

——合伙企业有限合伙人的出资责任认定及司法适用

【裁判要旨】

合伙债务的清偿顺序是先由合伙企业承担,而后由普通合伙人对合伙企业到期不能清偿的债务,互负无限连带责任。有限合伙人依法享有期限利益。有限合伙人到期未履行出资义务或者在合伙债务产生后恶意延长出资期限逃避债务履行的,债权人有权要求该有限合伙人在未出资本息范围内对合伙企业不能清偿的债务承担补充赔偿责任。

【相关法条】

《中华人民共和国合伙企业法》

第二条第三款 有限合伙企业由普通合伙人和有限合伙人组成,普通合伙人对合伙企业债务承担无限连带责任,有限合伙人以其认缴的出资额为限对合伙企业债务承担责任。

第六十五条 有限合伙人应当按照合伙协议的约定按期足额缴纳出资;未按期足额缴纳的,应当承担补缴义务,并对其他合伙人承担违约责任。

《最高人民法院关于民事执行中变更、追加当事人若干问题的规定》

第十四条第二款 作为被执行人的有限合伙企业,财产不足以清偿

---

* 编写人系上海市浦东新区人民法院(原任职于上海市第一中级人民法院)王军霞。

生效法律文书确定的债务,申请执行人申请变更、追加未按期足额缴纳出资的有限合伙人为被执行人,在未足额缴纳出资的范围内承担责任的,人民法院应予支持。

《中华人民共和国民法典》

第五百三十五条第一款　因债务人怠于行使其债权或者与该债权有关的从权利,影响债权人的到期债权实现的,债权人可以向人民法院请求以自己的名义代位行使债务人对相对人的权利,但是该权利专属于债务人自身的除外。

第五百三十八条　债务人以放弃其债权、放弃债权担保、无偿转让财产等方式无偿处分财产权益,或者恶意延长其到期债权的履行期限,影响债权人的债权实现的,债权人可以请求人民法院撤销债务人的行为。

【案件索引】

一审:上海市闵行区人民法院(2022)沪 0112 民初 38787 号(2023 年 4 月 13 日)。

二审:上海市第一中级人民法院(2023)沪 01 民终 9718 号(2023 年 8 月 11 日)。

【基本案情】

原告(被上诉人)曾某某、司某某诉称:债务人禄辰(上海)股权投资基金合伙企业(有限合伙)(以下简称"禄辰合伙企业")未按期履行义务,其有限合伙人上海辰银投资管理中心(有限合伙)(以下简称"辰银合伙企业")在债务产生之后恶意延长出资期限,符合出资加速到期情形,遂要求辰银合伙企业承担责任。王某某作为辰银合伙企业的普通合伙人,应对上述债务承担无限连带责任。原告请求法院判令:(1)辰银合伙企业在未出资 2 500 万元范围内对禄辰合伙企业在(2017)沪 0109 民初 6253 号民事判决书项下不能清偿的债务承担补充赔偿责任;(2)王某某对辰银合伙企业的上述债务承担连带清偿责任;(3)辰银合伙企业、王某某承担本案诉讼费。

被告(上诉人)辰银合伙企业、王某某共同辩称:(1)禄辰合伙企业并未破产且尚有可供执行的财产,不应追究合伙人的出资责任。(2)目前法律没有关于追究合伙人到期未出资责任的规定。(3)王某某作为辰银合伙企业的合伙人,在辰银合伙企业是否应当承担责任,以及其财产是否足以清偿该债务尚未可知的情况下,不应直接认定王某某的责任。

法院经审理查明:2017 年 8 月 15 日,上海市虹口区人民法院(以下简称"虹口法院")作出(2017)沪 0109 民初 6253 号民事判决书,判令禄辰合伙企业归还原告股权转让款 105 万元及利息等。禄辰合伙企业等提起上诉,上海市第二中级人民法院出具民事调解书。后因债务人未按民事调解书履行付款义务,原告按照一审判决向法院申请强制执行,因未发现禄辰合伙企业名下有可供执行的财产,遂裁定终结本次执行程序。2018 年 10 月 22 日,原告以禄辰合伙企业的时任合伙人上海禄辰投资集团有限公司(以下简称"禄辰投资集团")、辰银合伙企业、禄辰资产管理(上海)股份有限公司(以下简称"禄辰资管公司")、吴某为被告,提起(2018)沪 0112 民初 31896 号合伙企业纠纷,要求四位合伙人承担责任。生效裁判判令禄辰投资集团、禄辰资管公司对禄辰合伙企业未履行部分承担连带清偿责任,并以辰银合伙企业、吴某作为有限合伙人的出资缴纳期限均未到期为由,驳回了原告对辰银合伙企业、吴某的诉讼请求。因义务人未履行生效判决确定的义务,原告再次申请强制执行,因无财产可供执行,法院也裁定终结本次执行程序。

2016 年 4 月 8 日,辰银合伙企业作为有限合伙人,剩余出资时间截至 2019 年 12 月 31 日。2018 年 4 月 10 日,变更出资期限为截至 2022 年 12 月 31 日。本案庭审中,辰银合伙企业确认认缴出资变更为 9 500 万元,实缴出资 3 800 万元。原告确认仅主张辰银合伙企业在 2 500 万元的未出资范围内承担责任。辰银合伙企业成立于 2015 年 4 月 13 日,成立时的合伙人为王某某和姚某某。2017 年,变更为普通合伙人王某某及其他五位有限合伙人,王某某为执行事务合伙人。2023 年 4 月 14 日,王某某退出合伙企业,并不再担任执行事务合伙人。

【裁判结果】

上海市闵行区人民法院于 2023 年 4 月 13 日作出(2022)沪 0112 民初 38787 号民事判决:一、上海辰银投资管理中心(有限合伙)于判决生效之日起十日内在未出资 2 500 万元范围内对禄辰(上海)股权投资基金合伙企业(有限合伙)在(2017)沪 0109 民初 6253 号民事判决书项下不能清偿的债务承担补充赔偿责任(已履行的部分及在他案中已经承担的补充赔偿金额应予以扣除);二、王某某对上海辰银投资管理中心(有限合伙)的上述第一项付款义务承担连带清偿责任。

辰银合伙企业、王某某向上海市第一中级人民法院提出上诉。上海市第一中级人民法院于 2023 年 8 月 11 日作出(2023)沪 01 民终 9718 号民事判决:一、维持上海市闵行区人民法院(2022)沪 0112 民初 38787 号民事判决第一项;二、变更上海市闵行区人民法院(2022)沪 0112 民初 38787 号民事判决第二项为王某某对上海辰银投资管理中心(有限合伙)在上海市闵行区人民法院(2022)沪 0112 民初 38787 号民事判决确定的第一项付款义务不能清偿部分承担无限连带责任。

【裁判理由】

法院生效裁判认为:第一,关于辰银合伙企业的责任承担问题。首先,辰银合伙企业承担补充赔偿责任符合当前的立法精神。根据《中华人民共和国合伙企业法》(以下简称《合伙企业法》)第六十五条、《民法典》第五百三十五条、《公司法解释(三)》第十三条第二款,以及《最高人民法院关于民事执行中变更、追加当事人若干问题的规定》第十四条第二款等规定所体现的立法精神,在有限合伙企业不能清偿自身债务时,有限合伙人在到期未出资范围内对合伙企业的债务承担补充赔偿责任属应有之义。

本案中,禄辰合伙企业已进入执行程序且无财产可供执行,辰银合伙企业变更前后的出资期限均已到期,应当在未出资范围内对禄辰合伙企业的债务承担补充赔偿责任。其次,债权人起诉时要求辰银合伙企业适用股东出资加速到期承担责任具有相应的法理依据。《全国法院民商事审判工作会议纪要》(以下简称《九民纪要》)中股东通过延长出资期限逃避债务将被要求补足出资义务的理论基础是债权人的撤销权。该规定实际上是对认缴资本制下股东出资自由、期限利益与债权人利益保护进行的审慎平衡。本案中,曾某某、司某某对禄辰合伙企业的债务产生后,辰银合伙企业未经债权人同意延长出资期限,已经影响到债权人的利益实现。基于有限合伙人与股东法律特征的一致性,曾某某、司某某主张类推适用具有一定道理。最后,关于原告对辰银合伙企业的起诉是否构成重复诉讼的问题。曾某某、司某某未就本案诉讼标的或者诉讼请求向辰银合伙企业提起诉讼,虹口法院在前案执行中,也并未将辰银合伙企业列为被执行人。因此,本案不构成重复诉讼。

第二,关于王某某的责任承担问题。结合《合伙企业法》第三十八条、第三十九条的规定,合伙债务具有清偿顺序,要先由合伙企业对外承担责任,合伙企业不能清偿到期债务的才由合伙人互负无限连带责任。本案中,对于辰银合伙企业的债务,应先以其全部财产进行清偿,辰银合伙企业的财产不足以清偿该债务的,由王某某对不能清偿的部分承担无限连带责任。

【案例注解】

合伙企业不能清偿对外债务时,债权人能否主张其有限合伙人承担责任及承担何种责任,目前尚属于立法空白。鉴于有限合伙人与股东法律特征的相似性,有限合伙人出资责任能否类推适用《公司法》及其相关规定,司法实践中容易产生争议。对此,本文从法理基础和利益衡量的角度出发,对有限合伙人的出资责任问题进行分析。

一、有限合伙人出资义务的法律规定

我国《合伙企业法》第六十五条规定："有限合伙人应当按照合伙协议的约定按期足额缴纳出资；未按期足额缴纳的，应当承担补缴义务，并对其他合伙人承担违约责任。"这是对内部责任的原则性规定。《合伙企业法》第二条第三款规定："有限合伙企业由普通合伙人和有限合伙人组成，普通合伙人对合伙企业债务承担无限连带责任，有限合伙人以其认缴的出资额为限对合伙企业债务承担责任。"该条规定对有限合伙人对外承担责任的范围进行了规定，但是并未明确指出外部债权人如何向有限合伙人主张权利。《最高人民法院关于民事执行中变更、追加当事人若干问题的规定》第十四条第二款规定："作为被执行人的有限合伙企业，财产不足以清偿生效法律文书确定的债务，申请执行人申请变更、追加未按期足额缴纳出资的有限合伙人为被执行人，在未足额缴纳出资的范围内承担责任的，人民法院应予支持。"基于此，债权人可在执行程序中申请追加未按期缴纳出资义务的有限合伙人为被执行人，该规定虽然适用于执行程序，但是其中所体现的法理基础和法律精神应具有一贯性，不能因程序不同而否认其立法目的和立法本意。

二、有限合伙人出资责任的内外区分及法理解读

所谓有限合伙人的出资责任，指有限合伙人未履行或者未全面履行出资义务产生的责任，包括内部责任和外部责任。内部责任指违反出资义务对合伙企业及其他合伙人应承担的责任，即及时补缴出资并对其他合伙人承担违约责任；外部责任指违反出资义务对外部债权人应承担的责任，包括有限合伙人违反出资义务或者符合特定情形下出资加速到期的责任。

（一）合伙人有限责任与债权人利益保护的衡量

合伙企业的信用基础在于合伙人的资信，在有限合伙企业中，有限合伙人作为资金投入者依据合伙协议分享合伙收益，对合伙企业承担有限责任。在合伙企业正常经营不影响债权人利益实现的情况下，有限合伙人享有出资自由。但是在合伙企业的资产不足以清偿第三人的到期债权时，有限合伙人的出资对于合伙企业的偿债能力具有重要影响。如果有限合伙人滥用出资自由肆意安排出资期限，则会严重损害债权人的债权实现。资本认缴制下，"认"的阶段可以充分尊重出资人的意愿，但是在"缴"的阶段，就要对债权人利益进行衡量。

（二）破产语境下的出资加速到期请求权

破产语境下出资加速到期的理论基础在于"公司破产或者强制清算后将终止存在，不可能再根据原定期限请求股东履行，因此，如果公司不能要求股东提前缴付出资，则股东将逃避履行对公司的出资义务，并进而损害公司债权人和其他股东的正当利益"。[①]我国《合伙企业法》第九十二条第一款规定："合伙企业不能清偿到期债务的，债权人可以依法向人民法院提出破产清算申请，也可以要求普通合伙人清偿。"由此可见，合伙企业层面，法律也应当禁止有限合伙人逃避对合伙企业的出资义务，避免出现合伙企业的有限合伙人认缴出资期限超过合伙企业存续期限的不合理情况。《九民纪要》第六条规定的股东出资加速到期的第一种情形就是公司作为被执行人的情形，即人民法院穷尽执行措施无财产可供执行，或该公司已具备破产原因不申请破产的，比照《中华人民共和国企业破产法》（以下简称《企业破产法》）的规定使股东出资加速到期。立足于有限合伙企业，当合伙企业已经

---

① 最高人民法院民事审判第二庭编著：《〈全国法院民商事审判工作会议纪要〉理解与适用》，人民法院出版社 2019 年版，第 124 页。

进入强制执行程序,穷尽执行措施无财产可供执行的情况下,赋予债权人请求有限合伙人出资加速到期的权利即符合上述理论基础。

(三) 现有法律框架下,债权人可基于代位权和撤销权行权

"债权人撤销权和代位权一样,都是债权的法定权能,都属于债权保全的方法,且必须附随于债权而存在。债权人代位权与撤销权作为债权保全的方法,也都是债权产生对第三人的效力"[1]。所谓债权人的代位权,指当债务人怠于行使其对相对人享有的权利而影响债权人到期债权的实现时,债权人为保全和实现自己的债权,以自己名义向人民法院请求相对人将其对债务人的义务向债权人履行的权利。关于有限合伙人违反出资义务,债权人可否直接在审判程序中向有限合伙人主张权利而非到执行程序中进行追加,目前尚属立法空白。根据《合伙企业法》第六十五条的规定,有限合伙人应向合伙企业按期足额缴纳出资,合伙企业对到期未出履行出资义务的有限合伙人享有出资请求权,应积极行使自身权利。如果合伙企业怠于行使自身权利,未及时督促有限合伙人缴纳出资,则将影响到合伙企业的资本充实和对外偿债能力。此时,当合伙企业不能清偿自身债务时,债权人即可以基于债权人的代位权要求未按期缴纳出资的有限合伙人在未出资范围内承担责任。

债权人撤销权的主要目的是"防止债务人责任财产的不当减少,通过行使撤销权的方式保全债权"[2]。也就是说,"在债务人的行为可能导致其责任财产减少并影响债权人债权的实现时,赋予债权人撤销权,可以有效防止债务人责任财产的不当减少"[3]。债权人基于合伙企业公示信息对有限合伙人的出资期限享有期待利益,当合伙企业对外负债后,如果通

---

[1]　参见[日]我妻荣:《新订债权总论》,王燚译,中国法制出版社 2008 年版,第 141 页。

[2]　王利明:《债权人代位权与撤销权同时行使之质疑》,载《法学评论》2019 年第 2 期。

[3]　参见孙森焱:《民法债编总论》(下册),法律出版社 2006 年版,第 508 页。

过合伙决议延长有限合伙人的出资期限影响债权人利益实现的,对于该延长的出资期限,债权人可以基于撤销权申请撤销,即请求有限合伙人按照原来约定的出资期限履行出资义务。

三、有限合伙人出资责任的类推适用

类推适用作为一种法律适用的法学方法,立足于相同事务应作相同处理的原则。如果事项 A 与事项 B 在法律特征及价值判断上具有相似性,则可类推适用事项 B 的处理方法。笔者认为,有限合伙人出资责任类推适用股东出资责任具有一定的理论基础和现实需要,具有合理性和可行性。

(一) 出资义务和偿债机理具有一致性

有限合伙人以其认缴的出资额为限对合伙企业的债务承担责任,该特征作为与股东有限责任最为紧密的连接点,是探讨有限合伙人出资责任可否类推适用股东责任的起点。关于出资义务,《合伙企业法》第六十五条规定:"有限合伙人应当按照合伙协议的约定按期足额缴纳出资;未按期足额缴纳的,应当承担补缴义务,并对其他合伙人承担违约责任。"而《公司法》第四十九条第三款规定:"股东未按期足额缴纳出资的,除应当向公司足额缴纳外,还应当对给公司造成的损失承担赔偿责任。"关于对外偿债,《合伙企业法》第二条第三款规定:"有限合伙企业由普通合伙人和有限合伙人组成,普通合伙人对合伙企业债务承担无限连带责任,有限合伙人以其认缴的出资额为限对合伙企业债务承担责任。"而《公司法》第四条第一款规定:"有限责任公司的股东以其认缴的出资额为限对公司承担责任;股份有限公司的股东以其认购的股份为限对公司承担责任。"由此可见,有限合伙人与股东在按期缴纳出资、履行补缴义务、承担违约责任、对外责任的承担方式和范围等方面具有高度一致性,具备可类推适用

股东责任的前提条件。

（二）填补法律漏洞满足司法审判

《合伙企业法》最早于 1997 年颁布，2006 年修订后至今未再修订，而合伙企业作为活跃的组织体，在经营活动中产生的债权债务关系纷繁复杂。随着《公司法》及相关司法解释等关于股东出资责任的规定逐渐清晰明确，越来越多的债权人在合伙企业不能清偿债务时，将视角延伸至有限合伙人，但是关于有限合伙人如何对外承担责任，目前尚欠缺具体的法律规范，此时，就需要借助类推适用的法律适用方法填补法律漏洞，解决现实问题。最高人民法院在审判案件中指出："在法律适用中，不同性质的法律漏洞，主要通过类推适用、目的论限缩等不同方法加以填补。"①基于"裁判者不得拒绝裁判"的原则，必须对类似的法律漏洞进行处理，《公司法》及相关司法解释等对股东出资义务对外承担责任的问题进行了明确，有限合伙人与股东具有高度一致性，不仅可以通过类推适用的方式解决法律漏洞，还可实现相似情形予以相同处理的裁判规则。

四、有限合伙人出资责任的司法认定

（一）有限合伙人违反出资义务的责任承担

有限合伙人的出资义务指有限合伙人按期足额缴纳其所认缴的出资额的义务，根据行为方式的不同，有限合伙人违反出资义务的行为表现为未履行或者未全面履行出资义务。司法实践中最为常见的情形是当债权人主张债权时，有限合伙人的出资期限已经届满，但是尚未向合伙企业缴纳出资或者缴纳金额不足。此时，可类推适用股东违反出资义务的对外

---

① 参见最高人民法院(2017)最高法民再 287 号民事判决书。

责任承担规则①,债权人可以主张该有限合伙人在未出资本息范围内对合伙企业债务不能清偿的部分承担补充赔偿责任。

(二) 有限合伙人的出资加速到期

1. 有限合伙人依法享有出资期限利益

法谚云:"未到期之债务等于无债务。"②需明晰,当合伙企业不能清偿到期债务,而有限合伙人出资期限尚未届至时,有限合伙人应否对合伙企业的债务承担责任。纵观近几年的司法案例,目前司法裁判中的主流观点认为:在资本认缴制下,有限合伙人的出资义务是按照合伙协议的约定按期足额缴纳出资,有限合伙人对于其出资的期限利益,并不因为合伙企业对外负债而消灭。笔者亦同意该种观点,即有限合伙人依法享有期限利益,可以按照合伙协议的约定在不违反法律规定的情况下按照自身意愿分期缴纳出资。当有限合伙人的出资期限未至,债权人不得对其直接主张权利,除非存在特殊情况。

2. 有限合伙人出资加速到期的判断标准

《九民纪要》第六条规定的两种情形可同样适用于有限合伙人,落实到有限合伙企业,则可分两种情形。情形一为合伙企业作为被执行人的案件,人民法院穷尽执行措施无财产可供执行,已资不抵债或者明显缺乏清偿能力的;情形二为在合伙企业债务产生后,合伙企业决议或以其他方式延长出资期限的。

(1) 情形一

从理论层面分析,法院不能仅依据裁定终结本次执行程序即推定合伙企业已资不抵债或者明显缺乏清偿能力,还要结合其他因素作出进一

---

① 参见《最高人民法院关于适用〈中华人民共和国公司法〉若干问题的规定(三)》第十三条。

② 参见梅仲协:《民法要义》,中国政法大学出版社 2004 年版,第 307 页。

步判断。此时,主要可参考借鉴《企业破产法》及其司法解释的相关规定。当满足不能清偿到期债务、资产不足以清偿全部债务或者明显缺乏清偿能力时,即可认定出资加速到期。其中,"不能清偿到期债务"需同时满足三个条件,一是债权债务关系依法成立,二是债务履行期限已经届满,三是债务人未完全清偿债务。"资产不足以清偿全部债务"的认定因素是债务人的资产负债表或者审计报告、资产评估报告等显示其全部资产不足以偿付全部负债,除非有相反证据。"明显缺乏清偿能力"具备下列五个情形之一即可:一是因资金严重不足或财产不能变现等原因,无法清偿债务;二是执行事务合伙人下落不明且无其他人员负责管理财产,无法清偿债务;三是经人民法院强制执行,无法清偿债务;四是长期亏损且经营扭亏困难,无法清偿债务;五是导致债务人丧失清偿能力的其他情形。实践中,除了结合上述情形之外,还往往会对合伙企业是否仍在正常经营、名下有无财产、被告能否举证证明合伙企业尚有清偿能力、合伙企业的资产负债信息是否能够确定等因素综合评判。

(2) 情形二

其一,在认定债务产生的时间上,需要区分债务的发生时间与债务的履行时间之间的关系。债务发生往往在前,当事人之间因债务履行发生纠纷诉至法院或者仲裁机构,法院或者仲裁机构作出的生效法律文书确定的时间为履行时间,应该以债务的发生时间作为时间节点来判断延长出资期限的前后。实践中,往往出现当事人因债务履行发生纠纷,准备或者已经诉至法院,债务人一方通过决议形式延长出资期限以逃避债务履行的情形,此时应为法律所禁止。其二,在延长期限的认定上,如果决议延长的期限在案件审理过程中也已经届满,则应该按照有限合伙人到期未履行出资义务即违反出资义务进行审查和裁判;如果决议延长的期限尚未到期,则按照是否符合加速到期的情形进行认定。

20. G公司诉H区消防救援支队、 H区人民政府罚款及行政复议案*

——物业管理单位对服务区域内公共消防设施的管理责任

【案例要旨】

物业管理单位专司包括公共消防设施在内的公共部位的管理、维护，系其服务区域内公共消防安全的第一责任人，其应当根据相关法律法规的规定及物业服务合同的约定，切实承担消防安全责任，并且依法采取必要的隐患消除措施。物业管理单位对其服务区域内公共消防设施设备尽必要的管理义务，该义务不因公共消防设施由他人损坏而免除。

【相关法条】

《中华人民共和国消防法》

第六十条　单位违反本法规定，有下列行为之一的，责令改正，处五千元以上五万元以下罚款：

（一）消防设施、器材或者消防安全标志的配置、设置不符合国家标准、行业标准，或者未保持完好有效的；

（二）损坏、挪用或者擅自拆除、停用消防设施、器材的；

（三）占用、堵塞、封闭疏散通道、安全出口或者有其他妨碍安全疏散行为的；

---

* 编写人系上海市第一中级人民法院宁博、刘天翔。

（四）埋压、圈占、遮挡消火栓或者占用防火间距的；

（五）占用、堵塞、封闭消防车通道,妨碍消防车通行的；

（六）人员密集场所在门窗上设置影响逃生和灭火救援的障碍物的；

（七）对火灾隐患经消防救援机构通知后不及时采取措施消除的。

个人有前款第二项、第三项、第四项、第五项行为之一的,处警告或者五百元以下罚款。

有本条第一款第三项、第四项、第五项、第六项行为,经责令改正拒不改正的,强制执行,所需费用由违法行为人承担。

第六十七条　机关、团体、企业、事业等单位违反本法第十六条、第十七条、第十八条、第二十一条第二款规定的,责令限期改正;逾期不改正的,对其直接负责的主管人员和其他直接责任人员依法给予处分或者给予警告处罚。

《上海市住宅物业管理规定》

第七十三条　发生危及房屋安全等紧急情况时,物业服务企业或者自行管理执行机构应当立即采取应急防范措施。

发生下列情况,需要对住宅共用部位、共用设施设备进行维修、更新的,物业服务企业或者自行管理执行机构应当及时制定维修、更新方案：

（一）水泵、水箱(池)故障,影响正常使用的；

（二）电梯故障,电梯专业检测机构出具整改通知书要求停运的；

（三）火灾自动报警系统、自动喷淋系统、消火栓系统损坏,消防部门出具整改通知书的；

（四）外墙墙面、建筑附属构件有脱落危险,经有资质的鉴定机构出具证明的；

（五）屋顶或外墙渗漏等情况,严重影响房屋使用,经有资质的鉴定机构出具证明的。

前款规定的维修、更新事项不属于工程质量保证范围,需要使用专项

维修资金的,按照下列规定办理:

(一)业主大会成立前,物业服务企业应当持有关材料,报房管机构审核同意后组织实施。维修、更新费用经具有相应资质的中介机构审价后,报区房屋行政管理部门在专项维修资金中直接列支;

(二)业主大会成立后,物业服务企业或者自行管理执行机构应当持有关材料向业主委员会和物业所在地房管机构报告,并向业主委员会提出列支专项维修资金的申请,经业主委员会审核同意后组织实施。维修、更新费用经具有相应资质的中介机构审价后,在专项维修资金中列支。业主委员会对维修、更新方案未在七日内审核同意,且已出现影响房屋正常使用或者居民人身财产安全情形的,区房屋行政管理部门可以组织代为维修。维修费用经具有相应资质的中介机构审价后,凭审价报告和区房屋行政管理部门出具的支取通知,在专项维修资金中列支。

【案件索引】

一审:上海市第一中级人民法院(2022)沪 01 行初 48 号(2022 年 11 月 30 日)。

二审:上海市高级人民法院(2023)沪行终 32 号(2023 年 5 月 15 日)。

【基本案情】

G 公司诉称:Z 大楼消防系统的问题源自设备老化及他人破坏,其作为物业管理单位,已经尽到了必要的义务,相关责任不应由 G 公司承担,被诉处罚决定认定事实不清。处罚决定作出之时,尚在 H 区消防救援支队指定的整改期限内,根据《中华人民共和国消防法》(以下简称《消防法》)第六十七条之规定,只有逾期不改正的,才可以对责任人作出处罚,因此,被诉处罚决定的作出存在法律适用错误,程序亦属违法。据此,G 公司请求法院判决撤销被诉处罚决定及被诉复议决定。

H 区消防救援支队辩称:G 公司作为 Z 大楼的物业管理单位,根据法律规定及大楼物业服务合同的约定,具有保障大楼建筑消防设施完好的义务。但中城大楼包括火灾自动报警系统在内的消防设施长期存在诸多故障,其中火灾自动报警系统的问题在 2019 年之前即存在,楼内诸多业主也一直投诉,该支队也多次责令 G 公司立即整改,并进行过协调,但 G 公司始终未予解决,显然未尽到前述义务,并使大楼长期处于重大的火灾隐患之下,其行为违反了《消防法》的规定。H 区消防救援支队据此对 G 公司作出被诉处罚决定,职权依据充分,认定事实清楚,适用法律正确,执法程序合法,量罚亦属适当。故 H 区消防救援支队请求判决驳回 G 公司的诉讼请求。

H 区政府辩称:其作为 H 区消防救援支队所属本级人民政府,有权受理并审理 G 公司针对被诉处罚决定提出的行政复议申请。受理申请后,H 区政府经依法审查,认为被诉处罚决定符合法律规定,进而于法定延长期限内作出并向各方送达被诉复议决定,程序符合法律规定,故请求法院判决驳回 G 公司的诉讼请求。

法院经审理查明:G 公司(乙方)于 2011 年 4 月 17 日与 Z 大楼业主委员会(甲方)签订物业服务合同,约定甲方将 Z 大楼委托于乙方实行物业管理,委托管理服务事项中包括对共用的楼内消防设施设备进行维修、养护、运行和管理。此后,G 公司一直作为 Z 大楼的物业管理单位。

2021 年 6 月 25 日,H 区消防救援支队至 Z 大楼进行消防监督检查,发现该大楼的火灾自动报警系统不能正常运行,排烟风机、消防水泵不能正常联动控制,末端放水无法正常启动消防水泵,违反了《消防法》第十六条第一款第二项规定。H 区消防救援支队于同日责令 G 公司采取措施,确保消防安全。2021 年 7 月 26 日,H 区消防救援支队复查时发现 Z 大楼火灾自动报警系统仍处于故障状态,且相关消防设备仍无法联动启动,遂于同日再次责令 G 公司立即采取措施以确保消防安全。2021 年 7 月 28 日,H 区消防救援支队针对 G 公司的上述问题进行立案调查。调查过程中,G 公司表示相关故障系大楼 1—3 楼租户于 2019 年 8 月开始的装修所致,其此后曾多次向业主及 H 区消防救援支队等主管部门反映,但未获有效解决。然而,相关业主对此予以否认,其他部分楼面业主亦表示大楼的消防报警系统、水泵等在 2019 年之前即已经处于故障状态,且 G 公司作为物业管理单位始终疏于维修。H 区消防救援支队于 2017 年 9 月至 2019 年 4 月期间曾多次接到投诉,反映 Z 大楼火灾自动报警系统、消防水泵及排烟设备存在故障。2018 年该支队检查时也曾发现类似问题并对 G 公司作出整改通知。

2021 年 9 月 24 日,H 区消防救援支队对 G 公司作出行政处罚决定,对 G 公司处以罚款人民币 2 万元的处罚。G 公司不服,向 H 区政府申请行政复议。H 区政府经审理后,于 2021 年 12 月 28 日作出行政复议决定,维持 H 区消防救援支队作出的被诉处罚决定。

【裁判结果】

上海市第一中级人民法院于 2022 年 11 月 30 日作出(2022)沪 01 行初 48 号行政判决,判决驳回 G 公司的全部诉讼请求。宣判后,G 公司提起上诉。上海市高级人民法院于 2023 年 5 月 15 日作出(2023)沪行终 32 号行政判决,驳回上诉,维持原判。

【裁判理由】

生效裁判认为:H 区消防救援支队具有作出本案被诉处罚决定的职权。根据《消防法》第十六条第一款第(二)项之规定,机关、团体、企业、事业单位等应当履行按照国家标准、行业标准配置消防设施、器材,设置消防安全标志,并定期组织检验、维修,确保完好有效的消防安全职责。违反上述规定,未保持消防设施、器材或者消防安全标志完好有效的,应当根据《消防法》第六十条第一款第(一)项之规定,责令改正,处五千元以上、五万元以下罚款。《机关、团体、企业、事业单位消防安全管理规定》(公安部令第 61 号)第十条第二款明确规定,居民住宅区以外的物业管理单位应当对受委托管理范围内的公共消防安全管理工作负责。本案中,

G 公司是 Z 大楼物业管理单位,根据物业服务合同的约定,其对共用的楼内消防设施设备负有维修、养护、运行等管理义务,系大楼公共消防安全的第一责任人,但其未履行好上述义务,致使该大楼的火灾自动报警系统始终处于故障状态,相关消防设备无法联动启动。根据上述法律规定,G 公司除应当对此予以改正外,还应受到相应的行政处罚。H 区消防救援支队根据调查获取的证据,对 G 公司处以罚款 2 万元的行政处罚,认定事实清楚,适用法律正确,执法程序合法,量罚亦无明显不当。H 区政府受理 G 公司的行政复议申请后,经依法审查,最终作出维持被诉处罚决定的复议决定,亦无不当之处。

【案例注解】

当前,无论是住宅物业还是非住宅物业,业主聘请专业的物业管理单位专门负责对公共部位进行管理已成为非常普遍的模式。该种管理模式相较业主自行管理,在专业和效率方面无疑具有非常大的优势,但因所有人与管理人分离,责任划分容易出现灰色地带,这一点在类似本案 Z 大楼这样使用主体复杂、用途多样的非住宅物业中,体现得更为明显。这一问题对于消防安全也会产生严重不良影响,尤其会导致对公共消防设施的管理责任不明,使消防设施得不到及时和有效维护,从而埋下火灾隐患。因此,明确物业管理单位对公共部位消防设施的管理责任,并严格监管,对于防止火灾事故的发生,以及保护人民群众和公私财产安全具有重要意义。

一、物业管理单位承担消防安全责任的法律依据

《消防法》第十六条规定了机关、团体、企业、事业等单位作为消防安全职责主体,应当履行的消防安全职责,包括:(一)落实消防安全责任制,制定本单位的消防安全制度、消防安全操作规程,制定灭火和应急疏散预案;(二)按照国家标准、行业标准配置消防设施、器材,设置消防安全标志,并定期组织检验、维修,确保完好有效;(三)对建筑消防设施每年至少进行一次全面检测,确保完好有效,检测记录应当完整准确,存档备查;(四)保障疏散通道、安全出口、消防车通道畅通,保证防火防烟分区、防火间距符合消防技术标准;(五)组织防火检查,及时消除火灾隐患;(六)组织进行有针对性的消防演练;(七)法律、法规规定的其他消防安全职责。

上述规定是对建筑物所有者或使用者消防安全职责的原则性规定,由于建筑物的所有者或使用者情况有时较为复杂,《消防法》第十八条对此作出进一步规定,即同一建筑物由两个以上单位管理或者使用的,应当明确各方的消防安全责任,并确定责任人对共用的疏散通道、安全出口、建筑消防设施和消防车通道进行统一管理。住宅区的物业服务企业应当对管理区域内的共用消防设施进行维护管理,提供消防安全防范服务。由此,物业管理单位被《消防法》纳入规制范围,成为法律规定的消防安全责任主体。

在《消防法》规定的基础上,公安部制定了《机关、团体、企业、事业单位消防安全管理规定》(以下简称《消防安全管理规定》),对物业管理单位的消防安全职责作进一步规定。其第十条第一款规定,居民住宅区的物业管理单位应当在管理范围内履行下列消防安全职责:(一)制定消防安全制度,落实消防安全责任,开展消防安全宣传教育;(二)开展防火检查,消除火灾隐患;(三)保障疏散通道、安全出口、消防车通道畅通;(四)保障公共消防设施、器材以及消防安全标志完好有效。该条第二款规定,其他物业管理单位应当对受委托管理范围内的公共消防安全管理工作负责。该条规定明确了物业管理单位的消防安全职责,并且将住宅区以外的物业管理单位也纳入了规制范围。虽然住宅区以外的物业管理单位的消防安全职责未明确规定于《消防法》中,但基于物业管理性质的相似性,以及消防安全管理的现实需要,该扩张性规定并不违背《消防法》的精神,应当作为有效规定予以适用。只是在适用时，应当注意物业服务合同对于委托管理内容的约定，以明确物业管理单位的具体职责范围。

二、物业管理单位对服务区域内公共消防设施管理责任的界分

（一）法定义务

《消防法》《消防安全管理规定》针对消防责任主体对消防设施的管理义务作出了原则性规定，归纳起来主要包括按照标准设置相应设施、定期检测维护、及时维修以确保完好有效等，上述规定在相当程度上也可适用于物业管理单位在其服务区域内对公共消防设施的管理。

在上述原则性规定的基础上，地方规定对于物业管理单位的公共消防设施管理内容往往会作出更为细化的规定。以《上海市建筑消防设施管理规定》（需要说明的是，该规定自 2022 年 3 月 1 日起施行，2011 年 12 月 28 日上海市人民政府令第 80 号公布的《上海市建筑消防设施管理规定》同时废止。就本文所涉案例而言，对事发时 G 公司义务的认定主要应当参照 2011 年《上海市建筑消防设施管理规定》的规定，但 2022 年规定在消防设施管理义务的内容框架上，总体上与 2011 年规定相差不大，细节上则有所丰富和调整。出于更好说明问题的考虑，本文援引 2022 年规定的内容）的规定为例，在巡查方面，该规定要求管理单位应当根据工作、生产、经营特点，建立建筑消防设施巡查制度，确定巡查的部位、频次和内容。巡查人员在巡查时，应当确认建筑消防设施的外观及运行状态是否正常，标志、标识是否清晰、无缺损，并应当做好巡查记录。巡查人员发现建筑消防设施被损坏、挪用、埋压、圈占、遮挡、擅自拆除或者停用等情形的，应当立即修复或者排除隐患；无法当场处置的，应当立即报告管理单位，管理单位应当按照有关规定及时处置。

在检测方面，规定要求管理单位对建筑消防设施应当每年至少检测

一次。火灾自动报警系统、固定灭火系统和防烟排烟系统等技术性能较高的建筑消防设施应当由符合国家规定条件的单位进行检测,并形成书面结论文件。在维护保养方面,管理单位应当自行或者委托消防技术服务机构,按照国家标准、行业标准对建筑消防设施进行维护保养,确保建筑消防设施完好、有效。管理单位自行对建筑消防设施进行维护保养的,应当配备建筑消防设施维护保养设备,由注册消防工程师和具备相应消防职业资格的人员实施维护保养,并每年形成一份书面结论文件。管理单位委托消防技术服务机构对建筑消防设施进行维护保养的,应当签订消防技术服务合同,明确维护保养责任期限和责任范围。消防技术服务机构接受委托开展建筑消防设施维护保养的,应当至少每半年形成一份书面结论文件。发现建筑消防设施存在问题和故障的,管理单位应当立即组织修复;无法立即修复的,应当及时采取有效措施确保安全。因维修需要停用建筑消防设施的,管理单位应当按照规定采取应急防范措施,并在建筑入口处等显著位置张贴公告。

上述规定虽然仅是上海市的地方政府规章,各地的具体规定可能有所差别,但该规定中关于管理单位消防设施管理责任的规定内容却很有代表性。不损坏公共消防设施是所有主体应尽的消极义务,但对管理主体而言,积极管理义务才是根本。上述细化规定对责任主体积极作为义务的规定更为清晰,并且有相应的程度要求,更具可操作性,这些要求及措施可以说是对长期以来消防工作经验的总结,也符合上位法的精神,因此,有相当的参考意义。就上海市地方执法而言,上述规定可以作为消防管理机关判断物业管理单位是否尽到管理责任的依据,也可为人民法院审理案件时参照适用。

(二) 物业服务合同的约定

法律规定明确了物业管理单位消防安全责任主体的地位,也设定了管理义务的范围,但落实到实践中,还需要业主或使用人与物业管理单位进一步明确管理责任才能具体实现,否则法律的原则性规定仍可能因存在模糊空间,进而导致推诿、扯皮。因此,物业服务合同的明确约定非常重要。

物业服务合同中对物业管理单位公共消防设施管理责任的约定应当重点明确以下几个方面:

一是空间范围。此处的空间范围与物业管理单位的服务区域存在一定差别,后者主要指物业管理单位提供服务的物业整体所在区域,例如某个住宅小区、某座商业中心等,其范围大于我们这里所说的空间范围。此处的空间范围指在服务区域内,具体应当由物业管理单位管理的空间,例如公共大厅、走廊等业主区分所有权之外的空间。物业服务合同对相应管理部位的约定应当尽可能具体明确。在发生争议的情况下,应当基于诚信原则,从有利于实现合同目的的角度出发,对相应空间是否属于物业管理单位管理区域进行判断。

二是公共消防设施清单。约定由物业管理单位管理的空间范围内相应的公共消防设施,原则上应当由物业管理单位进行管理。此外,由于功能或设计等方面的原因,一些消防设施,其组成部分可能在物业管理单位管理的空间范围之外,却发挥公共消防设施的作用,从更好维护的角度而言,也宜由物业管理单位进行统一管理,此种情况下,物业管理单位的管理责任可能会延伸至其管理的空间范围之外。因此,物业管理合同中还应当对由物业管理单位管理的公共消防设施进行清单化明确,并对日后更新设施的管理责任预先作出安排。

三是具体管理行为。前述法律规定对于物业管理单位对公共消防设施的管理义务,在相当程度上予以了明确,物业服务合同可以在此基础上进行进一步细化,或作出标准更高的约定。同时可明确约定业主或使用人在物业管理单位管理公共消防设施时的配合或出资等义务,从而使公共消防设施的管理责任更加明确,更具可操作性。

上述约定虽然是业主与物业管理单位基于意思自治,对公共消防设施管理作出的约定,但消防管理法律规定及标准多有强制性,因此,相关约定不得违反强制性规定,不得降低标准要求。在此基础上形成的物业服务合同相关条款,也是消防行政执法、人民法院审理相关案件的重要依据。

(三)设施被他人损坏是否免除消防责任

前述内容主要是正面分析物业管理单位对其服务区域内公共消防设施的管理责任,目的在于区分正常情况下,物业管理单位的责任边界。实践中,还可能发生公共消防设施被他人损坏的情况,在这种情况下,物业管理单位往往以消防设施被他人损坏为由,主张免除自身的消防管理责任,特别是维修责任。

对此,我们认为,从前述对法律规定的分析看,物业管理单位对公共消防设施的维修义务,并未单纯限定在设施非人为损坏的情形下。而从消防安全的特殊性分析,由于火灾事故的发生具有不可预测性,因此,及时发现和消除隐患,成为消防管理责任制度设计的核心考虑因素。物业管理单位对公共消防设施日常实施集中管理,且对设施情况更为了解,应对能力也更为专业,因此,自然成为第一责任人的"不二人选"。物业管理单位对于其管理的公共部位消防设施应当承担定时巡查、按时检测、妥善保养和及时维修等义务。在他人损坏公共部位消防设施的情况下,虽然最终的责任应当由损害方承担,损害方也可能会因其损坏行为受到相应处罚,但隐患既然出现,危险就始终存在,事故也不会等待最终责任确定后才发生,事故后果往往也不仅归咎于损害方,因此,作为第一责任人,物业管理单位的及时发现、及时消除隐患义务此时非但不能免除,反而显得更为重要。

当然,法律不会强人所难,物业管理单位对于公共消防设施的维修能力,特别是对火灾自动报警系统等技术含量较高的设施的维修能力毕竟有限,因此,其维修义务并不意味着全部维修工作都要由其自行完成,但在发现设施故障后,及时采取避险措施,对接专业消防设施维修机构,形成维修方案,并组织实施,则是物业管理单位应当能够承担的义务。

回到本案例,对照上述关于物业管理单位公共消防设施管理责任的分析,G 公司作为 Z 大楼物业管理单位,明显存在对其服务区域内的公共消防设施长期疏于管理的情况,其日常并未尽到法律规定及物业服务合同约定的管理责任。在消防管理部门发现 Z 大楼火灾自动报警系统处于故障状态,且相关消防设备无法联动启动后,G 公司又主张系大楼 1—3楼租户违规装修所致,其在此期间已多次向相关管理部门反映,因而不应为此承担责任。姑且不论相关故障在装修前即已存在,其上述主张本身就缺乏事实根据,即使现有故障确由三楼租户装修引起,G 公司在知晓消防设施存在故障后至消防部门启动调查乃至被诉处罚决定作出前的较长时间里,始终未曾自行维修,或采取制定并组织实施维修更新方案等有实际意义的消除隐患工作,放任大楼火灾自动报警系统及联动设备的故障问题长期存在,这种以"反映"代替"反应"的口惠而实不至,显然也不能认定其尽到了对公共区域的消防安全管理责任,其自然不能免责,H 区消防救援支队适用《消防法》第六十条第一款第(一)项之规定对 G 公司处以罚款,并无不当。同时,G 公司仍应当对存在的问题进行及时整改。

三、余论

公共消防设施的管理虽然容易出现边界不清的问题,但通过对制度的准确适用,以及尽可能明确协议约定,这一问题总体上能够得到有效解决,相关处理方式一定程度上也可推广至公共消防设施以外的消防安全管理事务中。但制度及约定方面的齐备,似乎并没有最大限度杜绝火灾事故的发生。通过梳理诸多火灾事故的原因,可以发现,其实更深层次的问题在意识层面,很多事故的发生并不是因为制度有缺失或设施不具备,而是人们并不重视日常的消防安全。不重视,也就不会真正落实,管理者觉得建章立制是用来应付检查的,只要设施齐备,巡查、维护差一点没问题,发生故障维修晚一点也不会有什么大事;业主或使用人对消防隐患也缺乏敏感性,随便占用公共通道,将私家车停在消防通道,在楼道内给助动车飞线充电,违章接入燃气,等等,都是广泛存在的现象,大家对此习以为常。但司空见惯不等于高枕无忧,不出事也不等于不会出事。不发生事故时,大家不以为意,一旦火灾发生,后果往往不堪设想,新闻中看到的事故伤亡,不仅仅是数字,其背后更是一个个鲜活的生命,以及因生命逝去而破碎的家庭。所以,树立正确的消防安全意识,让消防安全真正得到每一个人的重视,才是做好消防安全管理的前提,这不仅是对法律的遵守、对合同的履行,更是对生命的敬畏。

改革探索

1. 大兴调查研究背景下
法院调研成果的可视化优化展示[*]

日前,中共中央办公厅印发《关于在全党大兴调查研究的工作方案》,强调全面加强调查研究。2023 年 7 月 26 日,最高人民法院党组着手研究部署案例统筹管理和人民法院案例库建设工作[①],加强调研成果智识管理。法院调研工作是司法审判实践和法院信息化建设工作的重要延伸,伴随着社会经济高质量发展,各种新领域新类型的疑难复杂案件层出不穷,迫切需要通过调查研究找到破解难题的方法和路径。但客观来看,目前各级人民法院在处理海量调研数据时"一筹莫展",调研信息更新滞后、采集不完整,以及数据利用率低等问题初露端倪,调研成果展示、分析、共享的数据平台尚不健全,优秀调研成果对调研人员的正向激励作用未得到发挥,法院调研难出成绩。切实提升法院调研质效,激发干警内生调研动力,亟须建立、优化可视化的调研成果展示平台。

一、实证检视:人民法院调研信息管理的现状与困境

(一)案例展开:调研信息管理的现状及问题

在实践中,不同法院对调研成果的内容完成要求、调研成果是否纳入

---

[*] 编写人系上海市高级人民法院(原任职于上海市第一中级人民法院)庞闻淙、上海市第一中级人民法院陈硕。

[①] 参见《启动建设人民法院案例库》,载微信公众号"最高人民法院"2023 年 7 月 26 日刊文。

考评体系、调研成果如何统计和展示采取的做法不尽相同。经调研,笔者整理了不同法院在调研成果统计、展示、分析中存在的共性问题,并通过以下几个案例展开讨论。

1. 案例一:调研成果统计口径不一致,调研数据利用率不高

C市某中级人民法院于审判团队负责人考评、审判业务骨干选拔、法官助理入额遴选资质审查时,针对调研情况列举了不同的名目范围进行汇总统计,并分别设计了不同的计分权重及加分计算体系,调研管理部门每次统计均需重新向庭室收集数据进行梳理,加重了工作负担。管理部门难以在收集调研成果信息前归纳应收集的、共性的调研基础信息,导致重复收集,数据利用率不高。

2. 案例二:调研成果统计智能化不足

Z省高级人民法院尚未架构起调研平台,干警通过组会形式汇报案例,每季度按照团队通报完成的调研成果数量,在内网公布季度内各庭室的调研成果名称、数量。该法院调研信息收集工作大量依靠人力劳动,对调研的统计、分析结果以定量分析为主,往往仅得到僵化的数据统计指标数值。

3. 案例三:调研成果分析欠缺深度挖掘

S市金融法院的调研内容采取摊派做法,即研究室将案例、课题、论文指标等分派到业务庭室,庭室再分派至审判团队或干警个人,完成指标则不影响庭室当季度考核,研究室定期通过调研通报方式发布调研完成情况报表。该法院较为片面地追求调研"走量",各庭室的调研成果指标完成率较高,但完成质量普遍较低。法院内网对于优秀调研项目成果的展示较少,该法院干警对如何参与调研、参与何种调研、调研成果应完善到何种程度的了解均较为匮乏,调研信息的需求者难以从既有的调研成果文本中提炼有价值的研究线索来指导自身的调研实践,成果借鉴作用不足。人员对调研数据的认知仅停留在数据统计层面,认为调研数量和

指标完成情况即可涵盖司法大数据的边界,较少关注调研数据深层次的学术、实务应用价值,调研成果的调研价值尚未被充分挖掘。

4. 案例四:调研成果可视化展示水平较低

S市P区基层人民法院已经初步搭建起调研成果信息平台,干警可以输入并查看个人调研成果,调研成果的文本内容以平台内"已上传列表"的方式向全院公开。出于保密和保护数据隐私的考量,干警往往在年末清算调研分数时才集中填写调研成果内容,故该系统发挥的实质作用仅为管理部门年末时的数据统计、绩效评分作用。由于页面展示内容较为简单,不同调研成果之间的交互、关联较少,信息需求者在获取调研信息时,只能"割裂"地单独点开作者的某一项调研成果内容,而无法了解调研成果的产出背景,也难以系统性地对某类调研成果进行集中学习。院、庭室领导等信息决策者仅能了解到系统内上传了××篇成果内容,欠缺对调研整体情况的了解把握。

(二) 原因剖析:调研信息管理混乱的底层逻辑

1. 理念失衡:调研管理在法院工作中重视较少

宏观来看,基于地方法院间竞争的底层逻辑,各省市高院往往热衷于在容易量化、效果易见、管理便捷的审判质效上投入精力[1],而不愿意将工作重心放在于案件审判进程中展开调研分析,深入挖掘调研中存在的问题,总结审判延伸经验。"研""审"结合较为薄弱的原因在于调研工作获得的成果数据相对于审判质效数据本身而言,更不容易被量化识别,即使投入更多精力和资源,产生一定效果,也难以被认为是突出的工作业绩。举例而言,各地法院工作报告中均对审判质效予以高度关注,并将其作为重要实绩和工作亮点进行展示,却对调研质效鲜少提及。分析各高

---

[1] 高翔:《中国地方法院竞争的实践与逻辑》,载《法制与社会发展》2015年第1期。

院2023年法院工作报告关于过去五年工作中调查研究质效的表述,可以发现多数法院均通过"发布××案例""入选××案例数量""在学术论文、案例分析等评比中保持全国领先"等修辞来描述调研成绩,缺少对调研状况的定性评价。

2. 依据缺失:实证调研缺乏制度指引

当前,部分法院已尝试就调研平台建立初步的框架雏形,但总体上看,多数法院仍没有就调研成果管理制定专门的规范,或是制定了规定但相关规定内容太过笼统。针对调研成果统计、展示、评价、分析相关的制度、流程、办法尚未建立,相关规定在制度细密性、完备性上存在缺憾,导致调研作者在调研成果的创作过程中因缺乏制度指引而无所适从。

3. 衔接不畅:数据需求与供给异位

微观上看,对于调研成果的展示应追求全面把控与精细监控并行,对于调研成果的信息录入应尽量做到全面且准确。当前部分法院已搭建的调研平台信息采集点不足,采集的调研成果门类划分不够科学,导致调研作者发现自己的调研成果无法被准确划入任何一项调研门类,对自己的调研内容"无从填起";由于统计数据的方式较为驳杂,数据使用者对于已统计的数据"无从用起"。由于数据的需求方与数据的提供方对调研成果数据的理解等存在差异,对于调研信息采集点未达成一致,往往造成"成果需要反复统计,统计的调研情况不符合预期,信息统计结果不理想"的实际后果,整体上看,成果统计内容要求不一。

4. 技术滞碍:调研成果欠缺深度挖掘

当前涉及调研成果挖掘和展示的技术支持、保障尚不充分。在审判系统方面,人民法院使用的平台软件大多以审判业务管理为主线、审判数据为重点,用于审判延伸及调研工作的技术软件较少,功能设计尚不全面。不同法院、不同部门之间由于职权各异,相应研发不同的数据平台时往往导致多部门统计数据并存,大量数据较为分散。[①]由于数据采集端口各有差异,获取数据的自动化程度与时效性不同,数据生成方式亦有较大的差异,一项调研数据在不同系统中名称字段不同,结构形式也不同,数据准确性和一致性无法保障,导致数据和报表虽多,却难以实现自定义收集,进行数据报告撰写或对调研情况开展研判分析时,均仍需对采集的数据进行二次加工,无法通过信息化手段获得直观呈现。

法院对于调研成果的管理受到管理的科学化、数据化,特别是"通过数字化引领精细化"等理念的感召,对于调研质效指标设计和评价过分强调数据甚至是"唯数据论"的做法,容易造成两个突出问题。一是僵化适用指标数值进行定量评价,通过简单公式推导出一概适用的结论,刻意忽视对调研过程、调研实质内容的定性评价。[②]二是不同层级法院设置的测量评价指标虽便于提取收集数据,但很多指标不仅不合理,甚至还违背司法规律,加重干警的调研负担,即"不合适的指标可能会在实践中导致目标转换,造成管理行为从提高质效到走向它的反面"[③]。整体上看,当前对于调研成果的管理在多数时候流于形式,要么数据分析成果意义不明显,要么缺乏深度分析而仅仅停留在数据统计层面,对于审判延伸工作的实质意义不大。

二、理想建构:调研可视化优化的完善思路

(一)调研成果可视化优化展示核心内涵

调研成果可视化优化展示的核心内涵就是选取适当的技术参数,录

① 余聪:《深化与探索:法院审判态势分析数据运营部门发展路径研究》,载《上海法学研究》集刊 2022 年第 5 卷。

② 重庆市高级人民法院课题组:《审判管理制度转型研究》,载《中国法学》2014 年第 4 期。

③ 郭松:《审判管理进一步改革的制度资源与制度推进——基于既往实践与运行场域的分析》,载《法制与社会发展(双月刊)》2016 年第 6 期。

入恰当的数据,让调研目标、调研问题、调研措施、调研成效在法院的工作环境内更为直观地"看得见",通过全方位、多维度、立体化展示院级、庭级、团队或合议庭及调研作者个人的调研质效情况,实现调研作者精准画像、调研团队"群体画像",激发干警内在调研潜力,实现对调研成果可视化、可交互、可跟踪的智慧管理模式。

(二)调研成果可视化优化展示之必要性

信息化背景下,法院调研数据正以前所未有的速度生成,海量数据背后蕴藏的巨大价值既为推动法治社会发展提供了机遇,又为人民法院的数据管理工作提出了巨大挑战。通过架构、优化可视化调研平台,实现调研成果信息的聚合管理,提升数据展示、分析效率并从中提炼出真实、准确、有价值的特征结果,符合人民法院调研工作开展的实际需要,也契合司法规律与科技成果有机融合的现实背景。

(三)调研成果可视化优化展示功能分析

调研展示平台的优化应通过对调研成果信息的汇集、整合、分析,实现调研成果的分层综合展示,帮助信息使用者更有条理和逻辑性地了解调研情况,同时为干警调研工作中的实际需求提供方便的数据和分析工具。

1. 调研信息采集功能

通过细分调研信息字段,进行数据处理,形成标准化、统一化的法院调研信息。调研平台将信息采集后统一导入调研信息数据库,实现高效、自动化的信息汇集、更新,打造一条更为完备的调研数据链条。

2. 调研成果展示、共享功能

直观展示调研作者、审判团队的调研情况,生成相应的"数字画像"。通过可视分析导航,形成更为精炼准确的调研信息板块,给调研信息的需求者提供更为直观的调研信息查阅路径。平台对于采集的调研成果信息备注说明其信息来源、内容概要，展示调研成果之间的交互、关联关系，实现调研数据在法院范围内、法院与法院之间的智识共享。

3. 调研质效判断分析、辅助决策功能

通过对调研数据的挖掘，深入分析调研数据之间、调研数据与司法活动及经济社会发展数据间的内在关联，进一步释放数据潜能。科学测定调研质效，辅助信息决策者了解调研情况，根据需要调整调研管理导向，为科学决策提供有益参考。

（四）调研平台优化设计思路

调研平台对接不同的模块，并接入各细分的调研信息库。调研作者和院庭室领导作为调研平台的使用者，借助调研平台的可视化分析工具了解调研信息。调研作者通过上传路径对自己的调研成果进行信息上传，充实数据库内容。调研平台向调研作者推荐其需求的调研数据信息，同时向院庭室领导等信息决策者反馈调研质效的实时分析情况。调研平台由管理员（往往是法院审判管理部门）统一管理，管理员负责调研信息的审核、入库、共享工作。最终形成调研作者、院庭室领导、平台管理员共同参与、良性互动的平台使用场景（见图 1）。

图 1　调研平台使用场景

通过可视化分析工具,调研作者的操作会被记录在信息数据库对应字段中,经过后续的数据处理,平台根据用户的使用需求进行"优质作品""优秀作者"的智能化排序推荐。

从调研数据入手,调研平台的可视化优化设计路径应涵括如下几个方面:(1)"可"供选取的数据范围确定;(2)可"视"化的数据呈现方式;(3)可视"化"的数据分析结论(见图 2)。

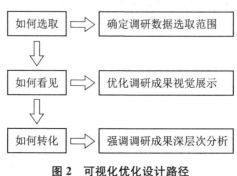

图 2　可视化优化设计路径

三、路径优化:调研成果可视化模型的结构再造

(一) 如何选取:可视化的数据选取范围

1. 数据选择

司法智能化的本质为数据加算法。[1]数据质量不是一个附加进程,而要并入软件开发方法、数据分析等流程。对调研信息汇集、分析、展示的优化,需要有基础数据作为支撑。当前,司法大数据技术系通过对数据进行探索分析并揭示其隐藏的规律性,进一步将其模型化,通过数据为司法提供技术支持。

---

① 　黄健:《刑事司法证明中大数据相关关系的局限作用论》,载《清华法学》2023 年第 2 期。

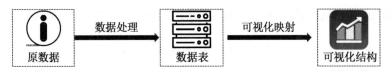

图 3　信息的可视化模型

斯图尔特·K.卡德(Stuart K.Card)于 20 世纪 90 年代首次提出信息的可视化模型(见图 3)。该模型描述了信息数据通过转换过程实现可视化映射的进程。①如上图所示,数据平台或数据库的核心为数据表。以维基百科为例,其核心数据表为 page 表,该表格内存储有页面的基本信息并通过字段展示,每个页面均有一个用标题和基本 metadata 标识的条目。当去检索一篇文章内容时,首先去查找不同页面表中条目的相应字段,有了页面内容和分类,便可以根据分类来抽取特定类别的页面信息。因此,确定调研项目相应的条目并总结条目所含的原数据字段,可以初步实现调研成果信息选取的准备工作。

由于调研项目种类繁多,不同调研项目收集的信息点不尽相同,有的项目基本信息格式一致,有的项目却相差很大。②对于某项调研成果所需的数据,往往需要从个别案例中逐一查看获取。优秀调研成果评选的材料要求中对于相应成果的基本信息进行了详细介绍,举例而言,在征集指导性案例时,对调研成果应具备的信息要素,诸如标题、案例编写人、案件承办人、两审法院及案号、审委会讨论意见(如有)等均有要求,其能够适当弥补数据收集缺乏共性的不足。笔者认为,对于调研项目的细分条目及数据字段的确定,可考虑结合最高人民法院或者较高层级法院确定的调研成果名目分类及具备一定层级的调研成果评比活动给出的信息收集标准。

①　宋美娜、崔丹阳、鄂海红等:《一种通用的数据可视化模型设计与实现》,载《计算机应用与软件》2017 年第 9 期。

②　胡昌明:《中国智慧法院建设的成就与展望——以审判管理信息化建设为视角》,载《中国应用法学》2018 年第 2 期。

经梳理，笔者总结了各项调研项目存储应具备的信息字段（见表 1）。

表 1　调研项目基本信息字段

类　　别	包含字段
案例	案号、案例名称、案件案由、作者、合议庭成员、法院、发表载体名称、发表时间、获奖名称（如有）
课题	课题名称、中标及结项时间、课题主持人、课题组成员、本人职责、课题成果、奖励名称（如有）
论文	标题、作者、发表载体名称、发表时间、奖励名称及获奖时间（如有）
获奖文书及庭审	案号、案件名称、合议庭成员（审判长、主审/独任法官、参审法官均应标明）、奖励名称及获奖时间、其他信息。
著作	书名、类型（独著、合著、汇编类）、作者、出版社、出版时间、版次、其他信息。
类案	类案名称、文号（如有）、执笔人、发布时间

2. 数据预处理

实现对司法大数据的高效处理，应尊重大数据本身的体量特点。随着案件数量增多，庭审录像、语音及图像信息等高速生成，当前法院大数据既包括可以直接解析、由文本呈现的结构化数据，例如当事人信息、案件审级情况、案号等，又包括裁判文书、庭审录像等非结构化数据，及音视频、图片等尚未实现充分数据化的非结构化数据。[1]除了传统的课题、案例外，优秀裁判文书、示范庭审等在维护社会公平正义、保障群众合法权益、服务经济社会发展方面作出了积极贡献，也在最高人民法院和各高级人民法院的成果征集中被越来越多地纳入优秀调研成果范畴。对于法院调研情况的全面了解，既需要从结构化数据中获取线索，又需要通过文本挖掘技术等对半结构化数据、非结构化数据进行数据处理。

对半结构化数据、非结构化数据进行数据处理，可以借鉴卷宗扫描和OCR 识别功能。目前，人民法院建设已步入"以知识为中心"的 4.0 时

---

[1]　左卫民：《关于法律人工智能在中国运用前景的若干思考》，载《清华法学》2018 年第 2 期。

代,案件材料往往能够通过集中扫描中心及时扫描形成电子卷宗,并存档入库,智能化的数据处理中心对电子卷宗材料进行数据校对和智能编目,实现数据化材料精准入卷,大部分法院已经对裁判文书进行了 OCR 识别。①调研数据平台可以对此进行借鉴,通过文本挖掘技术,依据跨产业数据挖掘标准流程(Crisp-DM),经过中文断词技术(N-Gram)、关键字词权重分析(TF-1DF)等数据前置处理程序进行数据化转换,并进行适当的分析检验,妥善处理和解析各项半结构化数据及非结构数据,进而提升半结构化、非结构化卷宗材料转换为结构化数据的精准性②,拓宽调研数据来源。

3. 数据清洗

数据清洗也称为数据清理,即从数据库或数据表中更正和删除不准确数据记录的过程。建立高效规范化、精细化的数据清洗标准,能够最大程度确保调研成果信息进一步标准化和统一化,采集的调研信息更加高度规范,为后续的可视化分析提供极大方便。在采集、处理调研信息后,调研管理部门应加强数据管理以实现尽量减少输入信息与客观真实的调研完成内容之间的偏离,通过不断的信息纠错,提升输入数据的严谨性。此外,在数据清洗时应充分脱敏,最大限度去除可能涉及国家秘密、个人隐私的信息,整体的数据挖掘和清洗过程要尽量控制在法院内网环境中进行,避免信息泄露。③

(二) 如何看见:可视化的视觉展示

可视要素转换系可视化的核心过程,即利用计算机软件及图形处理技术将处理后的数据集转换为计算机系统的可视化界面结构,形成界面

① 孙晓勇:《司法大数据在中国法院的应用与前景展望》,载《中国法学》2021年第4期。
② 舒洪水:《司法大数据文本挖掘与量刑预测模型的研究》,载《法学》2020年第7期。
③ 王禄生:《司法大数据与人工智能技术应用的风险及伦理规制》,载《法商研究》2019年第2期。

视图。针对调研信息平台,不同信息使用者的调研兴趣及希冀平台提供的可视化方式各不相同,如部分使用者关注调研作者或审判团队已完成的调研情况,部分使用者倾向于了解优质调研成果及审判延伸信息。用户对调研成果的浏览进程可能由任何一个属性或特征发起。为实现更好的可视化效果,一个全面有逻辑的可视化体系应更加重视用户导向,兼顾用户的个性需求和数据使用场景,在选择可视化图标类型及布局图表之前,应考虑用户来到调研平台界面要解决什么问题、需要获取什么信息、希望得到什么答案。调研成果平台应呈现以下内容。

1. 微观维度:调研作者和审判团队数字画像档案

调研作者系法治人才的重要"蓄水池"。对于调研作者而言,其进入平台率先想要了解的信息为个人既有的全部调研成果,调研平台应提供直观的个人调研清单,以图表的方式展示调研完成的数量、种类。同时,部分调研作者进入平台,往往希望找寻自己的创作思路,以期获得某类调研成果的经验借鉴,因此平台可记录用户搜索内容,并通过数据分析体系形成相似调研成果的智能化推荐。

平台通过设置基本指标和关键性指标,对调研作者的调研情况进行量化,以其完成的调研数量和质量为基础,以调研作者在团队中承担的其他调研任务作为增益指标,以团队内或某一项调研任务内其他成员分担的调研任务为制约指标,客观公正地评价调研作者的调研质效,建立包含调研作者个人特征、调研落实情况和调研偏好的三维标签体系,使优秀调研作者的调研情况"全息成像"。

审判团队系法院整体队伍架构中的"支点",利于发挥人力资源集约化的优势。调研可视化平台应针对不同团队设置指标完成度及优秀调研成果推介,结合审判团队开展的调研情况、调研优势领域等,实现对审判团队的"群体画像",并进一步探索实现适岗人员条件筛选,为调研人员素质培养、知事识人、选拔任用等提供有效的数据支撑。

2. 中观维度：院庭室数据统计管理及数据化考评

院庭长系调研管理的核心主体，院庭室领导等信息决策者进入可视化的调研平台，其初衷往往是希望了解各项调研工作的完成进度、剩余时间，某项调研成果是否有督办反馈，以及调研作品的获奖情况。依托调研可视化平台，可以将调研情况电子清单化，呈现庭室调研全景示意图，决策者可以"一屏掌控"法院、部门、调研作者层级的调研质效。同时，依托平台抓取数据，实现调研作者全程留痕可追溯，定期公布成绩单，让"做多做少见分晓"，便于决策者进行数字化定档考评，为决策者全面了解调研队伍情况，实现优质调研人才队伍管理、择优选拔等提供"智慧方案"。

调研平台应实现对于临近时限的调研事项或庭室指标完成程度较低的情况进行预警和自动提示。具体而言，应结合审管部门对于调研成果的指标要求，强化调研过程统筹，对调研考核采取区间管理，为调研考核设置"四向区间"，即合理区间，超过或低于合理区间的正、负向区间，以及否定区间。指标完成数量处于负向区间时，或者临近截止期限但仍未上传调研材料的调研事项时，应在业务台账内进行预警提示。定期考核时若调研指标完成情况落入调研考核的否定期间，则对庭室绩效进行适当扣分。

3. 宏观维度：建立不同法院调研节点的关联图谱

法院系打造调研重镇的重要堡垒，可以构成较为成熟的调研系统。调研可视化平台可以考虑在法院层面设置不同调研名目的调研素材库，通过智能化采集调研成果信息，在每项素材库中形成"一成果一档案"，附有对某项调研成果内容的基本介绍，并展示其与其他调研成果间的节点关联等更多信息，使信息需求者能够通过对调研情况的基本了解，在调研库中进行信息识别和定位，提升交互体验。[1]法院的众多调研成果内容在调研平台内整合处理，实现多项目融合、多系统融合、多业务融合，实现法

---

① 冯锦祥、林孝铭：《基于数据安全法的海关大数据与 AR 技术研究》，载《上海法学研究》集刊 2022 年第 24 卷。

院内部调研数据资源开放共享。在平台化、数据化的基础上，调研可视化平台建立不同法院之间的信息互联互通和共享联结点，打通数据关联关系，实现从调研"信息共通"到"数据通用"。通过深挖数据之间的内在连接和内在价值，挖掘各个孤立的"点"新的价值，最终连点成线、连线成面，不同法院之间可以借助调研可视化平台良性互动，形成高度融合的数据资源地图和调研生态系统。

（三）如何转化：调研成果的深层次分析

调研数据之间往往存在潜在的、隐藏的关联性，这些关联的信息可能指向先前未知的内在联系、规律、发展趋势。[①]除了数据统计，对调研成果可视化平台的优化进程应同步附有深度的数据分析，其分析目的应涵括两方面："探索"及"解释"。探索即通过监控实时数据变化、寻找潜在问题、快速进行沟通，并实施行动；解释即为决策者提供数据变化的必要解释，辅助其了解数据波动情况，帮助实现规划决策。通过增加定性指标、强化深度分析，有利于促进调研成果管理从形式管理走向实质管理。调研成果的比较分析应进一步解决如下两个问题：一是如何选取合理的指标对调研作者、调研群体、审判团队的调研内容进行可比性分析；二是如何深度挖掘调研成果中潜在的学术、实务价值，激发调研潜力。

1. 调研指标的设计

当前，调研质效的指标内容存在交叉，权重比例分配不均衡，部分指标不具备可操作性，据此最终生产的数据评价科学性、全面性将大打折扣。[②]调研考核指标设置的初衷应该是监督促进调研作者开展调研活动，而非通过指标要求法官互相竞逐，因追求调研成绩而过度施加调研压力。

---

① 孙保学：《人工智能算法伦理及其风险》，载《哲学动态》2019年第10期。
② 张曦：《审判质效考核的困境、缘由与脱困路径》，载《上海交通大学学报（哲学社会科学版）》2019年第6期。

实现调研作者调研质效的可比分析,应对调研成果的特殊性予以特别考量,修正计算方法,设置比较参数。

调研成果的产出和收获与结案情况存在较大差异,并不存在审限或结案率等现实考量,对调研成果完成情况的评价也不能简单地通过个别指标进行量化。不同法院的调研信息获取来源不同,调研成果完成的难易程度不一致,无法简单通过数量进行衡量。同时,针对调研成果的质量评价往往依据获奖状况,但成果获奖往往具有滞后性,对调研成果质量的评价往往也具有滞后性。为客观了解法院干警对于调研成果的认知、评判标准,笔者针对 S 市法院不同资历的庭室负责人、资深法官、年轻法官及法官助理,通过发放调查问卷及座谈的方式进行调查了解。共发放 88 份问卷,收到答复 80 份。经统计问卷结果,可以发现实践中多数干警更倾向于关注调研完成率和调研最终取得的奖项回报情况,部分庭室决策者及一线调研作者则关注分配调研指标的多少。因此,笔者尝试以 S 市中级人民法院(以下简称"S 市中院")刑事审判庭的案例调研情况为例,设计调研质效评价指标。

S 市中院的案例要求对标最高人民法院指导性案例,案例完成后往往可以稍作转化即参与案例评选。该法院刑庭细分为三个审判团队,分别计为团队 A、B、C。可以从调研节奏、调研强度、调研获奖情况三个维度进行指标综合分析评价(见表 2)。

表 2　调研质效维度设计

调研质效评价维度	指标设计	考量因素
调研节奏	调研指标完成率	考虑调研成果完成难度,设定不同计分参数
调研强度	一线作者人均调研情况	强调以实际完成数量计算
调研获奖情况	调研获奖情况	反映调研项目投入回报率,考虑获奖层级

（1）调研节奏：调研指标完成率。该指标指在某一时期内，不同法院、不同业务庭室、不同审判团队对于调研指标的完成比率。考虑到不同类别调研成果完成的难易程度不同，针对不同调研项目内容设置比重计分参数，S 市中院案例类计分参数为 1。如 S 市中院刑事审判庭案例年度指标为 12 篇，季度指标为 3 篇，一季度内其累计刊发案例 1 篇，即完成案例指标 1，调研指标完成率为 0.33（1÷3×1）。

（2）调研强度：一线作者人均调研情况。一线作者人均调研情况由一线调研作者人均完成的实际调研数量乘以调研成果比重计分，该指标其实是调研情况的客观反映。同一法院内部比较而言，若某一业务庭室的调研强度过高，则表明该部门的调研作者可能因调研压力重而过于忙碌，应考虑适当调整调研指标。横向比较而言，若不同法院的调研强度不同，则可能不同法院对调研的投入力度存在差异。如 S 市中院刑事审判庭共有法官、法官助理、书记员及文员 45 人，其中法官助理共 21 人，上一年度共由法官助理完成案例 7 篇，则法官助理群体的案例调研强度为0.33（7÷21×1）。

（3）调研获奖情况：即以项目获奖率反映调研项目投入回报率的高低。若某项调研成果的组织力度较大，获奖率却偏低，则意味着目前对该调研项目的理解可能仍有提高空间，可考虑适当增加调研项目培训力度。对该指标的考量还应注意到由于调研成果的获奖层级不同，针对同一调研项目中获取较高层级的奖次应予以更高评分。S 市中院刑事审判庭上一年度共产出并参选全国法院系统优秀案例分析评选案例 9 篇，获二等奖案例 1 篇，获三等奖案例 1 篇，项目获奖率约为 0.22（2÷9×1）。细分来看，该庭室 A 审判团队获得全部两篇奖项，获奖情况较为理想，可考虑由其进行经验推广，继续以案例等工作为切入点，持续发挥庭室调研先导作用。

综合以上三项调研质效指标，可以更加完善地得到对调研成果的整体评分。需要注意的是,对调研质效评价指标的数据选取应具有实证性,尽量采取"问题—解决"方法,避免"目的—手段"的内在缺陷。功利主义一旦与数字结缘,就可能使数据管理由天使骤变为魔鬼①,追求数据最大化,对指标数据"寸土必争",只比不评,重比轻评,就容易背离司法规律。②此外,在推动调研成果可视化路径过程中还应正确认识"技治主义"的利弊得失,避免唯数据论和片面技术理性主义的误区,应关注调研的工作量和分量,避免过度追逐排名,减损调研管理的实质作用。

2. 调研线索的收集挖掘

调研收集的素材,往往真伪并存、粗精混杂,需经过分析、甄别、整理才能直指问题关键。③结合收集的调研情况,调研平台应实现对调研素材进行分类收集甄选、甄别研判,发掘潜在的调研线索,延伸调研触角。如调研平台针对"改善营商环境"选题已收集相关调研文章,以"营商环境"作为集体标签,一方面可以以思维构图方式提取、梳理、展示各篇文章的论点、逻辑,归纳数据、案例、观点,便于信息获取者直观了解调研脉络,提炼调研内容。另一方面,可以结合典型个案分析,梳理问题规律,进而共享归集数据,实现调研数据的碰撞比对,促进个别调研成果到一类调研成果的延伸思考。此外,组织审管部门、审判业务专家对筛选出的各篇文章中的信息进行集中研讨,推敲文稿思路、逻辑与文字,对调研线索进行核查,确保调研内容论点有充实论据,相关建议和操作可落地实施,并针对调研线索展开进一步分析论证,透视深层次的本质问题,挖掘提炼出有借鉴价值的调研成果。

---

① 陈云松:《当代社会学定量研究的宏观转向》,载《中国社会科学》2022年第3期。
② 葛琳:《从理念到技术:在司法领域中运用试验方法的局限性》,载《清华法学》2011年第6期。
③ 左卫民:《中国计算法学的未来:审思与前瞻》,载《清华法学》2022年第3期。

（四）调研平台优化的配套措施

1. 细化审判团队构建，明确调研管理职责

从法院的实践出发，在维持传统立案、刑事、民事、商事、行政、审判监督、执行等基本业务部门框架的基础上，拓展审判团队司法职能，构建"院—庭—团队"层级的管理结构。①各审判团队除了进一步完善人、案、量的配比，也应充分考量人员调研能力、业务特长和工作经验，在审判团队配置中融入调研元素，结合调研需求形成更专业化的分工协作，如将调研经验丰富、专业能力出众且抗压性强的调研骨干法官与法官助理进行优化组合，审判团队内部精选一名法官助理作为兼职人员协助完成各项调研任务，适当增加对其在调研数量、司改调研等方面的工作需求。要在综合部门与业务部门审判团队之间建立融合互通的交流机制，促进良性交流，坚持以研促审的理念思维，强化调研精品意识，实现"研有所专，业有所精"。充分发挥审判团队扁平化、专业化、集约化的优势，在调研职责和工作内容上作细化安排和个性化设计，为调研提质增效。

2. 建立调研质量评测机制，提升成效反馈

建立以法官或专家学者为主导的调研质量评测机制，定期抽取部分调研成果，组织相关领域法官、专家学者进行研讨评价，并适时反馈质量评查结果，针对调研过程中易出现的共性问题提出可行的建议对策，让调研作者更加直观地了解调研作品的改善空间，补足能力短板，提高调研的效率和科学性。

3. 依托技术平台，加强数据共享

推动现有调研数据平台互联互通。目前，人民法院大数据管理和服

---

① 陈树森、陈志峰：《司法责任制改革背景下法律适用统一的再思考》，载《中国应用法学》2018 年第 5 期。

务平台已实现对核心数据以每五分钟一次的频次更新,系统自动传输汇总司法大数据。调研平台的优化构建不仅可以依托人民法院数据集中管理平台、国家司法审判信息系统,以及刚刚上线运行的法答网等平台,还可以尝试将区块链技术纳入顶层设计,加强跨链协同应用①,搭建不同法院之间,甚至法院与公安、司法行政部门之间调研信息互通、调研数据耦合、调研智识共享的新桥梁,逐步建立横向贯通、纵向一体的调研数据集成平台。

4. 注重调研质效,完善调研绩效考核管理体系

除将调研成果纳入庭室和审判团队加分外,还可考虑将调研成果完成情况纳入干警个人绩效考核。在综合考量法官、法官助理、书记员等主体的办案质量的基础上,将调研数量与调研权重系数融入考评过程,细化绩效考核内容,重构绩效评价指标体系,对调研的管理和考核结果宜形成"最优最劣较少,良好一般较多"的橄榄形结构,这样既对法院一线调研作者形成有效激励,又避免过度施加调研业绩考核压力。综合的审判、调研质效评价体系应以实现职能有效发挥为目标导向,禁止将调研质效评估与法院业绩评价、法官绩效考核情况进行简单对等处理。

5. 优化调研成果展示路径,激发内生调研潜力

通过打造年末法院调研成绩单,对本年度法院调研作者获得奖项的高质量调研成果予以进一步的信息公开,让调研作者的付出被"看得见",对调研作者予以柔性激励,激发调研作者的内在工作动机,形成调研的行动自觉。

司法的过程既要创造发现,又要充分展示。随着各级法院对调研成果的逐渐重视,调研成果的管理过程逐步呈现精细化、数字化。法院调研成果的可视化优化展示系一次有益尝试,通过专业化、规范化、体系化的

---

① 杨东:《"以链治链":面向元宇宙的区块链司法科技范式革命》,载《中国应用法学》2022年第6期。

数据采集、展示、分析流程，实现调研成果的全流程管理和信息挖掘，试图解决调研信息采集不完整、调研数据利用率低、调研成果挖掘力度不足等掣肘法院调研成绩获取的深层次问题，真正实现释放数据价值，让调研数据蕴含的知识成为推动审判体系和审判能力现代化建设的核心驱动力。

2. 检视与探索:股东出资加速到期与清算、破产衔接的体系化研究及制度重构*

一、法理探析:股东出资加速到期与清算、破产衔接的应然阐明

现代企业制度是各个成熟经济体所共同追求的目标,也是体现一个国家经济现代化水平的重要标杆。好的公司制度,应当是有利于促进投资与交易、有利于鼓励公司存续发展、有利于保障交易安全的制度,而科学的公司治理体系,应当是结构完整、功能合理、衔接有序、利益平衡的体系。立法应当服务于改革、发展、稳定的大局,只有从完善现代企业制度的大局出发,才能准确把握公司制度的核心特征和价值要义,发挥股东出资加速到期与清算、破产三项制度在市场经济中的积极作用,最大程度符合中国当今市场特征并促进市场的健康发展。

(一) 公司制度核心价值的当然遵循

1. 公司制度的基石:公司资本三原则

公司资本的确定、维持及不变原则是公司资本制度的灵魂,发挥着平衡公司股东有限责任和交易安全二者关系的重要作用。毋庸置疑,这是公司制度生命力的源头所在,也是当代公司制度发展的基石。

---

　　*　编写人系上海市高级人民法院(原任职于上海市第一中级人民法院)曹克睿、上海市闵行区人民法院(原任职于上海市第一中级人民法院)梁春霞、上海市第一中级人民法院秦亮。

注册资本认缴制创设于 2013 年,该制度虽未改变资本确定和股东出资义务的法定原则,但认缴制中股东出资和公司实际清偿能力的不确定性打破了债权人对交易安全的期待与股东资本维持之间的平衡,破坏了市场交易的稳定。从公司形成的物质基础角度出发,资本制度通过资本维持原则来实现保护债权人利益的功能。现代公司章程中对认缴出资期限的约定与股东出资义务的法定性并无相悖,认缴出资期限仅仅是对股东出资义务的具体时间安排。在公司具有充足的经营和偿付能力时,认缴出资制既可以降低公司设立和经营的成本,又不会对债权人权益造成损害。当公司对外负债且缺乏其他资金获得渠道时,认缴出资制对股东、债权人权益保障乃至公司继续存续的作用巨大,可以说是维系公司制度基石的必然要求。

由此,在认缴制已大幅减轻股东资本充实负担,赋予股东宽松的出资期限利益的情况下,更应强调公司资本维持原则的重要性。当公司出现无力支付到期欠款的情形时,为了保证公司继续经营,允许债权人以公司成立的物质基础存在缺陷为理由,要求股东作为形成公司注册资本之主体承担出资义务,或者允许公司基于此理由要求股东提供资金以承担资本维持责任,具有充分的法理依据。从概念上来说,我们可以将股东出资义务视为股东对公司所负有的一种担保责任,若公司内部出现了不能清偿已到期债务的情形,则股东在认缴范围内的替代清偿不以出资时间是否已经到期为前提,以此构成对债权人的合理而有效的保护。

2. 公司治理的原则:分权与制衡

公司的治理离不开公司治理机构和治理主体的功能发挥。股东会、董事会、监事会及高级管理人员作为公司治理机构的重要组成部分,是公司正常经营与发展的必不可少的重要内容,它们之间职责分明、分权制衡,才能保障公司平稳高效的运行。

一方面,应注重公司治理机构功能的可预期性。《公司法》的重要任务就是对于公司主要治理机构、职权功能和责任范围进行界定。由于我国仍处于市场经济发展的初期,市场主体自主管理的意识和市场风险自我防范的能力尚不充分,法律过于将自治权利让渡于市场主体,反而不利于对风险责任的预期,容易造成市场混乱;同时,如果对公司治理中的各类行为的法律责任规定不明晰,也会造成司法实践的不统一,均不利于构建一个稳定而健康的市场。因此,在进行公司相关制度设计时,应体现制度的明确性和具体性,将不同公司治理机构的功能予以明确。

另一方面,应体现公司治理机构责任的差异性。现代公司体系中的治理机构的功能定位已相对成熟且职能各异。一般而言,股东会是由全体股东组成的非常设团体,系公司最高权力机关,在公司经营发展中起全局性作用。董事会是代表公司执行经营决策的公司常设机构,董事由股东会选举产生并对股东会负责,其上承公司股东会,下启执行层。二者各尽其责,相互制约与平衡。对于"困境企业"而言,其更需要股东会和董事会发挥各自不同的职能作用,法律需要对由此产生的责任予以明确和区分。只有进行完善而清晰的制度设计,才能做到重组的分权制衡,实现公司治理机构的各尽其职,避免产生推诿扯皮甚至恶意侵害的情况。

(二) 债权人与公司、股东利益冲突的应然选择

公司争议通常表现为外部冲突和内部冲突二类。就公司外部冲突而言,其往往会体现为债权人与股东的冲突。特别是在认缴制的背景下,随着公司已然成为实现社会治理的一种途径,股东期限利益与保护债权人的价值判断,不仅需要考虑公司股东与外部债权人的利益衡量,还需要考量整体主义的法秩序理念。[①]在公司出现无法清偿到期债务的情况时,认缴制下的债权人可能会要求对出资享有期限利益的股东,就公司无法清

---

① 冯果:《整体主义视角下公司法的理念调适与体系重塑》,载《中国法学》2021年第2期。

偿的到期债务承担补充赔偿责任。此时,股东期限利益与债权人合法权益之间的利益冲突便凸显出来。在公司因经营不善需要解散、清算乃至破产的情况下,不仅仅涉及公司内部的清理,还涉及对公司债权人利益保护的问题。公司制度设计中,如果没有很好地考虑制度的配套与衔接,往往会给公司内部人员通过各种逃废债方式侵害债权人利益以可乘之机。

公司治理制度设计应充分考量对债权人的保护。在股东出资加速到期情形下,由于仅涉及个别债权人而并不涉及公司与其所有债权人之间的关系,利益冲突较为简单与缓和。但是在自行清算和强制清算中,公司需要概括清偿所有债务,故此时涉及股东或投资人与其所有人债权人间的利益关系,其冲突便更为明显。但是由于清算程序启动的前提在于公司资可抵债,而破产程序启动的前提在于公司资不抵债,故清算程序中,债权人获得受偿的概率更大,其各主体之间的利益冲突较破产而言相对缓和。若在公司强制清算程序中发现公司具有破产原因,全体债权人的全部受偿已不可能,利益冲突不仅存在于公司、公司股东或者投资者与债权人间,债权人相互之间亦将产生利益冲突。此时想要有效解决多方主体间的冲突,需要及时转入破产清算程序。换言之,公司股东享受破产免责救济的前提是及时转入破产清算程序,否则公司股东或投资者有限责任制度亦无法得以实现,公司股东或投资者与债权人之间的矛盾和债务关系将处于僵持状态,公司无法依据法律规定的市场退出机制合法地终止其法人人格,此与公司股东有限责任制度及鼓励企业有序退出市场的立法本意相背离。综上,上述三项程序在不同的阶段,调和、缓冲债权人与股东或投资者间的利益,均具有不可替代性。

(三) 三程序不同价值功能的必然要求

依据法律规定,股东出资加速到期、清算主要适用于非破产情形下的公司债务清偿,破产主要适用于公司出现破产原因时的债务概括公平清偿,三者进入程序的前提条件不同,制度设计所体现的价值取向亦不同。

就股东出资加速到期而言,其价值一是体现在鼓励股东积极经营,及时充实公司资本,减轻自身责任;二是体现在使股东放弃侥幸心理,降低企业破产概率;三是体现在保护债权人利益,尽可能清偿公司债务,增强交易信心,增加交易机会。

就自行清算而言,其尊重公司在清算活动中的行动自由,更多地体现出公司在民事活动中的意思自治,是企业有效的低成本合理退出市场方式。公司依法自行清算的,公司、公司的权力机关及公司的股东应尽可能地减少干预,通过在清算组成员确定、清算方案确认及清算报告确认上的自治权利实现自己利益,尽可能地使公司通过自行清算方式合理退出市场。一方面,公司自行清算可贯彻自身意志,以自己的商业判断、法律认识来确定适合于自己的处理结果,从而实现自身利益的最大化;另一方面,自行清算应非常注重法定程序的设计,以及对程序执行的监督与问责,这是确保清算合法性和清偿公平性的必然要求。

就强制清算而言,其虽是以默认公司资可抵债为前提,但启动强制清算的背景是公司股东或董事怠于履行清算义务。由于此类怠于履行行为会大大增加债权人主张权利和公司清理的成本,故在制度设计的理念上应以公司股东、董事的诚实信用、勤勉信义义务等法律精神为依据,强调履职的义务范围和内容,以及拒绝履行或怠于履行义务时的法律责任与后果,制度的价值导向上应更侧重于或方便于保障债权人权益,同时体现对失信股东、董事等人员的惩戒作用。

就破产而言,进入破产的通常应当是经过自行清算或强制清算后发现具备破产原因的公司,其价值在于通过破产阻断债务扩大、实现债权公平清偿。它一次性对公司所有的债务进行集中、批量且有序的清理,让积压已久的"抽屉案件"得到彻底解决,避免股东因经营不善承担无限责任。因此,破产的价值导向更应当体现对确实需要获得破产保护公司的拯救或概括清理。

二、问题检视:股东出资加速到期、清算与破产衔接的现状分析

通过对近5年来审判实践的分析,可以发现当前阶段股东出资加速到期、清算与破产在适用过程中存在较多突出问题,主要体现在以下三方面。

(一)股东出资加速到期支持比例较低

近5年来,全国法院共审结股东出资加速到期案件4267起,上海地区共审结218起相关案件。去除未直接适用和重复案件(见图1),上海地区近5年共审结股东出资加速到期案件188起,其中支持股东出资加速到期的案件84起,不支持股东出资加速到期的案件104起。①

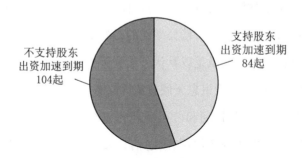

不支持股东出资加速到期104起

支持股东出资加速到期84起

图1 上海法院股东出资加速到期案件数

不支持股东出资加速到期的104起案件中,有23起案件因不符合无

---

① 载威科先行网,https://law.wkinfo.com.cn/judgment-documents/list?simple=％E8％82％A1％E4％B8％9C％E5％87％BA％E8％B5％84％E5％8A％A0％E9％80％9F％E5％88％B0％E6％9C％9F％81simple:((％E8％82％A1％E4％B8％9C％E5％87％BA％E8％B5％84％E5％8A％A0％E9％80％9F％E5％88％B0％E6％9C％9F))＆fq=judgmentYear％C7％81％5B2017.10.27％20TO％202022.10.28％7D％C7％81judgmentDate％C7％81％C7％82％E6％9C％80％E8％BF％915％E5％9B％B4＆tip=％E8％82％A1％E4％B8％9C％E5％87％BA％E8％B5％84％E5％8A％A0％E9％80％9F％E5％88％B0％E6％9C％9F＆rdt=166683900 2163,2023年7月1日访问。

财产可供执行的前提条件而不予适用、有 35 起因无相关法律法规规定而不予适用、有 46 起因破产原因认定难而不予适用（见表 1）。支持股东出资加速到期的 84 起案件中，有 20 起对破产原因采取了较为简单论述的形式，对破产原因的论证不够充分。

表 1　上海法院不支持股东出资加速到期案件信息表

不支持加速到期原因	案件数	占比
不符合无财产可供执行	23	22.1%
无相关法律法规规定	35	33.7%
破产原因认定难	46	44.2%
总计	104	100%

可见，一方面，股东出资加速到期制度的功能发挥较弱，主张股东出资加速到期的案件数量远远低于实践中无法执行的案件数量。另一方面，对于股东出资加速到期的支持比率低，占股东出资加速到期案件总数的 44%。其中，不支持股东加速到期的一个重要原因在于对公司是否具备破产原因认定困难，占不支持制度适用案件总数的 44.2%。

（二）"怠于清算"与"不当清算"突出

近 5 年来，上海法院强制清算案件受理和审结整体呈上升趋势（见图 2）。共受理强制清算案件 2 110 起，受理案件数从 2018 年至 2021 年呈翻倍态势，2022 年受理案件数虽受疫情影响，但仍较 2021 年案件数有较大幅度上涨。同时，共审结强制清算案件 1 486 起，审结案件数从 2018 年至 2021 年也呈翻倍态势，2022 年审结案件数虽受疫情影响但仍较 2021 年案件数有较大幅度上涨。

近 5 年上海法院审结的强制清算类案件中，无法清算和无法全面清算案件数量较多且呈逐年增长态势。

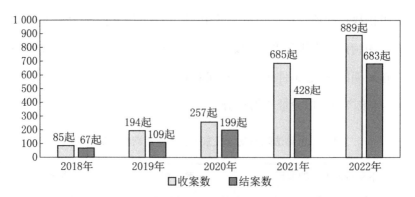

图 2　上海法院强制清算案件收、结案数

表 2　近 5 年上海法院强制清算案件信息表

年　份	2018 年	2019 年	2020 年	2021 年	2022 年	合计（单位:起）
强制清算审结数	67	109	199	428	683	1 486
无法（全面）清算数	29	61	136	325	465	1 016
清算结束	16	16	6	7	12	57
转破产清算	3	8	30	40	7	88
撤回清算申请	7	7	6	7	9	36
其他	12	17	21	49	190	289

无法清算和无法全面清算在审结的强制清算案件中数量最多,占审结强制清算案件总数的 68% 左右(见表 2)。强制清算案件数量整体上升,无法(全面)清算案件数量增多,越来越多的公司陷入僵局,大量僵尸企业“僵而不死”表明现实中公司清算义务人怠于履行清算义务的问题尤为突出。

近 5 年来,清算责任案件增多,说明实践中怠于清算或不当清算问题突出。上海法院清算责任案件数从 2018 年的 89 起增长到 2022 年的 216 起(见图 3)。

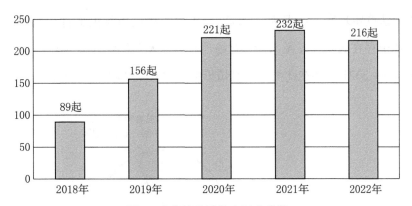

图 3　上海法院清算责任案件数

强制清算数量整体上升,无法清算、无法全面清算案件数量增多,清算责任案件数量增多,都表明实践中"怠于清算"与"不当清算"问题突出,亟待解决。

(三) 破产案件增多与"三无"破产明显

近 5 年来,上海法院共受理破产案件 3 355 起,审结破产案件 1 991 起,收案和结案数量呈高位运行态势(见图 4)。

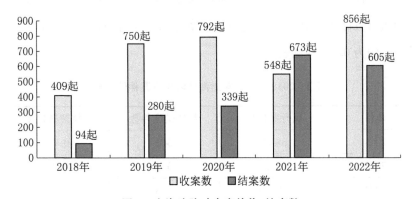

图 4　上海法院破产案件收、结案数

同时,当前破产案件中"三无"破产案件较多,以上海市三中院发布的破产法庭审理案件数据为例，2020 年上海三中院审结的案件中，债务人企业中存在无财产、无人员、无场所的"三无"情形的有 476 起，占比 30.4%，2021 年存在此类"三无"情形的案件有 450 起，占比 18.9%。

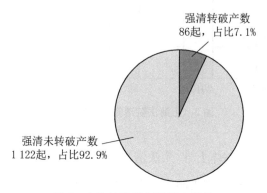

强清转破产数
86起，占比7.1%

强清未转破产数
1 122起，占比92.9%

图 5　上海法院强制清算案件数

近 5 年来，公司自行清算及强制清算转入破产程序的案件数量增多，但仍保持低位运行，转化率较低。上海法院处理的强制清算转破产清算案件共有 86 起，占强制清算案件数量的 7.1%（见图 5）。

与法院同期无法执行案件数量相比，执行转破产（以下简称"执转破"）的案件数量占比较低。以上海地区为例，2019—2021 年上海法院共受理执行案件 501 850 起，受理执转破案件 731 起，执转破占执行总案件数的比例为 0.15%（见表 3）。

表 3　2019—2021 年上海法院执行案件信息表

年份	执行案件数	执转破案件数	执转破比率
2019	188 751	343	0.18%
2020	162 283	310	0.19%
2021	150 816	78	0.05%
合计	501 850	731	0.15%

"三无"破产案件数量较多，清算转破产转化率较低，执转破案件数量

少,都是实践中企业自行清算缺乏积极性的体现。

三、困境思考:股东出资加速到期与清算、破产衔接问题的症结梳理

股东出资加速到期、清算与破产制度均为债权人向债务人主张债权的特殊程序。按前述分析,此类程序适用中存在问题多且复杂,司法实践中的操作标准与法律适用分歧较大,根本原因在于相关制度的设计理念不清晰、内容不完善、制度衔接不畅通。

(一) 股东出资加速到期适用标准不合理

1. 股东出资加速到期认定标准"门槛"较高

《九民纪要》第六条规定了例外情形下对股东出资加速到期的支持①,此时债权人可以主张未届出资期限的股东在未出资范围内对公司债务承担补充赔偿责任。司法实践中,能否认定股东出资加速到期的关键在于能否认定公司已具备破产原因,目前主要按照《企业破产法》及其司法解释的规定,对公司是否已具备破产原因进行审查。在非破产、非解散的情形下,股东出资加速到期的认定主要参照破产标准,但此时公司并未进入破产程序,以破产的高标准来对是否适用股东出资加速到期进行认定,对债权人而言难免过于苛刻。

2. 股东出资予以个别清偿与公平受偿认识不统一

《公司法》第五十四条规定了股东出资加速到期制度②,该条规定是否更明确了当债权人主张的公司及时偿付融资后,由其出资对提出主张的公司进行部分补偿,还是直接将融资责任归属该公司,使其股东公平受

---

① 公司已具备破产原因以及债务产生后公司延长出资期限两种情形。
② 公司不能清偿到期债务,且明显缺乏清偿能力的,公司或债权人有权要求已认缴出资但未届缴纳期限的股东提前缴纳出资。

偿,并不明确。①由于人们对不同立法内涵在认识上并不清晰,对这一问题产生了不同的观点。有观点认为,从价值关怀上看,在公司具备破产原因时,往往全体股东的利益都受到威胁,此时司法更应该以全体股东权益为关怀对象,而公司在具备破产原因时加速到期的出资,通常都是公司财富的"最后一杯羹",此时若公司直接用来偿还个别债务人,那么其他债权人利益既因公司再无后续偿债资源而落空,又因公司未来进入破产程序后无法撤销先前经法院司法程序完成的个别清偿而将受到严重损害,债务人公司与债权人、债权人相互间的矛盾将加剧。也有观点认为,其他债权人是否对"最后一杯羹"公平受偿,主动权掌握在自己手里,个别债权人债务清偿并不妨碍其他债权人或者公司申请破产。只要公司申请破产,未届出资缴纳期限的股东就应当将其加速到期的出资归入债权人财产,实现所有债权人公平清偿。从立法协调上讲,督促具备破产原因的公司及时进入破产程序是《企业破产法》和《公司法》的共同任务。且在《企业破产法》修改过程中,有观点积极主张增加对具备破产原因的公司采取对董事施以及时申请破产的义务、执行法院移送破产审查等工具选项,促使具备破产原因的公司及时进入破产程序,既保护全体债权人利益,又避免单个债权清偿后公司彻底沦为"困境企业",因此法律的修改应当保持协调性,形成制度合力,发挥集成效应。②

3. 加速到期的公司内部主体与责任缺乏规定

《九民纪要》第六条仅明确了债权人在特定情形下可以主张股东出资加速到期,但未就公司内部是否可以,以及如何启动股东出资加速到期进行安排。从域外法律制度看,美国《标准公司法》规定了不履行出资义务

---

① 《公司法》第五十四条规定:"公司不能清偿到期债务的,公司或者已到期债权的债权人有权要求已认缴出资但未届缴资期限的股东提前缴纳出资。"该条规定对于股东的出资应予以个别清偿还是公平清偿,仍未明确。

② 刘贵祥:《从公司诉讼视角对公司法修改的几点思考》,载《中国政法大学学报》2022年第5期。

的违约责任。①2014年，日本修改公司法，针对出资不实规定了股东、董事和证明者均负相应的责任，以此保证股权全额缴纳。②由上，美国和日本对于公司出资，规定了公司内部的责任主体和相应责任。但是我国法律针对股东出资加速到期并无此类似规定。《公司法》已注意到该问题，在第五十四条中规定除债权人外，公司亦可要求未届期的认缴股东提前缴纳出资。但是，《公司法》并未规定公司要求股东出资加速到期时的报告主体和启动主体，即公司内部具体由谁来报告提请，要求股东出资加速到期，具体由谁让公司启动股东出资加速到期，皆无规定。报告主体和启动主体的不确定导致上述规定中的公司要求股东提前缴纳出资成为"空中楼阁"，无法付诸实际。相应的，在公司出现无法清偿到期债务的情形时，相关义务人如果未及时向股东主张提前缴纳出资，公司内部对此亦缺乏相应的责任追究机制，则将间接导致公司主张股东提前缴纳出资的操作困难。

（二）自行清算与强制清算体系不完善

公司是独立法人，其设立和终止都应遵循法定程序，而破产清算是公司退出市场的重要方式之一，公司债权人亦可就此获得债权清偿救济。尽管我国《公司法》中建立了"自行清算为原则，强制清算为补充"的清算体系，但自行清算难以发挥其"先行性"作用，主要原因在于法律对自行清算制度的实体性规定不细、程序性量化不足，理论和实践方面仍有问题待厘清。同时，根据当前法律规定，公司依法清算以解散为前提，清算完毕

---

① 陈瑛钰：《非破产情形下股东出资加速到期的困境与出路》，载参考网，https://www.fx361.com/page/2022/0329/10205700.shtml；转引自卢宁：《公司资本缴纳制度评析：兼议认缴制下股东出资义务加速到期的困境与出路》，载《中国政法大学学报》2017年第6期。按照美国《标准公司法》，认购人出资不到位，公司可以如同收取其他拖欠债务一样予以收取，由公司董事会决定缴纳数额和期间。

② 邓苏宁：《联邦商业公司法》，载《上海法学研究》集刊2021年第10卷。

后注销才能终止公司法人人格。实践中,很多公司在经营出现重大困难和亏损时,不及时解散止损,如符合法定解散条件不及时启动清算,或者清算启动后怠于清算,或不当清算,导致清算程序无法正常推进或未能正常清算。

1. 自行清算与强制清算的主体有待明确

当前自行清算与强制清算的主体界定不清晰,导致公司清算由谁启动、由谁执行不明确。《最高人民法院关于适用〈中华人民共和国公司法〉若干问题的规定(二)》(以下简称《公司法解释二》)采用了将清算义务人与清算组人员区分的方式,规定了清算义务人和清算组人员在各种情况下所应当履行的法律责任。德国、日本、韩国公司法都使用清算人概念将清算义务人和清算人合一,清算人负责启动清算程序。对于如何确定公司的清算义务人,学者普遍认为,清算义务人应当对公司负有忠实义务和善管义务,对公司具有法律上的控制权力。[1]既然要区分清算义务人和清算人,就应该界定两者的身份地位,以及所对应的权利义务与责任,明确清算启动主体和执行主体。

2. 自行清算与强制清算启动标准较高

一是目前法律规定的解散条件苛刻。公司清算的前提是解散,《公司法》第一百八十条规定了公司解散的五种情形。其中,被吊销、责令关闭或被撤销,均系行政处罚范畴,条件非常严格[2],公司经营管理发生严重困难通常指公司出现决议僵局,上述规定中并未将公司出现严重亏损作为解散的事由。如股东、董事出于逃避债务等原因未及时解散公司,客观上会造成企业债务持续扩大,对债权清偿造成重大风险。从域外经验看,

---

[1] 李建伟:《公司清算义务人基本问题研究》,载《中国法学》2019 年第 2 期;张俊勇、翟如意:《有限责任公司清算义务人主体问题研究》,载《法律适用》2019 年第 19 期。

[2] 公司营业期限届满、股东会或者股东大会决议解散、因公司合并或者分立需要解散、依法被吊销营业执照、责令关闭或者被撤销、公司经营管理发生严重困难等。

若将公司出现严重亏损作为解散公司的事由,可以及时帮助公司止损以避免损失扩大,亦可以让公司在负债较少的情况下,通过解散、自行清算及注销的流程,低成本合理退出市场。

二是公司决议解散的登记标准要求高。《公司法》第六十六条规定,经代表三分之二以上有表决权的股东通过,可以决议解散公司,此时不以全部股东的同意为前提。但实践中,公司登记机关办理清算注销的前提,往往是要求公司解散清算必须全体股东一致同意签名。实践内容和法律规定并不一致,但公司解散又是清算的前提,因此公司自行清算较为困难。

三是启动强制清算的认定标准高。《公司法》第二百三十三条及《公司法解释二》第七条规定了在什么情形下,债权人可以申请法院指定清算组进行清算①,此系促成自行清算转强制清算,解决清算僵局的可行措施。但就上述法律规定的情形来看,如债权人申请法院启动强制清算,在举证上存在较大的困难,由此间接导致强制清算的准入标准较高,申请人所需要耗费的精力更大。一方面,公司解散的信息不予以公示,债权人缺乏及时了解该信息的途径,即使公司解散后逾期不成立清算组,债权人亦很难知晓。另一方面,"清算组故意拖延清算"存在较多的主观判断因素,具体到案件中,由于存在法官的自由心证,认定的标准及最终的结果亦有所不同。②

(三)破产功能定位不清晰

随着党中央有关供给侧结构性改革、营商环境优化等系列重大决策

---

① 公司解散逾期不成立清算组进行清算的、清算组故意拖延清算、违法清算可能严重损害债权人或者股东利益。

② 在(2021)最高法民申2336号案件中,法院裁判观点认为,"只有出现特殊情形时,股东才可以请求人民法院介入公司清算事务。本案中,原裁定认定股东间存在自行对公司法进行清算的意愿,A公司不存在强制清算的情形。因此,申请人主张部分股东恶意拖延清算,缺乏事实和法律依据,理由不成立"。但在(2020)最高法民申791号案件中,法院认为,"B公司决议解散且股东间达成如何自行清算的具体事宜后,清算工作一直未能实际开展,未及时履行清算义务在法定时限内自省清算,符合强制清算的情形,本院依法予以支持"。

部署的公布,各地法院不断转变传统观点,强化依法受理破产案件意识。在此大背景之下,破产案件数量大幅上升。同时,依据相关法律规定,债权人对人员下落不明①或者财产状况不清的债务人申请破产清算,符合《企业破产法》规定的,人民法院应依法予以受理,而债务人能否依据《企业破产法》第十一条第二款的规定向人民法院提交财产状况说明、债权债务清册等相关材料,并不会对债权人受理申请构成实质性影响。以上相关的工作规范指引及批复文件虽然推动了企业破产的受理和审判工作,但也间接导致了破产准入标准的实质性降低,许多企业未经清算便直接进入破产的"口袋",强制清算与破产呈"倒挂"之势。

四、路径构建:股东出资加速到期与清算、破产"递进式"衔接体系的规范进路

近年来,随着我国公司制度和实践的进一步发展,市场形态和公司治理状况发生了新的变化,对相关法律供给提出了新的要求。《公司法》与《企业破产法》的修订应当坚持法治化、市场化,以深化供给侧结构性改革为指导,以优化营商环境为导向,兼顾本土经验与"他山之石",构建完善的法律制度逻辑体系,充分发挥《公司法》《企业破产法》在市场经济法律框架中的基础性功能和作用。

总体而言,应重塑股东出资加速到期、清算与破产的主体、条件与责任,形成"递进式"衔接体系。首先,应先行通过股东出资加速到期制度对债权人予以救济,通过股东出资清偿公司债务的方式,尽量恢复或者保障

---

① 参见《最高人民法院关于债权人对人员下落不明或者财产状况不清的债务人申请破产清算案件如何处理的批复》(法释〔2018〕10号)中的规定,上述"人员下落不明"的人员范围,包括债务人的股东、实际控制人、董事、监事、高级管理人员、财务人员,以及与公司资产清算工作有关的其他人员。

公司正常经营。其次，应完善公司解散程序启动事由，引入基于亏损的解散决议启动条件，引导公司通过内部救济手段及时对经营和财务状况进行清理，尽早解决商业困境。对于确需解散的，企业应自行启动清算程序并按照法定程序清算。企业逾期未组织清算组进行清理，或是故意推迟，存在违法清算行为的，相关主体可向法院申请强制清算，通过强制清算程序保护债权人的利益，厘清公司对外债务。如公司怠于解散、清算或不当清算的，应由股东、董事、高管等责任主体对由其过错造成的损失承担相应的赔偿责任。最后，如果在清算程序中发现公司存在资不抵债的情形，可以通过"清转破"程序将公司转入破产程序，但应当严格把握破产案件的准入标准。

（一）三程序"递进式"衔接的主体

随着现代公司制度的发展与完善，企业的所有权与经营权分离。《公司法》第一百八十条区分忠实义务与勤勉义务，但未具体界定在公司出现经营和财务问题时，股东和董事的具体义务内容。为防止公司陷入困境时股东、董事责任不清，相互推诿，甚至消极逃债情况的发生，建议在股东出资加速到期、清算、破产的程序中，明确将董事的报告义务作为其勤勉义务的内容，规定在符合一定的条件时，董事会、董事应向股东会报告公司的财务状况和经营状态，并提请公司股东启动出资、解散、清算、破产等不同程序。

1. 股东出资加速到期的主体

就股东出资加速到期而言，根据《公司法》第五十四条规定，债权人或公司有权要求出资期限未届满的认缴股东提前缴纳出资，其启动主体为债权人或公司，其中债权人为外部启动主体，公司的内部启动主体可进一步分为催缴主体和缴纳主体。董事会负有催缴义务，为催缴主体；股东有缴纳出资义务，为缴纳主体。即在公司出现未能清偿到期债务或者经营困难,或者出现了公司章程规定的情形时,公司董事应及时进行催缴,要求出资期限未届满的认缴股东提前缴纳出资。

2. 自行清算与强制清算的主体

就自行清算而言,其主体区分为报告主体、启动主体和执行主体。报告主体为董事,在公司出现法律规定的解散情形时,董事因具体负责公司的经营和管理,对公司状况最为了解,其负有勤勉义务,应及时向股东会报告,以便股东在法律规定的时间内启动解散或清算程序。如董事未尽到上述报告义务,其应承担相应的责任;如董事已尽到上述报告义务,可予以免责。启动主体即公司股东,因公司解散清算属于公司重大事项,应由公司权力机关作出最终决议。作为自行清算执行主体的清算组可以根据公司章程约定,由股东、董事及高级管理人员等组成,负责具体的清算事务。

就强制清算而言,法律是在公司未成立清算组,或者拖延清算、违法清算的情形下赋予相关主体启动的权利,故强制清算的启动主体范围应更加宽泛,以便尽可能地推进公司清算程序,因此可将债权人、股东、主管机关或利害关系人均作为启动主体。至于执行主体,《公司法解释二》第八条中已有较为明确的规定。

(二) 三程序"递进式"衔接的条件

1. 股东出资加速到期认定标准重塑

《九民纪要》第六条规定了适用股东出资加速到期制度的两种例外情形,此时,债权人可以主张未届出资期限的股东在出资范围内对公司债务承担补充赔偿责任。《公司法》第五十四条规定,"公司不能清偿到期债务,公司或债权人有权要求已认缴出资但未届缴资期限的股东提前缴纳出资"。上述规定未将"已具备破产原因"作为认定标准,使用的是"公司不能清偿债务",此认定标准较《九民纪要》而言有所降低,但如何理解"公司不能清偿债务"有待进一步解读与探讨。当公司存在到期债务未能清偿或出现公司章程规定的情形时,债权人或公司即可要求股东出资加速到期。具体到司法实践中,对于"公司存在到期债务未能清偿"的认定可参照法院出具的终结本次执行裁定,即债权人依据法院终结本次执行裁定,主张股东出资加速到期的,如股东未提供相反证据证明公司资产足以清偿债务或者具有清偿能力,则法院可作出股东出资加速到期的裁决。

2. 自行清算与强制清算启动标准重塑

(1)增加基于亏损的解散决议启动事由

公司解散牵扯利益主体众多,关涉市场经济秩序的安宁与稳定。在《公司法》规定的解散事由有限的情形下,增加"公司出现严重亏损"为启动决议解散的事由,有助于推动公司后续自行清算,使公司得以高效合理地退出市场。至于何为"公司出现严重亏损",可借鉴阿联酋《联邦商业公司法》中的相关规定。即有限责任公司的亏损达到其资本的一半时,管理人应当向合伙人大会提交解散公司的决议,通过解散公司的决议需要修改公司设立协议所需的多数票;亏损达到资本的四分之三时,持有资本比例达四分之一的持有人可以申请解散公司;股份公司的亏损达到发行资本的一半时,董事会应当自部委或管理局披露其定期或年度财务报表之日起三十日内,召集大会作出决定,是在届满期限前解散公司,还是让公司继续其业务;董事会不召集大会会议,或大会无法就此问题作出决定的,各利益相关方可以向主管法院提起诉讼,请求解散公司。[1]

当然,具体到司法审判实践中,就个案而言,"公司出现严重亏损"还可结合公司的盈余状况、是否正常继续营业,以及股东会能否正常召开等情况予以综合判断。

---

[1] 邓苏宁:《联邦商业公司法》,载《上海法学研究》集刊 2021 年第 10 卷。

(2) 建立解散事由公示制度

完善债权人获取公司解散信息的途径有利于债权人及时向法院申请强制清算。根据《企业信息公示暂行条例》第七条的规定,由有关主管部门公示相关处罚信息,公司依法被吊销营业执照、责令关闭的除外。但其他解散事由并不在上述公示的范围内,虽然该条例第九条规定,企业应当在其年度报告中公示其清算状态信息,但若公司出现解散事由却一直不予清算,债权人无法了解公司是否已经解散,便无法及时向法院申请强制清算。从比较法经验来看,许多国家和地区公司法都将解散作为登记事项。美国《特拉华州公司法》第二百七十五条规定,公司董事应当将公司解散证明书向登记机关备案;德国《有限责任公司法》第六十五条、《股份公司法》第二百六十三条规定,公司解散应当进行商事登记。[①]因此,公司解散登记制度不仅能使登记机关及时掌握公司解散情况,更能够让债权人及时获取公司解散信息,及时启动强制清算。《公司法》注意到了该问题,其第二百二十九条第二款规定,"公司出现前款规定的解散事由,应当在十日内将解散事由通过国家企业信用信息公示系统予以公示"。该条规定已明确公司解散事由应予以公示,但其规定仍不甚完善,其仅仅规定了公司公示解散事由的义务,却未规定不作为所对应的责任后果。因此,在此基础上,应作相应的修改与完善,明确如公司未将解散事由予以公示,公司相关责任人员应承担相应的责任,或者登记主管机关可给予相应的行政处罚。

(3) 建立简易清算制度提高清算效率

按照正常办理公司注销登记的流程,从作出解散决议(决定)到向主管机关窗口提交注销申请大约需要 10 个环节。对于长期不经营、部分股东或者高级管理人员失联的公司,由于必须先行解散才可进入清算程序,

---

① 林一英:《公司清算制度的修改——以经营异常公司的退出为视角》,载《法律适用》2021 年第 7 期。

而实践中主管机关又要求解散决议须由全体股东签字确认,前述主管机关的要求与公司实际情况之间的矛盾造成市场上存在大量吊销未注销的"困境企业"。因此,为了企业能够通过自行清算快速合理地退出市场,在满足一定条件的情形下,可跳过解散的前置程序,由公司董事向股东会提交申请,公司可直接进入清算程序,此即简易清算制度。

关于启动简易清算制度的条件,可限定如下:首先,适用的市场主体为有限公司(上市股份有限公司除外)、合伙企业、非公司企业法人、个人独资企业、各类企业分支机构、农民专业合作社及其分支机构;其次,适用的条件为市场主体未发生债权债务纠纷或者已将债权债务清算完结,未发生或者已结清清偿费用、职工工资、社会保险费用、法定补偿金、应缴纳税款(滞纳金、罚款);最后,排除适用情形为不存在正在被立案调查或者采取行政强制措施的情形,无正在诉讼或仲裁的案件。

3. 破产准入标准重塑

从来源上看,破产案件可分为清算转破产的案件及直接受理的案件。根据《企业破产法》第七条规定,企业法人不能清偿到期债务,并且资产不足以清偿全部债务或明显缺乏清偿能力时的破产案件,满足直接准入标准。而关于何为"资产不足以清偿全部债务或明显缺乏清偿能力",《企业破产法》及其司法解释对此亦有明确规定。具体到司法实践中,应严格把握破产准入标准,防止未进行任何清算便直接进入破产程序,当然,公司符合破产直接准入标准的除外。

(三) 三程序"递进式"衔接的责任

就股东出资加速到期而言,需要厘清股东(会)责任和董事(会)责任。[①]首先,就董事的责任而言,因其具有报告义务,当公司出现符合股东

---

① 股东会和董事会责任系公司组织机构的责任,股东和董事的责任更多体现的是民事责任。为行文和阅读方便,除特别说明外,就二者责任仅作概括论述,未作进一步区分。

出资加速到期的情形时,其应及时进行催缴并进行催缴公示,提请股东会要求股东提前缴纳出资。如董事未尽到上述报告义务,未及时进行催缴或未向股东会报告公司状况,导致债权人不得不通过诉讼向股东主张出资加速到期,则董事应就债权人自行催缴的诉讼成本等承担连带责任;如董事尽到了上述义务,则可予以免责。其次,就股东的责任而言,股东承担的是补充赔偿责任,其法理基础在于出资认缴行为,但关于股东承担责任的范围,学界还存在着若干争议,是根据《公司法解释三》第十三条第二款的规定,将公司对债权人的补充赔偿责任限于"未出资的本息"范围内,还是按照《九民纪要》的规定,不包括认缴出资的利息,尚未明确。认缴制下的股东享有期限利益,承担公司到期利益的企业仅需要在认缴期限届满前支付出资即可,将公司的出资加速到期是由公司出现了未能清偿到期债务的外因所致,此时股东应当仅需在未出资范围内对公司不能清偿的债务承担补充清偿责任,不应过于扩大股东的责任承担范围。最后,债权人主张股东出资加速到期后,该笔加速到期的出资款应当是对该提出主张的债权人的个别清偿,而非归入公司后由该主张债权人与其他债权人公平受偿,其原因在于法律应当鼓励债权人为其债务完全清偿所作出的积极作为。股东出资加速到期中的个别清偿并不妨碍之后其他债权人申请公司破产,也不妨碍公司自行申请破产。一旦申请破产,未届出资缴纳期限的出资即应加速到期,归入债务人财产,实现所有债权人的公平清偿。若将债权人请求来的加速到期款项归入公司,由所有债权人公平受偿,则必然降低债权人请求确认股东认缴出资加速到期的动力。而且,只有支持对该加速到期的出资进行个别清偿,才能促使其他债权人积极地对公司申请清算或者破产。有鉴于此,公司不能清偿到期债务,且明显缺乏清偿能力的,公司有权要求已认缴出资但未届缴纳期限的股东提前向公司缴纳出资,债权人有权要求已认缴出资但未届缴纳期限的股东在未出资范围内对公司不能清偿的债务承担补充赔偿责任。

关于解散的责任承担,亦应就董事和股东不同身份主体作出责任区分。就董事而言,当公司出现符合解散的情形时,董事负有向股东会及时报告并就解散事由予以公示的义务,如此才能促使股东会及时召集会议予以决议。如董事尽到了上述报告义务,则可免予相应责任;如董事未尽到上述报告义务,则应就不及时解散、清算,导致公司丧失清偿能力的损失承担赔偿责任。就股东而言,在董事向其报告之后,股东应在董事报告相关事项后,及时就公司解散事项召开股东会予以表决,并尽快启动公司解散、清算的相关工作;如因股东不及时解散、清算,导致公司丧失清偿能力的,股东应承担相应的赔偿责任。

3. 亲子关系推定规则在民事案件中的适用现状及改进建议[*]

引 言

亲子关系推定规则指,在无法获得直接证据对当事人的亲子关系存在与否进行认定的情况下,法院依法对亲子关系的确认或否认进行推定的裁判规则。我国对于亲子关系推定规则的规定最早见于最高人民法院 2011 年颁布的《关于适用〈中华人民共和国婚姻法〉若干问题的解释(三)》(已失效,以下简称原《婚姻法司法解释三》)第二条,即夫妻一方向人民法院起诉请求确认亲子关系不存在,并已提供必要证据予以证明,另一方没有相反证据又拒绝做亲子鉴定的,人民法院可以推定请求确认亲子关系不存在一方的主张成立。当事人一方起诉请求确认亲子关系,并提供必要证据予以证明,另一方没有相反证据又拒绝做亲子鉴定的,人民法院可以推定请求确认亲子关系一方的主张成立。2020 年,最高人民法院颁布了《关于适用〈中华人民共和国民法典〉婚姻家庭编的解释(一)》(以下简称《婚姻家庭编司法解释》),其第三十九条基本延续了原《婚姻法司法解释三》第二条的规定,仅对起诉主体进行了调整:其一,可提起亲子关系否认之诉的主体由"夫妻一方"变更为"父或者母";其二,可提起亲

* 编写人系上海市第一中级人民法院翟宣任。

子关系确认之诉的主体则变更为"父或者母"及"成年子女"。对于诉讼主体的调整,除与《民法典》第一千零七十三条规定相统一外,还有三点考虑:其一,兼顾血缘关系真实及身份关系安定,将起诉主体限制为法律意义上的父或母;其二,为防止成年子女逃避赡养义务,故将成年子女可提起诉请的范围限定为亲子关系确认之诉;其三,基于未成年子女民事行为能力的限制,故未规定未成年子女的诉讼资格,未成年子女可通过其父或母提起诉讼。①

真实血缘关系是认定亲子关系的重要因素,DNA 技术的发展使亲子鉴定的准确性极高,司法裁判在一定程度上较为依据亲子鉴定的结果。当前,各国对于亲子鉴定有直接强制鉴定与间接强制鉴定②两种不同的司法实践,直接强制鉴定指在相对人拒绝进行亲子鉴定时,法院对其科以罚款甚至进行强制抽血的措施;间接强制鉴定则指在相对人拒绝鉴定时,法院可以作出对其不利的推定。我国从自身国情出发,综合考虑社会安定因素,吸收借鉴了间接强制规则,《婚姻家庭编司法解释》对原《婚姻法司法解释三》所确定的亲子关系推定规则的总体延续即体现这一点。亲子关系的确认或否认不仅会对个体身份关系产生重构性影响,还会影响社会关系的安宁与稳定,更牵涉未成年子女权益的保护。故处理涉亲子关系纠纷应当秉持"审慎"的原则,在缺乏直接证据而采用亲子关系推定规则的情况下,更应当慎之又慎。当前,有关亲子关系推定规则的司法实践仍存在一些问题,明晰亲子关系推定规则对于身份关系乃至社会关系的安宁及未成年子女的保护均具有重要意义。

---

① 参见最高人民法院民事审判第一庭主编:《最高人民法院民法典婚姻家庭编司法解释(一)理解与适用》,人民法院出版社 2021 年版,第 371—372 页。
② 参见《最高人民法院民一庭负责人答记者问:总结审判实践经验凝聚社会各界智慧 正确合法及时审理婚姻家庭纠纷案件》,载 https://www.court.gov.cn/zixun/xiangqing/3016.html,2023 年 7 月 3 日访问。

一、亲子关系推定规则适用现状

考虑到司法解释的前述变化,以及司法实践的不断发展,笔者以《民法典婚姻家庭编》施行日期(2021 年 1 月 1 日)至 2023 年 6 月 30 日为查询区间,以中国裁判文书网为检索平台,共检索出在裁判理由中写明《关于适用〈中华人民共和国民法典〉婚姻家庭编的解释(一)》的民事判决书 46 件,排除诉讼中双方同意进行亲子鉴定 5 件,剩余 41 件作为本案的分析样本。其中,涉亲子关系确认之诉案件为 18 起,胜诉率约为 72.22%;涉亲子关系否认之诉均为 23 起,胜诉率约为 78%。经过进一步分析,前述案件可反映出亲子推定规则在司法适用中存在以下情况。

(一) 诉讼主体不统一

《婚姻家庭编司法解释》规定,可提起亲子关系确认之诉的主体为"父或母""成年子女",可提起亲子关系否认之诉的主体仅为"父或母",可见,司法解释排除了未成年子女就亲子关系提起诉讼的权利。然而,分析样本中,有 4 起案件系由未成年子女提起诉讼,其中 1 起甚至是以未成年子女为原告提起的亲子关系否认之诉。

亲子关系确认之诉中,被诉主体方面,有 4 起案件系以未成年子女为被告,其中 1 起将未成年子女的母亲列为第三人。而在亲子关系否认之诉中,有 13 起案件将子女列为被告,1 起将子女列为第三人,其中,成年子女为被告的有 3 起,仅以未成年子女为被告的有 7 起。

(二)"必要证据"认定标准不一

根据现行司法解释的规定,亲子关系推定规则的适用应以原告提交"必要证据"为前提,如原告未提交"必要证据",则对其关于亲子关系的主张不予支持。实践中,法院对于"必要证据"的认定标准并不一致,在宋某诉柯某确认亲子关系纠纷一案①中,"双方同居关系存续期间怀孕"即构成"必要证据",而在孙某诉包某确认亲子关系纠纷等案②中,除前述条件外,法院另结合双方微信聊天记录或被告在医院妇产科相关文件的签字或双方协议书等材料,对"必要证据"的成立进行了认定。在徐某诉焦某损害赔偿纠纷等案③中,出生证明文件成为确认被告为生父的"必要证据";而在陈某诉李某确认亲子关系纠纷一案④中,法院认为除出生证明文件外,原告还需要提交双方在受孕期间存在同居关系或其他间接证据,方能视为完成"必要证据"的提交。

此外,在分析样本中,11 起案件的原告提交了自行委托的亲子鉴定结果,其中,7 件为提交司法鉴定机构出具的鉴定结果,4 件为其他非具有司法鉴定资质的单位出具的鉴定结果。前述 11 起案件中,仅有毕某诉董某确认亲子关系一案⑤中,原告的主张未获支持,该案原告系以子女与案外人不具有亲子关系的鉴定结果,来主张其子女与被告存在亲子关系。而张某霄与张某确认亲子关系纠纷一案⑥中,当事人仅提交了无法显示申请人姓名的非司法鉴定机构出具的亲子鉴定结果,即被认定提供了"必要证据"。

(三) 部分判决与相关司法解释存在冲突

《民诉法司法解释》第九十二条第二款规定,对于涉及身份关系的事

---

① 参见湖北省大冶市人民法院(2022)鄂 0281 民初 5643 号民事判决书。

② 参见山东省海阳市人民法院(2023)鲁 0687 民初 765 号民事判决书,吉林省公主岭市人民法院(2022)吉 0184 民初 3455 号民事判决书,甘肃省礼县人民法院(2021)甘 1226 民初 463 号民事判决书。

③ 参见安徽省萧县人民法院(2022)皖 1322 民初 288 号民事判决书,广东省广州市番禺区人民法院(2021)粤 0113 民初 14731 号民事判决书,河北省唐山市古冶区人民法院(2021)冀 0204 民初 292 号民事判决书。

④ 参见浙江省仙居县人民法院(2022)浙 1024 民初 1329 号民事判决书。

⑤ 参见山东省寿光市人民法院(2022)鲁 0783 民初 7877 号民事判决书。

⑥ 参见北京市朝阳区人民法院(2021)京 0105 民初 69966 号民事判决书。

实,不适用自认。分析样本中,有 11 件判决对当事人的陈述进行了采纳,该 11 起案件被告均不同意进行亲子鉴定,其中,有 7 件判决系依据当事人的陈述及被告拒绝亲子鉴定的行为,即对亲子关系进行了认定。7 件判决中涉及亲子关系确认之诉的案件为 2 起,涉及亲子关系否认之诉的案件为 5 起。在杨某诉李某否认亲子关系纠纷一案①中,法院仅依据原告的单方陈述,即对亲子关系进行了判定,该案判决认为,原告作为女方,对其所生的子女的父亲有相应的可知性,故采信了原告的陈述,认定被告与原告所生子女不具有亲子关系。而在张某与殷某离婚后损害责任纠纷一案②中,一二审判决对于当事人自认的认定存在不同观点,一审以亲子关系不适用自认为由驳回了原告否认亲子关系的诉请,二审则采信了原被告的自认,改判支持了原告诉请。

二、亲子关系推定规则适用现状的成因分析

(一) 裁判理念有待统一

如前所述,法院对于"必要证据"的认定宽严不一,"同居关系存续期间怀孕"能否独立构成"必要证据"? 对于婚生子女,一般推定"夫为其父、妻为其母",如仅以"同居关系存续期间怀孕"为"必要证据",是否系将"同居关系"类比于"婚姻关系"? 单一"出生证明文件"可否视为"必要证据"? 仅以双方之陈述可否对亲子关系进行认定? 法院对此存在不同的观点。这些观点之间的矛盾体现了裁判理念的冲突。在涉亲子关系纠纷案件中,价值理念的冲突往往较为集中。一般而言,其不仅会涉及个人权益的维护,还会涉及家庭关系的稳定及社会关系的安宁,更可能涉及未成年子女权益的保护。如何对未成年子女权益保护、血缘关系真实、身份关系安

---

① 参见河南省扶沟县人民法院(2022)豫 1621 民初 1118 号民事判决书。
② 参见山东省潍坊市中级人民法院(2022)鲁 07 民终 10368 号民事判决书。

宁的不同价值追求进行权衡取舍,是解决前述问题的关键。

(二) 诉讼主体有待进一步厘定

《婚姻家庭编司法解释》虽然对可提起诉讼的主体进行了明确的规定,但实践中仍存在以未成年子女为原告的情况,法院并未以主体地位不适格为由驳回原告诉请,而是以进行实体审理的方式变相对未成年子女的起诉主体地位进行了认可。在此情形下,应否认定前述判决存在错误?进而言之,是否应赋予未成年子女就亲子关系提起诉讼的权利?在亲子关系确认之诉与亲子关系否认之诉中是否应当有所不同?在实际抚养未成年子女的"父或母"去世的情况下,其他监护人是否可以提起诉讼?在被诉主体方面,应当如何确定被诉主体身份?在未成年人单独作为被诉主体时,应否追加其"母或父"为第三人?在诉请与已死亡的主体确认亲子关系的情况下,如在继承纠纷案件中,如欲确认与被继承人的亲子关系,应当以何主体为被告?这些问题的产生,均反映了对诉讼主体进一步厘定的必要性。

(三) 对自行委托亲子鉴定结论的审查有待加强

对于司法鉴定机构开展亲子鉴定的资质、受理范围、鉴定材料的提取和适用、鉴定程序等,司法部均进行了严格的规定①。即便如此,仍出现了花钱买鉴定结论的现象②,后司法部发布紧急通知③,要求司法鉴定机构进行严格自查,规范开展亲子鉴定业务。在分析样本中,对于当事人提

① 参见《司法部办公厅关于规范司法鉴定机构开展亲子鉴定业务有关工作的通知》(司办通〔2016〕40号)。
② 参见《买来的"亲生关系":花3万多,孩子被鉴定为"亲生"》,https://baijiahao.baidu.com/s?id=1677510026598395900&wfr=spider&for=pc,2023年7月3日访问。
③ 参见《司法部办公厅关于严格规范司法鉴定机构开展亲子鉴定业务有关工作的紧急通知》(司办通〔2020〕100号)。

交的其自行委托的亲子鉴定结论,无论是否为司法鉴定机构所出具,法院一般均予以认可,缺少对鉴定结论的有效审查。出现前述情况的原因在于,当事人拒绝鉴定使得事实可能处于无法查明的状态,而"不得拒绝裁判"则要求法官不得不对亲子关系的存在与否作出判断,在一方当事人已提交自行委托的亲子鉴定结论的情况下,对其予以采信可能是最为"安全"的做法。那么,对于亲子鉴定结论应当如何审查? 审查要素有哪些?对于非司法鉴定机构出具的鉴定结论应否予以采信? 这些问题均需要进一步探讨。

三、亲子关系推定规则适用的原则

涉亲子关系纠纷对个人、家庭及社会关系往往产生基础性影响,对亲子关系的认定应当秉持"审慎"的态度。亲子关系推定规则是在无法获取认定亲子关系的直接证据时的变通规则,对其适用应当慎之又慎,笔者认为,审理涉亲子关系纠纷案件应当遵循以下原则:

(一) 以优先保护未成年人权益为重点

最有利于未成年人原则是审理涉亲子关系纠纷的基础性原则,对于未成年人权益的保护应当体现在规则适用的全过程。未成年人权利的优先保护是国际通行的惯例,联合国颁布的《儿童权利公约》即"以儿童的最大利益为一种首要考虑"[①]。我国一直重视对未成年人权利的保护,《中华人民共和国未成年人保护法》第四条即规定,"保护未成年人,应当坚持最有利于未成年人的原则"。《民法典》亦将保护未成年人的合法权益作为婚姻家庭编的基本原则之一[②]。一般而言,未成年人在认知、经验、行

---

① 参见《儿童权利公约》第三条第一款规定。
② 参见《中华人民共和国民法典》第一千零四十一条规定。

为能力上均与成年人存在一定差距,在自身权益维护中往往处于不利地位,司法对于未成年人的倾斜保护不仅符合公平原则,亦与"幼吾幼以及人之幼"的道德标准相一致。

在对父或母一方利益、未成年子女利益进行平衡时,应当以未成年子女利益的保护为优先选项。在前述的一些案件中,法院仅以双方或单方自认即支持当事人否认亲子关系的主张,一些情况下将对未成年子女的权益造成损害。在杨某诉李某否认亲子关系纠纷一案中,双方矛盾系因抚养权、探视权纠纷而引发,杨某诉请确认李某与案外人李某晟(未成年人)不具有亲子关系的目的,系为获得抚养权。在并无其他证据佐证的情况下,仅以杨某自认李某晟系其与他人所生的陈述,即认定李某晟与李某不具有亲子关系,或许有失妥当。从杨某的角度而言,该案判决使得其获得了李某晟的抚养权,从李某晟的角度而言,则使其失去了一个抚养义务人。

(二)正确权衡血缘关系真实与身份关系安定

除收养、代孕等特殊情况外,亲子关系的建立一般系基于生育而产生。一般情况下,血缘关系是建立亲子关系的基础关系,亲子关系的建立又是抚养、赡养、继承等关系的基础。从情感及伦理角度而言,父母及子女均有知悉其真实血缘关系的权利。正常情况下,基于真实血缘关系而产生的亲子关系具有稳定性,而当一方对真实血缘关系产生质疑并提起诉讼时,可能会对亲子关系的重构产生基础性影响。在一方拒绝在诉讼中就亲子关系进行司法鉴定的情况下,血缘关系的真实状态往往无法予以查明。在起诉一方已提交必要证据,且另一方无相反证据且拒绝鉴定的情况下,一般可以认为起诉一方对于血缘关系的主张具有高度盖然的真实性,但仅以此对亲子关系进行认定,在一些情况下或许会使结果有失正当性。

除血缘关系真实外,身份关系的安定亦应当是裁判所应考量的因素。

身份关系作为社会关系的基础构成,其安定性不仅关系到个体关系的稳定,更关系到社会的安宁。一些情况下,维持身份关系安定对于未成年子女的成长、社会关系的稳定更为有利,也更符合公平正义的价值理念。在陈某某与王某婚姻家庭纠纷一案①中,陈某某曾在与甘某某同居期间(1998 年)生育甘某(女)。后因甘某某犯罪入狱,陈某某另随他人生活,陈某某便将甘某遗弃(1999 年 2 月)。王某某发现弃婴后便进行了抱养,并给其取名为王某,但未办理收养手续。陈某某自称其在遗弃的次月便知道女儿被王某某收养,但从未与王某某联系。2012 年,甘某某遇交通事故身亡,警方对甘某某与王某的血样进行了鉴定,结论为甘某某系王某的生物学父亲。因王某可能获得甘某某的事故赔偿,陈某某诉请要求确认其与王某的亲子关系,王某拒绝与陈某某进行亲子鉴定。法院认为,即便一方提交了必要证据,另一方没有相反证据且拒绝鉴定,法院"可以"对提起诉请的一方予以支持,但应当结合是否有利于维护家庭关系和谐稳定及未成年人权益保护来进行认定,考虑到王某某与王某已共同生活 15余年,父女感情深厚,法院最终驳回了陈某某的诉请。该案判决未简单的遵从血缘关系真实,而是从案情实际出发,选择维护身份关系安定,不仅有利于维护家庭和谐与未成年人成长及情感利益,更符合社会伦理道德。在适用亲子关系推定规则时,应当从利益衡量的角度出发,做好血缘关系真实与身份关系安定的权衡。《婚姻家庭编司法解释》规定的"必要条件"及"无相反证据且拒绝亲子鉴定"的条件设定均着眼于对真实血缘关系的审查,而在满足前述条件后,司法解释规定"可以"而非"应当"支持原告诉请,则为除血缘关系真实外的影响亲子关系因素的考量留下了空间。即便可以从推导出的真实血缘关系的角度支持原告的诉请,也应当结合案件实际,对身份关系安定所蕴含的价值利益予以衡量,以正确对二者进行

---

① 参见湖北省武汉市中级人民法院(2014)鄂武汉中民终字第 00116 号民事判决书。

取舍,进而对原告诉请进行正确处理。

四、亲子关系推定规则的适用要点

根据《婚姻家庭编司法解释》的规定,亲子关系推定规则的适用思路如下:第一步,审查诉讼主体是否适格。第二步,审查起诉主体是否提交了必要证据。第三步,审查被诉主体是否提交了相反证据。第四步,判断被诉主体是否拒绝亲子鉴定。第五步,考察是否具有足以排斥亲子关系存在与否的因素,即身份关系安宁是否具有更大的价值利益;如经过前四步的判断,可以高度盖然性地支持原告对于血缘关系的陈述,且不具有排斥亲子关系成立与否的因素,则应当对原告的主张予以支持。

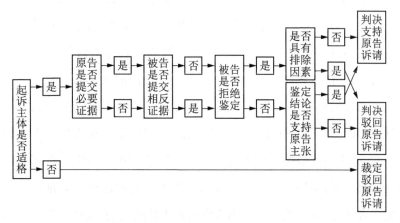

图1 亲子关系推定规则的适用思路

在上述思路的指引下,对于亲子关系推定规则的适用应注意如下要点:

(一) 适格诉讼主体的确定

对于起诉主体,笔者认为,《民法典》及《婚姻家庭编司法解释》对于该类诉讼主体进行限制的理念具有合理性,从身份安定的角度考虑,将亲子关系确认之诉的起诉主体限制为具有真实血缘关系知悉权的"父或母"及"成年子女"并无不当。然而并不周延,忽略了"未成年子女"这一主体。虽然有观点认为,未成年人的法律行为能力受限,其可以通过"父或母"主张权利,但笔者认为,从未成年人权益保护及司法实践实际出发,应当将未成年子女纳入适格起诉主体,理由如下:第一,赋予未成年人表达其观点的权利。虽然我国《民法典》对未成年人的民事行为能力进行了年龄上的区分,但未成年人具备一定独立表达能力的年龄并非以法律规定为限,实际上,未成年人独立表达的观点及陈述,对事实的查明、法官的自由心证往往会产生重要的影响。当前,虽然法官会在一些案件中依职权询问未成年人的意见,但此并不能代替权利的赋予。第二,未成年子女作为亲子关系中"子"的一方,有权知晓真实血缘关系,其以自身名义提起诉讼具有正当性。第三,在"父或母"已死亡或因犯罪入狱等情况下,或许会导致无适格主体可以就亲子关系提起诉讼。虽然有观点认为①,可以由监护人代为提起诉讼,然此举亦会突破现有"父或母"的主体限制规定。无论是从正当性的角度考虑,还是从诉的利益的最终享有者的角度考虑,将提起诉请的权利赋予未成年子女更为合适。当然,未成年人以其名义提起诉讼的,亦应当由监护人作为法定代理人参与审理。第四,从分析样本中可以看出,当前司法实践亦不排斥未成年人子女的起诉主体地位。在亲子关系否认之诉中,笔者认为仍应将起诉主体限定为"父或母",无需将未成年子女纳入起诉主体,原因有二:其一,相对于确认亲子关系之诉,未成年人在亲子关系否认之诉中作为原告的利益较少;其二,避免出现以未成年人名义挑起诉讼的情况,以及避免在极端个案中,出现预先逃避成年后赡养义务的情况。

---

① 参见汪金兰、孟晓丽:《民法典中亲子关系确认制度的构建》,载《安徽大学学报(哲学社会科学版)》2020年第1期。

对于被诉主体,笔者认为,从案件事实查明的角度来看,以未成年子女为被告并无不妥,但如单独以未成年子女为被告,则法院应当依职权追加"父或母"作为第三人参加诉讼。因亲子关系否认之诉中,一般还存在支付赔偿金的诉请,如赔偿请求获得支持,则应当由被诉的"父或母"承担责任。此外,司法实践中还存在一个重要的问题,即在诉请与已死亡主体确认亲子关系的情况下,如何确定被诉主体。此类问题多出现于继承纠纷中。笔者认为,对于此类案件的被诉主体应按照继承纠纷予以确认,即将所有已确定的继承人列为被告。但对此类案件的处理不应适用亲子关系推定规则。推定规则作为一种"例外"的裁判规则,对其适用应当予以严格限制。故亲子关系推定规则的适用应严格限制在父母子女之间,不应随意扩大使用。①

(二) 必要证据的认定

原告提交了"必要证据"是适用亲子关系推定规则的前提,也是启动亲子鉴定程序的前置性条件,故对于"必要证据"的认定标准,应当予以明确。在此基础上,对司法实践中常见的两种情况,即"当事人陈述""提交单方委托的亲子鉴定结论"的审查方法予以确定。

1. 必要证据的认定标准

笔者认为,必要证据应当是可以高度盖然性地证明亲子关系存在或不存在的间接证据,此种"高度盖然性"应当达到使法官可以产生较高确信的程度,需要明确的是,这里的"法官确信"意指大多数法官可以依据证据规则及一般理性人的经验认知而产生的确信。故此,必要证据具有如下两个特征:其一,"必要",司法解释将原告提交证据的标准限定为"必

---

① 参见《2019 年度江苏法院婚姻家庭十大典型案例》,载 http://www.jsfy.gov.cn/article/91593.html,2023 年 7 月 5 日访问;参见潘建兴:《同代血亲认定不能参照适用"推定亲子关系"规则——重庆五中院判决王某诉陈某离婚家庭纠纷案》,载《人民法院报》2014 年 2 月 13 日第 6 版。

要",系对证据证明程度的要求。原告提交的证据虽然并不要求具有充分性,但也应达到"高度盖然性"的证明标准。如在亲子关系否认之诉中,有证据证明在推定受孕期间前后,原告持续出差在外等致双方长期分居,或有证据证明原告无生育能力等,均可视为"必要证据"。

其二,间接证据,一般而言,单一间接证据无法达到"高度盖然性"的证明要求,往往需要多个间接证据组成证据链。在分析样本中,一些判决即以双方存在同居关系,结合双方的聊天记录或相关出生证明文件等,对"必要证据"进行认定。此外,强调"必要证据"为间接证据也是为了与直接证据相区分。当事人可以提交证明亲子关系存在与否的直接证据,如双方诉前至有资质的司法鉴定机构,严格按照规定程序取得鉴定结果,则此时可以直接对亲子关系进行判定,而无需适用亲子关系推定规则。

2. 对当事人陈述的认定

笔者认为,对当事人陈述的认定应当满足以下要求:(1)当事人的陈述应当具有合理性,如逃避计划生育政策将子女送养他人等。(2)应当有其他相关证据予以佐证,如有关子女实际抚养人、各方聊天记录、出生医学证明等证据。仅有当事人陈述(包括双方当事人自认)的,不应视为提交了必要证据。如此规定的原因有三:其一,当事人的陈述并非证据,更无法构成"必要证据"。其二,避免出现道德风险,若仅以双方自认即认定构成必要证据,则难免会为当事人所利用,以实现其期待的亲子关系转移。其三,避免与其他现行规定相冲突,虽然一般而言,当事人对于案件事实具有亲历性,其陈述对于案件事实的查明具有重要影响。然根据《民诉法司法解释》的明确规定,涉及身份关系的事实不应适用自认。故此,应当有其他证据予以佐证,方能对当事人的陈述予以采信。

3. 对自行委托的亲子鉴定的审查

当前,自称可以进行亲子鉴定的机构众多,鱼龙混杂,鉴定方法及程序不一,结论的客观真实性往往难以查明。为避免出现道德及伦理风险,法院对于自行委托的亲子鉴定结论应当从严审查。笔者认为,对于当事人自行委托的不具有司法鉴定资质的机构出具的亲子鉴定结论,原则上均不应予以采纳。对于当事人自行委托的具备司法鉴定资质的机构出具的亲子鉴定结论,需要进行如下审查:(1)资质审查,审查鉴定机构及鉴定人是否具有进行亲子鉴定的资质;(2)格式审查,审查鉴定报告中是否写明了申请人与被申请人的详细身份信息,包括姓名、身份证号等,审查鉴定报告是否遗漏了必要部分,包括对所采用的鉴定方法的描述等;(3)程序审查,审查鉴定程序是否合法,如鉴定材料是否由鉴定人依规提取、其保存是否符合规定等。此外,必要时,法院可以要求鉴定人出庭接受质询。

(三) 相反证据的认定

根据《婚姻家庭编司法解释》的规定,判断当事人有无提交"相反证据",是适用亲子关系推定规则的重要一环,在提起诉请的一方已提交必要证据,被诉主体未提交"相反证据"且拒绝亲子鉴定的情况下,法院才可以推定起诉主体的主张成立。换而言之,如被诉主体提交了相反证据,即便其拒绝亲子鉴定,也可以起到使起诉主体关于亲子关系的主张无法成立的法律效果。可见,只有达到一定证明效果的证据才可以构成"相反证据"。笔者认为,该种证明效果应为可以破除"必要证据"高度盖然性证明力的证明效果。如被诉主体有证据证明其在推定受孕的期间,曾与起诉主体共同生活,即可破除原告举证长期分居的证明力。又如在张某诉张某某否认亲子关系纠纷一案①中,法院即依据张某某提交的出生医学证明、新生儿记录等相反证据,判决驳回了张某的诉请。此外,如被诉主体举证证明存在合法收养关系、代孕等事实,足以反驳起诉主体的举证,亦可以认定其提交了相反证据。

---

① 参见河北省唐山市高新技术开发区人民法院(2021)冀 0291 民初 855 号民事判决书。

（四）排斥因素的审查

前述适用程序均着眼于真实血缘关系的查明，而血缘关系真实并非确认或否认亲子关系的唯一考量因素，在对真实血缘关系成立与否可以高度盖然性认定的情况下，仍需要以未成年子女利益最大化、家庭关系稳定、人伦道德等价值因素，对身份关系安定所带来的"价值收益"进行衡量。如前述陈某某与王某婚姻家庭纠纷一案中，虽然根据查明事实，可以高度盖然地认定陈某某与王某具有亲子关系，但结合王某与王某某长期共同生活且父女感情深厚，法院从维护未成年人利益及家庭关系稳定的角度出发，驳回了陈某某的诉请。需要注意的是，在对身份关系安定的价值利益进行判断时，法院应当听取具有独立表达能力的未成年人的单独陈述，并将其作为判断的重要影响因素。

结　语

亲子关系的变动必然对个体的身份关系产生重大影响，进而影响个体的生活环境及情感归属，如抚养关系、赡养关系等。对于未成年人而言，身份关系的重构对于其成长的影响往往更为深远。此外，身份关系的调整也会导致社会关系的变动。对于涉亲子关系纠纷案件，应当考虑到处理结果对于个体（尤其是未成年人）及社会的影响。真实血缘关系的知情权是个体的基本权利，亲子关系推定规则作为一项"推定"规则，是对无法以直接证据确定亲子关系的补充，也是对保障个体知悉真实血缘关系权利的回应。但在对真实血缘关系进行考察时，还应当与身份关系安定所蕴含的未成年人权益保护、家庭关系和谐稳定及社会伦理道德的价值利益相衡量，正确进行取舍，以实现案件政治效果、社会效果与法律效果的统一。

4.《民法典》视野下的网络侵权
避风港规则具体化适用初探[*]

2020年5月28日,全国人民代表大会第三次会议通过的《民法典》第一千一百九十四条至一千一百九十七条规定对原《侵权责任法》第三十六条规定的网络侵权责任规制进行了重大修改,增加了反向声明、错误通知侵权责任等新规则。此次修改完善了网络侵权责任的规则体系,势必将对网络侵权纠纷案件之处理带来影响,本文拟通过对新规则的梳理,进一步探讨新网络侵权避风港规则的具体化适用。

一、新网络侵权避风港规则具体内容及内在逻辑分析

(一)避风港规则之通知移除规则

《民法典》第一千一百九十五条规定[①]的避风港规则的通知原则,是在原《侵权责任法》第三十六条第二款规定的基础上,结合司法实践经验及学术研究,借鉴国内外相关法律立法经验,对通知移除规则的全面更新,有了长足的进步,是具有重要价值的规定。

---

[*] 编写人系上海市第一中级人民法院俞少琦、浙江省衢州市柯城区人民法院朱泽睿。
[①] 《民法典》第一千一百九十五条规定:"网络用户利用网络服务实施侵权行为的,权利人有权通知网络服务提供者采取删除、屏蔽、断开链接等必要措施。通知应当包括构成侵权的初步证据及权利人的真实身份信息。"

通知权的产生,源于网络用户利用网络服务实施侵权行为后,被侵害之权利人基于维护自身权益而依法产生的通知网络服务提供者采取相应必要措施制止侵权行为的权利,是一项基于实体权利受侵害而产生的程序性权利。通知移除规则的法律主体共有三方:侵权人、权利人和网络服务提供者。但通知移除规则的义务人仅指向网络服务平台提供者,而非侵权人,实施侵权的网络用户,在通知移除规则中处于第三人地位。

行使通知权,权利人所发出的通知必须符合一定的要件:应当包括构成侵权的初步证据及权利人的真实身份信息。因此,权利人发出通知应当具备初步证据证明侵权行为存在之可能性,以便网络服务提供者进行初步审查,从而确定是否应当采取删除、屏蔽等必要措施。同时,为了明确权利人是否为具备权利人身份且错误通知造成损害的赔偿义务人,权利人所发出通知还应当具备真实身份信息。如若权利人所发出通知并不具备初步之证据或证据无法证明侵权存在之可能,或不具备真实身份信息,则通知移除不成立,应当视为未发出有效通知,不发生通知的后果。[①]

当权利人发出有效通知,初步证明侵权之存在后,网络服务提供者作为通知权义务人,应当承担如下义务:第一,应当及时将通知转送相关网络用户,即可能的侵权行为人,并提示侵权人享有反向声明权利。侵权人有权知晓权利人之通知及随后可能被采取的必要措施,对比原《侵权责任法》第三十六条之规定,此处转送之规定是为了与新增反向声明规则相匹配。第二,应当根据所收到的初步证据及服务类型及时采取必要措施。

《民法典》所规定的通知移除规则延续了原《侵权责任法》关于网络服务提供者未及时采取必要措施应当对损害扩大部分承担连带责任的规定。这种损害赔偿范围,就是"接到被侵权人的通知后未采取必要措施而导致侵权后果进一步扩大的部分"。

[①] 参见东亚侵权法学会制定、杨立新主编:《东亚侵权法示范法》,北京大学出版社 2016 年版,第 37 页。

（二）避风港规则之反向声明规则

《民法典》第一千一百九十六条规定①的避风港规则之反向声明规则，是《民法典》侵权责任编修改的一大亮点，是对原《侵权责任法》所规定的避风港规则的补充与完善。在网络侵权责任法律关系中，网络服务提供者是天平的横梁，横梁左边托盘是权利人，右边托盘是网络用户，只有通知移除规则与反向声明规则并存才能更好地维持天平的平衡，该项规则的引入，既可以及时有效地遏制侵权信息传播，又给予了信息发布者对其行为进行辩护的机会，有效平衡了权利人与其他网络用户之间的关系，对于保护网络用户合法权益、限制通知规则滥用、探明事实真相、维护网络信息自由流通，以及最终解决侵权纠纷均具重要制度意义②。

与权利人所享有的通知权相对应，网络用户对于所进行的网络活动被采取必要措施后，享有反向声明权，有权要求自己所进行的网络活动恢复正常状态。网络用户行使反向声明权，向网络服务提供者发出不侵权声明也应当满足基本构成要件，即应当包括不存在侵权行为的初步证据及用户真实身份信息。诚然，为了便于网络服务提供者及时终止所采取的限制措施，反向声明也应当包括要求撤销已采取限制措施行为的具体信息，以及反向声明的真实性承诺。

网络服务提供者收到用户所发出的反向声明，将不再承担形式审查义务，仅承担转送义务与告知义务，即应当将声明转送发出通知的权利人，告知其可以向有关部门投诉或者向人民法院提起诉讼，并告知权利人如若未在合理期限内提供已经投诉或提起诉讼的证明材料的，反向声明

---

① 《中华人民共和国民法典》第一千一百九十六条规定："网络用户接到通知后，可以向网络服务提供者提交不存在侵权行为的声明。声明应当包括不存在侵权行为的初步证据及网络用户的真实身份信息。"

② 梁志文：《论通知删除制度——基于公共政策视角的批判性研究》，载《北大法律评论》2008年第8卷第1辑。

生效。反向声明生效的，网络服务提供者应当解除已采取的限制措施，恢复网络用户的正常网络活动。

值得注意的是，法律并未明确如若权利人未在合理期限内提起诉讼而后提起诉讼获得支持的，网络服务提供者对此解除限制措施期间所造成的扩大损害是否应当承担连带赔偿责任。对此，笔者认为如若权利人所提交的初步证据明显证明侵权存在，且网络用户所发反向声明明显证据不足的，可以认定网络服务提供者属于知道或应当知道网络用户利用其网络服务侵害他人民事权益而未采取必要措施，应当承担连带赔偿责任。

（三）错误通知的侵权损害赔偿责任

《民法典》第一千一百九十五条第三款所规定的权利人错误通知侵权责任，是防止通知移除规则滥用的有力规则。原《侵权责任法》所规定的避风港规则并未如此规定，造成实践中存在滥用通知权，漠视他人表达自由的行为，损害了正常的网络秩序。《电子商务法》第四十二条第三款①也有类似规定。两种侵权责任基本相似，但是也存在区别：第一，侵权责任编所规定的错误通知的主观要件包括故意和过失，只要因错误通知造成其他主体损害就应当承担侵权责任，而《电子商务法》区分了过失与故意两种侵权责任，恶意发出错误通知者应当承担惩罚性赔偿责任。第二，《电子商务法》所规定的损害赔偿责任受偿主体仅仅包括平台内经营者，而不包括平台经营者；侵权责任编所规定的损害赔偿责任则既包括网络用户，又包括网络服务提供者。

错误通知侵权损害赔偿责任的构成要件简单而言包括：第一，权利人

---

① 《中华人民共和国电子商务法》第四十二条第三款规定："因通知错误造成平台内经营者损害的，依法承担民事责任。恶意发出错误通知，造成平台内经营者损失的，加倍承担赔偿责任。"

主观故意或者未尽注意义务过失错误行使通知权;第二,权利人实施了错误通知的行为,要求网络服务提供者对他人正常网络活动加以不当限制措施,损害他人合法权利,行为具备违法性;第三,网络用户或网络服务提供者基于权利人的错误通知,导致自由受到限制或信誉、财产遭受损失;第四,权利人错误通知与造成的损害结果之间存在因果关系。

二、新网络侵权避风港规则对现有争议解决的影响

(一) 进一步保障权利人获知具体侵权人身份信息之权利

在《民法典》关于网络侵权避风港新规生效之前,按照《最高人民法院关于审理利用信息网络侵害人身权益民事纠纷案件适用法律若干问题的规定》(以下简称《信息网络侵权司法解释》)第四条第一款规定①,只有网络服务提供者诉讼中以实际侵权人系网络用户发布为由抗辩时,权利人才能在人民法院的要求下获悉具体侵权人。但实际上,当网络用户利用网络服务实施侵权行为时,受害人最合理也是最传统的救济途径是向直接实施侵权行为的网络用户主张权利。然而互联网技术的特点导致这个传统的救济逻辑在网络环境中失灵。比如,在刘某与快手公司名誉权纠纷一案②中,刘某之所以会选择快手公司作为唯一被告,恰恰是因为其作为权利人,在发现被侵权事实后,无法通过自身行为获取具体侵权人身份信息,无法通过诉讼的方式向实际侵权人主张损害赔偿。

按照《民法典》所规定的新避风港规则,网络服务提供者在收到权利人所发出通知后,应当及时将通知转送相关网络用户,并采取必要限制措

---

① 《最高人民法院关于审理利用信息网络侵害人身权益民事纠纷案件适用法律若干问题的规定》第四条第一款规定:"原告起诉网络服务提供者,网络服务提供者以涉嫌侵权的信息系网络用户发布为由抗辩的,人民法院可以根据原告的请求及案件的具体情况,责令网络服务提供者向人民法院提供能够确定涉嫌侵权的网络用户的姓名(名称)、联系方式、网络地址等信息。"

② 参见北京市第四中级人民法院(2020)京04民终57号民事判决书。

施,保障权利人合法权益。而网络用户以不存在侵权行为而抗辩时,网络服务提供者也应当将相关反向声明转送发出通知的权利人,前述通知及反向声明在内容上均要求具备真实身份信息。这样一来,实践中大量诉请网络服务提供者提供具体侵权人身份信息的纠纷便可得到有效解决。比如,刘某与快手公司名誉权纠纷一案,刘某诉请快手公司提供具体侵权人身份信息与快手公司根据网络实名制要求仅留存了用户手机号之间存在的争议,将通过反向声明规则的设定予以解决;张某与搜狐网络公司名誉权纠纷一案①中,张某对发表、转载侵权文章的网络用户主体身份举证不能的困境也可以得到解决。《民法典》关于网络侵权避风港新规中有关通知内容之要求,有利于保障权利人获知具体侵权人身份信息权利,进而促进争议解决。

由此可知,权利人诉请网络服务提供者提供具体侵权人身份信息的,法院可以在审查权利人所发出的通知载明的初步证据是否具备能够准确定位侵权内容和侵权人网络地址的必要信息基础上,进一步审查网络服务提供者是否尽到及时转送的义务,如若侵权事实初步成立,且其未能尽到转送义务,则可以判令网络服务提供者及时提供侵权人具体身份信息。这一点在谭某与深圳市腾讯计算机系统有限公司名誉权纠纷一案②的裁判说理中亦能得到体现。另外,此处言及的转送义务,应当包括通知与反向声明二者转送义务。

(二) 进一步明确避风港规则项下通知与声明之内容要求

基于前文可知,新避风港规则对于通知与声明之内容作了进一步细

---

① 参见北京市第一中级人民法院(2017)京 01 民终 2064 号民事判决书。
② 参见厦门市中级人民法院(2018)闽 02 民终 3872 号民事判决书:因谭某未能向腾讯计算机公司提供足以准确定位侵权内容的相关信息,腾讯计算机公司无法提供"阿山红"的身份信息以及案发时的聊天记录。腾讯计算机公司作为微信软件的提供者,对谭某主张的损害不存在过错。

化,要求权利人所发出通知应该包括初步证据和身份信息,且反向声明应当包括不存在侵权行为的初步证据及真实身份信息。但是,原《侵权责任法》第三十六条仅仅规定了被侵权人有权通知网络服务提供者采取系列必要限制措施,却未对通知应当满足的要件予以明确,在实践中造成了大量通知有效性认定纠纷。比如,在张某与搜狐网名誉权纠纷一案①中,搜狐公司便主张其所收到的投诉申请不符合搜狐媒体平台个人投诉申请之要求,没有提交身份证照片以供核实,且所载明的权利声明不能判定张某为实际权利人且存在损害事实,不应当认定张某曾发出有效通知。

审理过程中,两级法院针对争议焦点,即张某所发出通知是否符合法律规定,以及搜狐公司以张某未能按照其公示之投诉规则发出通知主张免责是否应当予以支持,均援引了《信息网络侵权司法解释》第五条之规定,认为虽然张某的投诉并未严格按照搜狐公司的投诉规则进行,但该投诉规则是搜狐公司自己制定的规则,其内部投诉流程中超出司法解释规定范畴的对通知的要求不能对抗被侵权人,不能否定张某进行过有效投诉的事实,张某所发出的通知仅需要满足提供姓名及联系方式、具体侵权信息及要求删除的理由等条件,无需满足搜狐公司所要求提供身份证照片等内部通知程序,从而认定张某的通知构成有效通知。

笔者认为,在司法实践中,人民法院适用《民法典》认定是否存在有效通知与反向声明,不能够简单参照适用前文提及司法解释中"通知人要求删除相关信息的理由"之要求,新规则所要求之初步证据应当包括要求网络服务提供者采取必要限制措施的理由陈述及初步举证,举证内容应当包括侵权行为、损害事实等基本内容,同时,反向声明不存在侵权事实的初步证据也应当满足诉讼法所要求的反证基本构成;真实身份信息除姓名、联系方式以外亦应当包括必要身份证明,比如身份证号码或护照号码

---

① 参见北京市第一中级人民法院(2017)京 01 民终 2064 号等民事判决。

等身份证明信息。这一点在北京天宇朗通设备股份有限公司与北京字节跳动科技有限公司名誉权纠纷一案①关于有效通知身份的认定中亦能得到印证。

此外,关于通知及反向声明的形式要件,《民法典》并未作具体要求。对此,笔者认为口头或书面均应当被认定符合形式要件,且网络服务提供者以自身运营平台内部规则对抗权利人,以权利人发出通知不满足内部规则形式要求主张认定通知无效的,人民法院应当不予支持。

(三) 进一步扩大网络服务提供者注意义务,保障权利人合法权益

前文所述张某与搜狐公司间名誉权纠纷,以及北京天宇朗通设备股份有限公司与北京字节跳动科技有限公司等网络侵权纠纷一案中,当事人为避免二次侵权的发生,均诉请人民法院在认定侵权事实存在的前提下,要求网络服务提供者承担必要的注意审查义务,对以后类似文稿或者其他类似侵权行为予以屏蔽。遗憾的是,人民法院并未予以支持。主要理由是基于:原《侵权责任法》第三十六条第三款仅规定了网络服务提供者知道网络用户利用其网络服务侵害他人民事权益,未采取必要措施的,应当与该网络用户承担连带责任,而未规定网络服务提供者对于应当知道侵权行为存在而未采取必要措施的连带责任。

但是,《民法典》第一千一百九十七条所规定的网络服务提供者连带责任,将网络服务提供者的注意义务扩大至应当知道的情形。因此,权利人在诉讼过程中主张要求网络服务提供者对于已经发生的侵权事实予以备案,对相关网络用户采取必要数据抓取,以防止二次侵权发生的,人民法院可以根据网络服务的性质、具体的案件情况及网络信息侵害权益的类型和程度等因素,作出综合判断。在适用避风港规则的同时,协调适用

---

① 参见北京市海淀区人民法院(2016)京 0108 民初 36442 号民事判决。

新红旗原则,以期做到法益平衡。

综上所述,新网络侵权避风港规则的修订将会对不同网络侵权法律主体的权利义务认定带来突破,具有积极意义。因此,适用过程中应当注意参照现行配套有效之司法解释,在对现行司法解释予以梳理的基础上,出台更全面、更有针对性的配套司法解释。具体的法律适用建议将在下文展开论述。

三、新网络侵权避风港规则的法律适用具体建议

(一)认定有效通知与声明的具体化适用建议

相较于原《侵权责任法》,虽然《民法典》所规定的通知移除和反向声明新规则对通知和声明的内容作了规定,但是仍较为简单笼统。因此,有必要对于有效通知的形式和内容作进一步探讨。

从条文的文义出发,认定有效适格的通知与声明,至少应当从以下几个方面充分考量:第一,具备适格主体。《民法典》将原《侵权责任法》规定的被侵权人修改为权利人,即要求发出通知或声明的人必须是所侵害法益的权利人,应当具备诉讼法意义上的诉讼主体资格。第二,书面形式优先。虽然《民法典》对于通知和声明的形式没有明确要求,但可以参照《最高人民法院关于审理侵害信息网络传播权民事纠纷案件适用法律若干问题的规定》(以下简称《信息网络传播权司法解释》)第十三条之规定:"网络服务提供者接到权利人以书信、传真、电子邮件等方式提交的通知……"第三,内容翔实。《民法典》规定不管是通知或声明都应当具备初步证据和真实身份信息。笔者认为初步证据应当至少具备侵权人、侵权行为、损害结果等必要侵权责任构成要件之初步证据。此外,为了能够便于网络服务提供者及时采取必要措施,可以参照《信息网络传播权司法解释》第十三条的规定,要求至少应当包括侵权的网站名称、页面。

（二）认定是否"及时"和"在合理期间内"的具体化适用建议

如前文所述,理想状态下的通知移除规则应当是,权利人将构成侵权的初步证据发送给网络服务提供者,网络服务提供者及时将通知转送相关网络用户,对于存在侵权可能的,及时采取必要限制措施。但是在实践中,网络服务提供者在收到权利人的通知后并不会及时移除相关内容,如前文刘某与快手公司名誉权纠纷案、张某与搜狐公司网络侵权纠纷案、天宇公司与字节跳动公司名誉权纠纷案中,均存在网络服务提供者在收到通知后,以各种理由拖延删除具体侵权内容的情形。除在人格权纠纷中存在此情形外,在系列信息网络传播权纠纷案件中也存在此类情形,比如在新传在线公司诉土豆公司案①中,法院认定"原告曾发函要求被告停止侵权未果"。造成这个情况的原因在于,网络服务提供者作出行为选择的因素除了法律之外还有许多其他因素,且法律往往并不是影响人们行为选择的决定性因素。②据了解,大多数视频网站公司不遵守"及时删除"的规则,主要在于想要获取更多网络用户注册量、增加用户流量及增强用户忠诚度。

因此,为了准确界定网络用户是否"及时转送"和"及时删除",合理规制网络服务提供者中立之主体地位,畅通权利人与网络侵权用户间自行解决纠纷的机制,在未来司法实践中应当审慎认定网络服务提供者是否"及时"。虽然《民法典》并未对此予以规定,但可以考虑参照适用《最高人民法院关于审理网络侵权民事案件若干问题的规定》第六条之规定:"认定网络服务提供者采取的删除、屏蔽、断开链接等必要措施是否及时,应当根据网络服务的性质、有效通知的形式和准确程度,网络信息侵害权益的类型和程度等因素综合判定"。在北京天宇公司与北京字节跳动公司

---

① 参见上海市高级人民法院(2008)沪高民三(知)终字第 62 号民事判决书。
② 参见徐伟:《网络侵权治理中通知移除制度的局限性及其破解》,载《法学》2015 年第 1 期。

名誉权纠纷一案中,法官便是援引此条款认定字节跳动公司存在部分措施不及时情形。

由此可知,法官在司法实践中认定是否"及时"可以考虑下列因素:第一,权利人被侵害之私权利的重大性;第二,采取必要措施的技术难度与可能性;第三,采取必要措施对法益保护而言的紧迫性;第四,权利人是否在通知中要求合理期间;第五,权利人所发出通知载明的初步证据的证明力,证明力越强的,网络服务提供者作出反应越应当迅速。此外,在认定网络服务提供者是否及时转送时,还可以参考权利人所发出之通知载明的初步证据是否可以准确定位网络用户。同时,认定前述"及时"应当将网络服务提供者必要的审查期间计算在内,亦不必过分加重网络服务提供者的义务。

为了保护网络用户的正常网络活动之自由,通知移除规则同样对权利人提出了"合理期限"之要求:网络服务提供者转送网络用户所发反向声明通知至权利人处,权利人未在合理期限内提起投诉和诉讼的,网络服务提供者应当及时终止所采取的措施。必要限制措施的解除可能会致使权利人所遭受损害扩大,因此法官在审理过程中认定权利人是否在合理期限内发起投诉或提起诉讼时同样应当审慎。

《民法典》侵权责任编草案第三稿中对此曾有规定,网络服务提供者履行转送反向声明义务后,该声明到达权利人15日内,权利人应当对于反向声明作出反应,或认可,或反对。认可方式可以是明示,也可以是默示。[1]此项内容后被删除,并未被实际规定在《民法典》条文中,可能也是考虑到对于合理期限的认定需要综合考虑。笔者认为对于此合理期限的认定同样可以参照前文针对网络服务提供者是否"及时"之认定的分析,应当考虑所侵害法益类型和程度,以及权利人搜集证据之能力等因素。

---

[1] 杨立新:《民法典侵权责任编草案规定的网络侵权责任规则检视》,载《法学论坛》2019年第3期。

(三)同红旗原则的协调性适用建议

为了更好地适用通知移除与反向声明规则,在司法实践中应当有效发挥红旗原则在网络侵权规制中的填补作用。红旗原则主要指若网络服务提供者对于在自己平台中发生的"赫然昭著"的侵权行为视而不见,不采取必要限制措施予以禁止,则其行为相当于共同侵权,应当承担连带侵权责任。①《民法典》将红旗原则中的"知道"之外延扩展至"应当知道",亦为提高网络服务提供者审查义务带来较大空间。实际上,目前公法规范已然对网络服务提供者提出了较高的审查义务,比如《中华人民共和国网络安全法》(以下简称《网络安全法》)第四十七条规定:"网络运营者应当加强对其用户发布的信息的管理,发现法律、行政法规禁止发布或者传输的信息的,应当立即停止传输该信息,采取消除等处置措施,防止信息扩散,保存有关记录,并向有关主管部门报告。"

诚然,在私法上不应当对于网络服务提供者附加过分严苛的审查义务。但是,考虑到人格权的价值位阶高于普通法益,现有大数据分析推送的"千人千面"技术也使得权利人自行维权成本和难度加大,因此,笔者认为可以考虑在已经认定存在侵权事实的前提下,要求网络服务提供者对于权利人的通知内容予以备案,以便针对同样侵权内容主动采取措施予以制止。毕竟网络服务提供者不仅对正在发生的具体侵权行为负有排除义务,还对于未来同样的妨害负有排除义务,以免二次侵权发生。

综上所述,如人民法院认定侵权事实存在,或网络服务提供者自身认定存在初步侵权事实,则网络服务提供者应当针对通知载明侵权行为采取必要限制措施,并取消网络平台上所有高度类似或者相同的网络活动,如若未能取消,权利人可主张网络服务提供者"应当知道"侵权行为发生

---

① 参见吴汉东:《侵权责任法视野下的网络侵权责任解析》,载《法商研究》2010 年第 6 期。

而未采取必要措施,要求其与网络用户承担连带责任的,人民法院可以予
以支持。

结 语

随着互联网技术的飞速更新,网络侵权的方式也愈发多样,《民法典》
对于网络侵权责任的新规定合理地平衡了私法权益与公共权益,并充分
借鉴国内外现有立法先进经验。因此,法官在适用过程中可以在准确把
握条文的内在逻辑和价值追求的基础上,理顺思路,作出合理且公平的
裁判。

5.《民法典》体系化思维视域下
抵押物转让规则的解释与适用[*]

《民法典》构建了完整系统的规范体系,其高度体系性的特点对法官适法裁判提出约束性要求,在具体适用过程中需秉持体系化思维正确找法、释法。[①]《民法典》担保制度中对抵押物转让规则进行了重大变革,在具体的规则适用中需通过对相关条款进行体系化的解释与协调适用,发挥抵押物转让新规则的最大效能。

一、规则革新:《民法典》抵押物转让新规则的构建

我国《民法典》第四百零六条规定对抵押物转让规则进行了彻底的重塑和实质性的重大修改,结合《最高人民法院关于适用〈中华人民共和国民法典〉有关担保制度的解释》(以下简称《民法典担保制度司法解释》)的规定,共同构建了抵押物转让的新规则体系。

具体而言:其一,明确规定抵押人有权自由转让抵押物,无需经由抵押权人同意,与此同时承认抵押权的追及效力,抵押物转让的,抵押权不受影响。其二,允许当事人作出禁止或附条件转让抵押物

　　[*]　编写人系上海市松江区人民法院(原任职于上海市第一中级人民法院)程勇跃。
　　[①]　贺小荣:《体系化思维对民事裁判统一性的内在约束——以〈民法典〉适用为视角》,《中国应用法学》2022 年第 4 期。

的约定。对于抵押权人而言,抵押物自由流转客观上削弱了抵押权人对抵押物的管控能力①,提升了抵押权人监管抵押物的难度和风险,故《民法典》赋予抵押权人同抵押人设定限制转让约定的权利以加强对抵押权人的保障。为了兼顾对受让人利益的保护,《民法典担保制度司法解释》第四十三条中亦规定,受让人可通过代替债务人清偿债务的方式消灭抵押权。其三,明确规定抵押物转让时抵押人及时通知抵押权人的义务。抵押权是一种不移转抵押物占有的担保物权,因此在抵押物可由抵押人自由转让的背景下,抵押人及时告知抵押物转让情况,抵押权人才能及时行使追及权。其四,明确规定转让可能损害抵押权情形下抵押权人请求提前清偿或提存的权利。同原《物权法》第一百九十一条规定相比,该条的适用被限缩于转让可能损害抵押权人的情形。

通过对上述规则进行梳理实际可以看出,新旧规则之间虽然就抵押物能否自由转让的基本立场存在差异,但二者在规则构建和权利保护方式上实际存在着承继关系。例如,新规则中明确抵押物受让人可以替代债务人清偿债务的方式消灭抵押权,而原《物权法》第一百九十一条第二款、原《担保法司法解释》第六十七条第一款第二分句中亦作如此规定;尽管所附条件不同,但《民法典》和原《物权法》和原《中华人民共和国担保法》均有抵押权人可以对抵押物转让价款进行提存或提前清偿的规定,而抵押权人的追及效力亦在原《担保法司法解释》第六十七条第一款第一分句中有类似规定。由此可知,新旧规则均围绕抵押权人的追及权、提存或收取转让价款、受让人清偿债务三方面,试图平衡抵押权人、抵押人、受让人三方之间的利益关系。

---

① 谢鸿飞:《动产担保物权的规则变革与法律适用》,载《国家检察官学院学报》2020年第4期。

二、问题检视：抵押物转让新规则的现实适用困境

理想的抵押物转让规则应当既能确保抵押权安全无虞，又能最大程度裨益抵押物流通，实现各方当事人和社会利益最大化①，对新规则实践状况的检视亦应以此为标准展开。

（一）现有规则难以为抵押权人提供周全救济

《民法典》对于抵押权人利益的保护，最主要在于赋予抵押权人以追及效力，但面对错综复杂的实际情况，现有追及效力规则难以为抵押权人提供周全的救济。

1. 对于动产抵押物存在抵押权难以追及的情形

动产抵押物可以区分为未登记和已登记两种情形。未登记的动产抵押物应适用《民法典》第四百零三条的特别规定，不得对抗善意第三人，第三人有权基于善意取得无负担的抵押物所有权。这一问题由来已久，早在原《物权法》制定时立法机关即曾考虑到，若采取追及权规则，则抵押权很可能将因善意取得规则的适用而落空②，并因此成为限制抵押物转让规则的重要原因之一。对于已登记的动产抵押物而言，实践中亦存在抵押权难以追及的情形。因为根据《民法典》第四百零四条之规定，已登记的动产抵押权依然无法对抗在正常经营活动中已经支付合理价款并取得抵押物的买受人。

2. 对于已登记的不动产存在抵押权难以追及的情形

理论界通常认为，由于不动产无法转移、隐匿，登记公示亦采取严格的登记设立规则，抵押权的对世性有物权公示的支撑，因此在不动产上适用抵

① 景光强：《抵押物转让新规则释论》，载《山东法官培训学院学报》2021 年第 5 期。

② 王胜明：《物权法制定过程中的几个重要问题》，载《法学杂志》2006 年第 1 期。

押权追及效力不会影响抵押权人的利益①,但实际上不动产亦存在抵押权无法追及的情形。例如,在不动产抵押物为商品房的情况下,正常购买并入住房屋的消费者,依然有优先于抵押权的权利,抵押权亦难以追及。②此外,若不动产的受让人存在进入破产阶段或出现拒不清退等情形,此时客观上也将导致抵押权人无法顺利行使抵押权。③由此可以看出,抵押权追及效力规则并不能够为不动产抵押权提供周全的保护与救济。

3. 增加了抵押权无法追及或追及成本增加的风险

自由转让情况下,抵押权人对于抵押物无法监管和掌控的风险大大增加,抵押权无法追及和追及成本提升的风险亦相应增加。而当抵押物为动产时,追及成本的增加是在所难免的,因为动产本身即具有较高的可移动性,加之动产担保登记簿采取的是"人的编成主义"④,无法记载动产的实时位置,抵押物几经转手后,抵押权人即有可能无法再定位和追踪抵押物之所在,更毋庸谈及追及权的行使与权利的主张。与此同时,抵押权追及效力的实现依赖于登记公示制度的支持,经过登记公示的抵押权方能取得对世效力。但与不动产相比,大量的普通动产往往不具备唯一标识⑤,在动产抵押物转让的情况下,抵押登记亦无法就特定抵押物发挥公示力⑥,无法为抵押权追及提供必要的制度保障。

(二) 现有规则对受让人未提供充分的利益保障

对于受让人利益的保护,实际上是赋予受让人在一定条件下消灭抵

---

① 刘家安:《〈民法典〉抵押物转让规则的体系解读》,载《山东大学学报(哲学社会科学版)》2020 年第 6 期。

② 参见最高人民法院(2021)最高法民申 7774 号民事裁定书。

③ 崔建远:《中国民法典释评·物权编》(下卷),中国人民大学出版社 2020 年版,第 378 页。

④ 高圣平、叶冬影:《民法典动产抵押物转让规则的解释论》,载《比较法研究》2020 年第 4 期。

⑤ 此处的普通动产是相较于机动车、船舶、航空器等特殊动产而言,特殊动产具有唯一标识,例如机动车车牌号、船舶 IMO 号、航空器国籍和登记标志均可实现动产的区分和唯一化,但其他大量的普通动产均为种类物,不具有此类可供识别的唯一标识。

⑥ 王琦:《论抵押财产转让对抵押权的影响——以〈民法典〉第 403,404,406 条的协调适用为视角》,载《北京航空航天大学学报(社会科学版)》2020 年第 9 期。

押权负担的权利,以避免受让人长期处于权利不确定的状态。国外立法例如日本、法国、瑞士即赋予受让人涤除权①,德国则在抵押权人追及效力的同时规定受让人享有替代清偿制度②。我国原《物权法》第一百九十一条第二款规定受让人享有涤除权,司法实践中法院亦认可受让人可以通过代为清偿债务的方式涤除转让标的物上的抵押权负担。③究其原因,赋予受让人清除抵押物负担的权利,能够在平衡各方利益的基础上实现利益的最大化。具体而言,在抵押物转让法律关系中,抵押权人的核心关注在于是否能够清偿债权,抵押人的核心关注在于是否能够通过转让抵押物获得收益,受让人的核心关注在于是否能够取得和保有抵押物,而在赋予受让人清除抵押负担的权利时,抵押权人无需拍卖即可通过受让人获得受偿,受让人可继续保有抵押物,抵押人亦实现了通过转让抵押物获得收益的目的,由此实现三方共赢。④

我国《民法典》中并未保留原《物权法》第一百九十一条第二款关于受让人涤除权的规定,第四百零六条的规则架构并未帮助受让人摆脱不安定的受让地位⑤,由此致使受让人利益保护缺位,抵押物转让规则中各方主体利益失衡,最终不利于抵押物的自由流转这一立法目的的实现。当然,《民法典担保制度司法解释》第四十三条第二款规定受让人可通过代替债务人清偿债务而消灭抵押权,但对该条款的性质未有提及⑥,其是否为涤除权仍有待进一步的法律解释。与此同时,该条款系规定于抵押人违反限制转让约定的情形下,因此,在一般情形下受让人是否能够援引该

---

① [日]近江幸治:《担保物权法》,祝娅等译,法律出版社 2000 年版,第 174 页。
② 参见《德国民法典》,陈卫佐译,北京法律出版社 2015 年版,第 398 页。
③ 参见吉林省高级人民法院(2020)吉民申 232 号民事裁定书。
④ 张力、张翠萍:《论民法典时代的抵押物转让规则之建构——以公示公信原则为基础》,载《中国不动产法研究》2019 年第 2 期。
⑤ 张尧:《抵押财产转让规则的适用》,载《政治与法律》2021 年第 8 期。
⑥ 民法典担保制度司法解释系列解读之四"关于担保物权"部分重点条文解读,访问地址:https://view.inews.qq.com/a/20210210A06GC000? qimei = 39751b9c-8e5b-46f9-8deb-3a09205286e6,2022 年 5 月 31 日访问。

项规则尚不明确,《民法典》抵押物转让新规则依然未能为受让人提供充分的利益保障。

(三) 现有规则不利于物的流转和效用发挥

我国《民法典》抵押物转让新规则对相关主体的利益保护不充分,无法激发市场主体的交易意愿与交易信心,反而不利于物的流转和效用的发挥。具体而言:

1. 限制抵押物转让约定存在泛化的风险

《民法典》允许抵押权人同抵押人之间自由约定限制抵押物转让,并赋予已登记的限制转让约定阻止物权变动的效力。但需注意的是,对抵押权人而言,对抵押财产转让予以限制并登记并不会对其产生负担,抵押权人与抵押人又往往并不具有对等的谈判能力,尤其是在抵押权人为金融机构的情况下。因此我们有必要警惕,抵押权人选择将禁止转让约定泛化为抵押合同的一般性条款,由此剥夺抵押人转让抵押物的权利。若担保实践中普遍如此操作,则抵押物转让规则实质上重新回到原《物权法》第一百九十一条规定中限制转让的道路上,阻碍了抵押物的流转。

2. 受让人利益保护不足易引发道德风险

保护受让人利益是发挥物的效用、实现抵押物流转的需要,但由于我国《民法典》规则结构上并未注重对受让人利益的保护,在抵押物自由转让规则下,受让人面临着同时丧失对抵押物的所有权及对转让人的转让价款利益的双重风险。此时,理性交易人必然会考虑可能的风险,或者在有同等替代物的情况下选择拒绝交易,又或者由抵押人无奈选择低价转让抵押物,从而妨碍抵押人再次获得融资或走出困境。即便受让人取得抵押物,受让人出于对嗣后可能的风险的考虑,在对抵押物进行使用、收益时自然会倾向于在尽可能短的时间内获取尽可能多的价值,实施不可持续的短期行为的风险增加①,受让人并无充足动力对抵押物进行改良。这不仅不利于抵押物的保值增值,还终将不利于对抵押权的保护。

3. 现有规则并非保护抵押权人利益的最佳途径

在抵押物自由转让模式下,我国《民法典》对抵押权人的保护手段较为单一,最主要的方式为赋予抵押权追及效力,辅以限制转让约定和特殊情况下的转让价款提前清偿权。针对限制转让约定存在的弊端前已述及,至于转让价款提前清偿或提存权,《民法典》第四百零六条第二款规定将其限定于抵押财产转让可能损害抵押权的情形之下,因此在合理转让抵押权的情形下,抵押权人实际仅能行使追及权。

单一的抵押权追及效力实际上并非保护抵押权人利益的最佳方式。例如,在抵押物市场价值下行的情况下,抵押人及时对抵押物予以转让变价、抵押权人就该转让价款予以受偿才最符合抵押权人及抵押人的利益需求。然而在单一追及效力规则下,抵押权人仅能在债权期限届满时就担保物行使抵押权,其不仅需承担拍卖费用等成本,由于抵押物价值下行,抵押权人亦无法最大程度实现债权。与此同时,受让人被剥夺抵押物的所有权,使原本的交易回到原点②,亦不利于资源配置和对交易安全的维护。

三、解决路径:抵押物转让规则的体系性解释与适用

在具体解决路径上,我们需要秉持体系思维,充分发挥《民法典》的体系化功能,综合考虑外在规范体系和内在价值体系③,通过对相关条文进

---

① 赵守江:《不动产抵押物转让效力问题研究》,载《烟台大学学报(哲学社会科学版)》2012 年第 1 期。

② 陈佳琳:《民法典视域下抵押物转让规则的现状检视与适用探析》,载《北京化工大学学报(社会科学版)》2021 年第 2 期。

③ 贺小荣:《体系化思维对民事裁判统一性的内在约束——以〈民法典〉适用为视角》,《中国应用法学》2022 年第 4 期。

行体系性的解释来弥补存在的问题,实现利益平衡。

(一) 抵押权追及效力适用范围的体系性解释

登记制度是抵押权追及效力规则适用的基础和正当性前提,但动产与不动产在自身特性与登记制度方面的不同,实质上导致第四百零六条第一款规定的抵押权追及效力在适用范围上产生差异。其中,对于动产抵押物的抵押权追及效力的适用范围,需结合《民法典》第四百零三条、第四百零四条规定进行体系性解释。

不动产具有不可移动性与固定性,不会因抵押物的转让而发生物理上的变动。同时,不动产抵押权设立与所有权变动均统一采取登记成立规则,交易前查询登记簿成为受让人的法定义务。因此,借助不动产统一登记制度,不动产抵押权在适用和实现抵押权追及效力上并不存在法律或事实上的障碍。

与不动产抵押物相比较,动产抵押物天然具有强烈的流通冲动、公示的先天不足[①],加之动产抵押权的设立以交付为要件,因此对于抵押权追及效力的适用受到《民法典》第四百零三条、第四百零四条规定的影响。具体而言,需要先区分动产上所附抵押权是否经过登记。相较于第四百零六条,第四百零三条之规定构成特殊规定[②],应予优先适用。依据第四百零三条之规定,动产抵押权未经登记的不得对抗善意第三人,此时第三人善意取得无负担的所有权,自然不存在适用抵押权追及效力的余地。但需注意的是,并不能对第四百零三条规定进行当然的反面解释,认为抵押权人可对非善意第三人行使追及权,因为此时还需结合第四百零四条规定认定买受人是否属于正常经营活动买受人。正常经营活动买受人规

---

① 景光强:《论抵押物转让规则之重构——以追及效力和物上代位效力的合理配置为主线》,载《私法研究》2018 年第 1 期。

② 龙俊:《动产抵押对抗规则研究》,载《法学家》2016 年第 3 期。

则是《民法典》规定的阻断抵押权追及效力的法定情形，此时无论抵押权是否已被登记，抵押权均不具有追及效力。由于正常经营活动买受人规则并不关注买受人是否知悉其购买的动产上是否存在抵押权[①]，即便在前所述及受让人知悉动产抵押权未经登记的情况下，仍有可能适用正常经营买受人规则阻断追及效力的发生。

（二）价金物上代位规则的解释与适用

《民法典》第四百零六条第二款规定，在抵押权人能够证明抵押财产转让可能损害抵押权的情形下，抵押权人可以请求对转让价款提前清偿或提存。从文义上看，这一规则有条件地赋予了抵押权人在追及权之外的另一种救济选择，有利于强化对抵押权人权益的保护，但在性质和适用上还需进一步解释和厘清。

1. 第四百零六条第二款规定的性质是否为价金物上代位权

《民法典》第四百零六条第二款规定在性质上应当如何认识、是否为价金物上代位权，影响到抵押权人就转让价款是否享有优先受偿权，是直接关系着抵押权人权利保护实效的重要问题。

这一问题在理论界存在争议，但将第四百零六条第二款规定解释为价金物上代位权更为准确、妥当。从必要性角度分析，正如前文所述，抵押物自由转让模式下，单纯的抵押权追及效力难以为抵押权人提供周全救济，也不利于抵押权人利益最大化。因此，采纳价金物上代位规则不仅不存在"叠床架屋"的现象，反而是实现抵押物转让规则立法目的的迫切现实需要。从合理性角度分析包含以下几个方面：首先，担保物权是一种价值权，以担保物的经济价值来担保债权实现，而抵押物的转让价款正是抵押物经济价值的体现。其次，抵押权的行使最终需

---

① 纪海龙：《民法典动产与权利担保制度的体系展开》，载《法学家》2021 年第 1 期。

要通过对抵押物进行拍卖或变卖来实现,此与抵押人自行卖出并无本质区别,若否认抵押物转让价款为代位物,则难以解释同样是卖出抵押物,为何抵押权人即丧失了优先受偿权。再次,《民法典》第三百九十条规定并未明确将抵押物转让所得价款排除出代位物的范围,而在理论界与司法实践中,抵押物转让价款的物上代位性质已获得普遍认可。[①] 最后,若不承认抵押物转让价款的物上代位性质,那么在抵押人转让抵押物损害抵押权时,抵押权人在丧失抵押权的同时,将因缺乏权利基础而丧失对转让价款的优先受偿权[②],如此不仅无法保护抵押权人利益,反而使其陷入更加不利的境地。

2. 价金物上代位规则的适用情形

《民法典》第四百零六条第二款规定对价金物上代位权的行使进行了限缩,明确其在抵押财产转让"可能损害抵押权"的情形下方可适用。这一限制很大程度上压缩了价金物上代位权的适用范围,相较于一概要求将转让价款用于提前清偿或者提存,增加这一限制可以使得抵押人对抵押财产的处分更加自由。[③] 可能损害抵押权的情形,应当包括抵押物转让可能会造成抵押物价值减损的情形,例如受让人明显缺乏对抵押物进行必要的维护、保养的能力,或者受让人将抵押物用于其他用途将导致抵押物价值贬损等;包括抵押物转让会导致抵押权实现的困难增加的情形,例如动产抵押物转让后导致追及难度增加;包括抵押物转让可能导致抵押权消灭的情形[④],例如抵押物转让符合正常经营活动买受人规则时,将导致抵押权的消灭。

此外,抵押人未及时通知抵押物转让的亦属于可能损害抵押权的情

---

① 参见最高人民法院(2021)最高法民申 7752 号、(2016)最高法民申第 887 号民事裁定书。

② 张静:《物上代位的体系整合与教义学结构》,载《环球法律评论》2021 年第 4 期。

③ 王利明:《〈民法典〉抵押物转让规则新解——兼评〈民法典〉第 406 条》,载《法律科学(西北政法大学学报)》2021 年第 1 期。

④ 景光强:《抵押物转让新规则释论》,载《山东法官培训学院学报》2021 年第 5 期。

形。及时通知是《民法典》规定的抵押人所应负担的法定附随义务①,但《民法典》对于违反这一义务会产生何种法律后果则未予规定。依照《民法典》合同编的规定,抵押权人有权向违反附随义务的抵押人主张损害赔偿。然而,通知义务是抵押权人行使追及权或价金物上代位权的前提和基础,是保护抵押权人利益的重要程序性保障,其重要性不言而喻。同时,在抵押人将转让价款转移或花费的情况下,抵押权人要求抵押人承担赔偿责任的诉请往往也难以获得实现,从而难以弥补抵押权人可能面临的损失。因此,应当将抵押人违反告知义务作为可能损害抵押权的情形之一,同时允许当事人约定严格的惩罚性措施,以严格的法律后果作为反向激励。

3. 价金物上代位规则的法律效果

在符合价金物上代位权的条件时,抵押权人获得适用抵押权追及效力或适用价金物上代位权的选择权。依据第四百零六条第二款第二分句的文义表述,价金物上代位权与追及权之间应为择一适用的关系,抵押权人在选择适用价金物上代位权后即导致追及权的消灭,受让人即获得完整无负担的抵押物所有权。②此时,即便转让价款尚不足以清偿全部债权,抵押权人亦仅能向债务人主张剩余债权,而无权再就抵押物行使任何权利。

实践中存在抵押人以明显不合理低价转让抵押物的情形,此时抵押权人固然可以选择继续发挥抵押权追及效力,但抵押权人此时亦享有其他权利救济途径。其一,此时受让人不构成正常经营活动买受人,不能阻断追及效力;其二,抵押权人有权依据《民法典》第五百三十九条之规定,对该转让行为予以撤销;③其三,若受让人同抵押人之间存在恶意串通的

---

① 最高人民法院民法典贯彻实施工作领导小组主编:《中华人民共和国民法典物权编理解与适用(下)》,人民法院出版社 2020 年版,第 1093 页。

② 程啸:《担保物权研究(第二版)》,中国人民大学出版社 2019 年版,第 446 页。

③ 参见四川省泸州市中级人民法院(2015)泸民终字第 575 号民事判决书。

情形,抵押权人亦可主张该转让行为无效。

(三) 受让人代为清偿债务规则的解释与适用

允许受让人通过代为清偿债务的方式消灭物上所负担的抵押权,有利于使受让人摆脱不安定的状态,实现抵押物转让中三方主体的利益平衡,促进物的流转。《民法典担保制度司法解释》第四十三条第二款中对此予以规定,但仍有诸多问题尚待解释与澄清。

1. 代为清偿债务是否属于涤除权

《民法典担保制度司法解释》第四十三条规定,限制转让约定中受让人"代替债务人清偿债务"的可导致抵押权消灭,有观点认为此条增加了涤除权的规定。[①]然而,结合相关条款内容和域外法规定来看,该条款并不属于涤除权,其性质应属于第三人代为履行。

涤除权是一项域外法律制度,最早为法国民法典所确立。其制度设立的理论基础在于,在担保债权远高于抵押物价金时,若受让人选择代为清偿,则意味着其将按照高于价金的条件进行支付,这无疑会使第三人在购买之际望而却步。为解决这一问题,涤除权制度应运而生。[②]因此,涤除权适用于抵押物价值低于债权的情况,当抵押物价值远高于债权时,受让人选择行使代为清偿即可消灭抵押权。与之相较,无论是原《物权法》,还是《民法典担保制度司法解释》的规定,均未将受让人代为清偿限定在抵押物价值低于债权的情形下,故其同涤除权实际相去甚远,就其性质而言应为第三人代为履行,法律依据为《民法典》第五百二十四条规定。

---

① 王利明:《担保物权制度的现代化与我国〈民法典〉的亮点》,载《上海政法学院学报(法治论丛)》2021年第1期。

② 冉克平:《论抵押不动产转让的法律效果——〈物权法〉第191条释论》,载《当代法学》2015年第5期。

2. 代为清偿债务规则的解释路径

我国《民法典》并未确立受让人涤除权制度，但并不构成法律漏洞，通过对第五百二十四条第三人代为履行规则的体系化解释，可以得出与涤除权制度相同的法律效果。

《民法典》合同编第一分编通则部分，在体系上具有债法总则的地位，因此其中第五百二十四条规定的第三人代为履行规则当然可以适用于抵押物转让行为中。第三人代为履行规则要求，第三人应当对履行该债务"具有合法利益"。而在抵押物转让过程中，在债务人不履行债务或发生当事人约定的实现抵押权的情形时，抵押财产的受让人可能会因抵押权的实现而丧失该抵押财产，其地位处于不安定的状态。只有允许受让人代为履行，才可以助其摆脱此种状态。因此，受让人当然属于《民法典》第五百二十四条第一款所规定的"对履行该债务具有合法利益的"的第三人[①]，债务人不履行债务时，受让人有权向债权人代为履行，且无须取得抵押权人的同意。受让人代为向抵押权人清偿债务后，受让人通过法定债权转让取得债权人地位。

至于《民法典担保制度司法解释》第四十三条第二款中"因受让人代替债务人清偿债务导致抵押权消灭的除外"的规定，相较于第五百二十四条的一般规定而言，该条款为第三人代为履行规则针对抵押物转让情形的特殊规定。亦即，即便抵押权人与抵押人就抵押物作出限制转让的约定，受让人仍有权依照该特殊规定，通过代为清偿债务的方式消灭抵押权。

3. 代为履行规则外的抵押权消灭路径

虽然第三人代为履行规则能够实现受让人消灭抵押权的法律效果，一定程度上保护了受让人的利益，但对于理性经济人而言，该项制度大多

---

① 朱广新、谢鸿飞主编：《民法典评注·合同编·通则 1》，中国法制出版社 2020 年版，第490 页。

在抵押物价值高于债权数额的情况下发生,在抵押物价值低于债权数额的情况下,受让人虽仍然可以选择代为清偿债务,但经济上殊不合理。此时,受让人依然无法摆脱不安定的受让地位。但依我国《民法典》及相关法律规定,此时受让人除了同抵押权人之间达成新的清偿协议之外,似乎并无其他更加合理的抵押权消灭路径。对此有学者建议,如果抵押权人对抵押财产升值并不存在强烈预期,或为了避免繁杂的抵押权实现程序等而愿意选择就抵押财产转让所得价款优先受偿的,应尊重抵押权人的选择,允许其通过我国《民法典》第三百九十条规定进行物上代位,若存在数个抵押权,则按照顺位先后确定受偿比例。①笔者对此观点予以赞同,由此不但可以达到尊重抵押权人意思自治、实现抵押物自由流转的目的,而且可以在规则体系上实现与第四百零六条第二款规定一体解释的效果。

四、结　语

《民法典》的体系化不仅体现为规则的统一编纂,更体现为内在逻辑的契合、立法价值的统一。这种体系化对法官裁判的约束与指引则体现为,法官需对相关法律规则进行体系性解释与适用。在抵押物转让规则的适用中,应当将《民法典》第四百零六条的规定与第四百零三、四百零四、五百二十四条等相结合,准确理解抵押权追及效力、价金物上代位规则和代为履行规则,方能平衡抵押物转让中各方主体利益,真正发挥抵押物转让规则的制度效能。

---

① 张尧:《抵押财产转让规则的适用》,载《政治与法律》2021 年第 8 期。

专 题 研 究

1. 上海市第一中级人民法院赴浙江法检两院调研报告(节选)*

在上海市第一中级人民法院党组书记、院长陆卫民的带领下,我院调研小组一行赴浙江法院、检察院就数字法院建设等工作开展专项调研。调研单位包括杭州市中级人民法院(以下简称"杭州中院")、杭州互联网法院、杭州市上城区人民法院基金小镇人民法庭、杭州市人民检察院(以下简称"杭州检察院")。现结合调研情况及数字法院建设推进情况作如下报告。

一、浙江法院、检察院数字化建设的特色亮点

(一) 注重顶层设计,坚持业务引领数字化建设

顶层设计是高质量建设的前提。浙江法院在 2021 年 3 月制定了《关于推进建设"浙江全域数字法院"重大改革的实施方案》,提出了"全域数字法院"建设目标,选择了一条"以技术变革推动业务流程再造、组织架构重塑和诉讼制度变革"的数字法院建设路径,逐步形成了"技术 + 制度"的现代化法院新样态。浙江检察院在 2021 年 6 月制定了《浙江数字检察建设"十四五"规划》,推进"数字赋能监督,监督促进治理"法律监督模式变

* 调研组成员:陆卫民(现任职于上海市高级人民法院)、张佳杰、徐世亮、庞闻淙(现任职于上海市高级人民法院)、骁克、王剑平、金辉、黄伯青、王茜、郭磊、须海波、王正叶。

革。杭州检察院开展"全域数字法治监督平台"建设,聚合了政法委执法监督、人大司法监督、检察机关法律监督、社会监督等各种监督形式,统筹市、区(县)两级法治监督应用,实现数字法治监督的"全领域、全地域、全范围、全流程"。

业务引领是高质量建设的原则。浙江法院坚持以业务为主导、以专业为引领、全面推进应用的系统研发理念,省高院业务部门和大数据处一同入驻"全域数字法院"推进专班,从业务与技术的角度一同对数字建设需求进行确认、指导、监督和推广,确保创新技术与业务需求有效融合、步调一致。杭州检察院的应用场景建设,建立在业务部门检察官实施法律监督时的问题发现之上,由专业人员对发现问题的特征、规律作归纳总结,再转为机器可识别语言,完成大数据运用。

(二) 打通数据壁垒,夯实数字化建设基础

数据共享是数字化建设基础中的基础。在浙江省委、省政府的支持协调下,浙江法检两院有效打破部门间的数字壁垒,实现了数据的互联互通。一是实现数据共享。借助省内通用的"浙政钉""政法云"等一体化公共数据和应用平台,法检两院打通了国土、税务、民政等司法、行政机关,以及金融机构、行业组织、公司企业的数据交互渠道,实现外部数据共享。浙江法院借此逐步打通诉讼环节中的多个数据壁垒。杭州检察院依托"全域数字法治监督平台",在院内设立全域数字法治监督总数据仓,对接了公安、交警、交通运输、城管、市场监管、教育等多部门业务数据。二是加强数字赋能。浙江法院注重"数据中台"和"法院智慧大脑"建设,通过数字赋能改变传统的问题发现难、案件办理难、协同治理推进难等堵点。"全域数字法院智慧大脑"融合司法数据 123 亿条、司法案例 635 万个,构建法律知识图谱 85 个,推动了人工智能与司法活动的深度融合。浙江检察院以智能算法提升治理的精准度,以数据融合拓展治理的经纬度,实现

从个案(事件)的监督办理到类案(事件)的分析研判再到社会治理的递进。

(三) 重视应用场景建设,助推数字化社会治理

浙江检察院在全国率先探索"个案办理—类案监督—系统治理"的数字检察之路,不断开发、升级数字应用场景,为法律监督"解锁",为社会治理赋能,全省各地数字类案监督有 200 余项,促进多领域综合治理。杭州检察院全力开展全域数字法治监督体系建设,组建了一支兼有法律与技术知识,有担当、有意愿的应用场景发现、研发队伍,以业务为驱动,立足当地经济社会发展特点,针对互联网、金融、民企、生态环境等方面研发个案监督数字化应用场景,嵌入"全域数字法治监督平台",推进全域法治监督。该院还组建了数字检察情报中心,面向全市检察官受理情报分析、合成作战等委托,用业务需求去引领应用场景建设。实现数据互通后,该院积极推动应用场景由专注监督规则转向治理场景集成,如当地检察机关应用"空壳公司监督治理子场景",成功督促相关部门注销营业执照 29 家、吊销营业执照 289 家、列入经营异常名录 846 家,同时联合相关部门共建虚假注册公司协同治理信息共享、线索移送、交流会商和研判机制,实现执法司法有序衔接。

二、调研体会与短板分析

经过此次浙江调研,调研小组发现我院的数字法院建设与浙江法检两院相比,还存在以下需要加强和改进的方面:

一是部分干警对"数字化"建设的理念仍存在一定偏差。理念滞后停留在信息化建设层面,没有意识到数字化与信息化之间"道"与"器"的关系,没有意识到数助办案与数助监督之间的辩证统一关系,只关注到监

督,没有领会到应用场景对于审判瑕疵、差错有着预防作用,能够真正辅助办案、提升审判质效,以至于对数字法院建设的参与度不高、获得感不强。

二是法院系统内部数据运用有待进一步优化。数据信息分级管理的机制有待进一步完善,三级法院系统内部的数据流通效率尚有待进一步提高,办案、人事、廉政、信访、政务等板块数据之间的壁垒有待进一步打通。

三是共性与个性建设需求有待进一步协调。现有的高院"一网统管"、一体化建设模式,在实现统一的同时,可能会导致下级法院数字化建设发展空间受限,一些个性化需求短期内可能无法自主实现。

三、下一步工作计划和意见建议

(一)下一步工作计划

一是加快从"数"到"质"的转变。以实用和专业需求为导向,在立足审判团队专业领域、对突出问题进行广泛调研的基础上,找准审执工作的痛点、难点、堵点,发现社会治理的关键点,提升各类型应用场景申报的质量。持续提升干警数字素养,汇集审判业务骨干、优秀青年法官助理,聚合懂法律、懂技术的复合型人才,组成开发团队,进一步加强院校、院企合作,多种形式开展数字能力、数字思维培育工作,提升干警数字素养。

二是加快从多点开花向系统集成转变。借鉴浙江法院专班建设模式,由业务、技术两部门人员成立数字化需求统筹专班,汇集、审核、指导、监督各类需求,防止重复申报、无效申报,在源头避免需求的碎片化与逻辑冲突,确保建设项目与审判执行、审判管理等司法活动高效、精准对接。聚焦"数助办案、数助监督、数助决策、数助政务"四大板块,结合中级人民法院职能定位与我院工作实际,开展诸如对辖区法院审判质量的监督指导等相关应用场景建设。

三是加快由数助监督向数助办案、数助决策转变。充分利用我院在适法统一方面积累的经验,借鉴"206"系统刑事案件证据标准指引,进一步理顺司法规律和技术的关系,对类案裁判规则进行要素化拆解,辅助法官执法办案。持续在办案过程中发现社会治理问题,为党委、政府决策提供数据支持和有益参考。

(二) 相关工作建议

一是进一步优化数字法院相关建设机制。建议上海市高院充分考虑三级法院的职能定位与实际需求,对数字法院建设机制开展相应优化。譬如办案指引类应用场景的建设,可在市高院整体把关的基础上,采用任务分包的形式,由中院牵头与基层法院合作开发,既可以减轻高院的压力,又可以激发下级法院的积极性,还能兼顾个性化的开发需求。

二是进一步打通内部数据壁垒。建议上海市高院进一步打通三级法院内部数据的条线壁垒,将全流程网上办公获取的人事数据、案(事)件审批数据、法官办案习惯数据等与审判执行办案数据进一步融合。同时,进一步打通执法办案数据和组织人事数据、司法政务数据、信访数据之间的板块壁垒。

2. 人民法院参与统筹推进国内法治和涉外法治建设的理论体系与实践创新体系研究[*]

坚持统筹推进国内法治和涉外法治,构成了习近平法治思想的重要内容之一,是在维护国家主权与根本利益基础上积极参与全球治理、贡献中国智慧、推动构建人类命运共同体规则体系的重大战略判断。[①]伴随我国高水平对外开放的持续推进,统筹推进国内法治和涉外法治建设也对人民法院的司法审判工作提出了新的要求。人民法院应围绕当前涉外法律规范体系的重点发展领域,如积极层面探索国内法域外适用、消极层面完善阻断与反制等防御性法律,构建一套与涉外法律法规体系协同发展的涉外法治实施体系。人民法院坚持全球协同治理理念与涉外审判精品战略,不断提升涉外司法审判工作水平,不断完善涉外司法审判服务配套机制,从而提高我国应对外部风险挑战的能力,切实维护国家主权、安全与发展利益。

一、人民法院参与统筹推进国内法治和涉外法治的总体要求

党的十八大以来,以习近平同志为核心的党中央高度重视涉外法治

---

　　* 2023 年上海司法智库重大调研课题。课题主持人:孙军;课题组成员:杜涛(华东政法大学)、任明艳、李贞霏。
　　① 参见王轶:《坚持统筹推进国内法治和涉外法治》,载《人民日报》2021 年 3 月 19 日,第 11 版。

工作。党的十八届四中全会和十九届四中、五中全会审议通过的有关决定与建议,均明确提出加强涉外法治工作的要求并作出部署。党的二十届三中全会将加强涉外法治建设作为完善中国特色社会主义法治体系的重要方面进行部署,要求着眼全面依法治国战略布局,认真学习领会习近平法治思想,统筹推进国内法治和涉外法治。为此,人民法院有必要全面把握参与统筹推进国内法治和涉外法治的总体要求。

(一) 全面把握统筹推进国内法治和涉外法治的战略意义

涉外法治作为中国特色社会主义法治体系的重要组成部分,事关全面依法治国,事关我国对外开放和外交工作大局。[①]

1. 坚持全面依法治国的必定方向

全面依法治国的进程中,国内治理与国际治理相辅相成、协同共进,国际治理以国内治理为基础与前提,国际治理又是国内治理的延伸与保障。唯有在推进国内法治的过程中同步加快涉外法治工作战略布局,在加强国际法研究和运用的同时完善国内法域外适用法律体系,才能在维护国家主权、安全与发展利益的同时为全球治理体系改革贡献中国方案。

2. 构建新发展格局的必然要求

我国正在经历由商品和要素流动型开放向制度型开放的重要转变,这也是我国加强国际合作、增强国际竞争优势的关键时期。面对国际国内两个市场,我国需要不断完善跨境贸易和跨境投资的相关法律法规,探索开展自由贸易与外商投资的科学监管模式与管理体制,构建愈加完善的涉外经济法律体系。

---

① 《习近平在中共中央政治局第十次集体学习时强调加强涉外法制建设营造有利法治条件和外部环境》,载新华社网,https://www.gov.cn/yaowen/liebiao/202311/content_6917473.htm,2023 年 11 月 28 日访问。

3. 应对国际法治危机的必要保障

当前国际法治正面临巨大考验,逆全球化浪潮汹涌,多边平台危机前所未有。面对这些挑战,我国必须在坚持开放包容、合作共赢的理念基础上,积极构建涉外法治规则体系,积极参与国际贸易与投资体制改革,才能灵活运用国内外规则来应对国际经贸争端与国际法治危机。

(二) 深刻领会统筹推进国内法治和涉外法治的精髓要义

统筹推进国内法治和涉外法治,具备多层次的丰富内涵与工作要求,深刻领会其精髓要义有助于人民法院真正贯彻落实相关决策部署。

1. 以习近平法治思想为指引,建设中国特色涉外法治体系

习近平法治思想是引领全面依法治国的思想旗帜,是马克思主义法治思想中国化与时代化的最新科学成果[1],集中体现了我们党在法治进程中的实践智慧,为统筹推进国内法治和涉外法治提供了政治保障与方向指引。[2]构建符合中国特色的涉外法治体系是统筹推进国内法治和涉外法治的重点任务。当前,必须以问题为导向,全面推进涉外立法、执法、司法的协调发展。

2. 以国家安全与发展利益为基础,构建涉外利益保护机制

国家安全与发展利益,是统筹国内法治和国际法治建设的重要出发点和根本目的。对于我国而言,国家主权与领土完整、政治制度与社会稳定、经济繁荣与可持续发展,就是最为核心的根本利益。[3]在推进国内法治和涉外法治的过程中,需坚持国家利益本位,根据我国的实际国情与发展需求制定相关的法规政策,用法律手段维护国家的尊严、意志及利益,

---

① 参见张文显:《习近平法治思想的基本精神和核心要义》,载《东方法学》2021 年第 1 期。
② 参见中共中央宣传部、中央全面依法治国委员会办公室:《习近平法治思想学习纲要》,人民出版社、学习出版社 2021 年版,第 11 页。
③ 参见张龑:《涉外法治的概念与体系》,载《中国法学》2022 年第 2 期。

对我国核心安全利益与海外利益进行妥善保护。

3. 以构建人类命运共同体为导向,重塑全球治理新格局

统筹推进国内法治和涉外法治,并不意味着只以我国人民的利益为中心,而是也要尊重他国及他国国民的正当利益;并不代表要全盘否定并颠覆目前的国际秩序与国际法体系,而是要在遵循国际关系正当原则与国际法正当规范的基础上,参与全球治理格局的改革,推动构建人类命运共同体。

(三) 坚决贯彻统筹推进国内法治和涉外法治的决策部署

司法是中国特色社会主义法治体系中至关重要的一环,人民法院有必要加强司法应对,提升涉外执法司法效能,从而更好地维护国家安全与发展利益。

1. 增强应对国内法域外适用的能力

人民法院的功能一直以来相对局限在传统的纠纷解决,对国内法的域外适用呈现较为被动的应对模式。为了参与统筹推进国内法治和涉外法治,人民法院有必要增强国内法域外适用的能力,恪守国际条约,尊重国际惯例,积极提出涉外立法建议,健全涉外法律适用规则,准确适用准据法。

2. 减少外国制裁引起的司法风险

2018 年以来,美国以国家安全为由,实施了一系列单边主义政策与制裁。对此,除了企业等私人主体不断强化意识、积极应对海外诉讼维权外,人民法院也有必要不断完善国际商事法庭建设,探索诉讼、仲裁与调解有机衔接的“一站式”国际民商事纠纷多元化解机制,完善跨境诉讼服务机制,从而有效降低外国法长臂管辖带来的司法风险。

3. 提升涉外法律合作与斗争的本领

人民法院必须进一步加强对涉外法治的研究,针对个别国家的围堵

打压要发扬斗争精神,充分总结反制的经验做法,用好涉外法律斗争的本领与工具,运用法治思维与方式反制个别国家违反国际法和国际关系基本准则的行为,进而在依法斗争中争取合作与团结。

4. 加强专业涉外司法人才培养与队伍建设

统筹推进国内法治和涉外法治,需要建设一支既熟悉党和国家方针政策与具体国情,又具备全球视野、熟练使用外语、通晓国际规则、精通国际谈判的高素质专业化高水平涉外法律人才队伍。人民法院也应加强涉外司法人才培养布局与队伍建设,完善涉外法律人才引进、选派、使用与管理等机制,加快涉外法律人才的储备。

二、人民法院参与国内法域外适用法律体系建设的具体路径

2021年12月6日,习近平总书记在中央政治局集体学习时强调,坚持统筹推进国内法治和涉外法治,要加强涉外领域立法,推动我国法域外适用的法律体系建设。党的二十届三中全会上,习近平总书记再次强调要完善涉外法律法规体系和法治实施体系。为此,人民法院也应积极推动我国法域外适用的法律体系建设,参与构建科学可行的我国法域外适用体制机制。

(一)人民法院参与国内法域外适用法律体系建设的当前进展

目前国内立法并不存在统一的域外适用规范表达范式,主要是根据部门法的具体性质与要求设置域外效力规则,主要集中在刑事、反垄断与证券法领域。

1. 刑事领域的国内法域外适用

刑事领域的国内法域外适用规则相对成熟,但真正将国内法进行域外适用的刑事司法案件依然相对较少。《刑法》第七条基于属人管辖、第

八条基于保护性管辖、第九条依据普遍管辖，为特定情形下《刑法》的域外适用提供了依据。典型案例包括：阿利穆拉多夫·哈吉-奥格雷劫持飞机案①、湄公河案②、阿丹·奈姆等人劫持船只案③。

2. 反垄断领域的国内法域外适用

《中华人民共和国反垄断法》（以下简称《反垄断法》）第二条规定："中华人民共和国境外的垄断行为，对境内市场竞争产生排除、限制影响的，适用本法。"遗憾的是，我国立法机关与最高人民法院并没有针对该条域外适用规则颁布细则执行规定或制定司法解释。《反垄断法》域外适用的司法案例目前相对较少，同时，大部分被告都会提出管辖权异议，如中兴公司诉美国维睿格公司等滥用市场支配地位纠纷案④、华为技术有限公司诉交互数字技术公司等滥用市场支配地位纠纷案⑤等。

3. 证券法领域的国内法域外适用

《中华人民共和国证券法》第二条第四款规定："在中华人民共和国境外的证券发行和交易活动，扰乱中华人民共和国境内市场秩序，损害境内投资者合法权益的，依照本法有关规定处理并追究法律责任。"然而，实践中尚未出现依据该国内法域外适用规则而产生的司法纠纷。

（二）人民法院参与国内法域外适用法律体系建设的基本原则

我国国内法的域外适用，不同于饱受诟病的美式"长臂管辖"，应当更加注重公正合理的实体要求与正当的程序要求，重视友好协商的形式，从

---

① 参见"阿利穆拉多夫·哈吉-奥格雷劫持飞机案"，载《中华人民共和国最高人民法院公报》1986 年第 2 期。

② 参见云南省高级人民法院(2012)云高刑终字第 1765 号刑事附带民事裁定书。

③ 参见广东省汕头市中级人民法院(2000)汕中法刑一初字第 22 号刑事判决书。

④ 参见深圳市中级人民法院(2014)深中法知民初字第 167 号民事裁定书、广东省高级人民法院(2014)粤高法立民终字第 1824 号民事裁定书、深圳市中级人民法院(2014)深中法知民初字第 167-2 号民事裁定书。

⑤ 参见广东省高级人民法院(2013)粤高法民三终字第 306 号民事判决书。

而维护国际法的基本原则与国际关系的基本格局。①

1. 以遵守国际法为前提

国内法域外适用，不应违反国际法的基本原则、国际条约的规定乃至国际习惯法，应以国际法认可的管辖原则或相关国际条约作为国内法域外适用的法律依据。以遵守国际法为前提的国内法域外适用，既有助于把握国际道义角度的制高点，又有助于实施域外管辖措施。②

2. 以国际礼让原则为协调

为了妥善处理人民法院与域外法院的管辖权冲突，我国人民法院有必要在积极行使管辖权的同时遵守国际礼让原则。国际社会目前存在两种实践模式，一是大陆法系国家较为常见的"先诉法院优先原则"，二是普通法系国家较常援引的"不方便法院原则"。

3. 以实质联系为依据

国内法域外适用与域外管辖的一般应建立在实质联系原则基础上③，即一个国家与一个域外行为的联系越紧密，该国主张其国内法域外适用的合法性与合理性越强。对于"实质性"的要求，需考察该行为是否已经对我国境内产生了较为具体，而非模糊不确定的影响，该行为与我国境内受损或受影响法益之间是否存在较为直接的因果关系，且这种因果关系是否是一个客观理性人可以预见到的。

（三）人民法院参与国内法域外适用法律体系建设的具体建议

人民法院参与国内法域外适用体系建设，应立足立法、执法与司法三位一体的协同共进关系，加快完善域外适用与管辖的立法规定，配套构建国内法域外适用案件的审理报核制度并加强实体的公正审理。

---

① 参见何志鹏：《涉外法治：开放发展的规范导向》，载《政法论坛》2021 年第 5 期。
② 参见廖诗评：《中国法域外适用律体系现状、问题与完善》，载《中国法学》2019 年第 6 期。
③ 参见吴培琦：《何为"域外管辖"：溯源、正名与理论调适》，载《南大法学》2022 年第 1 期。

1. 形成司法与立法、执法的有机衔接

对于域外适用规定处于空白状态的新兴领域,立法时便需要考虑设置域外效力条款。对于一些影响我国国家安全与发展利益的重大事项,可以通过立法解释、行政法规与部门规章、司法解释的形式,对已有法律的域外适用情形予以进一步细化和明确。各级人民法院要统一积极参与国内法域外适用的指导思想,以司法解释及其他内部文件的形式对国内法域外适用案件的审理进行指导。

2. 完善国内法域外适用案件的管辖制度

国内法域外适用案件的管辖制度有必要与目前涉外案件管辖制度进行融合与协调。首先,对于国内法域外适用这类数量较少、专业性较强、影响较大的案件,可以明确一审原则上由中级人民法院管辖。其次,各地高级人民法院可以根据本辖区的实际情况,经报最高人民法院批准后指定一个或数个中级人民法院对国内法域外适用案件进行跨区域集中管辖,确保专门化类型案件的高质量高效率审判。最后,面对可能出现的管辖权冲突,人民法院也应在衡量国家利益、遵守国际礼让原则的基础上,灵活适用中止审理制度,适当尊重先受理法院的优先性。

3. 优化国内法域外适用案件的实体审理

由于国内法域外适用案件往往牵涉重大的国家利益或社会公共利益,且国内外关注度与敏感度较高,各级人民法院务必不断提高国内法域外适用案件的审判质量,推进适法统一。一方面可以考虑设立国内法域外适用案件的报核制度,另一方面应不断细化国内法域外适用案件的裁判规则,针对常见的域外适用与管辖情形,适时出台司法解释或发布典型案例,履行好人民法院在保证法律统一适用方面的重大责任。①

---

① 参见黄祥青:《加强裁判要素管理　推进法律适用统一》,载《法律适用》2012年第8期。

三、人民法院阻断外国法不当域外适用的应对机制

习近平总书记曾指出，"加强涉外领域立法，进一步完善反制裁、反干涉、反制'长臂管辖'法律法规，推动我国法域外适用的法律体系建设"。[①]因此，统筹推进国内法治和涉外法治，还要求人民法院推进针对他国霸权主义与歧视性待遇的消极防御型法律的体系建设。

（一）我国阻断立法的实践情况

2021 年颁布的《中华人民共和国反外国制裁法》（以下简称《反外国制裁法》）、2021 年发布的《阻断外国法律与措施不当域外适用办法》（以下简称《阻断办法》）、2020 年发布的《不可靠实体清单规定》等专门的反制法律及部门规章，明确了我国可以对侵害我国国家、企业与个人合法权益的国家、组织及个人进行反制裁，从而及时向我国因境外长臂管辖而遭受损失的企业与个人提供救济。[②]

1. 我国阻断立法的主要规则

过去一段时间，一些西方大国出于意识形态偏见，无视国际法与国际关系的基本原则，粗暴依据其本国法律对我国的国家机关、组织及工作人员实施"制裁"。反制立法的出台符合当前形势下各国维护国家主权、尊严和核心利益的要求。《反外国制裁法》主要涉及三个方面的内容，一是在重申我国长期以来奉行的和平共处五项原则的基本外交政策基础上，明确了我国反制措施的适用对象；二是列举了多种反制措施，并规定了相

---

① 参见习近平：《坚持走中国特色社会主义法治道路　更好推进中国特色社会主义法治体系建设》，载《求是》2022 年第 4 期。
② 参见汤霞：《数据安全与开放之间：数字贸易国际规则构建的中国方案》，载《政治与法律》2021 年第 12 期。

应的协调工作机制;三是规定了相关个人和组织违法行为的法律后果。

2. 我国阻断立法的实施困境

目前我国国务院相关部门采取反制措施、国内主体发起阻断诉讼的规则均偏原则性,缺少配套的具体规范。特别是对于阻断诉讼而言,其与我国现有的侵权诉讼机制应如何更好地相融,目前还存在诸多未知。例如,阻断诉讼对应的案由是什么,如何区分外国当事人停止履约是出于外国单边制裁措施要求还是出于正常商业考量,会否出现违约请求权与侵权请求权的竞合,等等,都有待立法机关或最高人民法院出台具体的法律解释或操作指引。

(二) 人民法院参与阻断外国法不当域外适用的总体思路

人民法院参与阻断外国法不当域外适用,既要在阻断法的实施过程中严格适用,确保阻断法的震慑作用得以发挥,又要兼顾维护与优化营商环境的需求,以进一步推进法治化营商环境建设。

1. 把握斗争中谋求合作与共赢的根本立场

阻断立法的出台丰富了我国反制裁、反干涉、反制"长臂管辖"的法律工具,但是,通过阻断立法开展对外法律斗争,其核心目的仍然是在斗争中谋求合作、在斗争中争取共赢。为此,人民法院参与阻断外国法不当域外适用,必须合理平衡斗争与合作的关系。

2. 统筹推进阻断与反制一体化工作机制

应进一步细化阻断与反制裁工作的一体化配套工作机制,明确商务部牵头下各个国家机关的职责分工与协同处置规范,形成从发现与报告到调查评估、到阻断或反制、到国家主权豁免审查、再到阻断诉讼司法程序的制度机制与一体化全流程。①

---

① 参见沈励:《我国阻断和反制裁的立法完善及司法适用探究》,载《法律适用》2023年第8期。

3. 预防阻断诉讼的相关法律风险

阻断诉讼赋予了我国私人主体针对外国组织或个人的追索求偿权,事实上就是将国家之间反制措施的发动权从国家转移给私人主体。[1]这在一定程度上增加了阻断诉讼发起的任意性,增加滥诉的可能性。为此,我国有必要明确阻断诉讼的提起应以行政机关发布的禁令与制裁清单为前提,毕竟相较于私人主体,由行政机关来判断外国法与措施是否构成"歧视性限制措施"更加具有专业性。[2]

(三) 人民法院参与反制外国法不当域外适用的具体内容

目前我国阻断立法的条文呈现出偏原则性、概括性的特点。为此,人民法院真正参与反制外国法不当域外适用时,还应根据诉讼程序的要求与我国实际情况,出台相应更为细致的司法解释,或发布典型案例指导司法实践。

1. 阻断诉讼的案件管辖

阻断诉讼的案件管辖规则主要涉及我国法院专属管辖、以侵权行为地或其他适当联系为连接点的地域管辖与级别管辖三类。首先,可以考虑对阻断诉讼由我国人民法院专属管辖的强制性与排他性进行明确。其次,2023 年修订后的《民事诉讼法》第二百七十六条规定的涉外民商事案件地域管辖规则,让行为后果标准和其他适当联系成为阻断诉讼被法院受理的连接点。再次,鉴于阻断诉讼具有较强的政治属性与较大的外交影响,阻断诉讼以中级人民法院为一审法院较为妥当。最后,法院在审理阻断诉讼时,不应将外国单边制裁法规视为强行法与准据法。

---

[1] 参见沈伟、邵辉:《论阻断诉讼的法律风险及其司法控制》,载《中国应用法学》2022 年第2 期。

[2] 参见刘桂强:《阻断法的当代发展与价值选择》,载《中国应用法学》2022 年第2 期。

2. 阻断诉讼的受理条件

对于阻断诉讼的受理条件,行政机关需要进一步明确"歧视性限制措施""违反国际法和国际关系基本准则"等认定标准,人民法院则需要明确发起阻断诉讼进行追偿是否需要以行政机关发布的阻断禁令或制裁清单为前提。①原则上人民法院在受理阻断诉讼时,必须要求原告提供我国商务部或外交部等就某项外国法或措施的阻断禁令或制裁清单,且被告未被豁免。同时,原告必须提供初步证据,证明被告很可能遵守或执行了禁令范围内的外国法或单边措施,且已使其遭受了利益损失。

3. 阻断诉讼的国际司法协助

阻断诉讼中所需的国际司法协助,涉及人民法院阻断诉讼判决及裁定的承认与执行,也包括对涉及制裁我国公民或组织甚至国家的外国法院判决及裁定不予承认和执行,还涉及送达、调查取证等程序事项。对于涉及制裁我国国家、公民和组织的外国法院判决与裁定,《全国法院涉外商事海事审判工作座谈会会议纪要》第四十六条第二款明确规定,人民法院应当裁定不予承认和执行。同时,该会议纪要第四十五条规定,"外国法院判决的判项为损害赔偿金且明显超出实际损失的,人民法院可以对超出部分裁定不予承认和执行"。

四、人民法院参与统筹推进国内法治和涉外法治建设的完善进路

就人民法院的功能定位而言,主要包括解决纠纷、参与社会治理、确立行为规则、对其他权力进行制约等。②涉外司法审判是人民法院参与统

---

① 参见漆彤:《欧盟〈阻断法〉的适用困境及其对我国的启示》,载《财经法学》2022年第1期。

② 参见卢荣荣:《法院的多重面孔:中国法院的功能研究》,载西南政法大学2012年博士学位论文,第208—212页;姚莉:《法院在国家治理现代化中的功能定位》,载《法制与社会发展》2014年第5期;田雷:《"治国"地理解司法——如何通过历史进行法律批判》,载《中国法律评论》2016年第2期。

筹推进国内法治和涉外法治建设的重要抓手,人民法院应进一步加强涉外法治战略布局,推进涉外法治体系建设。

(一) 坚持全球协同治理理念,不断提升解决涉外纠纷的政治站位

司法作为国家治理的重要组成部分,应当提高站位,为社会治理、国家治理、全球治理贡献智慧。

1. 发挥涉外司法审判影响全球治理的功能

统筹推进国内法治和涉外法治的进程中,人民法院越来越多地参与到全球治理中,国内法院也逐渐具备了广泛、间接且日趋稳定的跨国司法治理权。法院可以通过司法与执行管辖权的行使,参与到全球治理中去,从而影响全球治理的整体效果。[1]无论是审理具体涉外案件,还是通过管辖权规则分配全球司法权,或是确定域外当事人权利义务内容,都能传导式地发挥全球治理的作用。[2]

2. 培养先进司法理念指导涉外审判实践

我国人民法院在"一带一路"倡议等大背景下,理应尊重各国之间不同的司法文明理念、司法制度及司法模式,从中吸收、借鉴可以为我国所用的制度及理念,同时应讲好具备中国特色的法治故事,传播好我国司法文明的独特理念,促进各国之间司法交流与合作。

3. 贯彻国家战略部署打造全球解纷高地

提高对全球协同治理的影响力,也有赖于对全球争议解决高地的打造。人民法院应深入推进国际化"一站式"纠纷多元解决机制建设,完善高水平、高质量的纠纷解决机制,与国际仲裁机构与国际调解机构加强合作、深度对接,推动诉讼与仲裁、调解有机衔接,满足不同国家当事人多元

---

① 参见霍政欣:《论全球治理体系中的国内法院》,载《中国法学》2018 年第 3 期。

② 参见吴卡:《中国法院参与全球治理的实践路径与可持续策略》,载《国际法评论》2021年第 2 期。

的争议解决需求。

(二) 立足涉外审判精品战略,不断提升涉外司法审判工作水平

人民法院应抓住诉讼程序主线,围绕立案管辖、法律适用、司法协助、判决执行等关键环节,针对性优化组织、机制与规范,加强精品案件与审判经验的总结。

1. 适度扩张管辖连接点,优化涉外民商事案件管辖机制

面对一些国家不正当的国内法域外适用,我国有必要采取攻防兼备的管辖策略,一方面通过连接点的适度扩张来推动我国国内法域外适用,确保阻断诉讼可以被有效发起,另一方面《中华人民共和国外国国家豁免法》已经明确了我国的国家豁免政策由绝对豁免转为限制豁免,那么不符合国家豁免的行为应被纳入诉讼管辖。

2. 加强法律适用指导,提高外国法查明的能力

2013 年以来,最高人民法院不断健全涉外法律适用规则体系,制定涉外审判司法解释 31 个、规范性文件 9 个,发布指导性案例 12 件、典型案例 137 件。[①]未来应继续重视涉外法律适用标准的统一,有效促进裁判尺度的统一。对于需要适用外国法的涉外案件,人民法院亦需进一步提升准确查明与准确适用的能力。

3. 提升跨境取证便利性,深化跨境司法互助互认

涉外案件的审判活动中,由于证据的产生、留存与调取都可能涉及不同的法域,具有跨国性,因此为了便利当事人参与诉讼、助力法院进行公正裁判,人民法院可以考虑结合区块链技术的新发展探索取证与质证的新方式,也可以尝试以我国主导,协商并签订双边、区域性或多边的国际

---

① 参见周强:《最高人民法院关于人民法院涉外审判工作情况的报告》,2022 年 10 月 28 日第十三届全国人民代表大会常务委员会第三十七次会议,https://www.chinacourt.org/article/detail/2022/10/id/6983287.shtml,2023 年 5 月 17 日访问。

协定,不断健全涉外民商事案件司法协助体系。

4. 梳理类型化裁判指引规则,及时回应新情况新变化

为了不断对审判经验进行类型化总结,夯实准确统一法律适用的基础,建议采取上下联动的工作方式。一方面明确要求下级法院针对存在法律适用分歧的涉外案件线索进行报送,另一方面明确要求上级法院定期梳理可能存在法律适用分歧的业务指导意见,并向下级法院通报,供下级法院审理同类案件时参考。

(三) 多措并举凝聚合力,不断完善涉外司法审判服务配套机制

统筹推进国内法治和涉外法治,不仅对司法审判具体工作提出了更高要求,也对涉外司法审判服务的配套机制提出了更高标准。

1. 完善涉外审判队伍建设与人才培养机制

针对我国涉外司法审判人才培养与选拔长效机制还不健全的问题,需要及时总结涉外审判工作的发展需求,打造一支高水平、专业化、研究型的涉外审判人才队伍。一方面要加强法院、高校与国际组织之间的互联互通,让更多优秀的法院干警深入学习涉外法治相关知识,接受专业化的培训,参与更深层次的国际交流;另一方面要推动建立新类型、疑难复杂涉外案件的研讨机制和平台,通过审判经验的交流、生动案例的指引,促进提升涉外审判人才队伍的整体能力水平。

2. 深化国际司法交流与合作

首先,要积极推进双边、区域及多边司法协助协定的谈判、制定与履行。在"一带一路"倡议落实的基础上,探索区域性司法协助协定的模式,不断提升国际司法协助的质效。其次,顺应数字法院建设的趋势,提高国际司法协助的信息化建设水平,健全文书的在线传输、审核与回复功能。最后,拓宽国际司法交流的渠道,由最高人民法院牵头,各级人民法院加强与国际法院、他国法院、世界贸易组织、世界银行等重要国际组织的交

流合作,不断扩大我国法院的"朋友圈"①,积极参与全球治理体系改革。

3. 搭建涉外纠纷解决智能平台

对于涉外案件的办理,更加强调司法数据的集成应用,因此有必要根据案件办理的需要,搭建涉外纠纷解决智能平台。现有审判管理系统需要与最高人民法院外国法查明平台、司法部及公安部司法协助平台等进行充分对接,从而有效缩短送达、外国法查明的办理周期。同时,审判管理平台可以同步将涉外案件中可能涉及的法律规范、典型案例及类案裁判指南推送给法官,对此类案件中可能存在的风险点进行提示,从而进一步提高涉外案件审判质效。

五、结 语

统筹推进国内法治和涉外法治建设不是一蹴而就的,而是一项任重道远的系统性工程。人民法院参与统筹推进国内法治和涉外法治建设,应立足立法、执法与司法三位一体的协同共进关系,全面把握统筹推进国内法治和涉外法治建设的总体要求,加强对涉外审判工作重点领域与重点工作的积极部署与全面落实。通过增强应对国内法域外适用的能力、降低外国法不当域外适用的司法风险、提升涉外法律合作与斗争的本领、加强专业涉外人才的培养,全面提高我国参与国际治理、制定国际规则的能力,从而在维护国家主权、安全与发展利益的同时积极推动构建人类命运共同体。

---

① 参见李强:《扩大法院"朋友圈"服务开放新格局——人民法院全面开展国际司法交流与合作工作综述》,载《人民法院报》2018 年 3 月 20 日,第 7 版;吴凡:《共谋新发展、共创新未来——人民法院国际司法交流合作工作综述》,载《人民法院报》2022 年 3 月 7 日,第 7 版。

3. 涉众型非法集资案件追赃挽损机制研究 *

涉众型非法集资案件的追赃挽损,指刑事办案机关在查明此类案件涉案财物去向的基础上,依法开展追缴、归集、处置及责令退赔工作,以最大限度减少实际损失,追赃挽损工作贯穿刑事诉讼、执行全过程。近年来,涉众型非法集资案件持续高发,严重扰乱国家金融管理秩序,侵害人民群众合法财产权益。如何做好此类案件的追赃挽损工作成为司法实践中亟待解决的重点和难点问题,办案机关特别是人民法院面临巨大压力。

一、涉众型非法集资案件审执工作现状

以我院为例,2016 年年底至今,审理一审特大规模非法集资案件 41起,涉案金额累计高达 5 800 亿元,造成 200 余万名被害人损失 1 300 余亿元。其中,涉案金额在 100 亿元以上的案件有 15 起,包括"快鹿系""善林系""联璧金融""证大系"等在全国有较大影响的案件。在上海市委政法委的牵头协调、上级法院指导和院党组的高度重视下,我院较好地完成了此类案件的审判工作任务,主要痛点难点已转移至追赃挽损方面,人民群众对法院追赃挽损工作有较高期盼。然而,当前有关涉众型案件追赃挽损工作的立法仍有较大空白,在处理程序、责任主体、内在工作机制方

* 2023 年上海市第一中级人民法院党组调研课题。课题主持人:徐世亮;课题组成员:黄伯青、胡健涛、阳韵、张亚男。

面缺乏可操作性的细化规定及配套机制,难以解决追赃挽损工作中面临的痛点、堵点、难点问题,容易引发信访矛盾。例如,我院办理非法集资案件过程中,被害群众大量来信来访,要求在查明涉案财物去向的基础上一追到底;又如,受害群众要求对前期离场人员的获利金额,以及未被追究刑事责任业务员获取的工资佣金加大追赃力度,办案机关面临是否追缴、如何把握追缴尺度和方式等难题。在政法队伍教育整顿期间,我院共收到 2 600 余封与涉众型刑事执行案件相关的信访件,维稳压力很大,亟待建立常态化的追赃挽损工作机制。

二、涉众型非法集资案件追赃挽损难点、堵点

(一) 前后端办案机关追赃挽损工作衔接不畅

一方面,涉众型非法集资案件在侦查阶段查封、扣押、冻结的财物数量多、品类杂,续封续冻工作繁重。上海市高级人民法院于 2021 年 11 月出台《关于非法集资犯罪案件涉财产部分审判执行工作指引》,规定立案庭应当审查检察院是否提供被告单位和被告人信息清单、受损群众信息清单、涉案财物信息清单"三张清单"。然而,该项文件未与市检察院、市公安局会签,实践中,该项工作落实不到位、效果不佳。我院及基层法院审理的部分涉众型非法集资案件中,检察院起诉时未移送清单或移送清单信息不全,如未列明财物权属、来源,遗漏被害人信息,等等,导致法院无法准确查明犯罪事实、及时处理执行异议、及时核对被害人信息,容易造成涉案财物脱封脱冻。例如,我院审理"银来系"集资诈骗案时,为尽快推动发赃工作,拟在案件宣判当天上线被害人信息登记平台,但因公诉机关移送的被害人信息清单不全,缺乏被害人联系方式及身份信息,导致该平台无法按期上线。

另一方面,先行处置易贬损财物,有利于降低办案机关保管成本,节

约司法资源,提升追赃挽损效率。《最高人民法院关于适用〈中华人民共和国刑事诉讼法〉的解释》第四百三十九条规定,审判期间法院对于易贬值易损毁财物可以先行处置。2015 年中办、国办印发的《关于进一步规范刑事诉讼涉案财物处置工作的意见》,2019 年上海市高院、市检察院、市公安局联合发布的《关于涉众型经济犯罪案件易贬值易损毁财物先行处置工作的指导意见》(试行),明确各办案机关均可以对涉案财物开展先行处置。但从实践来看,涉案财物的先行处置工作仍集中在法院审理阶段开展,公安机关、检察机关均未建立先行处置相关配套机制,对涉案财物目前还局限在一冻了之、一查了之的层面,导致侦查阶段、审查起诉阶段先行处置工作虚置,大量查扣财物错过最佳处置时机,不利于实现追赃挽损效果最大化。例如,我院审理的"巨如系"案中,被告人胡某设立并实际控制巨如集团非法募集资金 39.4 亿余元,未兑付金额 10.4 亿余元。该案侦查阶段查扣游艇一艘,公安机关委托某游艇公司保管,一年期保管费高达 20 万元。因保管合同即将到期,公安机关函告我院要求及时办理交接手续。经查,该游艇系巨如集团使用 600 万元集资款购买的。

(二) 继续追缴与责令退赔路径有待完善

涉众型非法集资案件具有涉案金额巨大、集资款去向繁杂、涉经营性资产较多、继续追缴任务繁重、刑民交织问题突出、涉案资产继续追缴难度较大等显著特征。实践中,对于经营性资产与对外债权的追缴,还分别涉及"如何实现资产处置利益最大化"与避免"逃废债"等问题,如何做好此类案件追赃挽损工作,刑事办案机关特别是人民法院面临巨大压力。囿于职能及专业限制,刑事办案机关在应对涉经营性资产处置难题时,存在"先天不足、后天乏力"的缺憾,难以平衡多方利益,不利于实现追赃挽损效果最大化。例如,我院审理的"银来系"案中,被告单位银来集团使用集资款向天成酒业注资 4 800 余万元,并控制该公司全部股权。后因银来集团被刑事立案,天成酒业的厂房土地等被查封。审理阶段,天成酒业所在地住建部门多次向我院来函,称出于公共利益需要,包括天成酒业厂区在内的相应地块已被纳入政府征收范围。截至 2021 年年底,征收对象中仅剩天成酒业一家因土地被查封,整个地块建设无法推进。故住建部门商请我院对天成酒业房屋土地予以解封,并希望通过与我院签订合同的方式解决征收补偿事宜。

(三)涉案财物的归集路径与发还规则有待明确

涉众型非法集资案件的系列分案分布在全国各地,查扣在案财物的归集、发还难度较高,涉案资金清退、发还任务艰巨。受沟通机制不健全等因素影响,案件主办地办案机关对于外地办案机关追缴、退赔情况并不了解,部分外地办案机关将追缴、退赔的款项转至案件主办地办案机关的意愿不强,引发被害人不满,从而增大涉诉信访压力。此外,在案件审理、执行过程中,有不少被害人以"特定集资平台集资款来源明确"或"相关集资款项尚未进入资金池"等为由主张不应参与全案按比例发还,而应单独发还,引发信访舆情等一系列问题。中级人民法院为特大规模集资诈骗案件的主办地,客观上无法掌握外地公安司法机关办理系列案件的追赃挽损情况,不能主动联系进行归集,仅能被动依靠外地办案机关主动联系后再发函的方式进行归集,归集效果不佳;甚至有的司法机关先行对其管辖区域之外的被害人开展发赃工作,导致全案被害人参与发赃比例不均。

(四)刑民责任交叉时对多元权益主体诉求的平衡与保障有待加强

第一,非法集资案件的集资款去向十分复杂,其中用于偿还债务或用于投资项目的情形较为常见,甚至还存在多次流转的情形。办案机关能否以涉案财物系违法所得一追到底,案外第三人能否以善意取得为由对抗追赃，实践中存在争议。例如，在我院审理、执行"大大宝"集资诈骗案过程中，就如何追缴处理申彤集团流入杰事杰公司及关联公司的 11 亿元集资资金，争议较大，被害人代表多次来访来信。被害人一方认为该 11 亿元系非法集资款，杰事杰公司并非善意取得，故法院必须对 11 亿元资金一追到底。杰事杰公司一方则认为，申彤集团对其增资扩股的行为合法有效，且支付了正常的对价，系善意第三人，应当受到法律保护。

第二，刑民责任交叉时涉案财物分配顺位争议不断，法律适用并不统一，如退赔被害人损失与民事债务清偿的优先顺位、存在优先受偿权的民事债务清偿范围、退赔被害人损失与破产程序的关系等。例如，在我市一起集资诈骗案件中，被告单位造成损失 1 亿余元，部分集资款流入被告单位控股 60% 的某房产公司，该公司另有 18 名小股东，唯一开发楼盘位于浙江瑞安。公安机关当即查封了该楼盘尚未出售的 103 套房产。然而，该公司另外 18 名小股东不断信访，瑞安法院要求浦东法院解除查封，由瑞安法院通过破产程序处理。

（五）涉财产部分执行异议审查工作有待规范

刑事案件审理、执行过程中，被告人、利害关系人、案外人针对涉案财物权属、赃款赃物认定等提出异议的情形非常普遍，很多异议有待执行阶段加以解决。由于现有法律对此类异议审查和处理的规定较为模糊，有关异议的审查主体、审查程序、答复方式、救济途径等，皆与实际情况有所不同，有待规范。在我院审理执行的"善林系"集资诈骗案中，有 100 余名逃废债人员对借款金额提出异议，300 余名业务员对身份及佣金提出异议，30 余份异议由被告人亲属、第三人针对涉案财物归属提出。

三、涉众型非法集资案件追赃挽损机制探究

（一）厘清工作权责，实现前后端办案机关追赃挽损工作有序有效衔接

1. 在市委政法委的牵头下，推动公检法三机关会签"三张清单"工作机制，就涉案财物续封续冻衔接工作达成共识

（1）将检察机关是否移送三张清单作为立案审查的条件。根据《刑事诉讼法》及相关司法解释的规定，人民法院对于提起公诉的案件，应当审查是否移送证明指控犯罪事实及影响量刑的证据材料；是否随案移送涉案财物、附涉案财物清单；是否列明涉案财物权属情况；是否就涉案财物处理提供相关证据材料。检察机关在涉众型案件起诉前，应与法院立案部门、刑事审判部门沟通涉案财物清单等情况；移送立案时，立案庭应当重点审查检察机关是否随案移送涉案财物清单、移送清单是否符合要求。对未移送或移送清单内容不完善的，可以要求检察机关提供或补充。检察机关不能提供或补充完善的，可以延缓立案，必要时告知检察机关不得移送起诉。

（2）公检法机关强化协作配合，共同做好续封、续冻工作。对于已采取查扣措施的财物，检察机关、人民法院应当密切关注涉案财物查扣措施届满日期，提前通过发函等方式通知原侦查机关继续配合做好涉案财物特别是侦查阶段线上集中查扣财物的续封、续冻工作。原侦查机关应当在接到通知及时完成，并将续封续冻结果书面告知检察机关与法院。若侦查机关因为合理原因无法继续开展此项工作，需出具书面情况说明。后续可由刑事审判庭直接出具裁定书交由执行局做好涉案财物的续封、续冻工作。

（3）打破数据壁垒，确保涉案财物信息高效流转。可推动建立统一

的被害人信息登记平台、涉案财物信息管理平台,实现对涉案财物保管场所、查扣情况、数据信息等资源共享,做到网上手续移交与信息流转,确保涉案财物管理规范、移送顺畅、处置及时。例如,奉贤法院与区检察院、区公安分局达成"财物处置工作前置"的共识,共同签署《关于加强刑事案件财产处置工作的实施意见》。嘉定法院召开检法联席会议,就完善衔接配合机制进行交流研究,共同推进刑事执行信息共享和追赃挽损等工作。

2. 构建易贬损财物及其他特殊财物的先行处置工作机制,细化开展先行处置的工作规则

(1) 拓展先行处置工作开展的阶段及主体。进一步明确公安机关、检察机关在侦查、审查起诉阶段均有先行处置涉案财物的职责。

(2) 明确先行处置的适用条件。先行处置的涉案财物应属于易损毁、灭失、变质等不宜长期保存的物品,易贬值物品,或市场价格波动较大的财产等,且权属关系已查明、无争议,确有必要进行先行处置。

(3) 明确先行处置的流程程序。先行处置涉案财物应经办案机关集体讨论,提交主要负责人批准,由办案部门出具书面文件进行处置。例如法院刑事审判庭出具裁定书,由执行部门依法先行出售、变现、拍卖、变卖。先行处置结束后,及时将结果告知当事人,所得价款按规定存入各办案机关账户进行妥善保管。

(4) 对于股权等特殊财物的先行处置工作制定更加具体的操作规程。股权等涉案财物因受市场因素影响,价格波动较大,先行处置存在技术与操作风险,一般不宜先行处置。然而在部分非法集资案件中,如果等到执行阶段再处置股权,可能会导致被投资企业因股权、账户被长期冻结而无法再行融资,生产经营恶化使得实际执行时股权已经大幅贬值。因此,办案机关可以考虑在同时满足下列条件的情况下,对涉案股权进行先行处置:第一,继续冻结涉案股权确实会对相关企业后续生产经营产生不良影响,导致股权贬值;第二,股权受让方先行缴付的钱款一般不得少于

股权投资本金,股权已经明显升值的,还应根据市场合理价格缴付升值部分,原因在于升值部分属于使用集资款投资获取的利益,且实践中受让方通常愿意配合缴付升值部分;第三,先行处置的相关股权后续因上市等原因可能升值的,受让方应承诺将一定比例的收益交至办案机关作为给予被害人的补偿。

(二) 探索资产管理人制度与投资受损人代位诉讼制度

针对涉经营性资产以及对外债权的处置,有必要探索引入资产管理人制度和投资受损人代位权诉讼制度。

1. 引入第三方管理人参与经营性资产的追缴

在参照破产管理人等现有法律规定及执破管理人等相关实践探索的基础上,结合涉众型案件涉案财物追缴处置工作特点,本文从以下几个方面探索构建刑事涉案财物追缴处置资产管理人制度,具有可行性。

(1) 明确资产管理人的法律地位。资产管理人作为被告单位的诉讼代表人参与民商事诉讼活动,兼具专业性与中立性,在广泛听取各方权益主体诉求的前提下对涉案财产进行梳理、接管、评估及变现等处置工作。

(2) 明确资产管理人的选任范围及方式。根据涉案财物处置情况,设置"综合管理人"和"专项管理人";出于经济性原则考虑,管理人名单可直接从《上海市企业破产案件管理人名册》中采取摇号或邀请竞争的方式指定。

(3) 明确资产管理人的具体职责。主要包括涉案财物的分类清理、管理方案的拟定与变更、涉案财物的管理与处置、参加刑事涉案财物继续追缴及责令退赔相关的法律程序、定期工作报告和重大事项的报告、披露重要事项并接受质询等六个方面。

(4) 拓宽资产管理人的报酬来源及支付方式。一方面,推动建立专项补贴基金,基础性费用可从纳入同级政府预算范围内的防范和处置非法集资工作经费中支付。另一方面,参照破产管理人关于报酬的规定,可根据资产管理人协助追缴钱款或接管经营性资产获取收益等情形,在听取投资受损人意见的情况下,视情从处置钱款中给予合理比例的激励,具体支付时,可以根据履职情况分期、分模块支付或者一次性支付报酬。

2. 探索建立投资受损人代位诉讼制度

《民法典》在"合同的保全"一章中规定了债权人代位权制度,其目的是防止因债务人财产的不当减少致使债权人债权的实现受到危害。在非法集资案件中,集资行为人通常怠于行使或因被采取强制措施无法行使其合法到期债权,为了防止因债权转移、债权毁损、债务人恶意"逃废债"等情形导致投资受损人最终兑付金额减少,借鉴《民法典》中债权人代位权制度,基于法律特别规定,投资受损人可以向集资行为人的债务人提起代位权诉讼,对集资行为人的已到期债权通过民事途径予以追回。

投资受损人代位权与债权人代位权的共同之处在于,都是基于法律特别规定,由非原始债权人向债务人主张债权。不同之处在于,投资受损人行使代位权的依据是其获得退赔的权利,这一退赔权利被拟制为程序法意义上的民事债权,不具有独立的实体法地位。而债权人行使代位权的依据是其享有合法、有效、到期的债权。基于上述区别,对投资受损人代位权诉讼制度作如下构想:

(1) 投资受损人代位权的构成要件。一是集资行为人怠于行使其到期债权,或因被采取强制措施无法行使到期债权。二是代位权客体限制为金钱债权及与该债权相关的从权利,从权利主要为担保物权、保证债权等担保性权利和利息债权。

(2) 投资受损人代位权的行使方式。一是可由投资受损人成立维权委员会,由委员会选出适格代表提起代位权诉讼。二是在刑事案件侦查、审查起诉、审判、执行阶段均可提起代位权诉讼。三是原则上根据民事诉讼的原告就被告原则,由集资行为人的债务人所在地法院管辖,如果由刑事案件主案审理法院管辖更为方便的,应报请共同上级法院指定管辖。四是关于行使范围应以原告能够证明的损失金额为限,超出部分不予支持,一方面在刑民并行情况下,代位权诉讼无需等待刑事案件审理生效,民事法官也无法查清全案损失金额;另一方面,依据民事诉讼"谁主张谁举证"原则,以现有能够证明的损失金额为限,可以发动更多投资受损人参与到代位权诉讼中。

(3) 投资受损人代位权诉讼的法律效果。《民法典》确立了"限定入库规则",即当债务人进入破产、强制执行等程序后,即便债权人行使代位权,各债权也应当遵循债的平等原则,根据保全、执行或破产规则受偿。在非法集资案件中,被告单位的资产通常不足以清偿全部投资人的损失,或可能已进入破产程序,可参照《民法典》上述规定,将投资受损人通过代位权诉讼追回的财产统一归入主案办理机关的账户。

(三) 明确涉案财物的归集路径与发还规则,加强与不同办案机关的沟通协调,确保公正、高效开展

非法集资案件的关联案件往往遍布全国各地,为最大限度追赃挽损,有必要对各地办案机关查扣的涉案财物、资金进行归集。

1. 明确关联案件中涉案财物的归集路径

对于同一辖区内的系列分案,应由基层法院将分案处理案件的涉案款项、退赔金额及涉案财物处置结束后的相关款项归集至主案账户;对于跨辖区的系列分案,必要时可通过报请上级法院协调处理。

对于跨地区的系列分案,由案件主办地办案机关或处置非法集资职能部门跟踪、掌握外地办案机关追缴、责令退赔的财物情况,并通过发函等方式进行归集,必要时可层报上级办案机关协调处理。对于涉案款项及被告人退赔金额,可通过发函方式要求外地办案机关直接转至案件主办地办案机关;对于查扣的其他涉案财物,可要求外地办案机关配合提供涉案财物的来源、去向、用途、流转情况、查扣情况及处置情况清单,待处置结束后再将相关款项转至案件主办地办案机关。对于被害人提供的外地办案机关针对同一系列案件查扣财物的明确线索,主办地办案机关应根据反映情况主动与外地办案机关联系,及时处理。

2. 完善资金清退与发还规则

一般情况下,对于参与集资的被害人损失,应当按查扣在案的财物总额占全案未兑付金额的比例予以发还,但实践中亦存在不宜参与全案按比例发还的情形。此外,考虑到实践需要,办案机关在发还资金的同时,应为无法取得联系的被害人等特殊群体预留相应比例的受偿款。具体规则如下:

(1)发赃对象及金额的确认。一般而言,刑事发赃的对象应当是经刑事审判程序所确认的被害人,但非法集资案件中遗漏被害人的情形较为常见。考虑到此类案件的特点,基于经济原则与充分救济原则,有必要将被遗漏的被害人纳入刑事发赃范围。实践中,该部分人员可向办案机关主张权利,办案机关在审计部门的配合下对其提交的证据材料审核确认后,可以让该部分人员参与发赃。

(2)特定平台或子公司集资款项来源明确的发还。对于涉案单位的某一集资平台或其子公司所涉集资款来源明确,与其他平台、关联公司集资款来源能够截然分离的,考虑到与该平台、子公司相关的涉案财物权属关系明确,此时不宜参与全案按比例返还,而应当对该特定平台或子公司所涉被害人单独按比例返还。

(3)未进入资金池的集资款项的发还。实践中存在投资人的钱款尚未进入资金池,集资平台就因"暴雷"而案发的情形。如果查明该部分投资款仍保留在第三方支付平台,确未实际进入资金池、未与其他投资人的钱款混同、未与投资人权属对应关系明确的,可考虑直接予以退还。

(4)特殊情形下受偿款的预留及发还。实践中存在部分被害人去世、下落不明或经通知未能及时提供收款账户等信息的情形。对于已经去世的被害人,可以由其顺位继承人经公证后向法院提出申请,符合条件的与其他被害人享有参与发赃的同等权利。对于下落不明或经通知未能及时提供收款账户等信息的被害人,其受偿的相应款项应按比例预留。

(四) 遵循刑民协调原则与利益衡平理念,实现对多元权益主体诉求的平衡与保障

1. 涉案财物追缴与善意取得的协调适用

根据 2014 年最高人民法院《关于刑事裁判涉财产部分执行的若干规定》及 2011 年最高人民法院、最高人民检察院《关于办理诈骗刑事案件具体应用法律若干问题的解释》的相关规定①,一般而言,如果受让人不符合上述善意取得条件,办案机关可以对涉案财物或受让方的其他资产"一追到底"。如果受让人符合上述条件,再将涉案财物又转让给第三人,是否一律适用善意取得对抗刑事追赃则有待商榷。

对于将集资款通过正常市场交易用于投资项目的,只能依法追缴其转换形成的财产及收益。以涉案企业用集资款投资入股其他企业为例,此时赃款已转化为股权,不应向被投资企业追缴相应款项,只能追缴股权,以股权价值退赔被害人。若被投资企业向其他企业再投资,并取得收益,可以在厘清涉案企业在其投资入股公司所占股权比例后,按利润分配规则追缴相应份额。

对于将集资款用于偿还债务的,依据相关司法解释的规定,只要债权合法且债权人不明知所偿还款项系诈骗所得,属于善意债权人,就不应追缴。但有观点认为,以集资款清偿债务,即便债权人善意,也不能绝对化,

---

① 非法集资案件的被告单位、被告人将认定为赃款赃物的涉案财物用于债务清偿、投资项目或者转让给他人的,应当根据受让人是否明知是涉案财物、是否支付合理对价以及取得涉案财物的原因及方式等综合判断受让人是否符合善意取得的要件。

而应当区分情况。如果追缴目的是作为违法所得上缴国库，则民事债权优先，不应追缴；如果追缴目的是用于退赔被害人，则关系到两个民事债权冲突如何平衡问题。犯罪分子本已无清偿能力，债权人面临不能清偿的风险，而以赃款清偿债务为由对抗刑事追缴，相当于以被害人不应有的损失来承担债权人本应承担的债权不能清偿的风险，对被害人实属不公。此观点具有一定合理性，实践中确实存在集资行为人"拆东墙补西墙"，在短时间内通过资金连续倒账偿还债务等情况，让被害人完全承担犯罪行为所产生的损失，有违一般人的公平观念。因此，在现有相关司法解释的基础上，可以考虑建立"追缴法定期限"制度，通过时间要素平衡各方利益冲突。赃款用于清偿不良债务、已过诉讼时效的自然债务、未到期债务，设置在一定期限可以追缴，以避免善意债权人因债务清偿所取得的钱款一直处于不可预期的状态。

2. 明确刑民责任交叉时涉案财物分配顺位

按照 2014 年最高人民法院《关于刑事裁判涉财产部分执行的若干规定》第十三条规定，退赔被害人损失优先于其他民事债务清偿。2019 年"两高两部"《关于办理非法集资刑事案件若干问题的意见》第九条的规定更有弹性："退赔集资参与人的损失一般优先于其他民事债务的执行。"而《民事强制执行法（草案）》第一百七十九条规定："刑事判决中确定被告承担赔偿责任的，按照民事债权顺位受偿。"《最高人民法院关于刑事裁判涉财产部分执行的若干规定》提出，对于被执行人的合法财产，在退赔被害人损失与其他民事债务本金后予以同等保护。因此，有必要根据被查扣财物的性质及查扣顺序区分处理：

（1）一般应当根据刑事案件与其他民事案件的查扣顺序区分处理。如果系刑事案件首次查封、冻结的，考虑到刑事办案机关在追赃挽损过程中付出了大量的人力、物力，且不少财产线索由被害人提供，故退赔被害人的损失应当优先于其他民事债务的受偿。相反，如果刑事案件系在其他民事案件之后轮候查封、冻结的,应该考虑平等分配或民事案件适当优先分配原则。该情形下,如果退赔被害人损失仍然优先于其他普通民事债务,则有违参与分配制度的初衷,也显失公平。

(2)存在优先受偿权的民事债务的清偿范围,应当仅限于主债权,而不包括利息、违约金等。如果在案证据证实民事债权人对查扣的涉案财物享有法定优先权的,民事债权人对执行标的的优先受偿权可以对抗所有权,即先于退赔被害人损失受偿。[①]但存在优先受偿权的民事债务的清偿范围应当仅限于主债权,而不包括利息、违约金等。原因在于,此类案件中刑事被害人参与发赃的依据是本金损失,并不包括利息,且通常被害人损失的获赔比例很低。在此情形下,将民事债权的优先受偿权范围限定为本金,符合公平原则与利益衡平原则。

(3)退赔被害人损失与民事破产程序的关系。非法集资案件还存在涉案企业或者关联企业财物在破产之前已被采取刑事查封、扣押、冻结措施的情形。当相关企业被宣告破产时,能否将该企业被刑事查封的财物列入破产财产,实践中争议较大,因此有必要结合被查封财物的性质及查封顺序区分处理。具体如下:其一,被查扣财物系赃款赃物或赃款赃物转化而成时,鉴于该部分财物系犯罪人的违法所得,本质上应视为被害人财产,被害人享有优先退赔的权利,故无论刑事案件是否审结,均不宜列入破产财产。同理,如果被查扣财物部分源于非法集资款的,则被害人在相应比例范围内享有优先退赔的权利。其二,被查扣财物与涉案企业合法财产混同,或与赃款赃物无关时,应列入破产财产。《企业破产法》规定除职工债权不必申报外,其他债权人必须在人民法院确定的债权申报期限内向管理人申报债权,否则无权就破产财产进行分配。故被害人应当就

---

① 2014年《最高人民法院关于刑事裁判涉财产部分执行的若干规定》第十三条第二款规定,债权人对执行标的依法享有优先受偿权,其主张优先受偿的,人民法院应当在人身损害赔偿中的医疗费用受偿后予以支持。

赃物赃款的价值通过破产程序向管理人申报债权,共同参与债务人财产的分配,该规则也已为司法实践所认可。基于公平受偿的考量,退赔被害人损失应与其他普通破产债权在同一顺位。

(五)构建有效的权利救济机制,保障涉众型案件涉财产部分执行异议审查工作规范有序开展

在总结、梳理现有法律和司法解释,以及借鉴民事执行异议处置程序的基础上,规范刑事执行异议办理程序,探索构建刑事执行异议专门诉讼程序。

1. 规范刑事执行异议办理程序

在本次调研过程中,根据刑事诉讼法、民事诉讼法及相关司法解释、规定,结合我院及辖区基层法院涉众型非法集资案件审判与执行工作实际,起草制定《刑事案件涉财产部分执行异议办理规范(试行)》,推动构建统一的执行异议办理机制。主要内容如下:

一是明确在执行过程中提出异议的五种情形。根据《最高人民法院关于刑事裁判涉财产部分执行的若干规定》及司法实践情况,对可以提出执行异议的五类情形进行明确。

二是明确在执行过程中提出异议的审查流程与形式。当事人、利害关系人在执行阶段提起的异议,符合立案条件的,经过立案庭审查立案后,依照不同情形,分别移交刑事审判庭、执行裁判部门、审判监督部门处理。原则上,应尽可能地放在刑庭处理异议。执行异议的审查,一般应当进行听证。对于刑事审判合议庭尚未作出处理意见的财产提出异议的,可由原审理刑事案件的合议庭审查处理;针对已经作出处理意见的财产提出的异议,原作出处理意见的合议庭成员,不得参与在执行过程中提出异议的审查。

三是明确异议结论的形式和告知程序。对于经刑庭审查的异议,异议理由成立的，裁定支持；理由不成立的，裁定驳回，并直接送达异议人。

四是确定异议救济途径。对于执行裁判庭审核涉及执行行为及实体权利异议的救济方式，在《民事诉讼法》及司法解释中予以明确规定；对于刑庭审查的涉及赃款赃物认定的异议，为充分保障异议人的救济权利，可赋予充分的救济权，即向上一级人民法院申请复议。

2. 探索构建刑事执行异议专门诉讼程序

刑事法官的处置思路及法律依据与民商事法律关系的认定并不具有同源性，在最大限度追赃挽损理念的驱动下，可能得出有损案外人权益的结论。若刑事法官按照民商事法律逻辑来解决当事人、利害关系人在执行过程中提出的异议，难免力有不逮。实践中，我院和大部分基层人民法院都是由刑庭出具书面复函告知执行局审查结论，再由执行局口头回复异议人。异议人并未获得正式的法律文书，缺乏相应的程序性保障和救济途径。且非法集资案件的执行时间较长、执行工作量巨大，影响执行异议的审查进度，易引发异议人反复缠诉信访。因此，为保障相关主体的实体权益，有必要将刑事执行异议从刑事诉讼程序中分离出去，探索构建由刑事、民事、商事法官组成合议庭审查执行异议的专门程序。实际上，最高人民法院和济南中院在审理民商事案件和知识产权案件中已有类似做法。①

在刑事执行异议专门诉讼程序中，对于当事人、案外人对执行标的中涉及赃款赃物的认定提出异议的案件，涉及刑、民、商法律关系交织等重

---

① 最高人民法院第二巡回法庭在重大民商事二审案件的审理上曾探索推行5人合议庭制度，并且在人员结构上强调私法背景与公法背景的互补，将民商事法官与行政法官、刑事法官共同组成大合议庭（3＋1＋1），使不同专业背景的法律专业人员观点相互碰撞和补充，从而对纠纷解决路径进行多角度、全方位论证权衡。济南中院为提高知识产权案件的审理水平，构建"三合一"审判机制，确定由一名刑事员额法官、一名行政员额法官和一名民事员额法官组成知识产权审判合议庭。

大疑难情况的，立案庭立案后，可以提交刑事执行异议专门合议庭，由民商事法官与刑事法官共同审查，作出原生效刑事裁判的合议庭成员和办理执行案件的人员不得参与，以出具裁定书的形式告知异议审查结论，赋予异议人复议权，不服裁定的异议人可以向上一级人民法院申请复议。

4. 现代司法政务体系构建背景下"智慧办公"深度应用问题研究[*]

上海市高级人民法院贾宇院长在 2023 年全市法院院长会上指出,应坚持数字改革赋能,提升智慧法院建设水平,并着重强调司法政务体系的现代化是数字改革赋能的重要内容,是实现法院工作高质量发展的必然要求。以智慧办公平台为代表的数字化办公模式则成为以"提质增效"为目标的"智慧法院"建设的重要抓手之一。依托"智慧办公"平台,以数字化改革助力司法政务办公效率提升,推动业务流程模式优化,切实提升司法服务水平和行政办公效率,就司法政务工作而言是一个重要的理论和实践课题。为深化课题研究,课题组先后多次赴江苏省苏州中院、浙江省嘉兴中院以及杭州地区法检两院(含杭州互联网法院)及贵州省高院等十余地开展调研。

一、困境探析:"智慧办公"深度应用面临的困境检视

目前,全市法院办公系统尚未实现一网贯通、三级协同,涉及办文、办会、办事等办公信息化资源未实现有效融合,许多事务性工作的线下流转,一定程度上影响了办事效率。司法信息化建设在具体业务方面的应用不够深入,智能化程度、功能的完整性、功能的适应性及信息化覆盖面

* 2023 年上海市高级人民法院报批课题。课题主持人:骁克;课题组成员:沈娟娟、周冬莹。

有待进一步提高①。

(一) 缺乏系统的顶层设计和基础框架建构

1. 顶层设计不完善,功能与业务匹配度不够

自最高人民法院提出在全国范围内建设智慧法院以来,就一直鼓励地方人民法院开展自主研发建设,地方人民法院可以充分发挥创造力,进行自主探索和创新,建设符合司法实践需求的智慧法院系统。这导致建设中存在区域发展不均衡、系统兼容性较差、开放程度不高等问题。②以上海法院为例,各法院之间的"智慧办公"应用都有所不同,信息系统难以实现有效兼容和连接。这一情况是由于"智慧办公"建设受法规政策及法院业务内容影响大,给法院干警使用带来不便。

2. 基础架构尚不成熟,业务引领驱动力不强

近年来,智慧法院建设高速发展,新业务新应用在全国范围内得到极大推广,科技创新成果和审执中心工作深度融合。但相对而言,上海法院"智慧办公"系统尚处于起步阶段,还未能形成完整基础架构,出台统一的技术规范。例如,在现代政务"智能办公"建设的整体构想、规划和实施路径探究方面,还未形成自有的、系统的方案;司法政务应用模块设计开发方面,还需进一步发挥业务引领的驱动力,提升数据赋能。

(二) 缺乏统一的标准规范和规章制度

1. 数据标准不统一

"智慧办公"系统对数据的格式要求较高,但我国司法政务体系下"智

---

① 王禄生:《智慧法院建设的中国经验及其路径优化——基于大数据与人工智能的应用展开》,载《内蒙古社会科学》2021 年第 1 期。

② 陶天蓉、杨仪、李世军:《人工智能在基层人民法院智慧化建设中的运用——基于 SWOT 分析》,载《经营与管理》2023 年 7 月 5 日网络首发。

慧办公"系统存在数据标准不统一的问题。一方面是因为缺乏上层的数据标准的相关规定①,各个法院在建设"智慧办公"系统时只能根据开发系统工作需要规定数据标准进行设置。另一方面,由于"智慧办公"系统中不同功能的应用数据来源不一致,在信息化数字化的过程中,存在转化标准不一致的情况,最终导致数据的质量参差不齐,甚至部分数据因为无法转换而影响了后续的应用效果。②

2. 配套制度不完善

现行的司法政务体系中关于"智慧办公"的相关规定分散不成体系,缺乏统一的指导意见或法院内部文件,比如当前"智慧办公"的主要内容及相关平台建设的规范性文件。上海法院智慧办公体系尚处于探索初期阶段,在持续深入推进过程中依然存在较大的不确定性,目前还未能形成成熟的建设和管理运行标准。现阶段各法院在具体执行中可能存在标准和应用范围认识不到位、理解不到位的问题。

(三) 信息孤岛、数据壁垒难以打破

1. 系统兼容性较弱

"智慧法院"中"智慧办公"建设是法院信息化建设下的系统工程,各法院之间的智慧系统加强开放融合有利于集聚司法资源,充分发挥司法数据价值,从整体上提升法院的司法能力。我院办公系统还存在开放程度不高、系统兼容性差、数据交互性不强等问题,办文办会、在线事务审批等模块设置处于分散、割据的碎片化状态,不能实现部门间、地区间互通共享或共享程度不高,同时各模块之间的数据未实现互联互通。

---

① 范明志:《智慧司法的基本逻辑——数字技术与司法如何对应》,载《法学论坛》2023年第3期。
② 蔡珂:《智慧法院视角下档案管理的创新》,载《办公自动化》2023年第6期。

2. 数据交互性不强

审视"智慧办公"的核心,关键是打通政府部门数据共享。但就目前数据交互情况来看,仍然存在较为突出的"数据壁垒"现象。在法院"智慧办公"系统内部,法院上下级之间、同地区的同级法院之间的司法数据交流与共享较少;①从我院内部与外部、其他法院之间的数据交流情况来看,尚未建立完善的数据共享体系在一定程度上促使"信息孤岛"的形成。由于市域通用的数据共享机制较为单一,法院与外部公安、检察院、银行等相关部门的数据交换途径较少,仅限于通过市高院向市大数据中心申请数据调取,一定程度影响了时效性和便捷性。

(四) 网络安全保障方面存在短板

1. 数据备份存在安全风险

司法数据信息安全是法院"智慧办公"建设的底线,关系到个人信息安全保障乃至国家利益的维护。②个人信息安全方面,司法数据信息直接包含公职人员岗位职务等重要数据,若泄露会导致个人信息被套用于不可知途径。在国家信息安全方面,通过对司法办公大数据的深度分析,可以获取并挖掘出司法审判、政务管理等相关重要数据,洞察国家发展方向,甚至窃取国家秘密。目前"智慧办公"系统建设中还未设置办公数据备份及异地存储备份的安全措施,数据备份安全隐患应对方案不够完善,存在一定的安全风险。

2. 内外网数据交换存在数据漏洞

由于目前法院内部办公所使用的操作系统与外部不同,内外网之间

---

① 谢登科、周鸿飞:《智慧司法下法院电子卷宗的归档模式与实践检视》,载《浙江档案》2022 年第 12 期。

② 季金华:《智慧时代司法发展的技术动力、价值基础和价值机理》,载《中国海商法研究》2022 年第 3 期。

的数据交换和迁移存在数据漏洞。而在外部数据协同方面,在推进跨区域、跨层级和跨部门的司法数据平台建设过程中,诞生了一批协同数据平台,但由于数据接口不一致,也容易出现数据漏洞风险。还有协同单位担心数据安全、数据涉密等问题,协同工作消极配合,推进工作步履维艰。[①]

3. 外网入侵需警惕

目前法院扎实推进安可替代工程,基本实现信创电脑全覆盖。但仍然存在外网入侵、利用软件侵入、攻击并非法窃取司法政务数据等风险,以被感染的计算机为基础,肆意入侵法院办公局域网内其他的计算机,进行资料及档案的浏览、复制及修改。

(五) 用户需求差异无法有效兼顾

1. 用户数字素养

法院干警数字素养的"软件要素"影响着"智慧办公"建设向更深层次推进。当前,部分干警数字意识的培树并没有跟上技术的更新迭代。有些人员认为在"智慧办公"的建设阶段,只需配置技术人员就能完成建设任务,没有将"智慧办公"与法院的司法政务工作切实融合起来。这导致技术人员不懂法律知识,司法人员对技术操作缺乏了解,出现了技术与司法实践脱轨的现象[②],法院的一些信息化系统建设在实际中的应用程度不高,在工作中沦为摆设,与智慧法院建设的大背景与初衷背道而驰。[③]

2. 应用场景需求

在数字化转型初期,法院系统重视各类司法公共服务平台的建设,所涉及的服务几乎涵盖了法院的所有业务和服务,然而平台多并不意味着

---

① 潘越、谢玉湘、宁博等:《数智赋能、法治化营商环境建设与商业信用融资——来自"智慧法院"视角的经验证据》,载《管理世界》2022 年第 9 期。

② 李毅:《智慧法院建设的逻辑生成、现状描摹与路径优化》,载《安庆师范大学学报(社会科学版)》2022 年第 2 期。

③ 张凌寒:《智慧司法中技术依赖的隐忧及应对》,载《法制与社会发展》2022 年第 4 期。

司法公共服务数字化转型快。反而因为线上服务平台过多,导致整合问题严重、平台服务分散,建设规划的不合理对司法工作数字化转型造成阻碍。

从上海法院"智慧办公"的应用现状来看,目前也有类似的问题,内部办公系统各功能并没有实现一网通办。应用场景若受到限制,会进而影响法院的工作效率。[①]今后,法院干警会寻求多模块、多平台、多系统、多载体的应用场景,对"智慧办公"的具体建设提出更高更全面的要求。

二、理论探讨:"智慧办公"深度应用问题的逻辑辨析

(一) 平台安全性 vs 便利性利弊考量

法院"智慧办公"深度应用中,数据的开放共享成为关键和基础,司法政务领域还会涉及大量秘密信息的处理,如果发生过度扩散将会引发安全隐患。[②]在数据开放共享以追求便利性的过程中如何充分把握数据安全,成为首要解决的问题。

一方面,提升司法政务信息化建设的便利性,会促使海量办公数据线上汇集,增加了数据泄露的风险。法院"智慧办公"建设数据泄露隐患主要表现为共享信息流转去向不可控、网络信息无法被彻底删除等。同时,运行平台存在遭受黑客攻击的风险,将直接导致个人信息、国家秘密被黑客盗取、监听、拦截等严重后果。

另一方面,提升系统使用的便利性,要求司法办公流程精简化,要以使用者的需求作为流程优化的出发点,明确和统一办公事务交接流程,各个部门各司其职,这也要求司法政务的数据流转更加快捷,数据可获取的

---

① 李占国:《"全域数字法院"的构建与实现》,载《中外法学》2022 年第 1 期。
② 胡元聪、谢凤:《智慧司法下数据保护困境突破的区块链技术进路》,载《科技与法律(中英文)》2021 年第 6 期。

对象越多,越会造成数据安全的隐患。

(二)平台一体化 vs 个性化利弊考量

"智慧办公"深度应用中,信息化办公平台的一体化建设能够有效避免信息系统的重复建设,加强系统协同使用的效率,也能够从底层逻辑上优化数据的共享路径,但一体化的系统开发方式在实践中面临个性化需求响应不够的问题,司法政务的层级地域差异会大幅度降低系统适用率。

例如,上海市政府在推进数字化转型的进程中,把"一网通办"作为组织变革的试验田,在压缩纵向组织层级数量的同时扩展了横向组织的职能范围,突破了部门和机构的"碎片化",实现了政府组织的"一体化"和"精简化"[①]。法院在构建"智慧办公"深度应用体系时,可以参考上海市政府的一体化开发方式,同时需要结合各法院的特点,在一体化办公平台上增加个性化模块,从而满足各法院的工作需要。

(三)一网通 vs 多平台利弊考量

"智慧办公"深度应用中,集约化的信息建设要求在全国和全市层面、在社会治理层面、在政法系统层面、在司法政务层面更多地实现一个APP 协同解决,进而实现一网通办。一网通办平台极大地丰富了法院工作,服务于司法政务处理,通过现代化、系统化管理,形成一键式服务,有效解决当前平台多而散造成的功能散乱问题,避免司法资源浪费;同时,对于法院不同部门的人员,一站式和个性化的办公平台让法院使用者的司法政务工作体验感更好。但司法政务业务的复杂性、早期系统的用户黏性、系统数据的格式协同等,都大大制约了系统的整合力度。

---

① 崔巍、曹金容:《基层数字政府建设路径研究——以西部地区 S 省司法行政系统为视角》,载《中共四川省委党校学报》2021 年第 2 期。

三、"智慧办公"深度应用于现代司法政务体系之路径探究

"智慧办公"深度应用的路径研究有助于进一步深化数字科技在上海法院司法政务办公领域的深度应用,倒逼内部业务协同流程再造,加速司法政务部门运行效能,推动数据驱动、场景牵引,提升智慧治理的深入应用,切实提升司法服务保障水平和行政办公效率。

(一)构建"智慧办公"一体化平台

"智慧办公"平台建设,需要紧密围绕人民法院司法政务管理特点,运用数字技术开展顶层设计,绘制中长期的数字化推进蓝图,并逐步实施。

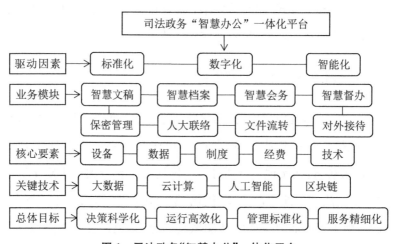

图 1 司法政务"智慧办公"一体化平台

1. 加强顶层设计

"智慧办公"建设是大数据管理与应用在司法政务体系中的缩影,其实质就是推动司法政务管理的数据化发展。从长远看,"智慧办公"建设离不开顶层设计,即制定司法政务"智慧办公"发展规划。一要立足全国法院层面,从宏观角度有效避免资源的浪费和建设的重复,形成统一的司

法政务信息基础设施,促进"智慧办公"均衡发展。比如,浙江法院选择了一条"以技术变革推动业务流程再造、组织架构重塑和诉讼制度变革"的数字法院建设路径,逐步形成了"制度+技术"的现代化法院新样态。二要从院级层面出发,吸纳各部门业务骨干和技术部门研发骨干共同建立"智慧办公"工作专班,依托上海法院政务平台开展本院政务信息系统整合共享,构建自上而下的"智慧办公"平台设计路径。比如,浙江法院坚持以业务为主导、以专业为引领、全面推进应用的系统研发理念,浙江省高院业务部门和大数据处一同入驻"全域数字法院"推进专班,从业务与技术的角度一同对数字建设需求进行确认、指导、监督和推广,确保创新技术与业务需求有效融合、步调一致。

2. 明确数据标准

在具体推进中要统一建设标准,强化数据对接。一是坚持以最高人民法院的标准为引导。最高人民法院在充分论证可行性的基础上,出台规范全国法院建设标准的文件,规范全国法院的系统建设,同时各个法院应严格按照全国性标准开展工作。[①]二是构建"智慧办公"标准规范体系。要充分发挥标准化在"智慧办公"建设中的基础性作用,定期调查具体工作实际及建设情况,完善工作事项网上办事流程、数据标准等基础性、关键性标准,制定政务应用开发规范和接入规范等终端标准。正如河北省的电子宗卷系统就有较大的参考价值,该系统充分考虑了存储宗卷的要求、难度并综合系统功能,规范宗卷管理,在该省形成统一标准落实电子宗卷管理,统一的标准有利于后期保管、流转宗卷。

(二)畅通共享协同数据流

1. 提升数据采集精准性

数据中蕴藏着重要价值,它不仅包含了最基本的信息,还是对事物量

---

① 贾柯:《"数字法治、智慧司法"信息化体系建设指导意见》,载《中国司法》2018年第11期。

化的具体表现。这些数据在现代社会中是极其重要的资源,对管理而言具有非常重要的决策参考价值,丰富的数据信息可以为决策提供可靠的依据。[①]"智慧办公"系统的数据来源不一致,信息统计口径也可能存在差别,这就要求信息系统需要按照特定的数据格式采集数据,确保系统能够有效识别。同时利用大量数据的精准采集与分析研究,推进"智慧办公"的深度应用,强化法院政务管理决策的指向性,为科学化、智慧化的司法政务工作提供有力支撑。

2. 聚焦人机融合互促

在具体研发中需要更加强调应用者视角,实现开发者、使用者、前沿系统研发技术的相互赋能。一是由传统的技术部门牵头开发,业务部门跟进使用逐步转变为"业务驱动引领、技术保障实现"。通过专班模式,推动业务技术部门人员统筹需求、形成合力,确保建设项目和司法政务管理的精准对接、深入融合。比如,杭州检察院组建了一支兼有法律与技术素养的应用场景发现、研发队伍。二是建立健全数字素养培训考核标准和机制,进而推动数字技术的应用和政务服务的更新优化,实现现代政务管理从"线性化"向"系统化",办公场景从"线下"迁移至"线上"的转型发展。三是建设过程中各方面的参与者要建立起一种多元的、密切联系的、相互依存的共生关系,为上海法院"智慧办公"深度应用改革提供有益的土壤。例如,浙江法检两院有效打破部门间的数据壁垒,并借助省内通用的"浙政钉""政法云"等一体化公共数据和应用平台、数据交互渠道,实现外部数据共享。

3. 完善机制规则创设

"智慧办公"的建设过程中要注重配套规则的创设与完善,为系统的有效运行与深度应用建立完善的制度基础。这样才能在全国范围内推进

---

① 尤田甜、李兆友:《"智慧中国"背景下基层政府治理的新特征与新途径》,载《领导科学》2019 年第 8 期。

"智慧办公"系统的体系化、规模化建设,推动全国范围内的"智慧办公"一体化建设,使各法院之间的司法政务数据交流与共享更为便捷。

同时,在制度的框架下要重视办公数据信息收集的常态化,将数据和发展统一起来,有效利用大数据在行政管理中的价值[①]。在上海市高级人民法院的牵头下,推动司法政务运行管理数字化并实施数据分类管理,结合我院政务数字化改造开展流程再造和制度重塑,为三级法院办公互联创造建设基础,实现多部门整合、对接、协同、互动。

(三) 打造司法政务"数治"新范式

1. 拓展应用场域

围绕全面推进"全场景覆盖、上下级贯通、内外网联动"的政务管理新模式,实现司法政务集约协同、数字档案深度应用、移动办公一体高效的目标要求,研发符合我院实际的政务管理平台体系,建立"智慧办公"系统的深度应用场域。

一是夯实应用场域数字基础,通过建设统一的应用技术支撑,将政务数据资源、基础设施建设、安全保障模块纳入总体规划,搭建一体化的"智慧办公"技术架构,为后续全流程网上办公体系的技术开发与应用打好技术基底。二是深化应用场域建设类型,例如协同办公系统、行政审批系统、电子监察系统等,建立高效的政务数据共享机制,实现信息服务、信息安全等云数据库的构建。三是注重应用场域数字赋能,通过建设"数据中台"提升司法政务运行智能化水平,改变传统的问题发现难、协同办公难等堵点问题,比如深化"智慧办公"模块研发,逐步实现司法政务工作跨层级流程跟踪,确保政务事项处理监督全程留痕,让司法政务大数据在全流程网上办公体系中发挥更重要的作用。

---

① 赵成福:《政府职能转变:从管理向服务理念的改变——以成都市政府职能转变为例》,载《行政论坛》2015 年第 1 期。

2. 推进移动化交互

移动办公不仅可以充分利用法院人员的碎片时间,提高紧急办公事务的办理效率,还能突破线下法院办公条件的限制,实现核心司法政务工作的移动化应用。

在应用数字技术对办公模式进行技术革新的同时,要大力发展移动办公,通过移动端的办公系统开发,一是实现收文、发文、档案、督查督办、智慧文稿、信息工作、智慧会务、对外接待、代表委员联络、开放日活动等司法政务工作模块的即时查看与办理,二是增强即时办公事务交流、通知推送等能力,并可以探索与其他第三方系统进行对接,融入司法政务处理的具体场景,增强"智慧办公"体系的协同办公及远程办公能力,着力提升法院干警的办公效率。

5. 审判公开中个人信息和隐私权保护问题研究 *

一、问题的提出:新形势下的审判公开

审判公开,是以公开审理案件为核心内容的、人民法院审判工作各重要环节的依法公开①,其核心为裁判文书公开与庭审活动公开。从公开的范围上来说,审判公开相当于狭义上的司法公开。审判公开具有丰富的价值功能,近年来,制定审判公开制度的形势背景已发生重大变化,具体包括信息技术尤其是人工智能、大数据、云计算等高新技术的飞速发展,国内外形势的复杂变化,《网络安全法》《中华人民共和国数据安全法》(以下简称《数据安全法》)、《中华人民共和国个人信息保护法》(以下简称《个人信息保护法》)等法律的相继出台,以及公民法治意识的不断增强。随着场景的变换,审判公开制度也应作相应优化。作为个人信息公开的主要场景,本文谨以审判公开的传统核心内容"裁判文书、庭审过程"为限,探讨面对公众的审判公开②应如何优化以适应个人信息加强保护等新形势。

---

* 2023 年上海市高级人民法院报批课题。课题主持人:庞闻淙(现任职于上海市高级人民法院);课题组成员:须海波。

① 法发〔2007〕20 号《最高人民法院关于加强人民法院审判公开工作的若干意见》。

② 根据公开对象不同,审判公开可分为向当事人公开以及向公众公开,本课题聚焦的是向公众的审判公开。

（一）个人信息①的加强保护需要

《民法典》《个人信息保护法》对公民个人隐私、个人信息的保护提出了更高的标准与要求，司法实践中，一些当事人或案外人反映裁判文书上网公开，对其生活、工作、生产经营造成较大负面影响，强烈要求撤下相关文书。如劳动争议纠纷案件的当事人，为避免在面试新岗位时遭遇负面评价，即便胜诉亦普遍不愿公开裁判文书。有些案件涉及公民个人健康信息，如艾滋病、肝炎等，当事人为避免被社会歧视而拒绝公开。此外，个人信息被公开后的商业化利用已成为一项产业，一些公司（如征信企业）通过技术手段从中国庭审公开网、中国裁判文书网爬取海量企业数据信息，通过后期的数据处理，生成数据产品，二次公开审判信息。相关信息经大数据分析后，即可生成清晰的数据画像，经营者、股东的个人信息可被轻易锁定。更有甚者，针对一些未被公开的审判信息，如调解结案的案件，征信机构亦可通过技术手段获悉基本信息。以上将引发一系列数据安全与社会治理问题，还会引发相关诉讼，如个人以名誉、隐私侵权起诉征信企业，但因信息的采集、加工、利用过程多符合国务院《征信业管理条例》的规定，个人多败诉。

（二）网络与数据的安全保障需要

最高人民法院的庭审活动音视频、裁判文书主要通过中国庭审公开网、中国裁判文书网公开，公开的数量极为庞大，访问量也极为惊人。根据最高人民法院工作报告显示，2022 年中国裁判文书网公开文书 1.4 亿

---

① 《民法典》一千零三十四条第二款规定："个人信息，是以电子或者其他方式记录的能够单独或者与其他信息结合识别特定自然人的各种信息，包括自然人的姓名、出生日期、身份证件号码、生物识别信息、住址、电话号码、电子邮箱、健康信息、行踪信息等。"

份、访问量逾千亿次，中国庭审公开网直播庭审超过 2 100 万场。①需要注意的是，境外访问呈现既广且多的特点，早在 2017 年访问用户便已覆盖 210 多个国家和地区②，后续境外访问数量虽不再对外公布，但只多不少。境外的别有用心者通过大数据技术收集、解析上网的海量庭审活动音视频、裁判文书数据，分析研判我国经济社会发展情况，将对国家安全等带来现实风险。习近平总书记高度重视网络安全、数据安全工作，多次提出明确要求。党的二十大报告对强化网络、数据等安全保障体系建设也作出了明确部署。因此，出于网络与数据安全保障的需要，应将审判公开的范围、对象等作相应调整。

（三）舆情预防的需要

鉴于审判公开具有监督人民法院依法履职，促进社会公平正义的制度价值，专家学者、人民群众对庭审活动和裁判文书网上公开关注度甚高。实践中，客观存在个别庭审视频中参与庭审人员的不当言行，个别裁判文书的不当内容和瑕疵，在互联网时代，容易引发社会关注甚至被放大炒作，形成负面舆情。

（四）域外公开的启示

域外各主要国家对于互联网公开庭审活动尤其是庭审直播，态度较为慎重，对于裁判文书互联网公开，并非全面、统一公开，而是有选择地公开。（德国）法学家和法院普遍认为必须对社会公开判例，但是在实践中，德国法院公开的判例很有限，尤其是最低级的法院公开的判例很少。"（美国）许多法院提供庭审网络直播，但通常都选择一些适于在法庭内拍

---

① 详见最高人民法院 2022 年工作报告。
② 详见最高人民法院 2017 年工作报告。

照录像的案件;绝大多数摄像机体积很小,部分法庭还安装了固定摄像头,一些法院对庭审进行的录音录像仅供内部使用。而包括联邦最高法院在内的其他法院并不允许庭审录像,但会在法院官网上提供庭审录音及文字记录。"①

二、问题的审视:个人信息保护对审判公开的新要求

(一) 个人信息保护相关法律梳理

我国现行法中,对个人隐私权、个人信息规定较为完备的是《民法典》与《个人信息保护法》。需要说明的是,"作为调整平等主体的自然人、法人和非法人组织之间的人身财产关系的《民法典》,难以对国家机关处理个人信息的活动进行全方位的规范,尚需《个人信息保护法》加以调整。国家机关即便是履行法定职责处理个人信息时,也应当严格依照法律、行政法规规定的权限和程序进行,受个人信息保护法在内法律的规范"。②

(二) 个人信息的分类

不同类别的个人信息,有着不同的法定处理规则。依据《个人信息保护法》第二十八条规定,按照信息内容是否直接涉及个人人格尊严和人身、财产安全,可以将个人信息划分为敏感个人信息与非敏感个人信息。其中,敏感个人信息,是"一旦泄露或者非法使用,容易导致自然人的人格尊严受到侵害或者人身、财产安全受到危害的个人信息,包括生物识别、宗教信仰、特定身份、医疗健康、金融账户、行踪轨迹等信息,以及不满十

---

① [美]杰弗里・S.吕贝尔斯著,林娜译:《美国司法公开面面观》,载《中国应用法学》2017年第 5 期(Jeffrey S. Lubbers,美国大学华盛顿法学院行政法学教授)。

② 程啸:《论我国个人信息保护法中的个人信息处理规则》,载《清华法学》2021 年第 3 期。

四周岁未成年人的个人信息"。①较之非敏感信息,《个人信息保护法》设置了更为严苛的处理规则,只有在具有特定目的和充分的必要性,并采取严格保护措施的情形下,方可公开敏感个人信息。②

《民法典》第一千零三十二条规定在确定个人隐私范畴时,将私密信息纳入其中。因此,除了敏感、非敏感信息外,个人信息又可细分出"私密信息"这一类别。私密信息,指处于隐秘状态下,不为他人所知的与社会公共利益和他人权益无关的私人信息。自然人的私密信息受法律保护。一般而言,私密信息包含个人的生理信息、身体隐私、财产隐私、家庭隐私、通信秘密、谈话隐私、个人经历隐私,以及其他有关个人生活的隐私。依照《民法典》第一千零三十四条的规定,私密信息在性质上属于个人信息,但优先适用隐私权的保护规则。需要注意的是,私密信息并不当然等同于敏感个人信息,两者虽有较大程度的交叉,但侧重点并不相同,不能简单将敏感个人信息纳入隐私权范畴进行保护。私密信息与敏感个人信息之间的区别并非本文研究重点,不予展开。

(三) 个人信息公开原则梳理

1. 个人信息公开基本原则

(1) 合法原则。合法原则指,法律法规对处理个人信息有规定的,审判公开应当遵循法律法规的规定,《民法典》《个人信息保护法》《网络安全法》《数据安全法》系基础性规范。合法原则体现在两个方面:一是审判公开必须具备法律法规规定的合法性基础;二是人民法院开展审判公开工作时必须履行法律法规设定的义务。③

(2) 正当原则。正当原则要求审判公开的目的和手段应为正当,应

---

① 《个人信息保护法》第二十八条第一款规定。
② 《个人信息保护法》第二十八条第二款规定。
③ 张新宝:《个人信息处理的基本原则》,载《中国法律评论》2021 年第 5 期。

严格按照法定目的进行公开。

(3)必要原则。必要原则,要求审判公开应当限定在必要限度内,不得进行与目的无关的公开,不得超出履行法定职责所必需的范围和限度。

(4)诚信原则。诚信原则主要发挥法律漏洞填补的作用,特别在出现新问题、新情况时。

(5)目的限制原则。目的限制原则,要求审判公开的目的应当明确、合理,公开的内容应与公开目的直接相关,并采取对个人权益影响最小的方式实施公开。

以上原则见《个人信息保护法》第五、六条。

2. 一般公开规则

(1)合理范围规则。审判公开系为基于公共利益所实施的行为,依法可无需经个人同意,但应在合理的范围内实施。

(2)保存时限规则。个人信息的保存期限应当为实现处理目的所必要的最短时间,若法律、行政法规对此有明确规定,则从其规定;若法律、行政法规对此没有规定,则需要对保存期限的必要最短时间进行具体确定。

(3)异议处理规则。个人如发现个人信息的公开违反法律、行政法规的规定,有权请求公开单位及时删除。

以上公开规则,见《个人信息保护法》第十三、十九、四十六条。

3. 特别公开规则

《个人信息保护法》为敏感信息设置了特别公开规则。《民法典》虽未对私密信息作特别规定,但依据《民法典》第一千零三十四条规定,个人信息中的私密信息,适用有关隐私权的规定,没有规定的,适用有关个人信息保护的规定。鉴于这两类信息存在重合,私密信息也可适用《个人信息保护法》的特别规则。

(1)特定目的和充分的必要性规则。对于敏感信息、私密信息的公开,必须有特定目的和充分的必要性。如果仅仅是一般性目的或并没有充分的必要性,则不应公开。

(2)特别保护规则。对于敏感、私密信息的公开,必须采取严格保护措施,否则不能公开。

以上特别公开规则,见《个人信息保护法》第二十八条。

三、路径:审判公开制度优化的思考

(一)审判公开应回归规范价值取向

从最高人民法院历年对司法公开工作的评价来看,司法公开制度主要有两种价值取向:一是规范司法,即通过公开监督司法,提高司法公信力、司法权威,进一步保障司法公正。二是通过公开参与社会治理,助力诚信社会构建。2007 年《最高人民法院关于加强人民法院审判公开工作的若干意见》以及 2009 年《最高人民法院关于司法公开的六项规定》所确立的司法公开的原则是"依法、及时、全面",2018 年《最高人民法院关于进一步深化司法公开的意见》将其调整为"主动、依法、及时、全面、实质"。但如前所述,司法公开具有丰富的内涵与外延,审判公开只是其中的部分内容。根据《民法典》《个人信息保护法》相关规定可知,人民法院在审判公开时,应当坚持"合法、正当、必要、诚信、目的限制"的基本原则,具体实施时,贯彻"合理范围、保存时限、异议处理"等一般规则,公开如涉及敏感信息与私密信息时,应贯彻"特定目的和充分的必要性规则、特别保护规则"。根据法律对个人信息加强保护的要求,以及出于对国家安全、数据安全及舆情的考量,我们认为,司法公开的传统领域——审判公开可适度向规范价值回归,公开的原则、范围和内容应有所调整,总体可向"基于安全、权威的适度公开"调整。"法院并不需要公开每一份裁判文书,但是有一部分司法意见书和裁判

文书对案情所适用的法律进行了阐释，将这部分文书向公众开放具有重要意义。"

（二）审判公开原则的调整

2010 年《最高人民法院关于人民法院直播录播庭审活动的规定》确立了庭审活动公开的原则为"依法、真实、规范"。同年，《最高人民法院关于人民法院在互联网公布裁判文书的规定》确立的裁判文书公开原则为"依法、及时、规范"，2013 年调整为"依法、及时、规范、真实"，2016 年调整为"依法、全面、及时、规范"。基于总体国家安全观，以及《民法典》《个人信息保护法》对于个人信息公开的严格限定，可适度调整审判公开的原则，删去"全面公开""及时公开"两个原则，增加"安全公开""权威公开"原则。在审判公开领域（裁判文书公开及庭审过程公开）应遵循"依法、规范、安全、权威"四大原则。

（三）审判公开范围的调整

依据《最高人民法院关于人民法院直播录播庭审活动的规定》《最高人民法院关于人民法院在互联网公布裁判文书的规定》，审判公开范围以公开为原则，以不公开为例外。可调整为"适度公开、择优公开"①，即公布一定的可弘扬社会主义法治精神、践行社会主义核心价值观、促进社会治理的庭审活动和裁判文书，如经最高人民法院、高级人民法院评优程序的优秀庭审活动音视频、优秀裁判文书，以及最高人民法院发布的指导性案例、典型案例、公报案例等所对应案件的裁判文书等。

---

① 2023 年 3 月 17 日《张军院长与最高法审管办干部座谈时的讲话要点》，原则上，发布上网的文书要具有典型性、指导性，对社会法治进步、公民法律意识培养、完善社会治理起到积极作用，具有积极的政治意义、社会意义和法治意义。

（四）个人信息保护机制的完善

　　严格的审核机制是人民法院审判公开的前提，应当对拟公开的庭审活动和裁判文书严格把关，进行隐名、脱敏和技术处理后在互联网公开。信息公开后，还应建立事后救济机制。我们看到，原有的审判公开制度并未建立起信息保护救济机制，如个人信息因裁判文书或庭审活动的公开受到侵扰，个人没有直接渠道向人民法院提出删除个人信息或者撤回的请求。司法实务中，一般是当事人向原审判组织成员提出申请，而如需删除或撤回，需经院领导审批后方可进行，具有相当的不确定性。"对于被告或被告人以及家属提出的能否申请撤销或者在一定时限后申请撤销其参与的庭审直播视频音频资料，实现'被遗忘权'或是'删除的权利'这一始终困扰各级法院的老问题，部分法院时常会以相关文件规定不明为由不予受理。"[①]基于全面公开的要求，通过的概率也较低。在向法院申请无果的情况下，个人可能会依据《民法典》一千零三十六条规定，以公开个人信息不合理合法为由，主张人民法院承担相应民事责任。但经前述分析可知，审判公开属于司法行为，个人信息的错误公开应属瑕疵司法行为，个人难以针对该行为提出行政或司法上的救济请求。"司法救济的现实性要求提交司法解决的事项同时具备司法应当且可以提供救济的必要性和可能性。"[②]个人如欲走司法救济途径的，将陷入两难境地，一是可能无法通过立案审核，二是立案法院即为起诉的法院（起诉对象还可能为最高人民法院）。同时，个人的立案过程将成为舆情关注焦点。

　　有鉴于此，审判公开制度应当关注被公开个体的意志，毕竟是否公开个人信息本质上属于个人权利，只不过人民法院因公共利益需要，无需征

[①]　林坤、董昆：《论"互联网＋"庭审公开的治理实践、基本理念和制度优化》，载《法律适用》2021 年第 12 期。

[②]　傅郁林：《多层次民事司法救济体系探索》，载《当代法学》2013 年第 2 期。

得个人同意，但绝不意味着当事人的利益可被忽视。可建立个人信息审判公开救济机制，赋予相关主体异议权，当其认为已在互联网公开的庭审活动音视频或裁判文书泄露其个人隐私，影响其生活、工作、生产经营的，或者存在不适宜公开情形的，可以向相关高级人民法院或最高人民法院书面提出撤回申请。相关高级人民法院或最高人民法院审查情况属实的，经审批，应当及时撤回公开的庭审活动音视频或司法建议，或者完善技术保护、隐名、信息删除后再行公开。

（五）替代性功能服务的提供

审判公开的内容，尤其是裁判文书，不仅是司法机关、院校、法律职业共同体开展适法研究的重要载体，还是优化司法审判工作、服务司法决策、服务党和国家工作大局的重要司法数据来源。因此，在因范围内容限缩导致原有功能减弱的情况下，人民法院应当推出相应的替代性服务予以补强。

1. 裁判文书数据库

依据《最高人民法院关于统一法律适用加强类案检索的指导意见（试行）》的规定，审判人员在裁判前应开展类案检索，这是最高人民法院对全国法官的重要工作要求，如减少裁判文书的上网数量，将对法官开展类案检索产生较大影响。因此，有必要在四级法院内部专网建立全国法院级别的生效裁判文书数据库，以替代中国裁判文书网类案检索功能。在对全国法院生效裁判文书进行敏感信息过滤和隐名后，可分权限面向全国法院法官、审判辅助人员公开，用于类案检索。作为人民法院的内部数据，也可基于数据共享机制，在安全、规范的前提下，通过大数据中心，向公安、检察、行政机关等单位适度开放。

2. 类案检索系统

专家学者、律师等群体有着查询、研究案例和裁判规则的实际需求，对此,人民法院可以建设精准、高效、权威的类案检索系统向社会公开。系统数据库可分为审判业务文件与司法案例两类。其中,审判业务文件数据库主要收录最高人民法院、高级人民法院发布的审判业务文件;司法案例数据库主要收录最高人民法院发布的指导性案例、典型案例、公报案例,以及高院相关参考性案例,中、基层人民法院报送经高级人民法院审批通过的案例等。审判业务文件数据库仅对内开放,司法案例数据库对内对外全面公开。

3. 司法建议数据库

在裁判文书、庭审活动公开缩减的情况下,可考虑将司法建议加入司法公开的范畴。司法建议是人民法院化解矛盾纠纷、提高社会管理水平的司法服务手段,本质上属于人民法院审判职能的延伸,具有可公开性。同时,司法建议有利于促进社会安定与和谐、增强全社会法律意识、建设法治社会,具有公开的价值。尤其综合治理类司法建议,是"落实'抓前端、治未病'要求的重要手段,是把坚持以人民为中心落到实处、在法治轨道上推进国家治理体系和治理能力现代化的重要举措"。[①]因此,可以将综合治理类司法建议适度公开,同时公开对应判决的裁判文书、司法案例。最高人民法院对此已作了相关实践,2023年10月8日,最高人民法院向社会公开了2023年"一号司法建议"和"二号司法建议"。

---

① 法〔2023〕166号《最高人民法院关于认真做好〈最高人民法院"一号司法建议""二号司法建议"一体落实工作的通知〉》。

6. 刑事一体化办案平台的探索与实现*

——以司法数据跨部门共享为切入点

为践行"数字赋能司法、司法促进治理"的司法裁判模式重构变革,打通"数据壁垒",破除"信息孤岛",推动各地政法一体化办案系统建设,特别是推动刑事案件一体化办案,促进公权力部门之间信息数据的互联互通,实现政法系统整体智治,实有必要打通公安机关、检察机关、法院和司法行政系统之间的"数据壁垒",方能让司法数据在互联智享中为司法提质增效。

一、刑事一体化办案平台建设的现实动因

(一) 时代背景:数字法治的内在要求

数据是新时代数字化改革的基本要素,更是数字法治建设的基石。"沉睡"的数据无法当然产生效用,需要大数据的识别、分析和加工,形成具有系统性、总结性、预测性的数据集合,其价值才得以彰显。司法数据经过大数据的识别、分析和加工,可以为未来法治发展提供分析参考。对不同层级(纵向)、不同部门(横向)的司法数据加以汇聚整合、分析对比,不仅有助于发现整体法治运行特点和规律,还有助于构建数字时代的公

---

　　* 2023年上海市高级人民法院报批课题。课题主持人:黄伯青;课题组成员:陈兵、潘自强(现任职于上海市浦东新区人民法院)。

检法"分工负责、互相配合、互相制约"的新模式。

(二) 现实基础:智慧司法的深度发展

随着司法信息化建设的发展,公检法机关都在建设信息化办案系统方面积累了丰富经验,"智能警务""数字检察""智慧法院"等数字化、智能化办案系统的建成基本疏通了司法数据的纵向共享通道,也为司法数据跨部门、跨区域横向共享积累了经验、创造了进阶条件。

公安情报信息系统、公安基础数据库,以及省级公安大数据应用平台和公安情报综合应用平台等数据平台①,已经在刑事侦查、社会管理等各个领域发挥不可替代的作用。"智慧检务"统一业务应用系统办理案件,通过互联网平台发布程序性信息、重要案件信息,公开法律文书等;②"数字检察"实现数字赋能监督、监督促进治理。"智慧法院"包含智慧服务、智慧审判、智慧执行、智慧管理。全国各级法院全面实现应用和数据、内部和外部、管理和服务的信息共享与业务协同,实现了全国法院"一张网"。

(三) 实践价值:数据智享的集成效能

司法数据跨部门共享为司法提质增效,其价值主要体现在三个方面:

一是有助于提升办案效率。在"案多人少"的背景下,司法数据跨部门共享机制的建立,可以实现司法数据"一次录入,多次使用"的效果,这不仅能够节省人力成本、时间消耗,还可以维护司法数据稳定。

二是有助于强化司法监督。每一阶段的司法活动都要以数据形式及时上传至办案平台,在线上实现业务流转,衔接各个机关记录办案全程,

① 郑琳:《警务数据共享的内涵价值、法治困境与最终出路》,载《公安学研究》2021年第2期。

② 参见张雪樵:《以科技强检创新实践　开启智慧检务新篇章》,载《检察日报》2020年8月1日第3版。

完成司法活动数据采集。在跨部门办案平台上实现案件全程"留痕化",避免因不同机关办案系统的不互通而导致流程中断或更新滞后,使得动态的、实时的、全程的法律监督成为可能。

三是有助于深化数据运用。以数据整合促进数据利用,打破政法各部门间的"数据孤岛"。司法信息化不能只停留在把传统工作方法流程化和便捷化,应当对司法机关积累的办案数据进行智享智用,充分挖掘运用司法大数据,分析各类趋势报告、绘制犯罪地图,开拓更多的智能办案路径。

二、刑事一体化办案平台建设的实践归纳

(一)以诉讼流程为脉络建立数据两两共享模式

出于业务交叉、协同办案的现实需要,司法机关最早探索了建立两两合作、共建数据交互系统,提升办案效率的模式。比如,2015年贵州上线了"法检互联系统",共享案件信息,操作案卷移送,通过线上系统完成诉讼程序流转,实现法检两院一审公诉案件的网上移送。[①]

该模式相较于多机关跨部门合作,对接协调的工作量更小,一定程度上推动了司法部门间协同办案的进程,但存在明显缺陷:第一,未实现全线条的数据互通共享,远未能实现案件全流程网上办理,大多止步于审前互通;第二,缺乏牵头统筹机构,司法数据共享操作规范不健全,导致可供整合的数据资源有限,难以支撑后续的大数据深度分析,持续发展空间有限;第三,未实现数据共享的前端或后端机关,办案人员还需要将同样的案件数据上传到两套业务系统中,并未减少工作量,不能达到提升办案效率的目标。

---

① 参见李波:《大数据新技术破解老难题》,载《检察日报》2016年10月31日第7版。

（二）以特定领域为板块建立数据共享模式

为集中办理某些特定类型的案件,司法机关尝试建设特定领域的跨部门信息共享平台。比如,针对办案机关对刑事涉案财物的处置问题,多地探索建立了跨部门涉案财物集中管理信息平台。以浙江省政法机关搭建的刑事涉案财物管理信息平台为例,以移送审查起诉、提起公诉两个节点为基准,对涉案财物实行"换押式"移交,实现办案机关之间在处理涉案财物上的信息互通,明晰涉案财物的流转轨迹,规范各机关对涉案财物的处置行为。

相较于第一种模式,该共享模式的范围有了较大拓宽。不仅联通了公检法司四大机关,还根据所涉及的特定领域,针对性地与其他有关部门开展合作,例如涉案型经济犯罪办案平台加入了审计功能、协调了银行业务,展现出更强的主动性和持续性。此外,特定领域的跨部门共享平台为全面共享积累了实践经验,在之后的全面共享平台中成为重要的组成模块。

（三）以协同办案为目标的全链条数据共享模式

"数据赋能"需要让司法数据在更大范围内实现互联互通,于是出现了第三种以协同办案为目标的全链条数据共享模式。

1. 上海:刑事案件智能辅助办案系统

上海法院刑事智能辅助办案系统,着眼于解决刑事证明标准在司法实践中缺乏具体化的规范指引,以及个案证明标准的把握因操作者的不同而产生差异等问题,第一次将法定的统一证据标准嵌入公检法三机关的信息化办案系统中,根据不同罪名案件建立证据模式,并连通公检法三机关的办案平台,在部分刑事案件中,真正实现了公检法办理刑事案件网上运行、互联互通、安全传输、数据共享,整个刑事诉讼活动全程可视、全程可控、全程留痕、全程监督,防止司法任意性。打破政法各单位的信息壁垒,实现刑事诉讼办案的工作流程再造,更好地体现了"分工负责、互相配合、互相制约"的刑事诉讼原则。[①]

2. 贵州:政法机关跨部门大数据办案平台

贵州跨部门大数据办案平台,通过统一部门间的数据交换标准和接口方式来实现业务系统之间的数据交互。各部门的业务系统经过前置交换服务器转换为符合数据交换标准的数据包,经由省级的政法交换平台数据池,形成连接向其他部门传送,以工作量更小、建设成本更低的技术设计,实现了多个部门之间的数据共享和业务协同。举例而言,公安民警可以先在部门内的执法办案系统中操作逮捕业务,然后按照统一的数据交换标准生成相应的数据包推送至政法交换平台,检察机关从交换平台接收电子卷宗,经过审查若是决定提起公诉,则可将公诉材料通过交换平台传送给法院。

3. 浙江:政法一体化办案系统

第一,该模式以高度覆盖的单轨制协同办案为特点,充分发挥浙江互联网产业发展高地的优势,在全国率先完成了线上单轨制一体化办案的全省覆盖,一体化办案系统以刑事案件为突破口,实现了 99% 以上的刑事案件全数字化线上移送。[②]第二,该系统基于司法数据互通共享实现大数据的类案监督,打通各机关的数据共享渠道,扩大了检察数据分析的规模,增加了检察监督的线索,探索出一条"解析个案、梳理要素、构建模型、类案治理、融合监督"的大数据检察监督路径。[③]由此,法律监督得以嵌入办案流程,实现了监督模式从个案到类案、从被动到主动的转变。

---

① 崔亚东:《人工智能应用与治理》,载《行政管理改革》2020 年第 6 期。
② 范跃红、龚婵婵、陈乃锋:《99% 以上的刑事案件实现全数字化线上移送》,载《检察日报》2021 年 11 月 24 日第 1 版。
③ 贾宇:《"数字检察"助力治理现代化》,载《人民日报》2021 年 9 月 10 日第 7 版。

三、刑事一体化办案平台建设的短板不足

(一) 数据质量有待提升

第一,可转化的数据体量不足。一是录入的案件数据时间跨度较小,案件数量偏少且缺乏过往数据,离大数据"Volume"(大体量)的特征还有一定距离。二是录入案件数据所涉业务面较窄,难以反映总体情况。本就有限的数据量又被进一步压缩。如此一来也难以满足大数据"Variety"(多样性)的要求。

第二,结构化的数据严重匮乏。数据结构化是数据分析处理的前置条件。长期以来,案件数据缺乏结构化采集,作为案件数据记录者的办案人员缺乏规范录入以方便后续数据利用的原生动力,因此数据记录常常无法满足后续的技术分析标准。另外,每个机关采集数据的业务标准不完全统一,对同一客体可能存在多种描述措辞。大量的非结构化数据导致数据分析难以及时进行,数据结构化转化工作量较大。

(二) 数据安全风险加剧

数据的跨部门流通,意味着数据将会一定程度上脱离原机关的管控,加之出于办案需求,各部门对共享数据的"脱敏"程度往往不如司法公开那般严格,数据泄露的风险随之增大。

首先,由于各地对于司法信息化建设的经费保障水平不一,不同系统的建设程度和安全系数参差不齐。系统之间通过交换端口相互对接的过程中易受攻击,数据储存的外部系统安全保障薄弱,易导致安全风险。

其次,不同办案机关对于案件数据的保密等级判定并不统一。由于保密范围的模糊、密级判定的差异,有相当一部分案件数据处于共享界限模糊的灰色地带。

最后,数据共享过程中存在数据损坏风险。数据跨部门流通时要经历更多节点,如何保证数据在跨部门流通过程中的完整性、真实性和有效性,也是建设共享平台所必须考虑的问题。如若不能提供足够的安全支持,将导致数据因对外共享而遭到篡改,反而有损司法公正。

此外,信息化系统的重复建设,造成各司法机关间的系统集成性低、数据库碎片化分布、数据标准各异,难以兼容对接。如何避免不同开发背景下试点成果的相对统一,为后续带动全国各地建设提供便利,避免重复建设、资源浪费,也是需要从顶层设计上加以考量的问题。

四、刑事一体化办案平台建设的推进路径

(一)设置统筹推进机构

由于司法数据跨部门共享需要协调的部门较多、整合的数据量较大、工程庞杂,有必要设置一个统筹管理机构。而这个机构需要能够统筹协调,调动所有政法系统力量的更高层级的部门出面组织,如政法委或联席机构等。[①]参考各地的实践经验,由省一级政法委负责具体协调和跟进是较具操作性、现实性的选择。

第一,政法委具有较为丰富的统筹经验。现有的司法数据跨部门共享平台多由政法委牵头组织建设。如贵州政法机关跨部门大数据办案平台及浙江"政法一体化系统"均是在政法委部署之下推进。政法委牵头统筹跨部门互联互通,已经具备较好的现实基础。

第二,政法委能够从顶层设计角度协调各方利益,对各机关起到更好的协调推动作用,调整各部门的消极应对心态。政法委的跟进能确保信息化建设步调与中央部署意见一致,掌握政策动向及时调整建设规划,调

---

① 刘品新:《智慧司法的中国创新》,载《国家检察官学院学报》2021 年第 3 期。

动适当的人财物资源。从顶层设计角度进行部署,制定阶段性的发展规划,然后逐步将共享机制在全国范围内推广覆盖。

(二)重点提升数据质量

数据质量决定了数据价值。充足、准确、规范的司法数据可以在互联共享中发挥最大效用。一体化平台的建设需要从三个方面提升司法数据质量。

第一,统一数据标准。对于已采集的数据,要经过统一数据标准的清洗、校正和转换。对于即将采集的数据,应当严格按照数据标准收集管理,以便后续进行整合利用。应当在遵循已有国家技术标准、业务标准前提下,结合跨部门数据交互需求完善标准。对此,建议明确的标准有:一是,数据采集阶段,对采集方式、采集时间、采集频率、清洗程序等作出规定;二是,数据处理阶段,对数据入库规则、归集办法、分类标准、使用权限等作出规定;三是,数据传输与交换阶段,规定数据的传输标准格式和接口,解决异构数据库之间的兼容对接问题,为后续提供数据跨平台共享提供便利,以便将来自不同机关不同系统的数据汇集融合。通过规范数据采集、存储、利用各流程标准,架接交换桥梁,将司法机关的司法数据加以校正、转换,克服系统间数据格式混乱、信息错位的问题,再汇聚到跨部门共享平台的资源数据库中,为部门协同办案、大数据分析预测奠定基础。

第二,扩大数据收集范围,实现政法机关数据的实时互联和进一步的业务融合。一方面,扩大录入数据的时间跨度。增加采集数据样本,缓解数据的碎片化问题,重视数据的时段连续性,据以分析应用的历史数据不应仅限于近期数据。精进技术电子卷宗转化技术,例如提高 OCR 识别和语义识别的准确性等,提高过往案件信息的数据化程度。另一方面,完善共享清单、制定保密信息目录,根据信息的性质、保密级别,有序开放共享,规制以保密为由的数据垄断行为。

第三，提升数据结构化程度。首先，从源头保证数据录入的结构化。推动传统人工填报案卷制作方式向机器抓取、自动生成案卷转变。案件信息经过机器抓取之后，经由智能校验功能对信息错漏进行修正回填，对于有必要手工录入的信息应当在操作页面提示办案人员按照业务标准规范化填写。最高法已经出台了《人民法院案件信息业务标准》，其他机关对于案卷填写的业务规范制定也应提上日程。其次，将数据质量纳入办案机关和人员的业绩考核范围。将数据质量置于案件质量考核指标之中，对案卷数据的时效性、完整性和格式规范性进行评估，一方面提高对数据录入的重视程度，另一方面减少后续数据清洗的工作量。最后，明确案卷制作责任，办案人即为质量责任人。案卷录入应视为办案的必要工作，发现数据录入异常应及时予以反馈，并加以追溯拦截，如涉及违反职责，则应启动问责机制。

（三）加强数据安全防护

第一，制定共享目录。司法机关之间关于对案件信息保密级别判定标准的差异，阻碍了司法数据在司法机关间实现充分流通。当务之急是制定共享目录，协调保密数据判定标准，明确共享范围。可以参考《数据安全法》的立法思路，对数据进行分类分级保护。先根据数据是否涉密进行分类，形成涉密数据目录，再根据保密等级的不同确定具体保密手段。对数据传输共享的安全风险进行事前评估，确定能够在部门间移送的涉密数据类型，再协调各机关对于涉密数据的保密等级划分标准。同时应注意尊重司法活动运行规律，不宜追求绝对统一。根据保密标准，来确定不同涉密数据的共享规则。

第二，划分使用权限。制定跨部门共享数据目录之后，应当再进一步细化使用范围、使用权限和使用程序，以此构建司法数据的分类分级保护机制。首先，以2020年建成的人民法院信息化3.0版本为参考，根据使用范围的不同划分为机关内部专网、涉密专网和开放专网。将已分类数据放置于相应的专网中,共享目录中的数据通过开放专网与其他部门对接,完成案卷移送等协同业务。其次,根据办案阶段变化调整数据共享权限。在不同的办案程序之中,各机关的数据共享权限应当有所差别,不同层级的机关的数据共享权限也应有所不同。最后,根据数据类型设置使用程序。涉密专网应当配备更为严格的安全技术防护,其他机关需要调阅涉密数据时,可参照案卷管理规定的程序申请,但形式变为支持线上办理。在完成线上申请之后,通过涉密数据交换边界进行单通道传输。对于国家核心数据和重要数据应添加密级标识、设置加密授权触发机制等。①

第三,全流程监管。司法数据共享具有诉讼流程再造之效能,对司法数据流通的全流程应当辅以安全防护措施,主要分为事前、事中和事后三个环节。事前环节,对所采集到的司法数据加以分类分级,确定之后置于相应的专网中。对数据进行安全审查和风险评估,制定应急预案。事中环节,根据数据的不同保护级别使用与之相匹配的传输通道,对共享数据包设置访问权限和验证互信程序,并且进行实时风险监测预警,保存数据动态日志。事后环节,如若数据在共享平台流转过程中出现安全漏洞,则应及时报告并根据应急预案采集紧急措施,遏制危险扩散。对于如何保持司法数据本身在跨部门流通过程中的真实性、完整性和有效性,可采用区块链技术作为解决进路。将数据从产生、采集到流通、使用的全过程上链,通过共享机制的区块链功能模块完成重要节点存证,实现数据流转全流程追溯、跨网互信、数据验真等安全防护功能。

---

① 郑曦:《刑事司法数据分类分级问题研究》,载《国家检察官学院学报》2021年第6期。

调查分析

1. "内线交易""操纵市场"及"虚假陈述"类证券犯罪案件审理概况及应对 *

一、证券犯罪案件的审理情况

近年来,我国证券市场不断发展,为实体经济建设提供了重要金融支持。与此同时,证券犯罪案件频频发生,且花样不断翻新,严重破坏了证券市场管理秩序,危害投资者合法权益和国家金融安全。2021 年 7 月,中共中央办公厅、国务院办公厅公开发布了《关于依法从严打击证券违法活动的意见》,对建立健全资本市场执法司法体制机制、依法从严打击证券违法活动、推动资本市场高质量发展作出重要部署。依托金融机构高度聚集、金融交易繁荣活跃的国际金融中心,上海法院依法审理了一批在全国有较大影响的证券犯罪案件,如最高人民法院单独或联合发布的证券、期货犯罪典型案件中,有 6 件由上海法院审理,为防范化解金融风险提供了有力司法保障;上海市第一中级人民法院作为最高人民法院确立的全国八家"人民法院证券期货犯罪审判基地"之一,坚持产学研一体化,形成了较为健全的工作机制。在前述背景下,本文主要围绕实践中相对多发的"内线交易类""操纵市场类"及"虚假陈述类"①证券犯罪案件的审

---

　　*　编写人系上海市第一中级人民法院张亚男。
①　"内线交易类"证券犯罪案件主要包括内幕交易、泄露内幕信息犯罪案件、利用未公开信息交易犯罪案件;"操纵市场类"证券犯罪案件主要指操纵证券市场犯罪案件;"虚假陈述类"证券犯罪案件主要包括欺诈发行证券、违规披露、不披露重要信息、编造并传播证券交易虚假信息犯罪案件等。

理概况展开分析。当前,前述证券犯罪案件主要呈现出以下特征及趋势。

(一) 案件整体数量较少,但涉案金额巨大,社会危害严重

通过中国裁判文书网检索可知,2018 年 1 月至 2022 年 12 月,全国法院审结一审"内线交易类""操纵市场类""虚假陈述类"证券犯罪案件共计 112 起,各年度审理案件数量分别为 21 起、30 起、39 起、16 起、6 起①。从案由分布看,包括审结内幕交易、泄露内幕信息犯罪案件 37 起,利用未公开信息交易犯罪案件 38 起,操纵证券市场犯罪案件 24 起,欺诈发行证券犯罪案件 9 起,违规披露、不披露重要信息犯罪案件 3 起,编造并传播证券交易虚假信息犯罪案件 1 起。前述 112 起证券犯罪案件中,有 38 起由上海法院审理,占比高达 34%;其中,包括审结多起全国首例、新类型证券犯罪案件。因此,上海法院仍是审理此类案件的重镇。

与常见多发刑事案件相比,证券犯罪案件虽然绝对数量不多,但涉案金额巨大,市场影响波及面广,社会危害不容小觑。从前述案件尤其是涉

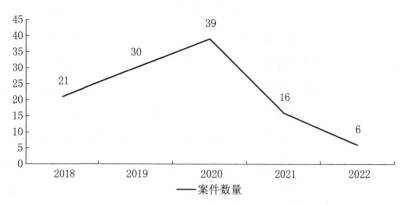

图 1　全国法院 2018—2022 年审结的一审证券犯罪案件数量情况(单位:起)

---

① 需要说明的是,2021 年、2022 年审结的证券犯罪案件可能还处于未上网状态,故案件数量相对较少。

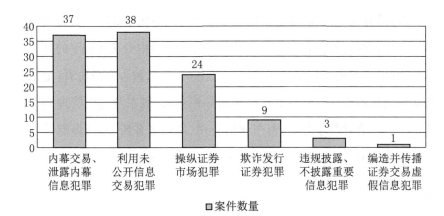

图 2 三类证券犯罪案件案由分布及数量情况

内幕交易、泄露内幕信息、利用未公开信息交易、操纵证券市场犯罪案件的涉案金额看,交易金额动辄高达数千万元甚至上亿元,严重影响证券交易价量,极易引发市场波动,进而损害投资者合法权益,破坏证券市场管理秩序,危害国家金融安全和稳定。如上海市第一中级人民法院审结的"全国首例涉港股通证券犯罪案——桑仁兆、王欢、陈赟内幕交易、泄露内幕信息案"、证监会史上最大罚单案"北八道集团有限公司、被告人林庆丰等操纵证券市场案",非法获利金额均高达上亿元;上海市第二中级人民法院审结的"乔蕾、乔卫平利用未公开信息交易案"等案件,交易金额高达6亿余元,市场影响极为恶劣。

(二)犯罪分子专业性、技术性强,智能化程度高

与其他普通刑事案件相比,证券犯罪案件属于典型的"白领犯罪",呈现出专业性、技术性强、智能化程度高的显著特征。因资本市场关系复杂、技术手段先进,往往涉及证券、期货、法律、会计、计算机和网络通信技术等诸多专业领域,故此类案件的被告人往往具有相关的专业背景,且精通金融知识、熟悉资本市场运行规则,惯于利用制度和规则漏洞逃避法律追究。前述112起证券犯罪案件共涉及被告人200余人。从被告人文化

程度看，具有硕、博士研究生文化程度的被告人占比 35.86％，具有大专及大学文化程度的被告人占比 47.24％，具有高中及中专文化程度的被告人占比 10.9％，其他文化程度的被告人占比 6％。从被告人身份看，金融机构从业人员占比 43.45％；上市公司实际控制人、股东及高级管理人员占比 24.35％，会计师事务所、资产评估公司、律师事务所、承销券商等专业中介机构人员占比 6.45％，其他主体占比 25.75％。

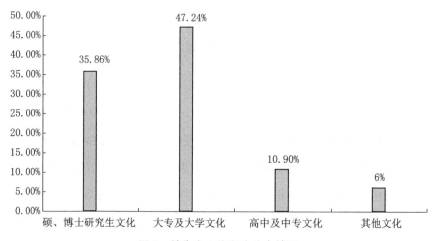

图 3 　被告人文化程度分布情况

（三）犯罪手法不断"进阶"，查处难度日益增大

由于证券发行、交易具有无纸化、信息化等特点，犯罪分子实施证券犯罪行为的手段、工具也愈发网络化、智能化，如"云分仓"配资技术、程序化交易、高频交易等工具迭代升级，信息传递、交易操作转瞬即可完成，加大了调查取证的难度；同时，近几年利用新概念、新技术实施证券犯罪的案件数量持续增加，隐蔽性、专业性、迷惑性增强，如虚假申报型操纵证券市场、利用技术优势操纵期货市场等首例、新类型案件陆续出现，公募与私募交叉利用未公开信息交易的新型"老鼠仓"案件冒头，导致监管、查处及案件审理难度进一步加大；利用网络直播、小视频、微信群、投资平台等

新媒体实施非法证券活动的情形愈发增多，涉众型更强，传播面更广。此外，此类案件的犯罪分子往往具有较强的反侦查意识，逃避证券交易所监控和行政稽查的手段更具体系化和针对性，甚至能够根据监管情况实施动态调整，在公安机关侦查期间更是达成攻守同盟，容易出现"零口供"现象，导致犯罪发现难、取证难和认定难。

（四）链条化团队化现象突出，共同犯罪关联犯罪增多

证券犯罪的实施往往需要大量资金注入和专业人员的参与，这就决定了当前证券市场上共同犯罪、上下游犯罪的现象比较突出。五年来，在全国法院审结的 112 起证券犯罪案件中，共同犯罪案件数量为 41 起，占比 36.61%。

从共同犯罪案件的案由看，内幕交易、泄露内幕信息共同犯罪案件 12 起，利用未公开信息交易共同犯罪案件 9 起，操纵证券市场共同犯罪案件 10 起，欺诈发行证券共同犯罪案件 6 起，违规披露、不披露重要信息共同犯罪案件 3 起，编造并传播证券交易虚假信息犯罪案件 1 起。从发展态势看，内幕交易、操纵证券市场、欺诈发行证券共同犯罪的比例逐渐上升。从人员结构看，主要涉及金融机构从业人员与外部人员，上市公司法人、高级管理人员、股东与外部人员，上市公司与证券公司、会计师事务所、律师事务所等中介机构相互勾结实施证券犯罪的情形。从主体分工看，所涉主体之间分工精细，如有的负责操控指挥，有的负责调集、转移资金，有的负责传递信息，还有的负责出具虚假文件等，拉长了上下游犯罪利益链条，共同犯罪、上下游犯罪比例不断上升。特别是在操纵证券市场、欺诈发行证券共同犯罪案件中，犯罪团伙内部管理层次和制度更趋严密，犯罪团伙内部人员各司其职，形成机制化的工作流程和内控模式。如上海市第二中级人民法院审理的上海某实业公司、被告人朱某甲操纵证券市场案中，犯罪分子以公司名义雇用操盘手组建操盘团队，使用资金中

介提供的融资和大量账户集中买卖目标证券,影响证券交易价格,链条化、团队化特征明显。

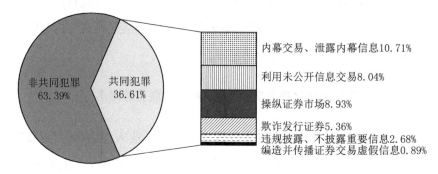

内幕交易、泄露内幕信息10.71%

利用未公开信息交易8.04%

操纵证券市场8.93%

欺诈发行证券5.36%

违规披露、不披露重要信息2.68%

编造并传播证券交易虚假信息0.89%

非共同犯罪 63.39%

共同犯罪 36.61%

图 4　共同犯罪案件分布情况

（五）缓刑适用率较高,罚金刑力度较大

前述 112 起证券犯罪案件所涉 200 余名被告人中,量刑分布情况为:被免于刑事处罚或判处缓刑的被告人数占比为 53.84％;被判处实刑的被告人数占比为 46.16％。其中,被判处五年以下有期徒刑或者拘役的被告人数占比为 35.25％,被判处五年以上有期徒刑的被告人数占比为 10.91％。从判处的罚金刑看,我国刑法对内幕交易、泄露内幕信息及利用未公开信息交易犯罪设置了倍比罚金刑,即并处或单处违法所得 1 倍以上 5 倍以下罚金;操纵证券市场罪状虽仅规定并处或单处罚金,但实践中基本参照前述倍比幅度判处罚金。五年来,审结的 99 件内幕交易、泄露内幕信息、利用未公开信息交易及操纵证券市场犯罪案件中,对被告人判处 1 倍至 2 倍罚金刑的案件数占比 81.52％,判处 2 倍以上 5 倍以下罚金刑的案件数占比 18.48％。另外,欺诈发行证券犯罪案件主要在非法募集资金金额的 20％以上、1 倍以下幅度内判处罚金。从量刑情节看,具有自首情节的被告人数占比 39.74％,具有坦白情节的被告人数占比 17.94％,被告人认罪认罚的占比 19.45％;另外,具有退赃情节的被告人数占比 55.76％。

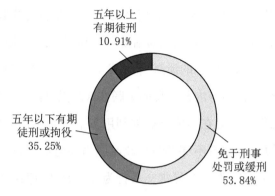

图5 被告人量刑分布情况

（六）发案领域广泛，管辖地域集中

证券犯罪案件涉及证券、基金、银行、保险、私募基金、资产管理等多个金融行业领域，且逐渐从证券发行、交易环节蔓延至基金托管、资产评估等环节，作案领域由主板、创业板、中小板向新三板市场蔓延，还出现了跨境、跨市场犯罪案件，利用新概念、新技术实施犯罪的案件也在持续增多，呈现传统风险与新型风险相互交织的特点。此外，从管辖地域看，证券犯罪案件的审理主要集中在上海、广东、北京、浙江、重庆等经济发达、金融机构相对集中、证券交易活动繁荣活跃的省份及城市。

二、证券犯罪案件的审理难点

（一）证据审查认定难

司法实践中，证券犯罪案件的作案手段愈发隐蔽，内外勾结、攻守同盟现象突出，证据被隐匿、毁灭的情形时有发生，证明犯罪的难度也不断加大。在缺乏直接证据的情形下，如何利用证据审查规则及证明标准对资金、账户、股权、交易行为等进行穿透式审查，进而证实犯罪行为的存在是定罪量刑的关键所在。经梳理，比较典型的问题有：（1）"老鼠仓"共同犯罪案件出现"零口供"现象时，如何认定利用职务便利获取未公开信息一方"明示、暗示他人从事相关交易活动"；（2）内幕交易、泄露内幕信息案件中，当行为人对内幕信息的泄露、非法获取和内幕交易等情况拒不供认时，如何认定交易行为与内幕信息的关联性；（3）操纵证券市场案件中，行为人为隐蔽操作往往会在多家营业部利用多个个人账户分散筹码，甚至还有很多监管层面的"看不穿"账户，此时应当如何审查行为人实际控制的证券账户；（4）当行为人对异常交易行为并不否认，但往往以其具有正当信息来源或依据自身专业知识、交易经验等提出抗辩时，如何审查认定犯罪事实；等等。

（二）定性争议问题多

从司法实务看，证券犯罪案件定性争议问题较多，主要体现在：一是罪与非罪、此罪与彼罪的界限难以把握。随着金融市场程序化交易、数量化交易的推广和金融衍生品的创新发展，滋生了很多新类型的不法行为，不仅行政监管难度较大，刑事司法处置上也存在一定空白地带。实践中，如何把握金融创新与证券犯罪、行政不法与证券犯罪、此罪与彼罪的界限，存在较大争议。如私募基金从业人员利用未公开信息交易的行为能否纳入刑法规制范畴；利用虚假内幕信息进行交易的行为如何定性；上市公司实际控制人披露内幕信息、拉抬公司股价的行为，应当认定构成操纵证券市场罪还是内幕交易罪；等等。二是链条式犯罪中不同主体的罪名选择难。如前所述，当前证券犯罪团伙化、链条式作案特征明显，涉及不同主体，且分工明确，对处于不同环节的行为人如何定性，争议较大，适法不统一的情况时有发生。如内幕交易犯罪和泄露内幕信息犯罪在实践中的表现方式复杂多样，既可能构成上下游犯罪，又可能构成共同犯罪；又如证券市场上的场外配资行为可能具有非法经营融资融券或证券经纪业务、帮助操纵证券市场等多种属性，需要分类处置。三是其他与定性相关的争议问题较多。如"趋同交易"的认定标准是否局限于"前五后二"的认定惯例;"虚假申报型"操纵中反向交易如何认定;如何把握证券投资咨询业务与证券教育培训业务的界限;等等。

(三)犯罪数额计算标准复杂

证券犯罪特别是内幕交易、利用未公开信息交易、操纵证券市场犯罪中相关交易数额或者违法所得数额的认定是对被告人定罪量刑的重要依据。由于被告人交易情况错综复杂,行情走势受诸多因素影响,而相关法律法规对证券犯罪违法所得数额的计算方法又规定得较为原则,导致司法机关对相关规则的认识不一,做法不尽相同。如操纵证券市场罪中,对违法所得的认定主要有实际收益法及虚拟收益法两种计算方法,而后者关于收益计算的时间节点又有操纵行为终止、操纵影响消除、行政调查开始与终结、刑事立案等多个时点,计算标准较为复杂。此外,实践中就证券交易费用能否从证券犯罪数额中扣除、利好型内幕交易犯罪股票未抛售时违法所得如何计算等问题,争议较大。

(四)量刑情节认定存有争议

实践中,证券犯罪量刑情节涉及的典型问题主要有:一是对证券犯罪情节严重与情节特别严重的把握。内幕交易、未公开信息交易、操纵证券市场等犯罪行为均以违法所得数额作为入罪的主要标准,但并非唯一的入罪标准,为有效打击该类犯罪,司法解释等相关法律规范还规定了除违法所得数额以外的其他具体情节或者"数额+情节"的入罪标准作为补充,同时就情节的认定设置了兜底条款,情形繁杂,具体认定时存有一定难度。如实践中因操纵证券市场而获取100万元以上违法所得的案件非常普遍,根据相关解释,是否只要违法所得在100万元以上就一律认定为情节严重,而不考虑不同操纵类型在持股比例、交易日、成交量等方面作出的特别规定？二是证券犯罪中对自首、坦白情节的认定。证券犯罪属于行政犯,实践中往往先由证券监管部门稽查认定违法性后再移送刑事立案。在行政违法与刑事司法两个程序的衔接中,如何把握被告人是否系自动投案、是否如实供述主要罪行,也是实践中的难点问题。

三、证券犯罪案件的审理原则及对策

审理证券犯罪案件时,应当充分认识到此类案件审理的复杂性与重要性,并遵循以下原则及对策:

(一) 坚持"零容忍"政策要求,依法从严打击证券犯罪

打击证券违法犯罪活动是维护资本市场秩序,有效发挥资本市场枢纽功能的重要保障。在《中华人民共和国证券法》、《刑修十一》加大对欺诈发行证券、违规披露、不披露重要信息等证券违法犯罪行为惩治力度、提高资本市场违法违规成本,以及相关司法解释对内幕交易、利用未公开信息、操纵证券市场等罪名的罪状进一步细化的背景下,中共中央办公厅、国务院办公厅于 2021 年 7 月专门发布了《关于依法从严打击证券违法活动的意见》,明确要依法严厉查处证券违法犯罪案件,加大对大案要案的查处力度,强化震慑效应。因此,司法办案机关要充分认识到从严打击证券犯罪的重要性,坚持"零容忍"要求,依法从严从快、精准打击证券犯罪。

刑罚适用方面,在依法严格控制缓刑适用,没收违法所得的同时,加大财产刑处罚和执行力度,从经济上严厉制裁犯罪分子;还可根据犯罪分子的犯罪情节及社会危险性等,同时决定禁止其在一定时间内从事与证券交易相关的职业。在打击重点方面,除从严打击常见的证券犯罪外,还要充分关注全面实行股票发行注册制以来证券犯罪出现的新特点、新情

况,重点打击欺诈发行、违规披露、不披露重要信息、财务造假、背信损害上市公司利益等虚假陈述类犯罪,以全力保障注册制顺利实施,有效维护资本市场秩序。在向资本市场释放审判机关对证券犯罪"零容忍"强烈信号的同时,还可通过制发司法建议等方式积极参与社会治理,力求发挥刑事审判工作对资本市场的规范引导和价值引领作用。

(二)坚持全链条打击证券犯罪活动,加大追赃挽损力度

如前所述,当前证券违法犯罪行为的专业化、链条化、圈子化特征愈发突出。为有效打击证券犯罪,司法办案机关应当遵循全链条、全方位打击原则,坚持"一案双查",在查办、打击证券犯罪本身的同时,依法严厉打击非法配资、"黑嘴荐股"、洗钱犯罪、出具虚假审计报告等上下游、前后手犯罪行为,从而形成全链条打击、全方位惩治证券犯罪黑灰产业链的管控格局。如上海市第一中级人民法院审结的证监会史上最大罚单案"北八道集团有限公司、被告人林庆丰等操纵证券市场案",是一起实体企业联合配资中介人员违规聚集场外资金操纵证券市场的典型案件。配资人员张某虽未参与具体股票操作或者参与账户分成,但明知北八道集团存在操纵证券市场行为,仍为获取高额利息与北八道集团开展配资合作,提供场外配资及出借证券账户,故认定其构成操纵证券市场罪的共犯,对其从严处理。此外,司法办案机关还要积极回应投资者诉求,注重保护投资者的合法权益,坚持"应追尽追",通过"一案双查"洗钱等犯罪线索、特别代表人诉讼、刑事罚没款优先用于投资者赔偿等多种手段,加大追赃挽损力度,尽最大可能帮助投资者挽回经济损失。

(三)重视客观证据的审查运用,依法准确认定案件事实

证券犯罪具有专业性强、查处难度大等特点,法院在办理该类案件时,应当加强与证券监管机构、公安机关、检察机关的协作配合,强化对客观证据的审查和应用,特别是在被告人拒不承认犯罪事实时,应当结合证券犯罪案件特点,以证券交易记录、资金流向等客观性证据为切入点,全面审查涉及犯罪的书证、电子数据、证人证言等证据,特别要注重强化对相关证券账户的交易记录、电子计算机的 MAC 地址、IP 地址、证券交易资金情况等客观证据材料及鉴定意见的审查和运用,寻找相关供述及证言的不合理之处与矛盾点,依靠严谨的证据体系和证明方法,合理排除案件矛盾,准确认定案件事实。在没有被告人供述的情况下,综合全案客观证据能够认定行为人实施了证券犯罪的,应当认定构成犯罪。

（四）统筹协调,注重刑事司法与行政执法、民事追责的衔接

实践中,对证券犯罪案件的审理应当注重系统思维。一是注重刑事司法与行政执法的协调。既要严格把握刑事处罚与行政处罚的界限,又要注重行政、刑事不同执法体系移送程序、处罚力度的衔接。需要注意的是,对证券犯罪行为的刑事处罚不以行政认定及处罚为前置条件;已受行政处罚的违法行为达到入罪标准的,行政机关应当依法移送司法机关追究刑事责任;行政机关已处以行政罚款的,应当折抵相应罚金。司法机关对行为人不起诉或者免予刑事处罚的,可移送行政机关进行行政处罚。二是注重刑事司法与民事追责的协调,强化对中小投资者权益的有效保护。例如,在投资者针对证券犯罪行为所受损失提起民事诉讼的情况下,被告人退缴的违法所得及罚金等可暂不上缴国库,必要时可移交审理民商事案件的法院,优先用于赔偿投资者损失。比如,上海市第一中级人民法院审理的"鲜言背信损害上市公司利益、操纵证券市场案",即将鲜言退缴的违法所得中的 385 万余元转入受理"投资者诉鲜言操纵证券市场责任纠纷案"的上海金融法院,有力保障了投资者的合法权益。该案也入选最高法、最高检、公安部、中国证监会 2022 年联合发布的"依法从严打击证券犯罪典型案例"。又如,"康美药业虚假陈述案"中,中证中小投资者服务中心作为特别代表人参加康美药业代表人诉讼,为投资者争取最大权益;上市公司积极追收原大股东、实际控制人占用资金;司法机关同步追究原大股东、实际控制人刑事责任,构建了民事、行政、刑事立体化的责任追究体系。三是注重刑事司法与社会治理的协调。司法机关办案应当强化对前端监管的影响,助力证券交易机构、自律行业协会、中介服务机构等自觉做好内控机制。例如,可通过发布司法建议的方式规范引导证券从业人员职业行为,以及推动证券犯罪职业禁止制度落实到位,还可与相关部门建立重大问题沟通机制等,力求在社会治理方面发挥规范引导和价值引领作用。需要强调的是,在法院对实施证券犯罪的证券从业人员依法适用从业禁止规定后,由谁来监管落实、具体怎么操作,实践中对该问题的关注度还不够,有待证券监管部门等配合进一步完善配套措施。

(五) 落实宽严相济政策,注重严惩犯罪与保护市场主体相结合

司法机关在打击证券犯罪的同时,应当贯彻宽严相济的刑事政策,防止片面从严或者一律从宽的不当倾向,切实做到该宽则宽、当严则严、宽严并用。对于不熟悉法律规定、理解政策存在偏差的民营企业家、上市公司高管、相关领域的高精尖人才等,一时误入歧途的,可从轻判处自由刑,从重判处财产刑,避免出现因一起案件搞垮一家企业的现象发生;对于构成犯罪但可不判处实刑的,依法适用缓刑,并加大罚金刑处罚力度。对于积极配合调查、如实供述犯罪事实,主动退赃退赔,符合认罪认罚从宽适用范围和条件的,依法从宽处罚;对于多人共同实施的证券犯罪案件,坚持区别对待原则;对于实施财务造假、欺诈发行、操纵市场等严重损害投资者利益的行为,加大惩处力度,严格把握缓刑的适用条件;等等。通过落实宽严相济政策,实现严惩犯罪与保护市场主体的平衡,确保案件审理法律效果、政治效果和社会效果的有机统一。

（六）注重专业人才培养，着力构建打击证券犯罪专业化体系

如前所述，在办理证券犯罪案件过程中，各种新情况、新问题层出不穷，罪与非罪、此罪与彼罪的界限难以把握。对此，司法办案机关应当密切关注证券犯罪理论研究的最新动向，针对司法前沿问题、疑难复杂案件，在严格遵循罪刑法定原则的基础上，敢于并善于归纳、总结法律适用规则，促进适法统一。此外，与一般经济犯罪案件相比，证券犯罪案件专业性更强，查处难度更大，因此办案人员的专业化面临更高的要求。为切实提高办案质量与效率，实现政治效果、法律效果与社会效果的有机统一，司法办案机关人员还应当持续学习相关金融知识、法律法规及行业规则，并强化与金融机构、证券行业监管部门、高校的业务交流与合作，法院应当注重培养专业化、精细化办案人才，着力构建打击证券犯罪的专业化体系。

2. 新《行政处罚法》实施背景下
海关行政案件司法审查实证研究[*]
——以中国裁判文书网 62 件海关行政处罚案例为分析样本

新修订的《中华人民共和国行政处罚法》(以下简称《行政处罚法》)于 2021 年 7 月 15 日正式施行,该法立足于深入推进"放管服"改革的现实背景,对行政处罚制度进行全面优化和重构,推进国家治理体系和治理能力现代化,有利于建立权责统一、权威高效的行政执法体制。随着行政处罚权谦抑与行政相对人权利保护的立法理念转型,海关行政处罚立场亦产生联动式变化。现以 2016—2021 年中国裁判文书网收录的 62 件海关行政处罚案例①为分析样本,立足于行政处罚的惩戒目的和制裁性质,总结归纳该类案件的审理样态、变化趋势和现实困境,为解决海关行政执法和司法实践中的突出问题提供针对性的对策建议。

一、海关行政处罚案件的审理样态与数据检视

样本案例均为 2016 年 7 月 1 日至 2021 年 6 月 30 日审理的海关行

---

   * 编写人系上海市第一中级人民法院刘天翔。

   ① 本文在中国裁判文书网的全文检索一栏中输入"海关行政处罚"、案件类型选择"行政案件"、案由为"海关行政管理(海关)"、文书类型为"判决书"、裁判日期为 2016 年 7 月 1 日至 2021 年 6 月 30 日为检索条件,由于该网站检索引擎算法原因,导致上述检索结果包含部分无关案例,本文在逐一甄别后,已将不相关案例予以剔除(数据截至 2021 年 6 月 30 日)。

政处罚案例,其中包括一审行政案件37起、二审行政案件25起,涉及分布于全国不同地区的直属海关(部分作为复议机关)15个、隶属海关27个(见表1),被予处罚的个人29个、单位26个。

表1 样本数据涉及的海关分布

类 型	海关名称
直属海关	广州海关、深圳海关(3)*、合肥海关、青岛海关、大连海关、厦门海关(3)、贵阳海关(3)、长沙海关、重庆海关(2)、南宁海关、上海海关(3)、杭州海关、拱北海关、黄埔海关(3)、汕头海关
隶属海关	天河车站海关、罗湖海关、阜阳海关、深圳湾海关(2)、庄河海关、黄岛海关、闸口海关(6)、海沧海关(2)、东渡海关、钦州海关、深圳机场海关、皇岗海关(4)、洋山海关、吴淞海关(2)、惠州海关(2)、上海浦东国际机场海关(5)、梧州海关、大榭海关(2)、孟连海关(2)、乌鲁木齐机场海关(2)、布吉海关、大鹏海关、天津新港海关、镇江海关、文锦渡海关(2)、台州海关、南沙海关(2)

(＊括号内数字表示本海关涉及案件数,未标注数字的表示本海关涉及的案件仅为1件)

(一) 处罚种类集中化,罚款数额普遍较高

行政处罚种类包括警告、通报批评、吊销许可证件、责令停产停业、行政拘留以及法律、行政法规规定的其他行政处罚等。海关行政处罚类型主要集中于财产罚,其中罚款(部分案件为并处罚款)34起、没收违法所得6起、没收非法财物27起,另有涉及警告处罚的案件7起(见图1)。由于进出口贸易牵涉的运输工具、货物、行李物品、邮递物品和其他物品价值相对较大,海关根据处罚幅度规定作出的罚款数额亦普遍较高,最高达300万元。在上述涉及罚款处罚的行政案件中,5万元以下罚款8起,5—10万元罚款6起,10—50万元罚款14起,50—100万元罚款4起,100万元以上罚款2起(见图2)。上述行政相对人的违法目的主要是追求经济利益,海关行政处罚往往通过制裁使其利益受损或者增加支出方式,处罚种类和处罚幅度亦与违法事实、性质、情节及社会危害程度相当。

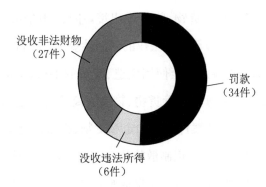

图1 不同处罚类型对应的案件数

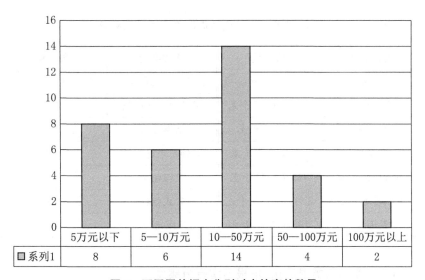

	5万元以下	5—10万元	10—50万元	50—100万元	100万元以上
系列1	8	6	14	4	2

图2 不同罚款幅度分别对应的案件数量

（二）走私行为多样化，涉嫌逃避海关监管

上述案件中，因涉嫌走私被先予刑事立案侦查后作出撤案决定并移交海关行政处理的有11起，占17.74%，所涉及的具体罪名包括走私普通货物、物品罪，以及走私国家禁止进出口的货物、物品罪等。部分单位和个人主观上存在逃避海关监管、偷逃应纳税款、逃避国家有关进出境的禁止性或者限制性管理的故意，客观上以藏匿、伪装、瞒报、伪报或者其他方

式,运输、携带、邮寄有关货物、物品进出境,违反《中华人民共和国海关法》(以下简称《海关法》)等相关法律的强制性规定,符合认定走私行为的主客观要件。部分当事人甚至使用伪造、变造的手册、单证、印章、账册、电子数据等方式,致使海关监管货物、物品脱离监管。走私货物、物品数量巨大且种类繁多,上述案件涉及的走私货物、物品包括柴油 913.62 吨、冷冻鳕鱼 1 437 263.7 千克、铝制散热片 514 099 千克、增塑剂 154 687.31 千克、琥珀项链和手链 2.62 千克、翡翠原石 2.80 千克、装饰用半透明纸 20 票、废旧轮胎 18 条等(见表 2)。

表 2　案件涉及的走私货物、物品类型及数量

货物类型	数　量	货物类型	数　量
柴油	913.62 吨	蓬布用着色色母料	229 546.21 千克
冷冻鳕鱼	1 437 263.7 千克	琥珀项链和手链	2.62 千克
铝制散热片	514 099 千克	翡翠原石	2.80 千克
增塑剂	154 687.31 千克	装饰用半透明纸	20 票
高密度聚乙烯	933 916.72 千克	废旧轮胎	18 条
线型低密度聚乙烯	2 814 748.67 千克	履带式挖掘机	2 辆
聚丙烯	193 637.31 千克	XS223JE 型压路机	1 辆

(三) 商品归类混乱化,申报不实行为频发

税收监督是海关依法监管的重要内容,上述案件中涉及偷逃税款的总额达 15 940 922.2 元(见图 3)。为确保海关税收国别化差别待遇政策得到实施,海关必须对进出口货物的原产地等信息进行鉴别。纳税义务人应当按照《中华人民共和国进出口税则》规定的目录条文和归类总规则等,对其所申报货物进行商品归类,并归入相应的税则号列。上述因商品归类错误、通关申报不实被予行政处罚的案件有 14 起,占全部案件的22.58%。进出口货物的品名、税则号列、数量、规格、价格、贸易方式、原

产地、启运地、运抵地、最终目的地或者其他应当申报的项目未申报或者申报不实的,分别依照规定予以处罚。部分进出口公司因受到进口关税配额证等方面限制,企图按照税率较低的进口商品进行缴税,以一般贸易方式向海关进行申报,申报价格、商品编号、出口退税率与实际进口货物类型不符。涉嫌申报不实的违法行为,可能影响海关统计的准确性,亦对海关监管秩序、国家税款征收及出口退税管理造成不利影响。

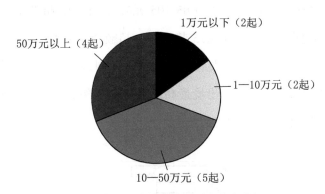

图3 偷逃税款数额范围对应的案件数

(四)海外代购常态化,主观牟利意图明显

根据规定,携带总值5 000元以内的自用物品入境,海关予以免税放行。部分旅客因抱有侥幸心理选走绿色无申报通道,所携带消费品远远超过个人自用入境物品的免税限额,包括CHANEL品牌化妆品51件、Iphone6 Plus 3台、ADIDAS运动鞋23双、喜宝奶粉9盒、卡地亚戒指3只等。旅客单次入境携带超量商品数量最多达上百件,明显超过自用、合理范围,依法应当申报并缴纳相应税款。部分旅客利用其航空公司飞行员的职业便利多次携货入境,甚至有旅客长期自行经营淘宝店铺,海外代购牟利的主观意图明显。上述涉及海外代购的案件有6起,占比9.68%。

(五) 外汇管理复杂化,超额货币拒交核验

为维持国际收支平衡和汇价水平稳定,国家实施外汇管制,限制居民个人携带超量外币出境。部分旅客在未取得出境许可证的情况下,出于赚取汇率差或者其他目的,拒绝如实申报,涉嫌将超量货币置于行李箱中携带出境,未主动交由海关验核并办理有关手续。上述案件涉及的超额货币币种多样,包括美元(超额 85 105 元)2 起、欧元(超额 195 000 元)1 起、港币(超额 1 269 790 元)5 起、日元(超额 20 796 848 元)2 起、澳门币(超额 834 250 元)3 起(见图 4),均属于限制进出境的货币类型。其中,个人单次携带外币现钞出境最高超过规定限额的 30 倍,严重影响国家的外汇管理秩序和金融交易安全。

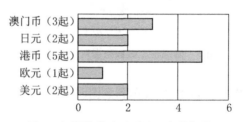

图 4　超额携带外币币种及案件数量

二、行政处罚领域的现实困境与应然变革

海关作为国家的进出关境监督管理机关,有权对发生于其管辖范围内违反海关监管规定的行为,以及法律、行政法规规定由其处罚的违法行为实施行政处罚。新修订的《行政处罚法》从立法理念到技术规则均作出较大幅度调整。海关行政处罚亦应产生理念嬗变和制度调适,避免对当事人利益的过度减损和义务的不当增加,积极应对和解决行政执法领域出现的问题。

(一)行政处罚与刑事制裁的衔接受限

海关违法行为查处过程中可能存在行政案件转化为刑事案件的情况,当事人的主观企图及货物价值状态可能影响案件性质界定,也成为取证的重点方向。海关行政执法涉及的内容广泛多样、情况多变复杂,加之海关业务的地域性、专业性、时间性特点突出,现行法律法规无法对海关执法行为作出过于硬性的规定。在执法实践中,客观证据的锁定存在一定的盲区,办案初期往往不易对刑事案件或者行政案件的性质作出准确界定,导致违法事实的调查取证手段、方式和权限等受到一定限制,侦办难度进一步增加。由于受货物的多样性及其他不可控因素影响,案件办理和取证过程可能困难重重。现阶段,海关行政处罚执法行为的执法标准和尺度仍不够规范统一,主要表现为同类案件处理在不同关区间存在较大差异,甚至不能排除"人情案""态度案"存在,也很难对后续类似案件处理提供比较稳定的参考标准。

(二)海关自由裁量权存在失当风险

海关根据法律、法规赋予的职责权限,在监管过程中具有一定的自由裁量权,作出行政处罚决定时可以根据违法行为的事实、情节、性质和社会危害程度等因素,在法定处罚种类和幅度内进行选择。海关自由裁量权的行使和支配存在一定的失当风险,在未充分考虑违法行为的具体方式和危害后果的情况下,可能产生重责轻罚或者轻责重罚的不当后果。海关执法人员超越职权范围或者利用职权任意行使自由裁量权,明显不符合法律的授权目的,亦降低海关监督管理的权威度和公信力。海关行政处罚种类和幅度的确定还受到相关人员"习惯执法"思维和个人倾向因素的影响,针对相同或者类似违法情节可能存在差异化的处理结果,影响执法的严肃性和规范性,亦导致行政复议和行政应诉工作产生极大被动,形成一定的执法风险。

(三)"一事不二罚"原则呈现适用局限

海关行政违法类型相对复杂,甚至在同一案件中呈现两个或者两个以上复数违法行为的牵连与交错,由此可能会在对违法行为的定性、分析与处理等方面造成执法障碍。为贯彻行政相对人权利保护的理念,行政执法领域禁止双重处罚,即践行"一事不二罚"的处罚原则,其本质是禁止对个人的同一违法行为以相同或者类似措施进行多次处罚。新修订的《行政处罚法》明确,同一个违法行为违反多个法律规范应当给予罚款处罚的,按照罚款数额高的规定处罚。上述规定对禁止双重处罚进行了操作层面的细化,虽然解决了"二罚"规则的准用问题,但对于"一事"标准的判断依然是本条款遗留下的立法制度空白。①复数违法行为中的几个行为是否属于同一违法行为的判断,关涉"一事不二罚"原则的适用,《行政处罚法》关于"一事"判断规则的缺失,可能造成海关行政执法的困境。由于部分现行海关法律法规的具体条文缺乏明确解释,各地海关在执法实践中具有对条文的倾向性理解,加以贯彻执行后容易造成执法不一,导致行政相对人对处理结果产生质疑。

(四)行政管理秩序中牵涉主观因素考量

根据《行政处罚法》第三十三条第二款规定:"当事人有证据足以证明没有主观过错的,不予行政处罚。法律、行政法规另有规定的,从其规定。"上述条文增加了对行政相对人处罚阻却事由的主观因素方面的考量,强调公正文明执法,主观无过错证据的结果主要是对当事人的处罚阻却,而非责任阻却。与此相对应,在行政处罚中为海关增加了证据审查和

---

① 吕楠楠:《新〈行政处罚法〉背景下税务行政处罚的理念嬗变与制度调适》,载《税务研究》2021年第5期。

证明度判断的工作要求。虽然主观无过错的举证责任由行政相对人承担，但判断是否达到"足以证明"的程度一般参照司法审判中的证据认定方式，启动权利主体自由心证原则。只有行政相对人提出的主观证据能够形成执法者内心确信，才具有可采性。行政处罚不同于刑事制裁，海关工作人员作为执法者主观及合乎法感的裁量决定，要求其对于主张真实性或事实存在确信。在执法实践中，是否可以适度降低证明度中的内心确信标准存在一定争议。

三、海关行政执法与刑事司法的机制衔接

根据《海关法》的规定，国家实行联合缉私、统一处理、综合治理的缉私体制，各有关行政执法部门查获的走私案件，应当给予行政处罚的，移送海关依法处理；涉嫌犯罪的，应当移送海关侦查走私犯罪公安机构或者地方公安机关办理。但由于刑事制裁和行政处罚在惩戒性质、立法理念以及处罚程度等方面存在差异①，两种执法手段之间有待建立协调对接机制，避免削弱刑法的打击犯罪功能，亦减少对海关缉私行政执法工作产生的不利影响。

（一）海关行政执法与刑事司法的比较

1. 行政执法与刑事司法的区别②（见表 3）
2. 行政执法与刑事司法的联系（见表 4）

---

① 楼佳蓉：《走私刑事移送行政处罚案件执行难问题及应对》，载《中国口岸科学技术》2020 年第 5 期。

② 陈淑宽、陈宽：《海关行政执法和刑事执法的衔接问题研究》，载陈晖主编：《海关法评论·海关法专题研究》（第 6 卷），法律出版社 2016 年版。

表 3 海关行政执法与刑事司法的不同点

不同点	海关行政执法	海关刑事司法
法律属性	行使海关法律规范赋予的行政权力,履行法律赋予海关的职责,以海关名义进行行政处罚,由海关对外承担责任。	缉私部门作为独立执法主体行使刑事执法权,对执法活动独立承担责任。
行为性质	针对违反法律、行政法规、部门规章违法行为,解决行政违法与行政处罚问题。	针对危害程度严重的犯罪行为,解决犯罪与刑罚问题。
归责要件	一般不要求所有案件均以当事人主观上有过错为要件,有的案件只要客观上对行政管理产生危害性,即具有当罚性。	以行为人的主观心理态度为归责要件,包括罪过(犯罪的故意或过失)以及犯罪目的和动机等因素。
制裁效果	针对行为人的经济方面如作出没收或罚款等财产罚,或者暂停、吊销、撤销等资格罚以及警告等申诫罚,一般不影响行为人的人身自由。	法律结果较行政执法更为严厉,可能影响到行为人的人身自由。
法律依据	《海关法》《行政处罚法》《海关行政处罚实施条例》《最高人民法院关于行政诉讼证据若干问题的规定》等法律、行政法规和部门规章以及有关的司法解释。	《刑法》《刑事诉讼法》《最高人民法院关于执行〈中华人民共和国刑事诉讼法〉若干问题的解释》等法律、规章、司法解释等。
强制措施	对走私犯罪嫌疑人可以采取扣留强制措施,对涉案货物、物品、运输工具等可以扣留强制措施。	可以依法对嫌疑人采取拘传、取保候审、监视居住、拘留和逮捕等强制措施,对物品采取扣押措施。

表 4 海关行政执法与刑事司法的共同点

相同点	海关行政执法与海关刑事司法之间的联系
可以相互转换	行政执法部门办理行政案件时认为涉嫌构成走私罪的,应当移送刑事执法部门处理。刑事案件经侦查认为不构成犯罪或者情节显著轻微不予追究刑事责任而撤销案件,以及经检察院审查不起诉、或者经法院审理免除刑罚、或者作出判决但需做出行政处罚的,应当交由行政执法部门处理。
保护客体重合	行政执法涉及进出口许可证管理制度、关税管理制度等对外贸易管理制度,此外还涉及海关具体监管制度,如针对手续性违规等违反海关监管规定的行为。刑事执法保护的客体是社会主义市场经济秩序,但本质上是国家的对外贸易和进出口物品的管理制度和税收秩序。

（续表）

相同点	海关行政执法与海关刑事司法之间的联系
定性标准接近	一般而言,刑事执法要求按照犯罪构成学说强调构成要件,行政执法认定走私行为往往借鉴犯罪构成学说,两者区分标准基本同一,许多情况下取决于量的因素或者是否为特定物品,界定走私犯罪还是走私行为,决定启动刑事还是行政执法程序。
证据形式趋同	两种执法手段中有较多的共同形式,执法实践中对部分证据的要求是一致的,如书证,包括银行单证、财务记账凭证、运输单据、偷逃税款核定证明书等,既可以用于行政执法,也可以用于刑事执法。
处罚可以折抵	违法行为构成犯罪,人民法院判处拘役或者有期徒刑时,行政机关已经给予当事人行政拘留的,应当依法折抵相应刑期。违法行为构成犯罪,人民法院判处罚金时,行政机关已经给予当事人罚款的,应当折抵相应罚金。

（二）不同执法方式的协调依据与实践需求

推进行政执法与刑事司法相衔接,是深化行政执法体制改革的重要内容。海关缉私部门同时承担行政执法和刑事执法职能,通过准确适用法律依据,采取相应配套措施,才能充分发挥两种执法手段的优势和作用,有效防范和应对执法风险。海关设立专门侦查走私犯罪的公安机构,按照刑事诉讼法的规定履行侦查、拘留、执行逮捕和预审等职能,根据职责范围和个案情况采取相应措施。对于违法情节轻微、危害后果不大且尚不构成犯罪的案件,往往倾向于不予刑罚,由海关没收走私货物、物品及违法所得,可以并处罚款。

海关行政执法和刑事司法具有共同的法律基础,适用相同或者近似的法律原则,奠定了两者有机衔接的主要根基。新修订的《行政处罚法》第二十七条增加规定,对依法不需要追究刑事责任或者免予刑事处罚,但应当给予行政处罚的,司法机关应当及时将案件移送有关行政机关。根据《中华人民共和国海关行政处罚实施条例》规定,实施走私行为,应当没收走私货物及违法所得,可以并处罚款。有关货物、物品、走私运输工具无法或者不便没收的,海关应当追缴上述货物、物品、走私运输工具的等值价款。新法的立法理念要求行政处罚实施机关与司法机关之间加强协调配合,建立健全案件移送制度,加强证据材料的移交和接收衔接,完善案件处理信息通报机制,防止"以行代刑"或者"以刑代行"。①

(三) 海关行政处罚与刑事制裁手段的对接

1. 坚持刑事优先原则

即一般先按照刑事诉讼程序追究行为人的刑事责任,再由行政执法机关依照行政处理程序解决相应的行政责任。在涉及"刑行交叉"的海关行政处罚案件中,强调适用刑事优先原则,既承认不同法律责任的相对独立性,又针对案件或者行为人的整体法律后果,有效实现刑法的社会防卫功能,避免出现海关行政执法方面的风险。刑罚系国家为保护法益与维持秩序的最后手段,因其严厉性和制裁性对社会和个人的影响比行政处罚更为深远,因而刑法界限应该是内缩的而非扩张的。海关作为国家进出境监管机关,在作出行政处罚的过程中应当注重从法治理念的角度审视执法理念和执法行为,坚持刑事的谦抑原则,将刑罚作为最后的司法手段。

2. 合理界定法律属性

应准确理解和适用相关法律依据,严格区分走私犯罪和走私违规行为之间的界限,针对不同的行为采取相应特定措施,切实保护行政相对人的合法权益。在刑事案件和行政案件之间及时办理转换手续,保证执法程序的合法性和妥当性。在证据转换方面,刑事案件所获取的证据原则上可以直接作为行政处罚的证据使用,但言词证据应当重新制作;通过行

---

① 胡建淼:《〈行政处罚法〉修订的若干亮点》,载《中国司法》2021年第5期(总第257期)。

政程序收集的证据并不必然作为刑事证据使用,鉴定结论及有关书证、物证、视听资料等一般无需转换。刑事案件转换为行政案件时,对犯罪嫌疑人所采取的刑事强制措施应当立即解除,刑事扣押的货物、物品、运输工具等应当解除扣押;行政案件转换为刑事案件时,针对货物、物品以及运输工具等采取的强制措施应当予以转换。

3. 增强统筹兼顾意识

行政执法人员办案思路、证据调取、事实询问等方面需要积累经验,增强案件甄别水准,发现涉嫌犯罪行为后及时予以移交。明确拒不移送刑事案件的相关责任,作为内部考核评价指标,使行政执法部门移交刑事案件线索成为查办走私犯罪案件的重要来源。在刑事执法阶段,充分考虑案件移交行政处罚的可能性,妥善运用刑事制裁措施的威慑力对涉案货物、物品和违法所得予以扣押和追缴;在尚未达到刑事处理标准的情况下,适时通过行政处罚予以经济制裁,依法进行责任追究和教育惩戒。

四、行政自由裁量权规制与海关执法行为规范

在行政处罚中,海关自由裁量权指海关行政执法部门在《海关法》等法律规定的执法原则和幅度范围内,遵循公正合理原则,自行选择行政处罚的具体种类和数量,并由此作出具体行政行为。[①]由于海关承担监管、征税、缉私、统计等重要职责,其自由裁量权的行使限度在一定程度上影响法治化营商环境的构建,有必要加以监督和规制,防范行政权力的滥用,为各类市场主体平等发展创造充足公平的市场空间。

[①] 曾虎:《关于海关对"申报不实"行为实施处罚的若干争议性问题研究》,载陈晖主编:《海关法评论·海关法专题研究》(第3卷),法律出版社2013年版。

(一) 注重比例原则对处罚裁量幅度的规制

比例原则作为行政法上的"皇冠原则",强调兼顾行政目标的实现和保护相对人的权益,如果行政目标的实现可能对相对人的权益造成不利影响,则这种不利影响应被限制在尽可能小的范围和限度之内。比例原则着眼于法益的均衡,其在海关行政处罚领域的适用有利于规制自由裁量权的行使,通过适当性、必要性和均衡性三个子原则,监督和制约海关监管部门作出处罚的幅度,保证对于公民权利的侵害应当适度和合乎比例。根据《行政处罚法》的规定,设定和实施行政处罚必须考虑违法事实的情节和社会危害程度,新修订的条款中增加了行政处罚中对当事人主观因素的考量,以及"首违免罚"规则的设置,在技术层面践行了比例原则。

海关监管部门应当做到处罚程度与具体违法行为对应,对违法行为的处罚轻重合适、过罚相当,避免罚不抵过或者罚重过轻。准确界定违法行为的性质是实现过罚相当的前提和基础,如果当事人存在主观故意申报不实,以逃避海关监管或者偷逃税款,应当定性为走私行为;如果因对海关归类方法不熟悉或者疏忽大意导致申报不实,则应定性为违反海关监管规定行为。两者性质不同,处罚幅度亦有区别,海关行政处罚需要对此予以准确甄别。行政相对人如果违反行政监管规定,海关必须根据其查处的违法行为性质选择必要措施予以处罚,注重考虑处罚结果的妥当性和合理性。海关行政处罚在设定比例时应当充分考虑违法行为的事实、性质、情节及社会危害程度等相关因素,并据此作出综合性评价。通过对法律规定的处罚幅度按照一定比例进行细分,确定与违法行为最适合的处罚幅度。

(二) 规范行政处罚裁量基准的适用

由于裁量权的行使贯穿海关行政处罚的不同环节,根据其执法内容和工作特点进行区分,海关自由裁量权的实践运用涉及性质判断、幅度裁量、情节认定、方式选择和效果执行等方面。市场经济体制解决途径的盲目性,凸显了行政责任的正当性和自由裁量权存在的必要性,过度规则化的行政管理必将导致效率低下和程序冗杂。[①]对海关行政处罚自由裁量权进行必要限制,铲除依附于权力行使的各种利益关系,确保行政执法达到预期的目标。在裁量基准设定后,海关缉私部门准确适用裁量基准,避免简单机械执法。海关行政处罚裁量基准是对事实认定、法律适用、程序判断和幅度选择等方面的细化,要求逻辑清晰、表述严密,在执法实践中不能与立法原意相悖或者产生歧义。

在事实认定方面,明确海关行政处罚的证明标准,对证据的审核、认定方法作出规定,对各种证据之间的相互联系及与待证事实的关系进行审查。在法律适用方面,明确海关执法实践中如何准确理解和适用抽象法律概念,通过对海关总署的批复、判例精神的贯彻执行,弥补海关法律依据的逻辑缺陷,使得海关行政执法保持稳定性与连续性。在执法程序方面,将散见于《行政处罚法》《海关法》《中华人民共和国海关办理行政处罚案件程序规定》中有关具体执法行为期限的条文进行统一规定,将相应环节的具体操作程序进行明确。在处罚种类和幅度方面,根据当事人的主观恶性及行为的社会危害程度等对有关行为予以界定,并根据合理性原则设定与违法事实情节相适应的处罚幅度。在处罚金额确定方面,针对不同情节的违法行为制定处罚标准,再根据具体情节设定处罚刻度,依照当事人的违法情节和现实表现加减罚款金额,进而作出合理的行政处罚决定。

(三) 加强海关行政处罚执法程序保障

行政处罚具有相对完备的执法程序,尤其听取陈述申辩、说明理由等

---

① 曹艳华、魏曦:《对行政自由裁量权基准的反思——一起海关行政诉讼案件引发的思考》,载陈晖主编《海关法评论·判例研究》(第5卷),法律出版社2015年版。

程序规定开创我国行政立法的先河,极大改变长期存在的"重实体轻程序"的固有观念。新修订的《行政处罚法》扩大了听证的范围,补充了证据规定,明确了行政处罚案件办理期限,增加了当场处罚等方面的规定。在继续保留原有程序制度的基础上,增设三项行政执法程序制度,即行政执法公示制度、执法全过程记录制度和重大执法决定法制审核制度。"三项制度"聚焦行政执法的源头、过程和结果等不同环节,有利于切实提高政府的治理效能。海关行政处罚亦应当据此作出倾向性回应,注重对当事人程序权益的保障,规范行政处罚权行使限度,实现与《行政处罚法》理念契合与规则对接。

在行政执法公示方面,海关应当在行政处罚领域及时主动公开行政执法信息,海关执法人员主动表明身份,接受社会监督。对违法行为给予行政处罚的规定、行政处罚裁量基准、电子技术监控设备设置地点等执法信息应当予以公开,行政处罚的实施机关、立案依据、实施程序和救济渠道等信息亦应当公示。在执法全过程记录方面,海关监管部门需要通过文字、音像等记录方式,对行政处罚的启动、调查取证、审核、决定、送达、执行等进行全过程记录并归档保存,实现全过程留痕和可回溯管理。[①]在重大执法决定法制审核方面,海关行政处罚可能涉及重大公共利益或者个人重大权益、案件情况疑难复杂以及牵涉多个法律关系等,将上述行政处罚案件纳入法制审核之中,也为海关行政处罚的合法性设立了有效屏障。

(四)完善海关执法异议反馈与监督管理

推进海关业务标准化、规范化建设,着力形成有序衔接、互相制约、环环相扣的系统业务标准,全面规范海关各业务环节,将工作职责和操作流

---

① 黄海华:《新行政处罚法的若干制度发展》,载《中国法律评论》2021 年第 3 期(总第 39 期)。

程落实到执法标准上。海关行政处罚往往涉及对行政相对人切身利益的减损，极易使当事人产生抵触心理和消极情绪，救济渠道不畅、沟通交流不足亦可能导致矛盾进一步激化。海关监管部门可以适时建立执法异议反馈机制，即对行政相对人作出行政处罚决定后，告知其在合理期限内能够向海关反馈执法意见，纠正行政执法瑕疵。从而最大程度追求客观真实，坚持法律的价值判断，依法纠错、平衡利益、讲清道理，深化海关行政纠纷的实质解决和诉源治理。

海关加强对行政处罚的监督检查，可以在一定程度上规范和保障行政处罚的实施。深化处罚监督的同时通过评议检验行政执法效果，依托考核建立督促、约束、激励机制，促进严格规范公正文明执法。①《行政处罚法》强调罚款、没收违法所得或者没收非法财物拍卖的款项，不得与有关考核、考评直接或者变相挂钩，从法律层面禁止追求罚没作为奖金福利的行为，防止行政处罚功能异化。同时增加对行政处罚领域的执法机关和执法人员追究责任的情形，将违反委托规定、未取得执法证件执法、该立案不立案等纳入追责范围，增强追责力度，将监督制约运用到海关行政处罚的不同环节，为推进政治建关、改革强关、依法把关、科技兴关、从严治关建设提供有力的法治保障。

---

① 赵振华：《新修订的〈行政处罚法〉对行政执法的新要求》，载《中国司法》2021 年第 6 期（总第 256 期）。

图书在版编目（CIP）数据

审判前沿观察. 2023 年合辑 / 《审判前沿观察》编
委会编. -- 上海 ：上海人民出版社，2024. -- ISBN
978-7-208-19174-7

Ⅰ. D925.04-55

中国国家版本馆 CIP 数据核字第 2024JP1125 号

责任编辑　冯　静　宋　晔
封面设计　一本好书

审判前沿观察（2023 年合辑）
《审判前沿观察》编委会 编

出　　版　上海人 出版社
　　　　　（201101　上海市闵行区号景路 159 弄 C 座）
发　　行　上海人民出版社发行中心
印　　刷　上海新华印刷有限公司
开　　本　720×1000　1/16
印　　张　29.5
插　　页　2
字　　数　372,000
版　　次　2024 年 11 月第 1 版
印　　次　2024 年 11 月第 1 次印刷
ISBN 978-7-208-19174-7/D·4399
定　　价　142.00 元